土地整治理论方法与实践

吴海洋 主编

地质出版社
·北京·

《土地整治理论方法与实践》

主　　编：吴海洋

编写人员：（按姓氏笔画排序）

　　　　　王　军　　王　敬　　巴特尔　　古志新
　　　　　曲衍波　　刘建生　　刘新卫　　汤怀志
　　　　　杨　红　　杨　剑　　杨晓艳　　李少帅
　　　　　李红举　　张　燕　　张中帆　　张正峰
　　　　　张亚龙　　张晓燕　　张海峰　　陈　原
　　　　　范金梅　　范树印　　罗　明　　周　同
　　　　　周　旭　　周　妍　　孟宪素　　郧文聚
　　　　　姜广辉　　贾文涛　　高世昌　　郭义强
　　　　　陶晓龙　　曹海欣　　梁　军　　梁梦茵
　　　　　程　锋　　谭明智　　薛　剑　　鞠正山

前　言

土地整治是对低效利用、不合理利用和未利用的土地进行综合治理，对生产建设和自然灾害损毁的土地进行恢复利用，以提高土地利用效率和效益的活动，包括农用地整治、建设用地整治、宜农未利用地开发、土地复垦等。在我国人地矛盾日益尖锐的形势下，土地整治不仅是落实最严格的土地管理制度、坚守耕地保护红线和节约集约用地的重大举措，也是统筹推进新型工业化、新型城镇化和农业现代化，突破土地资源约束瓶颈的重要手段。党中央、国务院高度重视土地整治在保护耕地、保障国家粮食安全、统筹城乡发展、促进经济社会全面协调可持续发展中的重要作用，推进力度不断加大，成效日益凸显。土地整治已经上升为国家层面的战略部署，成为保红线、保发展、促转变、惠民生的重要抓手和基础平台。

回顾我国土地整治的发展历程，尽管起步较晚，但发展很快，成绩有目共睹。土地整治从无到有、规模从小到大，在长期的理论和实践探索中基本上形成了有规划引导、有制度保障、有标准可依、有资金支持、有科技支撑、有专门机构和队伍推进的工作格局，为土地整治可持续发展奠定了坚实基础。我们感到，在土地整治实践取得巨大成就的同时，对土地整治的理论、实践总结、方法创新、技术提升、学科建设等方面的研究却相对滞后。近年来，尽管有些学者出版了一些有关土地整治实际工作标准、理论方面的专著，对土地整治理论进行了很多有益探索，丰富了土地整治的学术研究内容和学科建设。但总体上看，目前尚未形成一套具有中国特色的、体系较为完善的、对土地整治实践具有指导意义、对土地学科建设具有推动作用、关于土地整治理论方法和实践的专著。

针对土地整治理论与实践的需求，编者在认真总结、深入研究、广泛吸收有关土地整治理论研究和实践创新成果的基础上，完成了该书的编写工作，试图从理论、方法、技术、实践层面诠释一些土地整治工作中的重大问题。期望本书的出版，能够为促进土地整治的学术研究和学科建设、进一步推进土地整治实践发展贡献绵薄之力。

编 者

目 录

前 言

第1章 土地整治概论 (1)
1.1 引言 (1)
1.2 土地整治的内涵 (3)
1.2.1 土地整治的基本概念 (3)
1.2.2 土地整治的类型 (4)
1.3 我国土地整治发展实践 (7)
1.3.1 土地整治发展历程 (7)
1.3.2 土地整治取得成效 (13)
1.4 海外土地整治经验借鉴 (17)
1.4.1 海外土地整治概况 (17)
1.4.2 海外土地整治发展阶段及特点 (20)
1.4.3 海外土地整治经验对我国的启示 (20)

第2章 土地整治的基础理论 (23)
2.1 土地整治基本属性 (23)
2.1.1 土地整治的自然属性 (23)
2.1.2 土地整治的经济属性 (24)
2.1.3 土地整治的社会属性 (25)
2.2 土地整治的基本理念 (26)
2.2.1 基于土地整治自然属性的土地整治理念 (26)
2.2.2 基于土地整治经济属性的土地整治理念 (30)
2.2.3 基于土地整治社会属性的土地整治理念 (33)

Ⅲ

2.3 土地整治基础理论 …………………………………………… (36)
 2.3.1 基于自然属性的土地整治基础理论 ………………… (36)
 2.3.2 基于经济属性的土地整治基础理论 ………………… (44)
 2.3.3 基于社会属性的土地整治基础理论 ………………… (49)
2.4 土地整治的运行 …………………………………………… (52)
 2.4.1 土地整治运行要素 …………………………………… (52)
 2.4.2 土地整治的运行机理 ………………………………… (55)
 2.4.3 土地整治运行特点 …………………………………… (59)

第3章 农用地整理 …………………………………………… (61)

3.1 农用地整理基本情况 ……………………………………… (61)
 3.1.1 农用地整理分区 ……………………………………… (61)
 3.1.2 区域土地利用特点和农用地整理方向 ……………… (61)
 3.1.3 农田整治基本模式 …………………………………… (65)
3.2 农用地整理潜力 …………………………………………… (66)
 3.2.1 土地整治潜力内涵 …………………………………… (66)
 3.2.2 农用地整理潜力分布情况 …………………………… (67)
 3.2.3 农用地整理重点区域 ………………………………… (69)
3.3 农用地整理实践探索 ……………………………………… (70)
 3.3.1 高标准基本农田建设 ………………………………… (70)
 3.3.2 土地整治重大工程建设 ……………………………… (73)
 3.3.3 土地整治示范建设 …………………………………… (77)
3.4 当前农用地整理的重点方向 ……………………………… (83)

第4章 建设用地整理 …………………………………………… (86)

4.1 建设用地整理概况 ………………………………………… (86)
 4.1.1 建设用地整理基本情况 ……………………………… (86)
 4.1.2 建设用地整理类型 …………………………………… (88)
 4.1.3 建设用地整理重点区域 ……………………………… (91)
4.2 建设用地整理实践探索 …………………………………… (93)
 4.2.1 农村建设用地整理模式 ……………………………… (93)
 4.2.2 城镇工矿建设用地整理模式 ………………………… (95)
 4.2.3 城乡一体化土地整理模式 …………………………… (96)

4.3 推进建设用地整理的基本思路 ······ (98)
 4.3.1 推进建设用地整理的思路与原则 ······ (98)
 4.3.2 推进建设用地整理的措施 ······ (99)

第5章 土地复垦 ······ (103)

5.1 土地复垦基本情况 ······ (103)
 5.1.1 土地复垦的发展历程与阶段特征 ······ (103)
 5.1.2 土地复垦对象与类型 ······ (104)
 5.1.3 土地复垦类型区划分 ······ (107)

5.2 土地复垦工程技术模式 ······ (108)
 5.2.1 露天采场土地复垦工程技术模式 ······ (108)
 5.2.2 塌陷土地复垦实践 ······ (110)
 5.2.3 排土（废石）场土地复垦 ······ (112)
 5.2.4 矸石山土地复垦 ······ (115)

5.3 土地复垦实践探索 ······ (117)
 5.3.1 中煤平朔集团有限公司土地复垦 ······ (117)
 5.3.2 云南磷化集团有限公司土地复垦 ······ (118)
 5.3.3 淮南矿区政府投资土地复垦 ······ (120)

5.4 土地复垦面临的问题与推进思路 ······ (121)
 5.4.1 土地复垦存在的主要问题 ······ (121)
 5.4.2 推进土地复垦工作的思路 ······ (123)

第6章 宜农未利用地开发 ······ (126)

6.1 宜农未利用地开发基本情况 ······ (126)
 6.1.1 宜农未利用土地资源分布现状 ······ (131)
 6.1.2 宜农未利用土地资源潜力分区 ······ (138)

6.2 土地开发重点区域 ······ (142)
 6.2.1 重点潜力区土地开发方向和要求 ······ (142)
 6.2.2 实施宜农未利用土地资源开发思路 ······ (147)

6.3 典型地区宜耕后备土地开发实践 ······ (149)
 6.3.1 新疆维吾尔自治区宜耕后备土地开发情况 ······ (149)
 6.3.2 东北地区宜耕后备土地开发情况 ······ (152)
 6.3.3 江苏省沿海滩涂开发情况 ······ (154)

V

第7章 土地生态环境整治 (157)

7.1 概述 (157)
7.1.1 生态环境影响土地利用的机理 (157)
7.1.2 不同区域土地生态环境整治重点 (159)

7.2 土地整治生态环境治理模式 (161)
7.2.1 生态网络构建模式 (162)
7.2.2 水土安全控制模式 (162)
7.2.3 景观特征和遗产保护模式 (163)
7.2.4 绿色基础设施总体规划模式 (164)

7.3 基于绿色基础设施网络的城乡交错区土地整治规划实践 (165)
7.3.1 海淀区基本概况 (166)
7.3.2 土地整治绿色基础设施网络构建 (167)

7.4 基于生态环境保护的土地整治项目实践 (172)
7.4.1 基于生态安全的丘陵山区土地整治实践——以西南丘陵山区小流域土地整治工程设计为例 (172)
7.4.2 基于生态重建的矿区土地整治实践——以京西史家营矿区为例 (175)
7.4.3 基于生物多样性保护的土地整治实践——以黔东南茂兰项目为例 (177)

第8章 土地整治规划 (182)

8.1 土地整治规划发展及其主要特点 (182)
8.1.1 土地整治规划演变 (182)
8.1.2 土地整治规划体系 (183)
8.1.3 土地整治规划任务和基本要求 (183)
8.1.4 土地整治规划编制的特点 (185)

8.2 土地整治规划编制技术与方法 (186)
8.2.1 土地整治规划编制的基本方法 (186)
8.2.2 土地整治规划编制技术 (192)

8.3 土地整治规划图件编制与数据库建设 (200)
8.3.1 土地整治规划图件作用和编制原则 (200)

  8.3.2 土地整治规划图件的基本要求 …………………（200）
  8.3.3 土地整治规划数据库建设意义和作用 …………（201）
  8.3.4 国家级土地整治规划数据库及管理应用系统 …（203）

第9章 土地整治项目可行性研究 …………………………（205）
9.1 概述 ………………………………………………………（205）
  9.1.1 可行性研究的概念 …………………………………（205）
  9.1.2 可行性研究的任务 …………………………………（206）
  9.1.3 可行性研究成果深度 ………………………………（206）
  9.1.4 可行性研究工作程序 ………………………………（207）
9.2 可行性研究内容和方法 …………………………………（209）
  9.2.1 项目背景分析 ………………………………………（209）
  9.2.2 项目选址 ……………………………………………（210）
  9.2.3 基础调查 ……………………………………………（211）
  9.2.4 建设条件分析 ………………………………………（214）
  9.2.5 确定规划方案与建设内容 …………………………（216）
  9.2.6 制定土地权属调整方案 ……………………………（216）
  9.2.7 投资估算 ……………………………………………（217）
  9.2.8 效益分析 ……………………………………………（217）
9.3 可行性研究成果规定 ……………………………………（220）
  9.3.1 专题研究报告 ………………………………………（220）
  9.3.2 可行性研究报告 ……………………………………（220）
  9.3.3 附图 …………………………………………………（221）
  9.3.4 附件 …………………………………………………（221）
  9.3.5 附表 …………………………………………………（222）
9.4 可行性研究成果评估 ……………………………………（222）

第10章 土地整治项目规划设计 …………………………（223）
10.1 概述 ……………………………………………………（223）
  10.1.1 规划设计的概念 …………………………………（223）
  10.1.2 规划设计的任务 …………………………………（224）
  10.1.3 规划设计成果深度 ………………………………（224）
  10.1.4 规划设计工作程序 ………………………………（225）

VII

10.2	规划设计内容和方法	(226)
	10.2.1 规划设计内容	(226)
	10.2.2 规划设计方法	(226)
10.3	水土资源平衡分析	(228)
	10.3.1 灌溉设计保证率和灌溉制度	(228)
	10.3.2 需水量调查与计算	(229)
	10.3.3 可供水量调查与计算	(229)
	10.3.4 水资源平衡分析	(229)
10.4	土地利用布局和工程布局	(230)
	10.4.1 土地利用布局	(230)
	10.4.2 工程布局	(230)
10.5	工程设计	(234)
	10.5.1 工程建设内容	(234)
	10.5.2 单体工程设计	(238)
	10.5.3 分类型区规划设计	(239)
	10.5.4 工程项目和工程量	(239)
10.6	施工组织设计	(239)
	10.6.1 施工条件分析	(239)
	10.6.2 施工总体布置	(240)
	10.6.3 主要工程施工方法	(240)
	10.6.4 工程总进度计划	(240)
10.7	投资预算	(241)
	10.7.1 项目预算的概念	(241)
	10.7.2 预算编制依据	(241)
	10.7.3 预算编制内容	(242)
	10.7.4 预算编制要求	(242)
	10.7.5 预算费用构成	(243)
	10.7.6 预算编制方法	(245)
	10.7.7 预算编制程序	(246)
10.8	规划设计成果和预算评审	(247)

第11章 土地整治项目实施管理 (248)
11.1 土地整治项目实施管理概述 (248)
11.1.1 项目实施管理的特点 (248)
11.1.2 项目实施管理的目标 (249)
11.1.3 实施管理与实施监管的区别 (250)
11.1.4 项目实施管理的主要内容 (251)
11.2 实施准备管理 (253)
11.2.1 编制实施方案，制定实施管理计划 (253)
11.2.2 编制项目实施管理方案 (254)
11.2.3 完善实施相关管理制度 (255)
11.3 工程施工管理 (255)
11.3.1 项目控制的基本理论 (256)
11.3.2 项目进度控制 (256)
11.3.3 项目质量控制 (259)
11.3.4 项目成本控制 (261)
11.4 项目验收管理 (262)
11.4.1 土地整治项目验收的概念 (262)
11.4.2 土地整治项目验收的分类 (263)
11.4.3 验收依据 (264)
11.4.4 验收内容 (264)
11.4.5 验收方法 (264)
11.4.6 验收程序 (265)
11.4.7 验收结论 (265)
11.5 项目资金管理 (265)
11.5.1 土地整治资金来源 (265)
11.5.2 项目资金特点 (266)
11.5.3 项目资金管理主要任务 (266)
11.5.4 项目资金管理主要内容 (267)
11.5.5 项目竣工财务决算管理 (268)

IX

第12章　土地整治权属管理 (270)

12.1 土地整治权属管理概述 (270)
- 12.1.1 土地整治权属管理的意义 (270)
- 12.1.2 土地整治权属管理的原则 (271)
- 12.1.3 土地整治权属调整主体 (272)
- 12.1.4 土地权属调整的类型 (273)
- 12.1.5 土地整治权属管理的要求 (273)

12.2 土地整治权属管理的模式和程序 (274)
- 12.2.1 土地权属调整的模式 (274)
- 12.2.2 土地权属调整的方式 (275)
- 12.2.3 土地整治权属调整的程序 (277)

12.3 土地整治权益维护 (280)
- 12.3.1 土地整治权属调整异议的类型与处理办法 (280)
- 12.3.2 权益维护的基本要求 (281)
- 12.3.3 权属调整异议调处程序 (283)

第13章　土地整治的公众参与 (284)

13.1 概述 (284)
- 13.1.1 基本概念 (284)
- 13.1.2 公众参与的必要性 (284)

13.2 国内外土地整治公众参与现状 (286)
- 13.2.1 海外土地整治公众参与的主要表现及其特点 (286)
- 13.2.2 国内土地整治公众参与的现状和存在问题 (289)

13.3 现阶段推进土地整治公众参与的思路 (294)
- 13.3.1 公众参与的程序 (294)
- 13.3.2 公众参与的关键点 (295)
- 13.3.3 完善公众参与机制的保障措施 (298)

第14章　土地整治调查技术 (301)

14.1 土地整治调查的技术架构 (301)
- 14.1.1 土地整治的思维范式 (302)
- 14.1.2 土地整治的调查方法 (302)
- 14.1.3 土地整治的调查方式 (305)

14.1.4　土地整治的调查对象 …………………………………（306）
　　14.1.5　土地整治的调查程序 …………………………………（306）
　　14.1.6　土地整治的调查内容 …………………………………（307）
14.2　土地利用现状调查 ………………………………………………（307）
　　14.2.1　调查准备 ………………………………………………（307）
　　14.2.2　调查实施 ………………………………………………（308）
　　14.2.3　调查分析 ………………………………………………（309）
14.3　土地权属调查 ……………………………………………………（309）
　　14.3.1　调查阶段 ………………………………………………（309）
　　14.3.2　调查内容 ………………………………………………（310）
　　14.3.3　调查程序 ………………………………………………（310）
　　14.3.4　土地权属确认方法 ……………………………………（314）
14.4　土地整治潜力调查 ………………………………………………（315）
　　14.4.1　调查目的 ………………………………………………（315）
　　14.4.2　潜力调查的方法 ………………………………………（315）
　　14.4.3　潜力调查内容 …………………………………………（317）
14.5　群众意愿调查 ……………………………………………………（318）
　　14.5.1　问卷调查 ………………………………………………（318）
　　14.5.2　访谈法 …………………………………………………（319）

第15章　土地整治潜力评价技术 ……………………………………（335）
15.1　概述 ………………………………………………………………（335）
　　15.1.1　土地整治潜力的特点 …………………………………（335）
　　15.1.2　土地整治潜力的分类 …………………………………（337）
　　15.1.3　土地整治潜力测算程序 ………………………………（337）
15.2　农用地整理潜力评价 ……………………………………………（338）
　　15.2.1　农用地整理潜力的内涵与来源分析 …………………（338）
　　15.2.2　农用地整理潜力的评价方法 …………………………（340）
15.3　农村建设用地整理潜力评价 ……………………………………（344）
　　15.3.1　农村建设用地整理潜力的内涵与来源分析 …………（344）
　　15.3.2　农村建设用地整理潜力评价方法 ……………………（344）

- 15.4 城镇建设用地整治潜力评价 …………………………………… (346)
  - 15.4.1 城镇建设用地整治潜力的内涵 ……………………………… (346)
  - 15.4.2 城镇建设用地整治潜力的评价方法 …………………………… (347)
- 15.5 土地复垦潜力评价 ……………………………………………… (348)
  - 15.5.1 土地复垦潜力内涵 ………………………………………… (348)
  - 15.5.2 土地复垦潜力测算方法 ……………………………………… (349)
- 15.6 未利用地开发潜力评价 ………………………………………… (351)
  - 15.6.1 未利用地开发潜力内涵 ……………………………………… (351)
  - 15.6.2 未利用地开发潜力测算方法 …………………………………… (351)

第16章 耕地质量等级评价技术 ……………………………………… (354)
- 16.1 概述 ……………………………………………………………… (354)
  - 16.1.1 耕地质量内涵界定 ………………………………………… (354)
  - 16.1.2 开展土地整治耕地质量评价的必要性 ………………………… (355)
- 16.2 耕地质量等别评定基本原理与方法 …………………………… (356)
  - 16.2.1 耕地质量等别评定基本原理 ………………………………… (356)
  - 16.2.2 耕地质量等别评定技术方法 ………………………………… (358)
- 16.3 土地整治耕地质量等别变化评定 ……………………………… (365)
  - 16.3.1 评定原则 …………………………………………………… (365)
  - 16.3.2 评定方法 …………………………………………………… (365)
  - 16.3.3 工作程序 …………………………………………………… (369)

第17章 新技术在土地整治中的应用 ………………………………… (370)
- 17.1 土地整治新技术应用概述 ……………………………………… (370)
  - 17.1.1 土地整治新技术研发现状 …………………………………… (370)
  - 17.1.2 土地整治中常用技术与方法 ………………………………… (371)
- 17.2 土地整治中的数字测图技术应用 ……………………………… (372)
  - 17.2.1 基于卫星立体像对的项目区测图 …………………………… (372)
  - 17.2.2 基于GPS-RTK技术的地形图测图 …………………………… (374)
  - 17.2.3 基于GPS和激光技术的快速测图 …………………………… (376)
  - 17.2.4 应用现状 …………………………………………………… (378)
- 17.3 土地整治中的可视化技术应用 ………………………………… (378)
  - 17.3.1 二维可视化表达与分析 ……………………………………… (378)

  17.3.2　三维可视化表达与分析 …………………………………（379）
  17.3.3　应用现状 ……………………………………………………（380）
 17.4　土地整治监测监管技术应用 …………………………………………（381）
  17.4.1　土地整治日常监管技术应用 ……………………………………（381）
  17.4.2　土地整治遥感监测技术应用 ……………………………………（382）
  17.4.3　土地整治现场调查技术应用 ……………………………………（384）
  17.4.4　应用现状 ……………………………………………………（387）
 17.5　土地整治工程新技术应用 ……………………………………………（388）
  17.5.1　激光平地机 …………………………………………………（388）
  17.5.2　开沟铺管机 …………………………………………………（391）
  17.5.3　无人机 ………………………………………………………（393）
 17.6　新技术应用前景及发展趋势 …………………………………………（395）
  17.6.1　土地整治监测监管技术发展趋势 ………………………………（396）
  17.6.2　激光平地机应用前景和发展趋势 ………………………………（398）
  17.6.3　开沟铺管机应用前景和发展趋势 ………………………………（398）
参考文献 ……………………………………………………………………………（400）

第 1 章 土地整治概论

1.1 引言

当前,我国人多地少、土地粗放利用的基本国情没有改变,资源环境对经济社会发展的约束更加凸显,保护耕地和节约集约用地任务更加艰巨。有效解决各类土地利用中存在的问题,进一步改善农村生产生活条件和生态环境,优化城乡用地结构和布局,提升土地利用效率和效益,促进工业化、城镇化、信息化和农业现代化同步发展,是一项重大的历史任务。

(1) 从耕地看。我国耕地具有"三少一差"的特点,即人均耕地少、优质耕地少、宜耕后备资源少、耕作条件差。1996 年我国人均耕地面积为 1.59 亩❶/人,但随着人口的快速增长及其他因素,到 2009 年已下降到 1.52 亩/人,远低于世界人均耕地面积 3.38 亩/人的水平。耕地细碎化问题突出,田坎、沟渠、田间道路面积占了现有耕地面积的 13%;农业基础设施仍很薄弱,超过一半的耕地达不到旱涝保收的标准,农田防护体系很不健全。根据全国农用地(耕地)分等成果,我国优等耕地面积仅占 2.7%,高等地面积占 30%,中、低等地面积超过了 2/3。我国耕地的基础条件与建立规模化、机械化和集约化的现代农业生产体系的要求还存在较大差距。此外,很多地区土壤污染严重,特别是分布于大城市周边、交通主干线及江河沿岸的耕地重金属和有机污染物严重超标。有关调查结果表明,我国现有耕地受到中重度污染的面积约 5000 万亩。从耕地后备资源分布情况看,由于水土资源空间错位,宜农未利用土地资源日益匮乏,全国集中连片、具有一定规模的宜耕后备土地资源现仅 8000 万亩,除新疆维吾尔自治区和东北部分地区外,大多分布在生态脆弱地区,补充耕地难度大、成本高,对大规模开发补充耕地的依赖难以为继。

---

❶ 1 亩 ≈ 0.0667 公顷。

(2) 从城镇工矿建设用地看。多年来，城镇建设用地呈"摊大饼"式蔓延扩张趋势，低效利用和闲置问题十分突出。据测算，我国城市平均容积率只有 0.3 左右，40% 以上的土地属于低效用地，5% 土地处于闲置状态，城镇建设用地至少还有 40% 的挖掘潜力。当前城镇化存在的一个突出问题是，土地城镇化速度远高于人口城镇化速度。以华北地区为例，2003—2012 年，华北观测点 37 个县（市、区）主城区人口增幅达 53.65%，年均增长 5.4 个百分点；主城区建设用地面积增幅为 70.97%，年均增长 7.1 个百分点。我国工矿仓储用地占建设用地供应比例过高，一般超过 40%，远高于国外 15% 的水平。全国工业项目用地效率普遍偏低，容积率仅为 0.3~0.6，发达国家和地区的容积率一般在 1 以上。

(3) 农村建设用地看。随着我国城镇化进程的加快，农村人口大量向城镇转移，但村庄居民点用地规模不减反增，呈人减地增的逆向发展趋势。有关资料显示，1997—2008 年，我国农村人口减少了约 14%，而村庄占地面积增长了约 4%，农村人口人均居民点用地高达 259 米^2/人，远远超过现行人均 150 米^2/人的最高限制，废弃、闲置和低效利用问题突出，"散、乱、空"现象普遍存在。2003—2012 年，华北观测点 37 个县（市、区）农村人口减少 28.06%，但农村居民点面积反而增加 11.52%，人均建设用地面积由 311 米^2/人上升为 482 米^2/人，上升了约 55%。

(4) 从废弃地看。我国现有 11 万余座矿山，每年仅矿山开采活动损毁的土地约为 300 万亩，再加上其他生产建设活动，每年因生产建设损毁的土地面积更大，60% 以上新增的损毁土地是耕地或其他农用地。同时，我国还是世界上自然灾害最严重的国家之一，受极端异常气候影响，局部地区地质灾害呈易发、高发态势，每年因自然灾害损毁的土地在 160 万亩左右。经过 30 多年的发展，我国的土地复垦工作取得了很大进展。据统计，目前土地复垦率已提高到 25%，但仍然存在"旧账未还、又欠新账"的状况，全国因生产建设活动和自然灾害损毁的土地还有约 1 亿多亩。

此外，我国土地生态环境退化趋势仍在持续，全国土地盐碱化、沙化面积达 20.25 亿亩（其中盐碱化耕地 1.1 亿亩），水土流失面积达 53.4 亿亩。土地资源禀赋条件差，土地粗放利用现象普遍存在，进一步加剧了建设用地供需矛盾。我国正处在工业化快速推进阶段，中西部工业化加速，东部产业转型升级，产业用地需求强劲。城镇化水平正处于 30%~70% 快速增长区间，城镇用地需求将持续上升。今后一个时期，基础设施用地需求也处在高峰期，一系列区域发展规划的落地及各类开发区扩区发展等都将导致建设用地需求呈激增态势。在工业化、城镇化和农业现代化同步加快推进背景下，工业农业争地、城镇农村争地、生活生产生态争地不断加剧，土地供需矛盾更加尖锐。

综上所述，目前城乡建设用地"双扩"已经形成对耕地的"双挤"局面，使得保护耕地的难度加大，对国家粮食安全提出了严峻挑战；城乡建设用地的利用效率低下，这种粗放型土地利用方式已经不能为继，必须着力优化城乡用地结构和布局，提高建设用地利用效率，进一步提升土地资源对经济社会可持续发展的支撑能力；大量废弃土地引发的问题日益凸显，耕地污染日益加剧，土地生态环境持续恶化，必须把生态文明建设理念融入土地开发利用和管理的方方面面，保障土地可持续利用，保障人与自然的和谐发展。

上述各类土地利用问题的最终解决，都依赖于土地整治这一根本措施。土地整治承载着优化土地资源利用、支撑经济社会全面协调可持续发展的历史重任，面临着前所未有的发展机遇和重大挑战。

1.2 土地整治的内涵

1.2.1 土地整治的基本概念

土地整治是世界上许多国家解决经济社会发展过程中土地利用问题，调整土地利用结构和布局，改善人地关系的重要手段，是人类在土地利用实践活动中不断建设土地和重新配置土地，对土地利用进行外部干预，以实现土地优化利用目标的过程，也是一项推动农村发展的有效工具。

"整治"一词包含"整理、治理"的含义，"土地整治"从字面理解，即对土地进行开发、利用、改良、治理和保护等相关活动。土地整治以获取土地利用的社会效益、经济效益、生态效益三者协调统一的综合效益为原则，以保护和改善生态环境为前提，以改善农业生产条件和提高土地的集约化利用程度为手段，以实现土地资源的可持续利用为最终目标。

不同国家和地区及同一国家的不同发展阶段，土地整治的目标和重点有所不同，管理程序也有所差异，但从本质上都体现了对土地利用问题的解决和土地利用布局的调整和优化。其中以德国、荷兰、日本和我国台湾省最具有代表性。德国是世界上最早开展土地整治的国家，其初始目的是为了改善农业和林业的生产条件，合并分散田块，调整田间道路，以满足机械化耕作的要求。随着经济的发展，土地整治为建设准备土地，将大型基础设施建设打乱的地块重新规则化。现代的土地整治，则是以实现城乡生活等值化理念为原则，促进村庄更新和农村发展，注重生态与景观保护，改善人们的生存环境。荷兰土地整治是依据空间规划目标，通过土地所有权和土地用途的调整，改善农村地区土地利用布局和结构。日本土地整治又称作土地区划整理，实质上是一种将基础设施建设与居民地块调整相结合的开发方式。我国台湾省土地整治被称作土地重划，包括农地重划、市地重划和社区重划，其主要目的是改善土地利用环境，提高土地利用效能和价值。

从土地整治的概念看，不同国家和地区对土地整治的称谓不尽相同。例如，在德国、法国、荷兰、意大利、葡萄牙等欧洲国家一般叫"土地整理"（Land Consolidation），在澳大利亚、尼泊尔叫"土地联营"（Land Assembly），在日本叫"土地区划"（Land Reorganization），在韩国叫"土地调整"（Land Readjustment），在加拿大叫"土地重置"（Land Replotting），在我国台湾省叫"土地重划"（Land Rearrangement）；在中国大陆，不同的发展阶段对土地整治的称谓不同：1998年以前以"土地整理"概念为标志，1999—2007年以"土地开发整理"或"土地整理复垦开发"概念为标志，2008年党的十七届三中全会第一次在中央层面提出"土地整治"（Land Consolidation and Rehabilitation）的概念，是对"土地整理"和"土地开发整理"概念的继承和发展，也是土地整理复垦开发的统称。

2014年5月，国土资源部以第61号令的形式发布实施《节约集约利用土地规定》，对土地整治的内涵和目标进行了界定，其中第二十八条规定："国家鼓励土地整治。县级以上地方国土资源主管部门应当会同有关部门，依据土地利用总体规划和土地整治规划，对田、水、路、林、村进行综合治理，对历史遗留的工矿等废弃地进行复垦利用，对城乡低效利用土地进行再开发，提高土地利用效率和效益，促进土地节约集约利用。"由此可以看出，我国土地整治的范围已不局限于农用地，也不局限于农村土地，而是对全域土地的整治。概括起来，我国的土地整治是对低效利用、不合理利用和未利用的土地进行综合治理，对生产建设损坏和自然灾害损毁的土地进行恢复利用，提高土地利用效率和效益的活动。

1.2.2 土地整治的类型

根据整治对象和内容的不同，土地整治可分成5种类型：农用地整治、农村建设用地整治、城镇工矿建设用地整治、土地复垦、宜农未利用地开发。

1. 农用地整治

农用地整治是指在以农用地（主要是耕地）为主的区域，通过实施土地平整、灌溉与排水、田间道路、农田防护与生态环境保持等工程，对田、水、路、林进行综合治理，增加有效耕地面积，提高耕地质量，改善农业生产条件和生态环境的活动。农用地整治具体包括农用地面积和位置的变动、地块的归并及权属的调整，水、电、路等小型基础设施配套和零星农宅的迁出或合并等。

农用地整治可根据整治后的主导用途，分为耕地整治、园地整治、林地整治、牧草地整治和养殖水面用地整治等。耕地整治，指的是对农田进行的整治，主要包括土地平整工程、农田水利工程、田间道路工程、其他工程（如农田防护林工程、生态环境保持工程等）及权属调整。耕地整治应当促进耕地集中连片，增加有效耕地面积，提升耕地质量，改善生产条件和生态环境，优化用地结构和布局。园地整治，主要指对果园、桑园、橡胶园和其他经济园林用地的整治。林地整治，包括对防护林、用材林、经济林、薪炭林、特种林地的整治。牧草地整治，包括对放牧地和割草地的整治。养殖水面用地整治，主要指对人工水产养殖用地的整治。

2. 农村建设用地整治

农村建设用地整治是指对农村地区散乱、废弃、闲置和低效利用的建设用地进行整治，完善农村基础设施和公共服务设施，改善农村生产生活条件，提高农村建设用地节约集约利用水平的活动。农村建设用地整治的具体内容，包括农村居民点整治、"空心村"整治、农村工矿废弃地整治和农村砖瓦窑场整治。

农村居民点整治，是通过对农村居民点的用地规模、内部结构及空间布局进行调整，并配合公共基础设施的改造和完善，达到改善农村生产生活条件和生态环境的目的。农村工矿废弃地整治，是通过对地处农村、废弃的工矿和企业的农民集体所有建设用地的整治，使其达到耕作标准以增加耕地面积。农村砖瓦窑场整治，是通过对农村长期废弃、闲置的砖瓦窑场用地进行整治，使其达到耕作标准以增加耕地面积。

3. 城镇工矿建设用地整治

城镇工矿建设用地整治，是指对低效利用的城镇工矿建设用地进行改造，完善配套设施，加强节地建设，拓展城镇发展空间，提升土地价值，改善人居环境，提高节约集约用地水平的活动。城镇工矿建设用地整治，包括城镇建设用地整治、独立工矿用地整治和基础设施用地整治。

城镇建设用地整治，包括对城镇建成区内的存量土地的挖潜利用、旧城改造、用途调整和零星闲散地的利用。独立工矿用地整治，包括对就地开采、现场作业的工矿企业和相配套的小型住宅用地的布局调整、用地范围的确定和发展用地选择，一般不包括大规模废弃地复垦。基础设施用地整治，包括公路、铁路、河道、电网、农村道路、排灌渠道的改线、裁弯取直、疏挖和厂站的配置、堤坝的调整，也包括少量废弃路基、沟渠等的恢复利用等。

4. 土地复垦

根据《土地复垦条例》，土地复垦是指"对生产建设活动和自然灾害损毁的土地，采取整治措施，使其达到可供利用状态的活动"。土地复垦是解决经济社会发展、矿产资源开发与土地资源保护的矛盾，防止环境污染、恢复生态平衡、促进社会和谐的有效途径。复垦后土地的利用方向，应按照经济合理的原则，结合自然条件和土地损毁情况来确定，宜农则农、宜林则林、宜渔则渔、宜建则建地恢复利用。

土地复垦的对象：露天采矿、烧制砖瓦、挖沙取土等地表挖掘活动所损毁的土地；地下采矿等活动造成地表塌陷的土地；堆放采矿剥离物、废石、矿渣、粉煤灰等固体废弃物压占的土地；能源、交通、水利等基础设施建设和其他生产建设活动临时占用所损毁的土地。

其中，由于历史原因无法确定土地复垦义务人的生产建设活动损毁土地，称为历史遗留损毁土地。自然灾害损毁土地，主要包括气象、洪水、地质、地震等灾害造成原土地功能丧失的农田和其他成片土地。

5. 宜农未利用地开发

宜农未利用地开发是指对宜农未利用地采取土地整治措施，使其转化为耕地，以增加耕地面积、改善生态环境为主要目的的活动。宜农未利用地开发，应当根据环境和资源承载能力，坚持有利于保护和改善生态环境的原则，因地制宜、适度开展。

从当前已经进行和正在进行的土地开发活动来看，主要有以下3种类型：

（1）宜耕荒地的开发。宜农荒地主要指在现代经济技术条件下，可以开垦的天然草地、疏林地、灌木林地、盐碱地和其他未被利用的土地。这一类型的土地开发曾经伴随着人类社会的发展，成为人类开发活动的主体。目前，中国可供开发的大片荒地资源数量已经不多，并且主要集中在西部自然条件相对较差的区域。

（2）闲散地开发。闲散地主要指面积零碎、分布散乱的尚未利用的废塘库、滩洼地、水冲沙压、自然滑坡等自然灾害破坏的土地。闲散地开发主要是将这些尚未利用的零碎、散乱的土地开发成可利用土地的过程。

（3）沿海滩涂的开发。沿海滩涂主要指分布于沿海潮间带的那部分涨潮淹没、退潮露出的土地，这部分土地只需采用一定的工程措施，就可被人类利用。沿海滩涂的开发是指利用一定的工程技术措施，将这些尚未利用的滩涂开发成耕地的过程。沿海滩涂是一种特殊的自然资源，其经常处于不断发展和变化的状态，可以边开发、边利用、边生长。因此，沿海滩涂的开发将是未来土地开发的重要方向。

1.3　我国土地整治发展实践

1.3.1　土地整治发展历程

我国是一个土地开发历史悠久、农耕文明灿烂的国家。有学者认为，我国最早的土地整治活动可追溯到西周时期的井田制度。据《周礼·遂人》记载："凡治野，夫间有遂，遂上有径；十夫有沟，沟上有畛；……川上有路，以达于畿。"这段话就清楚地说明了当时田块、渠道和道路的布置形式，表明了当时的人们已经开始了以规整田块、兴修渠道和建设道路为主要内容的土地整治。古代奴隶社会的井田制、秦汉的屯田制、西晋的占田制、北魏隋唐的均田制等，都可以被认为是土地整治的雏形。

新中国成立前，相关法律规定："国家对于土地之分配与整理，应以扶植自耕农及自行使用土地人为原则……"，各省政府一般都设有土地整理委员会或土地整理处，专门负责土地整理工作，并且制订了相关政策和标准。例如，1933年8月，福建省就拟定了《福建省土地整理规程》，同年10月，省政府设立土地整理处。1935年安徽省出台了《安徽省土地整理章程》。

新中国成立后，中央政府多次进行了以基本农田建设为主要内容的土地整理活动，而现代意义上的土地整治则开始于改革开放以后，大规模的土地整治只有十几年的历史。国土资源部土地整治中心及省、市、县级土地整治机构相继成立以来，土地整治系统广大干部职工秉承时代赋予的神圣职责，抢抓机遇、勇担使命、积极谋划、务实创新，土地整治工作在全国范围内广泛开展、深入推进，在保障国家粮食安全、促进城乡统筹发展、维护群众权益等方面发挥了重要作用。

从第一部《中华人民共和国土地管理法》（以下简称《土地管理法》）诞生并对相关工作作出原则性规定开始，可将1986年以来的土地整治工作简单划分为探索起步阶段（1986—1997年）、发展壮大阶段（1998—2007年）和跨越发展阶段（2008年至今）三个阶段。

1.3.1.1 探索起步阶段（1986—1997年）

20世纪70年代末期实行改革开放以后，我国工业化、城镇化发展逐渐步入正轨，生产建设占用耕地数量快速增加，耕地面积持续减少，仅1985年耕地面积就减少了1500万亩，引起中央政府的高度关注。1986年，党中央提出"十分珍惜和合理利用每寸土地，切实保护耕地"是必须长期坚持的一项基本国策；同年6月，全国人民代表大会常务委员会通过的《土地管理法》将"合理利用土地，切实保护耕地"作为立法主要目标，并对国有荒山、荒地、滩涂开发和生产建设损毁土地复垦作出原则规定。

1987年4月，国务院发布《中华人民共和国耕地占用税暂行条例》，征税目的在于限制非农业建设占用耕地，设立发展农业专项资金，促进农业生产的全面协调发展；同年7月15日，原国家土地管理局在辽宁省本溪市组织召开全国首次土地开发典型经验交流会，会议号召加强土地开发以保持全国耕地面积相对稳定。1988年连续出台了《国家土地开发建设基金回收管理试行办法》和《国家土地开发建设基金管理试行办法》（已失效），落实国务院关于"耕地占用税全部用于扶持农业生产"、"取之于土、用之于土"和实行专款专用原则，建立了国家土地开发建设基金，明确了具体开支范围，其中就包括开垦荒地、围垦滩涂和整治改良中低产耕地。同年，国务院发布《土地复垦规定》，界定了土地复垦概念，明确了"谁破坏、谁复垦"的原则，我国的土地复垦工作自此走上有法规可依的轨道。随着我国改革开放的深入推进，经济社会发展对土地的需求量激增，土地有偿使用制度应运而生。1989年以来，国家发布《国务院关于加强国有土地使用权有偿出让收入管理的通知》等文件，对土地有偿出让收入使用管理进行了规范。在此基础上，财政部、原国家土地管理局于1995年联合发布《关于加强土地使用权出让金征收管理的通知》（财综字〔1995〕10号），进一步明确"土地出让金应全部上缴财政，由财政列入预算，专款专用"，而土地开发是两项专项用途之一。针对耕地面积锐减、土地资产流失的局面，1997年中共中央、国务院出台了《关于进一步加强土地管理 切实保护耕地的通知》（中发〔1997〕11号），明确要"实行占用耕地与开发、复垦挂钩政策"、"积极推进土地整理，搞好土地建设"，第一次正式将"土地整理"写入中央文件并界定内涵，并且规定"原有建设用地的土地收益全部留给地方，专款用于城市基础设施建设和土地开发、中低产田改造；农地转为非农建设用地的土地收益，全部上缴中央，原则用于耕地开发"。相关法律和政府规范性文件的相继颁布实施，表明土地整治相关工作开始纳入政府工作内容，并由国家主导开展。

这一时期，全国各地因地制宜陆续开展了各有特色的土地整理活动。截至1997年底，全国已有400多个县开展了一定规模的土地整理实践，并形成一批典型，例如，以江苏省苏南地区和浙江省湖州市为代表的结合基本农田建设开展的农田整理，以上海市为代表的农民住宅向中心村和小集镇集中、乡镇企业向工业园区集中及农田向规模经营集中的"三个集中"土地整理模式，以安徽省六安地区为代表的田、林、路、渠、宅、塘、渔、墓"八位一体"小区综合治理，以山西省阳泉市为代表的城市低容建设用地整理，以及以河北省、天津市、湖北省、安徽省等地为代表开展的村庄土地整理等。与此同时，土地整治国际合作与交流也悄然起步。1988年2月，德国巴伐利亚州农林食品部土地整理局和汉斯·赛德尔基金会与山东省青州市何官镇南张楼村合作启动了我国第一个土地整治国际合作项目——"土地整理与村庄革新"项目，也称"巴伐利亚试验"、"城乡等值化试验"。在德国专家的帮助下，完成了项目规划设计，融入了德国土地整理的先进理念。为配合该项目的实施，1989年6月，应汉斯·赛德尔基金会的邀请，山东省青州市政府、省测绘局、省土地管理局及南张楼村联合组成土地整理代表团赴德国考察学习巴伐利亚州土地整理、村庄革新的经验，就此拉开了我国土地整治国际交流的序幕。

这一阶段主要是借鉴海外经验，在实践中探索土地整治在我国的实施路径。1997年，原国家土地管理局组织编纂了《国内外土地整理借鉴》(1998年2月出版)一书，系统介绍了当时国内一些地方土地整理典型做法和经验及海外一些国家（地区）土地整理的做法和法规制度情况，在我国土地整治事业探索起步阶段发挥了重要推动作用。

1.3.1.2 发展壮大阶段（1998—2007年）

从20世纪90年代中期开始，中国工业化、城镇化发展进入快车道，各项建设用地需求持续高涨，加上生态退耕战略的实施，全国耕地资源数量一度锐减，1999—2004年年均净减少2000万亩以上，粮食总产量也在2003年达到1990年以来的最低值。出于保护耕地资源、保障粮食安全考虑，这一时期国家进一步将土地整治纳入地方各级政府的考核范围。1998年8月修订的《土地管理法》提出了"国家实行非农业建设占用耕地补偿制度"，"各省、直辖市、自治区政府负责本行政辖区内的耕地总量动态平衡"，"国家鼓励土地整理"，进一步强化了耕地保护的法律地位；新修订的《中华人民共和国土地管理法实施条例》，要求"县、乡（镇）人民政府应当按照土地利用总体规划，组织农村集体经济组织制定土地整理方案，并组织实施"，土地整理成为耕地保护的重要内容，成为支撑和促进地方经济社会发展的重要手段；2004年，国务院发布《国务院关于深化改革严格土地管理的决定》（国发〔2004〕28号），重申"严格执行占用耕地补偿制度"，要求定期考核地方政府土地开发整理补充耕地情况；2005年，国务院办公厅印发《省级政府耕地保护责任目标考核办法》，确定省级人民政府对本行政区域内的耕地保有量和基本农田保护面积负责；2006年，国土资源部下发《耕地占补平衡考核办法》（国土资源部令第33号），确立了耕地占补平衡考核制度，明确提出开展年度耕地占补平衡考核。土地整治工作因为直接关系地方政府耕地保护目标能否实现而受到更多关注。

现行《土地管理法》颁布实施以来，国土资源部注重结合经济社会发展形势，引导和推进土地整治工作；1999年将上海市奉贤县等20个具有土地开发整理工作基础的市、县列为国家首批土地开发整理示范区；2001年与财政部联合下达了第一批国家投资土地开发整理项目计划与预算，同年，推动建立了耕地储备制度和建设项目补充耕地与土地开发整理复垦项目挂钩制度，以进一步加强和改进耕地占补平衡工作；2002年，成立了土地整治领域的全国性学术组织——中国土地学会土地整理与复垦分会；2003年，发布了《土地开发整理若干意见》，并在福建省漳州市召开了第一次全国土地开发整理工作会议，进一步明确了土地开发整理工作的指导思想和目标任务；2005年，要求各地开展土地开发整理工作应以提高农业综合生产能力为出发点，并于2006年确定了116个国家级基本农田保护示范区，把基本农田建设作为重要内容，标志着我国土地整治工作从以开发未利用地为主，逐步转向以整治现有农田、提高耕地质量为主。为落实《国务院关于深化改革严格土地管理的决定》（国发〔2004〕28号）提出的"鼓励农村建设用地整理，城镇建设用地增加要与农村建设用地减少相挂钩"的政策要求，国土资源部于2006年部署了第一批城乡建设用地增减挂钩试点，以"增减挂钩"为引擎的农村建设用地整治逐渐成为土地整治的重要组成部分。

在中央高度关注和国土资源部的积极推动下，这一阶段土地整治事业呈现不断发展壮大态势，土地整治工作基础进一步巩固。在法律地位提升上，除了在此期间修订的《土地管理法》赋予"土地整理"法律地位，1998年修订的《土地管理法实施条例》和《基本农田保护条例》也对加强土地整理工作提出明确要求。在规划体系建设上，国土资源部于2003年印发《全国土地开发整理规划（2001—2010年）》，并开始部署推动地方各级土地开发整理规划编制实施工作。在资金渠道拓展上，现行《土地管理法》规定，开征新增建设用地土地有偿使用费、耕地开垦费和土地复垦费；2004年国务院8号文件规定，将部分土地出让金用于农业土地开发，同年财政部、国土资源部联合发布《用于农业土地开发的土地出让金收入管理办法》，规定各市、县至少要将土地出让平均纯收益的15%用于农业土地开发。在制度和标准规范体系建立上，这一阶段国土资源部相继出台了一系列土地开发整理工作政策性文件和技术标准规范，初步建立起土地开发整理项目管理制度和标准体系。

总的来看，在这一阶段，以国家投资土地开发整理项目为引领，我国土地整治工作逐步实现了由自发、无序、无稳定投入到有组织、有规范、有稳定投入的转变，土地整治资金数量、项目数量及建设规模快速增长，取得显著成效。1998—2007年，全国通过土地整治补充耕地4042万亩，大于同期建设占用耕地面积3129万亩。土地整治工作受到各级政府的高度重视和社会的广泛关注，社会影响进一步扩大。

1.3.1.3 跨越发展阶段（2008年以来）

2008年是我国土地整治事业发展史上具有里程碑意义的一年。从国家战略部署看，党的十七届三中全会要求"大规模实施土地整治"，土地整治工作正式纳入党中央层面的战略布局。从地方实践看，重庆市农村土地交易所正式挂牌运行，"地票"交易敲响第一槌；国土资源部和广东省人民政府签署共同建设节约集约用地试点示范省合作协议，广东省开始探索以"三旧"改造为主要内容的城镇工矿建设用地整治；江苏省以土地整治项目为载体，以实施城乡建设用地增减挂钩政策为抓手，在全省范围内大力推进"万顷良田建设工程"；其他地方也都在实践中不断创新土地整治做法和运行体制机制。土地整治在内涵和目标上更趋多元化，实施手段更为丰富。从管理格局看，按照把权力和责任放下去、把服务和监管抓起来的改革思路，土地整治项目逐步形成了纵向上"部级监管、省级负总责、市县组织实施"的管理格局，土地整治重大工程和示范建设逐渐成为新时期引领和带动全国土地整治工作的主要抓手。

2008年以来，土地整治各项工作基础得到进一步强化。在法制建设方面，除了《土地管理法》增加了土地整治相关内容外，还加快了《土地复垦规定》修订步伐，并于2011年3月由国务院颁布实施《土地复垦条例》，《土地复垦条例实施办法》也于2013年3月正式施行。在规划体系建设方面，国土资源部于2010年5月正式启动了"十二五"土地整治规划编制工作，先后下发了省级土地整治规划编制要点和市、县级土地整治规划编制规程，特别是《全国土地整治规划（2011—2015年）》由国务院批准实施，极大地推动了本轮土地整治规划工作，促进了国家、省、市、县四级规划体系的加快建立和健全。在监管平台建设方面，2008年国土资源部提出建立统一备案制度，全面实施信息化网络监管，同年研发了土地整理复垦开发项目信息报备系统，于2009年1月1日正式上线运行；2010年报备系统升级为农村土地整治监测监管系统，并于2011年1月1日起正式运行。近年来，依托国土资源综合监管平台和遥感监测"一张图"，初步构建起"天上看、地上查、网上管"的监测监管技术体系。在资金收支管理方面，这一阶段财政部和国土资源部相继发布了一系列政策性文件，例如《中央分成新增建设用地土地有偿使用费稽查暂行办法》、《财政部 国土资源部关于加强土地出让收支预算编制工作的通知》（财综〔2008〕74号）、《财政部 国土资源部关于加强土地整治相关资金使用管理有关问题的通知》（财建〔2009〕625号）及2012年修订印发的《新增建设用地土地有偿使用费资金使用管理办法》等，土地整治专项资金使用管理制度不断健全。在标准体系建设方面，截至2014年6月，已累计发布实施20项行业标准、4项国家标准，其中《高标准农田建设通则》（GB/T 30600—2014）国家标准于2014年6月25日正式实施，土地整治标准体系不断健全，基本实现从可行性研究、规划、设计、建设、施工、监理、质量管理、竣工验收等各环节工作有标准可依。

由于经济社会持续较快发展，这一阶段全国建设用地需求一直居高不下，土地供应形势日益严峻，违法违规用地现象较为普遍。仅依靠"堵"难以奏效，如何"疏堵结合"化解各地用地矛盾成为加强和改善土地管理的一大难题。土地整治无论从"开源"还是"节流"方面，均适合应对经济社会发展对土地管理提出的现实需求，也因而在这一时期得到了长足发展，内涵和外延进一步深化和拓展。首先，城乡建设用地增减挂钩试点运行管理日益规范，继 2008 年国土资源部颁布《城乡建设用地增减挂钩试点管理办法》（国土资发〔2008〕138 号）、2010 年《国务院关于严格规范城乡建设用地增减挂钩试点切实做好农村土地整治工作的通知》（国发〔2010〕47 号）出台后，国土资源部在 2011 年开展大规模清理检查后，及时出台了《关于严格规范城乡建设用地增减挂钩试点工作的通知》（国土资发〔2011〕224 号），对"增减挂钩"试点提出了系统的政策要求，标志着"增减挂钩"在政策引导和试点推进后，开始从微观的项目管理向宏观的制度设计转变。其次，广东省"三旧"改造❶工作日益引起社会各界的广泛关注，特别是 2008 年国务院批准实施《广东省建设节约集约用地试点示范省工作方案》以后，广东省"三旧"改造试点工作全面展开，不同地区还结合实际创造了不同的改造模式，并于 2012 年 5 月在国土资源部与广东省政府联合举办的节约集约用地政策创新座谈会上进行了经验总结和制度提炼，在存量建设用地盘活利用和城镇低效用地再开发等方面形成广泛共识。2013 年 2 月，国土资源部印发了《关于开展城镇低效用地再开发试点的指导意见》，从制度层面形成了有针对性、应用性和普适性的城镇低效用地再开发试点管理组合配套政策。此外，2012 年 2 月，全国低丘缓坡未利用地开发利用试点现场观摩会在昆明召开，同年 3 月，国土资源部下发《关于开展工矿废弃地复垦利用试点工作的通知》（国土资发〔2012〕45 号），低丘、缓坡、荒滩等未利用地开发利用试点和工矿废弃地复垦利用试点也加快部署实施。

总体来看，20 世纪 80 年代中期以来，特别是 1998 年以来，我国土地整治工作得到长足发展，内涵不断深化、外延不断拓展，目标不断丰富，总体上呈现出"规模扩大、内涵拓展、目标多元、效益提升"的发展态势，社会关注和认知程度不断提高，综合效益日益凸显。

1.3.2　土地整治取得成效

十多年来，在各级党委政府的大力支持和有关部门配合下，各级国土资源管理部门大力推进土地整治工作，土地整治项目安排和资金投入的数量和规模不断增长，既推动了土地利用方式转型和土地管理事业全面进步，也日益成为"守红线、保发展、促转变、惠民生"的重要抓手和基础平台，并在促进城乡统筹发展和推进生态文明建设等方面发挥了重要

---

❶ 指旧城镇、旧厂矿、旧村庄的改造。

作用。

1.3.2.1 保证了耕地数量的基本稳定和质量的提升，巩固了国家粮食安全的资源基础

确保国家粮食安全始终是治国理政的头等大事，也是保障和改善民生的头等大事。在国家支农惠农政策激励和全社会共同关注之下，2004年以来我国已经成功实现粮食综合产能稳定维持在5亿吨以上，基本满足了居民食物消费和经济社会发展需求。但是，目前我国粮食产销之间和供求之间的结构性矛盾没有根本改变，加上耕地数量持续减少、后备耕地资源匮乏、耕地质量总体较低、水土匹配空间错位、耕地污染现象严重、全球气候极端变化，以及工业化、城镇化梯度推进等因素的叠加影响，我国粮食供需长期处于紧平衡甚至脆弱平衡的状态，粮食生产重心北移趋势加快，"北粮南运"格局日益固化，对国际市场的依赖性也越来越强，实现保障国家粮食安全这一中国特色农业现代化的首要目标面临极大挑战。近年来，土地整治围绕保障国家粮食安全，从增加耕地数量、提高耕地质量和减少建设占用等方面促进了耕地保护，提升了粮食综合产能，夯实了国家粮食安全的资源基础。

近年来，中国耕地保护形势总体好转，一改过去多年持续快速减少势头，个别年份甚至出现耕地数量净增加，土地整治工作在其中发挥了重要作用。2001—2012年，全国通过土地整治补充耕地5000多万亩，超过同期建设占用和自然灾害损毁耕地面积之和，保证了全国耕地面积基本稳定。2000—2007年，仅国土资源部、财政部就利用中央分成新增建设用地土地有偿使用费安排3054个土地开发整理项目，总建设规模3730万亩，新增耕地677万亩，总投资450亿元。"十一五"期间，全国批准实施土地整治项目12.4万个，新增耕地3100多万亩。不仅如此，土地整治工作还坚持数量、质量并重原则，在补充耕地数量的同时，按照"划得准、调得开、建得好、守得住"的要求，有规划、有计划地开展高标准基本农田建设工作。2001—2013年，全国建成适应现代农业发展要求的高标准、成规模基本农田约4亿亩。整治后的耕地质量平均提升1~2个等，粮食产能普遍提高10%~20%，新增粮食产能130多亿斤❶。可以说，通过土地整治实现的耕地数量基本稳定和质量稳步提高，为全国粮食生产"十连增"提供了基础保障，促进了新增千亿斤粮食工程的实施，巩固了农业现代化

---

❶ 1斤=0.5千克。

基础。

1.3.2.2 改善了农村地区的生产生活条件，促进了农业增效、农民增收和农村发展

进入 21 世纪以来，"三农"问题日益成为现代化建设短板。2005 年，党的十六届五中全会首次提出要建设社会主义新农村，国土资源部 2006 年发布《关于坚持依法依规管理节约集约用地 支持社会主义新农村建设的通知》（国土资发〔2006〕52 号），将"积极推进土地整理"作为土地管理、促进新农村建设的一条重要措施。特别是 2008 年，党的十七届三中全会决定，提出"推动科学发展，必须加强农业发展这个基础，确保国家粮食安全和主要农产品有效供给，促进农业增产、农民增收、农村繁荣"后，土地整治工作围绕贯彻落实中央文件精神，坚持以服务"三农"为出发点和落脚点，统筹安排、积极推进，成效显著。通过归并零散地块、改善农田基础设施，提高了农田的排灌能力、抵御自然灾害能力和机械化耕作水平，推动了农业适度规模经营；通过村庄整治，改变了农村散、乱、差的面貌，促进了农民居住相对集中、农村基础设施和公共服务配套设施的改善，特别是一些地方政府在推进农村土地整治中，注重保持农村特色，保留传统的农耕文化和民风民俗中的积极元素，使现代城市和现代农村经济社会和谐相融、现代文明和历史文化交相辉映；通过提高耕地质量、改善农业生产条件，特别是实现了农业的规模化、产业化经营，农民的农业收入随之稳定提高；农民通过参与土地整治工程施工，还直接增加了劳务收入，土地整治因此成为解决农民就业、增加农民收入的有效途径；另外，通过实施土地整治项目，增强了农民的科学观念，提高了农民的参与意识、自我发展和自主管理能力，有利于培育适合新时代发展要求的新型农民，并促进了农村文明社区建设，增强了农民的民主意识，加快了农村民主管理进程。

十多年来，随着大批土地整治工程项目的实施，土地整治工作的"强农"效应凸显，全国农业生产条件明显改善，仅机械化耕、种、收水平就提高了 20 余个百分点；土地整治的"富农"效应初显，每亿元土地整治投资中，工程施工所需的劳动力投入占到 20% 左右，可创造社会劳动力有效需求 150 多万个用工。据测算，"十一五"期间全国土地整治惠及 9100 余万农民，项目区农民人均收入增加 700 余元，参加土地整治工程施工劳务所得合计超过 150 亿元；土地整治的"惠农"效应凸显，仅"十一五"期间全国就直接投资 2390 多亿元整治低效、废弃农村建设用地约 300 万

亩，有效改变了村庄的散、乱、差面貌。根据城乡建设用地增减挂钩试点2013年度评估结果，项目区实施后农民人均年收入提高了30.1%。另外，土地整治在促进"老、少、边、穷"地区农村发展及社会和谐稳定方面发挥了重要作用，成为我国推进扶贫开发、消除贫困的一项重要举措。2001年以来，国家在多数扶贫开发重点县推进土地整治工作，仅中央直接安排资金就超过60亿元人民币。云南省在实施"兴地睦边"土地整治重大工程过程中，与旅游规划、烟水工程相结合，有效促进了新农村建设和农业产业结构调整，推动了当地农民脱贫致富，促进了边疆稳定和民族地区经济社会发展。

1.3.2.3 优化了城乡土地利用结构和布局，促进了土地节约集约利用，推进了城乡统筹和经济社会一体化发展进程

党的十七届三中全会关于"我国总体上已进入以工促农、以城带乡的发展阶段"科学论断提出后，如何促进城乡统筹发展成为当前和今后一个时期土地管理面临的一大难题。针对城乡二元结构事实存在导致的生产要素流通障碍，土地整治特别是试点推进的城乡建设用地增减挂钩项目构建了统筹城乡发展的抓手和平台。近年来，各地深入贯彻落实科学发展观，围绕城乡统筹发展战略，以城乡建设用地增减挂钩、工矿废弃地复垦利用和城镇低效用地再开发政策为引擎，积极探索开展城乡建设用地整治，不仅有效保护了耕地，还进一步拓展了城乡发展空间。一方面，利用节约出来的一部分集体建设用地，引导财政资金和民间资本投入农村，明显改善了村容村貌和生产生活条件，切实增强了农村自身发展能力；另一方面，通过挖潜集体建设用地并在优先满足农村发展需要前提下，将节余的土地指标调剂到城镇，既拓展了工业化、城镇化发展空间，推动了增值收益返还农村，又加快了新农村建设，实现了土地、资本要素城乡之间有序合理流动和经济社会发展成果城乡共享。

城乡建设用地增减挂钩等试点相继实施以来，既增加了耕地面积，又优化了城乡用地结构布局，促进了城乡统筹和经济社会一体化发展。仅"十一五"期间，全国农村就完成拆旧面积227.5万亩，复垦还耕148万亩，平均节地率达到40%，整治出的建设用地主要用于新农村和新社区建设，特别是依法依规发展了一批乡镇企业和非农产业，让集体经济组织和农民参与经营和开发，壮大了集体经济，加快了新农村建设，而节约的92万亩指标按规定在相关县级行政区域内用于基础设施、工业集聚区和新城镇建设后，推动了乡村城镇化进程，促进了县域经济发展。

1.3.2.4 改善土地生态环境和修复受损生态系统，促进了生态文明建设

2007年，党的十七大报告提出要"建设生态文明"，党的十八大报告进一步将生态文明建设纳入社会主义现代化建设"五位一体"总布局。土地整治工作从开始就符合生态文明建设内涵，各地在推进土地整治过程中，针对一些地区土地退化程度较为严重、自然灾害损毁和生产建设破坏土地现象较为普遍的情况，综合运用工程、生物等措施，着力改善土地生态环境，修复、提升土地生态功能。在党的十七届三中全会提出"要按照建设生态文明的要求，发展节约型农业、循环农业、生态农业，加强生态环境保护"要求后，各地更加注重发挥农用地集湿地、绿地、景观等多种生态功能于一身的特点，在农用地整治中综合采取工程、生物、物理、化学、耕作等措施，着力改善土地生态环境，提高生态涵养能力，并在控制土地沙化、盐碱化和减轻水土流失等方面发挥了重要作用；通过土地复垦，进行塌陷区和采空区充填、尾矿库造田、排土场改土造林及风景观赏区建设等，有效修复了矿区生态系统、恢复了受损的生态功能。总体来看，通过土地整治对生态系统的修复和保护，基本实现了生态安全和粮食安全的有机结合，促进了区域生态环境质量的整体提升。

资料显示，土地整治工作在促进全国生态文明建设方面作用显著。仅"十一五"期间，全国各类土地整治项目，通过开展坡改梯和实施坡面防护建设等措施，治理水土流失面积2176万亩；通过实施农田防护林工程，种植农田防护林2.7亿株；通过推广应用节水灌溉技术，将灌溉水利用率平均从0.3~0.4提高到0.6以上；通过土地复垦，大幅度提升了废弃土地复垦率，修复和改善了生态环境。土地整治在改善部分地区生态环境方面，更是发挥了不可忽视的重要作用：在西北干旱地区，通过开展农用地整治，治理了大面积盐碱地，提高了植被覆盖率，增强了防风固沙能力；在西南地区，结合生态退耕，加大保水、保土、保肥的"三保田"建设力度，既治理了水土流失，又保障了粮食生产，实现了生态安全和粮食安全的有机结合；在长江三角洲、珠江三角洲等人口产业密集地区，通过建设高标准基本农田，更加凸显了耕地在维护和改善区域生态环境中的作用。

1.4 海外土地整治经验借鉴

1.4.1 海外土地整治概况

国外土地整治的历史可以追溯到中世纪，德国、荷兰、法国、俄罗斯

等国开展土地整治的时间较早,澳大利亚、加拿大、日本、韩国等也都开展了卓有成效的土地整治工作。

1.4.1.1 德国

"土地整理"一词最早问世于德国,首次涉及土地整理中地块合并的书面文件可追溯至约 1250 年。1886 年,巴伐利亚王国设立了有关土地整理的法律和土地整理专门机构。原联邦德国在 1953 年制订颁布了第一部《土地整理法》。德国现行的《土地整理法》是 1976 年重新修订和颁布的,其把土地整理定义为:"改善农业和林业经济中的生产条件和作业条件,促进农田基本建设和土地开发。"改善生产和作业条件的目的是为了提高农林企业的生产和经济竞争力。对于促进农田基本建设,则把改善农业结构与考虑乡村地区生态补偿功能的土地生态改良结合起来考虑,因而其内容较广泛。土地整治的重要性与日俱增,因为在乡村地区存在越来越严重的不符合规划和不合理的土地利用状况。

同时,德国对土地整理的具体内容规定了 8 个方面,并且制定了长达 13~14 年(最长为 20 年)的土地整理 4 个程序步骤,从而建立了完善有效的法制,从法律上保证了土地整理内容的规范与程序的完备,并使其成为土地整理的先进国家,成为各国土地整理仿效的典范。在德国,任何一种土地整理项目都必须符合土地整理项目的规定和程序。在土地整理过程中,如果有争议和纠纷,最后的裁决权在作为政府部门之一的土地整理法庭。

德国土地整理的 4 个步骤:①制定土地整理总体、详细规划;②明确产权归属及他项权利;③具体实施土地整理规划;④土地整理规划的效益评估核算。一般而言,在德国,土地整理程序规范而严格,一项平均规模和难度的土地整理项目,可能前后共需要花费 12~15 年的时间。

德国特别重视土地整理过程中的公众参与,认为公众的积极参与和广泛支持是土地整理目标能够最终得以实现的关键,也对公众参与进行了明确规定。另外,十分注重对河流沿岸的土地进行用途调整,在河流沿岸的土地上种植树木,形成沿河生态保护系统。土地整理局还要与当地的自然保护主管机关、农业局、水利局等合作,提出土地整理过程中要兼顾自然保护、景观保护和生态环境等方面需求的基本原则和要求。

不同的历史阶段,德国土地整理的重点均有所侧重,内容逐渐趋于完善。19 世纪及以前,土地整理的主要内容是针对农用地的分散、零碎,实施小块并大块,以改善农业生产经营条件;在 19 世纪中叶,土地整理的主要任务是农业结构和农村土地产权的重新调整。德国土地整理研究，主要围绕改善农业和林业的生产及劳动条件而开展；自 20 世纪 80 年代，土地整理研究，逐步集中在乡镇如何通过土地整理来实施其发展计划，或保证其发展目标的实现；进入 20 世纪 90 年代，德国土地整理的内容更加完善，增加了自然保护和景观保护的内容，土地整理的研究也着重于改善乡村生产条件，例如田块调整、村庄改造和基础设施建设、自然资源和人文景观的合理规划。

1.4.1.2 荷兰

荷兰是世界上开展土地整理较早的国家之一，从 20 世纪初开始，荷兰即开始了较大规模的土地整理。土地整理的产生与土地复垦及水资源管理等活动关系紧密。20 世纪 60 年代和 70 年代早期，土地整理作为农业结构调整和扩大农用地面积的一种手段，被政府所重视和推广。但是以经济回报率作为主要的项目实施衡量标准，政府优先开展经济回报率较高的项目，实施目的单一，对传统乡村的土地景观造成了负面影响。

荷兰土地整理实行的是项目运作制。20 世纪 70 年代后期，土地整理逐渐淡化，以提高土地生产力（特别是农业生产力）为主要目的，逐渐加强以综合土地利用为目的的农村开发，开始重视土地整治景观规划，出现了"土地整理项目及农村发展项目中怎样处理农业、土地景观、自然资源保护及户外休闲娱乐区域之间的关系"的争论。目前的《荷兰土地整理条例》是 1985 年颁布实施的，主要是全面保障农村地区的各种利益，给予了省级政府决定土地整理项目实施的权力，并减少了土地整理在空间上的限制，将土地整理范围延伸到了城市化的地区，同时该条例明确要求在土地整理规划中，采取必要的措施保护土地景观，在制定规划的过程中，也必须征求国家科学委员会关于自然和景观保护的建议。

主要通过以下措施来保证荷兰土地整理中的利益分配：一是土地整理项目的选择或立项必须由项目区中 50% 以上的土地所有者和使用者决定；二是土地整理委员会的组成必须有项目区土地所有者和使用者的代表；三是土地整理项目规划是公众参与和各方协商的结果；四是土地收益分配以土地整理前的土地价值为计算依据。

1.4.1.3 日本

第二次世界大战后，日本政府将农业开发作为实现农业农村政策的重要手段，经过半个多世纪的探索与发展，日本农业农村整备事业已初具规模与优势。日本农业农村整备事业的主要内容包括农业生产基地整备、农

地整备、农业水利设施整备、农地灾害预防整备、农村整备、农村道路整备、农村综合整备、农村排水设施整备和中山间地整备。主要内容包括：土地交换分割合并，土地种类转换和其他区划形式内容上的变更、排水造田、填海造田，道路、堤塘、畦畔、沟渠、蓄水池等的变更等。日本政府为实施土地整治，实施了一系列立法措施，形成了以《农地法》、《农业基本法》、《农业振兴地域法》（简称《农振法》）、《农业经营基础强化促进法》（简称《农促法》）和《土地改良法》5项基本法律为主的农地法律体系，建立了完善、彻底的政策评价制度，农业农村整备取得了显著效果。

1.4.2　海外土地整治发展阶段及特点

综观海外土地整治历史，大体上可分为3个发展阶段：

（1）为提高农用地生产力的土地整治阶段（16世纪中叶至19世纪末）。有组织、有规划地归并土地权属，改善农业生产条件，是这一时期土地整治的主要目的。主要内容是合并分散田块，调整田间道路，以满足机械化耕作要求；同时，建设准备土地和将建设打乱的地块重新规则化。

（2）为特定目的的土地整治阶段（20世纪初至20世纪50年代）。随着第二次世界大战后欧洲复兴计划的实施，世界范围内工业化、城市化进程的加快，建设用地与城市用地需求急速膨胀。这一阶段土地整治主要围绕满足城市建设和大型基础建设的用地需求来展开。

（3）为综合性多目标土地整治阶段（20世纪60年代至今）。土地整治的重点转变为促进城乡地区经济社会均衡发展，以城乡居民生活条件等值化为根本原则，促进村庄革新和农村发展，注重自然环境与景观保护，改善人们的生存环境。土地整治在这一阶段才真正在世界范围内成为人们利用与保护土地资源的重要途径，呈现出综合性、多目标、多效益的特点。

1.4.3　海外土地整治经验对我国的启示

德国、荷兰、日本等国家在土地整治制度、理论、技术等方面经过多年实践，已形成了较为完善的体系，其经验对推动我国土地整治的发展具有积极的借鉴意义。

（1）土地整治成为农业、农村与区域发展的重要推动力。通过土地整治，促进了农业生产规模的扩大、生产效率的提高、农村基础设施的改善与生态景观的建设，全面提升农村生活质量，促进区域城乡形态的变化。

德国、荷兰等国通过土地整治,促进了城乡土地利用与景观生态的深刻变化,使其成为世界土地整治的典范。

(2) 有完善的法律作为制度保障。为实现土地整治目标,制定了土地整治的专门法律法规,将土地整治活动纳入法制化轨道,并适应形势需要,不断予以完善。德国、荷兰颁布了《土地整理法》、《土地开发法》,明确规定了土地整治的目的、任务和方法、组织机构及其职能、参与者的权利与义务、土地整治费用、土地估价、权属调整及成果验收等内容。日本也颁布了《耕地整理法》。

(3) 确立土地整治共同投入机制。德国的土地整治资金来源:一般由国家资助80%(其中联邦政府60%,州政府40%),20%为土地整治参与者自筹。对困难的地区,特别是边远地区和山区,国家资助比例较高,尽量减少自筹资金。国家资助的土地整治费用没有一个固定的比例,而是随着具体内容的不同而不同,具有明显的导向作用,有利于土地整治总体目标的实现。为解决土地整治资金的问题,发达国家还建立了比较成熟的融资机制。在德国,可通过发行地方债券的方式为土地整治进行融资;在荷兰、比利时等国,可以申请银行贷款进行土地整治。

(4) 实行土地整治公众参与制度。土地整治先进国家高度重视公众的参与,认为公众的积极参与和广泛支持是土地整治目标能够最终得以实现的关键。德国《土地整理法》明确规定了公众参与土地整治的组织设置、参与规模、形式与步骤,以此保证公众参与的合理性和合法性,使土地整治活动真正达到公开、公平、公正的要求。

(5) 高度重视土地权属调整工作。权属调整是土地整治的关键环节和重要内容,也是土地整治过程中最复杂、最直接影响参与者利益的中心工作。发达国家特别重视土地整治权属调整,并且在权属调整方面积累了丰富的经验。土地整治前要进行测量、确权和估价等工作,整理形成新的权属关系后,要及时进行变更登记。权属调整与分配遵循市场原则,以估价为基础。在德国,一个土地整治项目可能前后需要花费12~15年的时间,调整和明确产权归属及他项权利是贯穿土地整治全过程的关键工作。

(6) 高度重视景观建设和生态保护。土地整治先进国家特别重视对景观和生态的保护,确保规划设计具有生态可行性。德国要求土地整治措施要与项目区的自然生态环境和经济社会发展水平相适应,尽量减少对动植物生存环境的不利影响,防止对景观的持久改变和破坏,并在此基础上采取积极的措施,形成更加合理、功能更强的景观生态环境,以利于生态的稳定和环境的美化。

（7）推进土地整治产业化运作。加强土地整治机构建设，承担土地整治实施与管理工作。例如，德国巴伐利亚州设立了土地整治局，内设7个区域管理处，分片负责管理，目前工作人员达到1500名，每年财政提供行政工作经费折合6亿~7亿元人民币。引入市场机制，实行市场化运作，充分发挥相关专业公司作用。成立土地整治参与者联合会，或土地整治企业（公司）、土地复垦工程公司、土地估价公司等专业机构的参与，使土地整治逐渐步入了科学化、产业化、规范化的发展轨道。

第 2 章　土地整治的基础理论

2.1　土地整治基本属性

土地整治以合理组织土地利用、提高耕地质量、增加有效耕地面积、改善农业生产条件和生态环境为主要目的，最终实现土地资源可持续利用和经济社会稳定发展。土地整治对低效、不合理利用土地实施改造时，必然涉及自然、社会、经济等多个方面，从而使土地整治具备了特有的自然属性、经济属性和社会属性（张凤荣，2012）。

2.1.1　土地整治的自然属性

土地整治，通过工程、生物、技术等手段直接作用于土地上，对土地的自然环境和生态系统产生作用，例如改变土壤结构、土地覆被状况和地貌形态，改善土地质量，保护生物多样性，优化国土资源空间格局等，是人类对农田生态系统的强烈干扰，大规模地改变了地表景观结构，导致自然生态系统组成结构、物质循环和能量流动特征发生了较大变化，其结果将不仅直接影响有效耕地面积和耕地质量，而且会对区域生态环境产生深远影响。

土地整治的自然属性主要体现在土地的自然属性上。土地具有自然综合体的特征，自然形成的物质、能量、空间及其他构成要素，这是土地整治的"自然世界"。与任何土地一样，土地整治中的土地也是由气候、水、土壤、岩石、动植物、微生物、空气、阳光及地形地貌等自然要素填充的三维立体空间。这些要素，既是土地整治的对象，又是土地整治的空间环境，土地整治的过程也就是土地环境的变化过程。

土地的自然要素在区域空间上的不同组合构成了不同的土地单元。复杂多变的自然要素、错综复杂的排列组合造就了丰富多彩的土地类型。土地可以被人类用作各种不同的用途，例如，可以作为农业用地、林业用地、工业用地、住宅用地、商业用地、交通等基础设施用地、旅游等特殊用地。不同地域，由于地理位置及经济社会条件的差异，不仅使土地构成的诸要素（例如土壤、气候、水文、地貌、植被、岩石）的自然性状不同，而且受人类活动的影响也不同，从而使土地的结构和功能各异，最终表现在土地质量的差异上（张正峰等，2007）。因此，土地整治面对的是不同类型、不同特点的土地资源，深入分析其构成要素与特点是土地整治的基本要求；在土地整治过程中，也需要依据其自然属性的不同，采取有针对性的工程技术手段。

同时，对土地自然环境和生态景观的保护和尊重，也是土地整治自然属性的重要体现。现代科技条件下，如果整治目标不明确、规划设计不当，恢复土地原有功能相当不容易，特别是围湖造田、陡坡草地与林地开发等活动对生态环境的不利影响较大，破坏后难以恢复。如果土地整治中缺乏对生态因素的重视和考虑，将会导致工程实践陷入误区。在区域层面上，土地整治规划布局很少考虑生态景观因素，过去往往片面地追求增加耕地面积，缺乏改善生活条件和生态格局的考虑。在农田层面上，较多地考虑田块合并、田面平整，忽视农田防护和景观生态效应，从而损害了生物多样性。在工程技术层面，较多考虑农田的灌排条件，缺乏对整治区水土保育重构技术和景观生态再造技术的考虑（郧文聚等，2011a）。

总之，土地整治自然属性是进行土地整治活动的基础，要求在土地整治过程中遵循土地要素的自然演变规律，选择正确的土地整治措施。

2.1.2 土地整治的经济属性

土地具有的使用价值包括区位价值、生产价值和资本价值。土地整治对土地利用进行调整和治理，促进土地利用实现有序化、合理化和科学化，促进粗放型向集约型转变，对土地资源开展深入加工、改造整治，可显著提升土地价值，产生经济效益，这便是土地的"经济世界"，即通过人类的经济社会活动赋予土地整治的一种基本特性。

土地整治投资行为主体或其他经济行为主体希望通过对土地整治进行资金、劳动、技术等投入获得经济效益，土地整治的预期收益及土地整治过程中所涉及的产权、资金的筹集、利益分配方法等经济特点虽不直接决定土地整治后的土地质量，却在很大程度上决定了土地整治工作的顺利与否及效率。土地整治经济属性突出了理性"经济人"的概念，表明土地整治是一项有资金及劳动投入的过程，是一种典型的经济行为，通过土地整治能获得最大的物质性补偿或收益，追求的是经济利益最大化，也是当前土地整治活动所追求的核心价值之一（张正峰等，2011）。

土地整治的经济属性主要表现在 4 个方面：①土地整治后的地块集中成片，便于规模化和机械化作业，能够产生规模效益，促进农业现代化发展；②通过农村建设用地整理，既能有效解决农村大量土地闲置问题，也能通过空间置换减少城市发展对土地需求的压力，从而实现耕地动态平衡和城镇化建设，实现城乡双赢；③对废弃工矿复垦和市地挖潜，有利于促进土地资源的节约集约利用和产业集聚发展，实现工业化快速发展；④综合整治后的土地更有利于流转，是缩小城乡二元差距、促进城市化进程不可或缺的手段。

土地整治经济属性具有形式多样化等特征，应将促进资源节约集约利用和新型城镇化作为主要发展方向，统筹经济效益的各项作用因素，倡导在区位论和城乡统筹理论指导下集约经营的土地整治新理念。

2.1.3 土地整治的社会属性

土地整治是一项对人地关系进行调整的活动，有力支撑经济社会发展，例如促进农村经济发展、增加就业机会、缩小城乡差别、促进公平分配等。土地整治社会属性强调了人地关系融合的社会和谐，依据人口增长、经济发展、社会进步的客观需求及资源环境的现实状况和科技进步的可能，对土地整治过程中的人口安置、住房建设、邻里关系及生活保障等问题进行的统筹安排，属于土地整治的高级阶段。

土地整治的社会属性主要体现在 3 个方面：①缓解人地矛盾，提高粮食自给率。目前，我国以不足世界 10% 的耕地较好地解决了占世界 22% 人口的吃饭问题，创造了经济建设发展的奇迹。改革开放以来，我国广泛开展了土地整治，有效增加了耕地面积，提高耕地质量，夯实了粮食生产的物质基础，保证了粮食安全。目前土地整治的目标之一是增加耕地面积，解决非农建设占用耕地的问题，缓解人多地少的矛盾，确保经济社会可持续发展。②调整产权，减少土地纠纷，维护农村社会稳定。土地整治过程中对插花地、飞地进行了权属调整，调整后的权属界线明确清晰，减少了土地利用过程中引发的各种纠纷，促进农村社会的稳定。③健全农村基础设施体系，提高土地利用率，提高农民收入。通过对田间道路、供排水设施和供电设施的健全，改善了土地利用不充分的现象，消除了土地利用中的障碍因素，提高了土地利用率、复种指数及土地生产能力，降低了生产成本，进而促进了农民收入的提高。

对土地整治社会属性的把握，有利于国民经济发展目标与社会发展目标协调一致，防止单纯追求项目的经济效益；有利于项目与所在地区利益协调一致，减少社会矛盾和纠纷，防止产生不利的社会影响和后果，促进社会稳定；有利于避免和减少项目建设和运营的社会风险，提高投资效益。

从世界范围看，发达国家的土地整治已经表现出服务于城市建设与农村发展的社会特征，而现阶段，我国部分地区的土地整治还处于追求增加耕地数量的初级阶段；另外，土地整治具有一定的公益性质，是服务社会的一项"德政工程"、"民心工程"，要使这项工程做得更好、更到位，公众参与是必不可少的环节（毕宇珠，2009）。通过公众参与，可在项目设计和运作中弥补技术研究的不足，使土地整治更具可行性，项目设计更具科学性，保障措施更具力度。一旦项目实施，也会因为有公众参与而更加顺利，使项目少走弯路、节省投资。这种把土地整治建立在坚实的群众基础之上的做法，不仅是一种理念，更是推动土地整治工作向前发展的一种更科学、更高效的方式。

因此，新时期的土地整治，应逐渐向优化人地关系、促进新农村建设及改善人居环境的服务型模式转变，追求资源、生态、经济和社会协同的综合效益，大力倡导人地关系协调与公众参与导向下以人为本的土地整治新理念。

2.2 土地整治的基本理念

土地整治是一项复杂的系统工程，涉及多学科知识的交叉和综合，又具有涉及面广、地域性和综合性强的特点，因此，土地整治行为需要多学科理论与方法为基础和依据。只有在相关学科理论的综合指导下，土地整治活动才能有效协调人地矛盾，促进人地系统良性循环，实现人地和谐共处、可持续发展的目标。

2.2.1 基于土地整治自然属性的土地整治理念

2.2.1.1 促进耕地保护与粮食安全

粮食安全是国家安全的重要组成部分，关系到经济发展、社会稳定和国家自立。要解决粮食安全问题，首当其冲的是要解决好中国的耕地资源问题（段文技，2006）。要保障中国的粮食安全，应立足自我、依托耕地，提高耕地的数量和质量，同时保护、保持、提高耕地的内外部生态环境。土地整治在保障耕地数量和质量方面具有积极意义，是保障粮食安全的基础性工程。

据第二次全国土地调查公布的数据，到2009年，我国人均耕地面积约1.52亩/人，明显低于世界人均耕地3.38亩/人的水平。随着中国人口的增加，人均耕地面积还会继续减少。在一个相当长的时期内，耕地资源的紧缺仍然是经济社会发展的硬约束。耕地问题始终是中国土地利用中最重要、最根本的问题。在土地整治中，必须坚持保障粮食安全、坚守耕地红线的基本理念，注重耕地质量的提升和耕地的环境管理，提高耕地的综合生产能力，始终围绕加强耕地尤其是基本农田建设，促进现代农业发展（蔡承智等，2004）。

（1）重点建设高标准基本农田。高标准基本农田建设是今后土地整治工作的重点。全国现有耕地中，优等和高等耕地面积仅占33%，中等耕地面积占50%，低等耕地面积占17%；中等和低等耕地都是因为存在生产性障碍，农田基础设施条件较差。因此，通过土地整治，改善农业生产条件，克服障碍性因素，提高耕地等级及其生产能力还有很大潜力。首先，开展高标准基本农田建设，最重要的是农田基础设施建设，包括灌溉与排水体系、防护林和道路、土地平整、增厚土层等，改善农业生产条件，消除干旱、洪涝、盐渍、瘠薄、水土流失等障碍因素，为作物栽培和田间管理提供一个良好的基础平台，这样才能更好地发挥肥料、水分、品种等农业科技增产的效用。其次，开展高标准基本农田建设，还应包括农田的环境健康建设，根据农田环境质量调查，开展农田环境与健康评估，采取各种措施加大对污染土壤的治理，确保生产绿色安全农产品，增强农业生产发展的"后劲"。

（2）保证生态和资源安全的前提下，适度开发宜农未利用土地资源。宜农未利用土地资源的开发，首先，要符合生态安全的原则，即不能以威胁生态平衡和生物多样性为代价；另外，要符合资源安全的原则，即开发后不造成资源基础的破坏，应是可持续利用。在不破坏生态环境和开发后不造成资源基础破坏的前提下，对于一些风沙地、山坡地和低湿地等宜农未利用土地资源，在适宜性和限制性综合评价的基础上，有针对性地采用改造工程技术措施，还是可以开发为农田的。在某些情况下，采取适当的高质量工程技术措施，开垦风沙地、山坡地和低湿地，不但可以生产农产品，还可以防止这些宜农未利用土地资源的进一步退化。例如，风沙土本来就有遭受风蚀和扬沙的特性,采取客黏土措施,增加了土壤的结持性和抗风蚀的能力;农田防护林的修建降低了风速,也减弱了风力对农田土壤的风蚀。坡地水土流失是自然现象,修建梯田及采取其他护坎护坡的生物防护措施,可减少坡地的土壤侵蚀。因为水稻田本身就是经常淹水的人工湿地系统,所以低湿地种水稻既生产出稻米,又基本维持了湿地生态系统。因此,开发坡地、低湿地和风沙地的关键是要适度、措施得当。至于零星分布在农田地区的"夹荒地",包括沼泽地、苇地等所谓"湿地",由于其面积小且零星分布在农田之中,已不具备该地类应有的生态功能,将这些零星地块整治为耕地,不会造成生态问题。而且,开发这些农田之中的"夹荒地",将其与现有农田连成片,既满足补充耕地的需求,也是阻抗自然恢复过程吞噬人工农田的手段(张凤荣,2009)。

此外,土地整治应增加生态环境保护和景观规划的内容,土地整治之前必须进行生态环境评价,评价土地整治项目工程对动植物、土壤和景观的影响。注意乡村景观的生态价值与文化背景的融合,把丘陵沟谷、河川平地等优美的自然生态景观与土地整治中农田、梯田、乡村建设结合起来,营造优美的农业和乡村景观,在土地整治中加强生物多样性保护,实现土地资源的持续利用。

2.2.1.2 促进生态文明建设

生态文明的核心观念是人、社会与自然的协调发展。生态文明是人类社会继原始文明、农业文明、工业文明后出现的新型文明形态。它以人、社会与自然协调发展作为行为准则,建立有序健康的生态机制,实现社会、经济、自然环境的可持续发展。近年来,土地整治在促进生态文明建设方面发挥了积极作用。具体表现为:①提高土地质量;②改善农田小气候;③减少水土流失;④美化农村生态环境。

然而,土地整治是对土地生态系统的一种改变,既有有利的一方面,也有不利的一方面。在增加土地面积、改善农田气候、减少水土流失及美化农村环境的过程中,由于工程设计和施工过程缺少对生态环境要素的考虑,出现了一些不良现象,如对水资源、生物多样性和土壤结构等产生作用(宋慧瑾等,2009)。

生态文明要求开展广义的土地整治,重视人与环境、生物与生物、生物与非生物之间的生态平衡。首先,提高土地整治规划的综合性和科学性;把生态景观因素引入各级土地整治规划中,在战略层面上,落实好土地整治服务于生态文明建设的目标、任务和途径;土地整治规划应开展并整合土地利用布局和调整、基础设施建设、乡村景观提升、历史文化遗产保护、生态网络规划、水土安全规划和乡村休闲旅游规划等，推进城乡一体化绿色基础设施建设，促进国土生态安全。其次，把握好不同类型土地整治生态景观建设的关键环节；目前土地整治生态景观建设应把握不同类型土地整治生态景观建设的关键环节，积极推进生态景观技术应用；在农田整治中，加强土地生态修复，积极推进沟、路、林、渠生态景观化技术应用，建设高标准、高自然价值农田，提高土地综合生产能力，确保粮食和生态安全。在村庄整治实践中，维系和提升地域景观特征，挖掘乡村景观美学和文化价值，促进乡村休闲旅游经济发展（郧文聚等，2011）。

具体包括以下内容：

（1）完善土地整治中的生态环境评价，防止土地整治可能产生的生态负效应。一是对由于土地整治引起的土地复垦与生态恢复治理率、森林覆盖率、水土流失治理率、沙化治理率、水质、土壤、生物多样性等生态环境指标变化进行综合评价，并将土地整治生态环境影响评价作为项目审核通过的一项重要指标。二是在修建沟渠时，除斗沟、斗渠外，农沟、农渠尽量不使用钢筋混凝土结构，以保护生物生境，也有利于生物和微生物降解农药，保护水资源安全；土地平整工程中，尽量避免铲除树木，以保持水源涵养；对原有沟渠能够起到灌排作用的，可按原状进行修复，不需要截弯取直，以降低地表水流速，发挥水生生物的水体自净能力。

（2）土地整治应立足于对生态环境的"改善"，而不是"改变"。土地整治是一个典型复合系统，不仅包括自然、技术和经济因素，而且包括了重要的生态因素。如果缺乏对生态因素的重视和考虑，不注重生态保护，土地整治将对项目区及周边区域的水资源、水环境、土壤、植被、大气、生物等环境要素及其生态过程产生诸多直接或间接的负面影响。所以，土地整治工程要真正做到"在开发中保护，在保护中开发"，追求生产能力服从生态文明这一目标，在生态环境容许限度内进行操作，不应该随意改变自然生态状况，更不应该以工程机械之力逞强，为片面追求经济效益而破坏生态系统。

（3）重视土地整治对生态景观的影响，加强景观文化保护。土地整治应在尽可能增加有效耕地面积和旱涝保收面积的同时，采取各种措施，使生态景观永恒发展和生物持续繁衍；把生态和景观作为一个整体来考虑，重视自然界已有的自然生态系统，仿效自然原型进行设计。例如，农地整治不应片面追求"混凝土化"和"高品位"设计，而应尽能减少水泥、混凝土材料的使用，采用天然工料保持原有自然风貌，为生物提供生态栖息环境。坡改梯原则上采取土坎设计，在沿公路边和土质条件较差的地方及陡坡地段才设计石坎，石坎规模控制在5%左右；田间道路以土石材料铺面，使路肩花草容易生长，成为野生动植物的栖息之所，改善农田小气候；农田水利工程可采用GIS技术，划分流域集水区域并恢复其自然水系网络，按集水渠、引水渠和汇水渠布置集水工程，结合集水工程完善渠岸绿化建设。

（4）坚持生态战略，统领城乡发展。要求土地整治中注重生活设施、生态环境和社会服务设施的支撑作用，加快农村社区化改造和城镇现代化建设；以满足人民群众的基本需求为出发点，不断完善以民生为重点的社会服务体系，在新城及新型社区建设中普及城镇居民基本医疗保险，在农村进一步完善新型合作医疗体系，加强公共卫生、农村卫生和社区卫生建设，促进城乡基本公共服务均等化，促进农村劳动力向第二、第三产业集中区域聚集，区域整体社会保障水平显著提高。

（5）提高土地整治生态意识，推动景观生态型土地整治模式。土地整治作为实现土地资源可持续利用的具体措施和手段，要以土地利用在生态阈限之内，坚持不破坏土地生态经济系统为基本前提，在土地生态环境允许限度之内进行土地整治；要有一个整体观、全局观和系统观，充分考虑土地生态系统的内部和外部的各种相互关系，避免对本地区及其周围生态环境产生不利影响。

2.2.2 基于土地整治经济属性的土地整治理念

2.2.2.1 促进城乡统筹发展

土地整治是新农村建设的重要内容，是落实"工业反哺农业、城市支持农村"方针的一项重要举措。土地整治的功效与城乡统筹发展的要求具有高度一致性。

土地整治与城乡统筹发展是相互促进的关系，两者具有较强的衔接性。在土地整治过程中，可以从农业产业化发展、基础设施建设、土地资源整合和生态环境改善等方面表达城乡统筹发展的理念（郭翔宇等，2004；陈锡文，2008；刘彦随，2011）。

（1）推进农业产业化发展理念。实现城乡统筹发展，需要推进农业产业化发展，倡导以工业化带动农业化，用经营工业的理论来发展农业的指导思想，按照以城市带动农村、农业服务城市的思路，不断推动农业功能由单一的生产功能向生产、生活、生态功能转变，提高农业的经济效益、生态效益和社会效益。推进农业产业化发展需要在农村加快构建规模高效产业带、壮大农业龙头企业、健全农产品产业链，从而实现生产条件改善、农业投资增长，从而促进一定土地面积上的劳动、资本与技术更密集结合，提高各生产要素的边际生产率及农业生产的收益，增加农民就业、促进农民增收。因此，现代土地整治在进行土地资源重组的基础上，消除农村地区生产条件落后、农用地分布零散的困境，大力推进土地经营的规模化、集约化和农业产业结构的调整和优化，同时配备产业发展所需的农业基础设施，为现代农业及农业产业化创造条件。这是土地整治推进城乡经济统筹发展的核心任务。

(2) 加强农村基础设施建设理念。城乡统筹发展的重要内容之一，是实现城乡基础设施一体化，使城区和农区都具有现代化的社会公共服务设施，城乡居民都具有平等享用公共产品的机会。土地整治是改善农村生产生活条件的有效途径，土地整治专项资金也是农村基础设施建设的主要资金来源。因此，土地整治要进一步加大对农村基础设施的投入，解决农村安全饮水问题，以及治理农村污水、垃圾、畜禽粪便污染与农药、化肥污染等农村环境问题，改善农民生产、生活条件，使农村地区乡容村貌得到明显改观，加强城市基础设施向农村延伸，促进形成城乡系统配套、相互融合、功能完善的基础设施网络，努力提高郊区市政基础设施建设水平，加快农村现代化步伐，缩小城乡差距。这是土地整治推进城乡统筹发展的重要内容。

(3) 优化配置土地资源理念。推进城乡统筹发展，迫切需要改变土地资源粗放利用的现状。土地整治未来应加强农村居民点整理，合理规划与整治农村居民点建设用地，将盘活的农村建设用地通过土地的空间置换来满足城镇发展的需要，实现土地资源的节约集约利用。农村居民点整理应因地制宜地采用建多层住宅、村庄归并、缩村填实、规模搬迁等多样方式，将闲置用地或利用不当的土地整治出来，一部分可以作为耕地，另一部分作为城镇发展所需建设用地的后备资源，可以减少对农地尤其是耕地的占用。农村居民点整治还要注重农村现代化建设的步伐，统一规划、统一设计新型农民住宅，改变农村"脏、乱、差"的局面，提高农民的生活质量，实现农村建设用地的集约化利用，为经济建设提供更多的土地利用空间。这是土地整治促使城乡用地布局合理化的有效措施，是城乡统筹发展的一项新举措。

(4) 美化城乡生态环境理念。城乡生态一体化是城乡统筹发展，增强城市核心竞争力的重要组成部分，改善现有农村生态面貌是实现统筹城乡生态环境建设目标的关键。在土地整治过程中，一方面，要高度重视城市郊区生态环境建设，使郊区成为调节城市生态的平衡区域，构建城乡生态环境高度融合互补、经济社会与生态协调的城乡一体化的生态发展格局。另一方面，要重点改善农村生态环境，减少农村水资源浪费，提高用水效率；控制农业生产的化肥使用量，减轻农村环境污染；注重对畜牧养殖产生的粪便废弃物的综合管理，避免对水、土地资源、环境和农产品质量的严重污染；加强乡村小流域治理、防风治沙、退耕还林和农田水利设施建设等各项措施，防止水土流失、耕地退化和洪涝旱灾等自然灾害，改善水土结构和农田小气候，使农村生态环境得到整体改善。土地整治可以在很大程度上改善农村生态环境，是城乡生态统筹发展的有效措施。

2.2.2.2 促进土地节约集约利用

节约集约用地理念是一个综合的理念，涉及土地利用方面的所有系统因素，其核心问题是如何在节约集约用地的模式下既能满足市场各方的用地需求又能保证必要的耕地数量。而土地整治解决土地利用问题的一个主要方面也在于协调建设用地需求与耕地保护之间的矛盾。因此，节约集约用地与土地整治具有一定的关系融合点和应用共同点。土地整治在本质上是节约集约用地的一种实现方式（高向军，1999）。

随着农地整治的不断深入和技术的不断更新，我国耕地节约集约利用明显有所起色，逐步实现规模化、机械化经营，土地利用综合效益不断提升。相比而言，我国建设用地利用更加粗放，未来土地整治的重点对象为建设用地。根据整治对象的不同，建设用地整治可以分为市地整治和农村居民点整治，市场整治又包括城市土地整治和小城镇建设用地整治。

城市土地整治应该以解决老城区规划落后、街道狭窄、房屋破旧、环境污染等问题为重点，通过城市功能分区改造低矮棚户区、开发限制废弃土地、搬迁污染企业、建造新型住宅小区、兴办高效产业等，挖掘旧城区中被"优地劣用"土地的潜力，重新处置劣势、低效企业和破产企业的土地使用权，盘活现有土地资产，使城区土地在市场机制和价值规律的作用下尽可能地产生更高的经济效益和社会效益。

小城镇建设用地整治对小城镇土地节约集约利用具有重要意义。由于小城镇土地产权多元化的特点，小城镇建设用地整理与城市土地开发整理略有不同。小城镇土地产权类型比较复杂，集体所有的土地在小城镇占主导地位。针对小城镇住宅私有化程度较高的特点，应该采取措施引导城镇居民和集体经济组织（土地所有权人）参与成片改造和综合开发，推动小城镇的建设用地整治，这对提高城镇土地集约化利用程度具有重要意义。

农村居民点整治应该与村镇规划有效衔接，通过村庄改造、归并和再利用，转移农村剩余劳动力、农村人口适当集中、加强基础设施建设等措施，使农村建设用地逐步集中、集约利用，提高农村居民点土地利用强度，促进土地利用有序化、合理化、科学化，改善农民生产、生活条件和农村生态环境。同时，农村居民点土地整治不仅可以有效增加耕地面积、促进集约经营、发展农村经济，而且可以盘活土地资产，壮大村级集体经济（曲衍波，2012）。这是农村经济社会发展到一定阶段，对土地利用由粗放型向集约型转变的客观要求，也是实现农村城镇化，发展农村经济和先打乡村社区的必然选择。

2.2.3 基于土地整治社会属性的土地整治理念

2.2.3.1 有效协调人地关系

"人地关系论"就是从地理环境空间出发，讨论人类社会和人类活动与地理环境的相互关系及其引起的人文现象的空间分布和变化，是人们对于人地关系的认识论。

人地关系协调理论，深刻地阐述了人地之间是一种对立统一的、动态的、互为因果的复杂关系。一方面，"地"是人赖以生存发展的唯一物质基础和空间场所，一定的地域环境能容纳一定数量和质量的人及其一定形式的活动，地理环境经常影响人类活动的地域特性，制约着人类社会活动的深度、广度和速度；另一方面，人地关系是否协调，取决于人类对地理环境的认识、利用、改造和保护的能力（吴传钧，2008）。

由于人们对人地关系的认识不够充分，土地整治的目标、任务会出现一定的偏差，造成单纯追求增加耕地数量，片面追求土地规模增长的状况，其结果是区域人地系统内部各个环节关系失调，导致系统功能不良、资源浪费、环境破坏、效益低下。

土地资源供给的有限性和人类需求的无限性，要求人类对土地利用要以提高土地集约节约利用程度为主，辅以科技手段，不断提高土地生产能力，同时保持生态的平衡性。土地整治作为调控人地关系的一种有效手段，应在人地关系协调理论的引导下，从协调人地关系的角度出发，引导土地利用方式从粗放型向集约型转变，注重人地系统和谐，建立种人与自然和谐相处的最佳土地生态系统。

基于人地关系协调理论的土地整治目标，并不应该仅限于经济发展，还应该包括社会目标和生态环境目标。土地整治应注意区域经济效益、社会效益和生态效益的统一，实现区域生态系统的结构均衡。我国是个发展中国家，在现阶段及未来的一段时间内，土地整治的主要内容应立足于土地资源有限和利用粗放的现实，促进资源和产业结构的合理化和高级化，在兼顾公平的前提下，采取非均衡的开发战略。此外，生态保护与建设是人类社会活动的有机组成部分，包括合理地进行与生态问题有关的人类活动的所有种类和形式。从人地关系协调角度看，生态活动与经济活动应是并行不悖的，科学的土地整治途径就是建立集约化的、合理的人地关系地域系统，注重各种类型资源的节约，通过科技创新提高劳动生产率，积极发展生态农业和生态工业（杨朝现，2010）。

人地关系协调理论同时要求土地整治通过人类自身和生态环境方面的优化，实现土地整治的多种价值和功能，即从传统的追求耕地面积增加转向以经济开发为主，包括社会文化和生态建设在内的全面发展（樊杰等，2002；张正峰，2012）。这种过程是谋求"地"和"人"两个系统各组成要素之间在结构和功能上保持相对平衡，不仅在于使人地关系的各组成要素形成有比例的组合，关键还在于达到一种理想的组合，即优化状态。优化的目标自然也就体现在人类自身优化和生态环境优化两个方面。

（1）人类自身优化是实现土地整治人地关系协调的前提。人既是资源环境系统的成员，又是经济社会活动的主体。作为自然的人，要受自然环境规律的制约，参与资源环境系统的自然再生产；作为社会的人，又并非被动地适应资源环境规律，而是通过经济社会活动对资源环境系统产生干预和影响，以实现区域经济社会的不断发展，正是人的这种特殊地位和作用，使得人类能够通过对自然界的认识和对资源环境的合理开发利用来满足经济社会发展的需要，同时保护资源环境的平衡稳定与改善，获得持久的自然再生产力，实现经济、社会、资源、环境的协调发展。在土地整治过程中，人的自身优化过程主要体现在3个方面：①人自身发展方式的转变，注意发展的质量和人生价值的实现；②人的消费方式的转变，由工业社会的不可持续性消费向可持续性消费转变，即充分利用智力资源、信息资源和可再生资源；③人的智能的转变，人类的思维空间是无限的，人的智能是负熵之源。由于人的智能释放与一定的体制、文化背景密切相连，人的智能的转变必须注重人的素质和科技的转化力、体制及文化的转换力。

（2）地理环境的有序利用是人地关系协调的基础。土地整治的实质就是对土地资源的再开发和利用。资源的开发利用和转化过程对人类社会而言，是一种减熵过程；对地理环境而言，是一种增熵过程。减少地理环境熵增的主要途径是地理环境要有序利用。土地整治中实现地理环境有序利用的要点可归纳如下：①在自然环境允许的范围内，充分开发和利用自然环境各要素所产生的自然力中能直接给人类产生利益和人类能够直接利用的自然力；②对可循环再生或可循环再用的自然环境，要充分开发利用；对不可再生资源，要坚持节约和综合利用，并加大寻求不可再生资源代用品的速度；③对自然资源和环境的利用实行补偿原则，维护和保持可再生自然资源赖以再生的环境，使其可被人类永续利用；④扩大人文资源在人类活动中的地位和作用，减少地理环境的熵增，以实现地理环境的优化。

2.2.3.2 促进土地可持续利用

资源的永续利用是可持续发展的基础。不仅关系到人类社会的可持续发展，也关系到人类社会的持续生存。土地资源既是环境的组成部分，又是其他自然环境资源和经济社会资源的载体，是经济社会发展的基础，是实现可持续发展战略的重要物质基础。土地资源利用与社会、经济、资源环境的协调发展，不断满足经济社会长期发展的需要，达到最佳的社会效益、资源环境效益和经济效益（高殿军等，2000）。

制约土地资源可持续利用的主要矛盾，是土地资源的数量有限性（稀缺性）、质量差异性、空间固定性与日益增长的土地资源多元化需求之间的矛盾。土地整治作为实现土地资源可持续利用的具体措施和手段，是一项实现土地资源可持续利用的长期的、系统的、重要的工程，通过一系列对土地利用现状格局的调整、改造、重建等生物工程技术措施，一方面，增加有效耕地面积，提高土地生产能力，改善生态环境，促进农村、农业发展和农民增收；另一方面，能够在一定程度上满足人们对土地资源数量、位置与效益的需求，为经济社会发展提供用地空间，推动土地资源利用状态向可持续方向发展。

未来的土地整治，必须坚持可持续发展理念，坚持以不破坏土地生态经济系统为基本前提，在土地生态环境容许的限度内实现土地整治工程活动所引起的生态损害最小、组织活动经济可行并得到公众的支持、权属调整活动公平公正（张正峰，2007）。

从土地整治服务功能和作用主体来看，可持续土地整治的内容和理念包括宏观和微观两个层面（叶艳妹等，2002）。宏观上，土地整治有很强的外部性，土地整治在保证所引发的环境损害和生态损害最小的前提下，缓解国家经济社会发展对土地资源的压力，同时尽可能地将土地整治与景观建设、村镇发展等内容相结合，努力实现外部效益最大化，并最终实现区域的可持续发展，这是可持续土地整治的宏观基础。微观上，土地整治包括3个方面的内容：①通过土地整治，要能够解决制约当前土地利用的主要问题，在一定程度上增加耕地面积，保护并提高土地的自然生产能力和生产潜力，增强土地的抗风险能力，这是可持续性土地整治的自然资源基础；②土地整治作为一种工程技术活动，其可持续性还体现在项目本身的投入产出关系上，既要提高土地利用效率和规模化、集约化水平，提高土地整治的直接效益，又要注重资金的使用效率，这是可持续土地整治的经济基础；③土地整治作为一种权属调整行为，其可持续性还体现在不损害土地权利所有者权益的前提下，能够合理地调整、分配土地整治收益，得到公众的积极参与和支持，这是土地整治的社会基础。

2.3 土地整治基础理论

2.3.1 基于自然属性的土地整治基础理论

2.3.1.1 土壤肥力学说

土壤肥力是指土壤为植物生长提供养分、水分的能力及优良环境条件的能力。土壤肥力包括自然肥力、人工肥力和两者相结合形成的经济肥力。自然肥力是指在土壤母质、气候、生物、地形等自然因素的共同作用下形成的土壤肥力，是土壤的物理、化学和生物特征的综合表现。它的形成和发展，取决于各种自然因素质量、数量及其组合适当与否（李天杰等，1983）。自然肥力是自然再生产过程的产物，是土地生产力的基础，它能自发地生长天然植被。人工肥力是指通过人类生产活动，例如耕作、施肥、灌溉、土壤改良等人为因素作用形成的土壤肥力。经济肥力是自然肥力和人工肥力的统一，是在同一土壤上两种肥力相结合而形成的。只具有自然肥力的土壤，不存在人类劳动的任何痕迹；而具有经济肥力的土壤，由于其中包括人工肥力，则凝结有人类的劳动。

由于人工肥力是凭借人的生产活动形成的，人们可以利用一切自然条件和社会条件促使人工肥力的形成，并加快潜在肥力的转化，使土地尽快投入生产。人类的生产活动是创造人工肥力、充分发挥自然肥力作用的动力。土壤肥力经常处于动态变化之中，其变好变坏既受自然气候等条件影响，又受栽培作物、耕作管理、灌溉施肥等农业技术措施及经济社会制度和科学技术水平的制约。

随着气候、水文等自然环境条件的变化及农业生产活动的影响，土壤水、肥、气、热等肥力因子不断发生变化，有些变化对植物生长发育有利，有些变化则不利。在土壤保护过程中，首要保护的是土壤的肥力，要通过采用各种改良方式，提高土壤质量，增加土壤肥力。提高土壤肥力一般有增加土壤养分、改善土壤结构、改善土壤的水热状况、增加生理活性物质等方法。此外，掌握土壤肥力因子的动态变化，及时预测和调控，可使土壤肥力的发展与作物的需求经常处于协调状态，以取得作物高产稳产的效果。土壤肥力分级和土壤肥力监测在土地保护过程中具有重要作用。土壤肥力监测即观测土壤肥力因子动态变化的过程。土壤肥力分级是依据拟定的土壤肥力指标评定的土壤肥力等级。一般包括土壤环境条件（地形、坡度、覆被度、侵蚀度），土壤物理性状（土层厚度、耕层厚度、质地、障碍层位），土壤养分（有机质、全氮、全磷、全钾）储量指标、养分有效状态（速效磷/全磷、速效钾/全钾）等。对土壤肥力进行评定和监测可定期掌握土壤性状，掌握不同土壤的增产潜力，揭示出它们的优点和存在的缺陷，并结合以上改良方式，为各种劣质、低质土地改良提供可能。改善土壤条件、修复土壤环境和提高土壤肥力是土地整治的一项重要内容，所以土壤肥力学说的相关理论和技术要点对土地整治工程设计与实施具有重要的科学指导意义（侯光炯，1978；黄昌勇，2000）。

2.3.1.2 生产潜力理论

（1）作物生产潜力内涵。作物潜在的生产力称为作物生产潜力，也叫理论潜力。它是假设作物生长所需的光、温、水、土、气等都得到满足，耕作技术、品种和管理水平等都处于最佳状态时的生产能力。作物生产力具有时空性，即作物生产潜力随着地点的改变或经济社会技术条件的改变而变化（FAO，1978；封志明，1990）。根据作物生产潜力的实现层次及对生产潜力开发的意义，作物生产潜力包括光合生产潜力、光温生产潜力、气候生产潜力、土地生产潜力、经济生产潜力和现实生产力等内涵，并具有金字塔的结构特征（图2.1）。

光合生产潜力：除光照以外，其他生活因素（温度、水、气、矿物质营养等）满足，生产条件（灌溉、肥料、技术、植保等）最佳，理想作物群体在当地光照条件下，单位面积上的最高产量，是作物产量的理论上限。

```
现实生产力
经济生产潜力
土地生产潜力
气候生产潜力
光温生产潜力
光合生产潜力
```

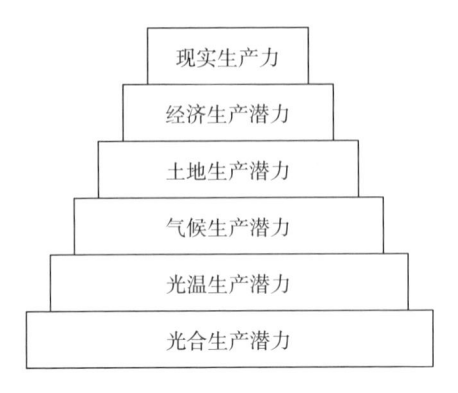

图 2.1 作物生产潜力金字塔

光温生产潜力：除光、温外，其他生态条件（水分、空气等）及所有生产条件（灌溉、肥料、技术、植保等）最佳时，理想作物群体在当地实际光照和温度条件下，单位面积上所形成的最高产量。光温潜力是在当前技术水平下，通过合理投入可能达到的作物产量上限。

气候生产潜力：是指在土壤、投入和管理等条件没有限制的情况下，受水分限制的作物的光温水生产潜力。

土地生产潜力：指受到土壤条件限制的作物的生产潜力，或者称作物的光温水土生产潜力。土地生产潜力可作为当地作物生产争取达到的产量水平。

经济生产潜力：在土地生产潜力的基础上，在当地经济社会条件下，通过物质和能量的投入及农业技术的作用所能实现的产量。它反映了人类对自然的改造程度，是人们可以实现或基本可以实现的产量。

现实生产力：是指在现实条件下，土地的实际产量。它反映了当前的生产水平。

（2）影响作物生产潜力实现的因素。作物生产潜力的实现受诸多因素的影响，用系统科学的观点分析作物生产系统，可将其分为四个子系统：生态系统、技术系统、经济系统和社会系统。作物生产系统的实质就是在一定生态条件下，运用经济学规律和一定的农业技术体系调节和控制的生态系统。生态系统中的气候因子、水分因子、土壤因子及其他生态因子决定了作物土地生产潜力的大小。土地生产潜力的挖掘程度又取决于技术、经济和社会系统中的各因子。在技术、经济和社会系统中的所有因子都可能影响作物生产潜力的实现程度（张晋科，2007）。技术系统中的栽培耕作技术、良种生产技术、机械化水平、管理水平，经济系统中的物质投入、劳动投入及社会系统中的政策、市场等因子都制约着生产潜力的实现（图2.2）。

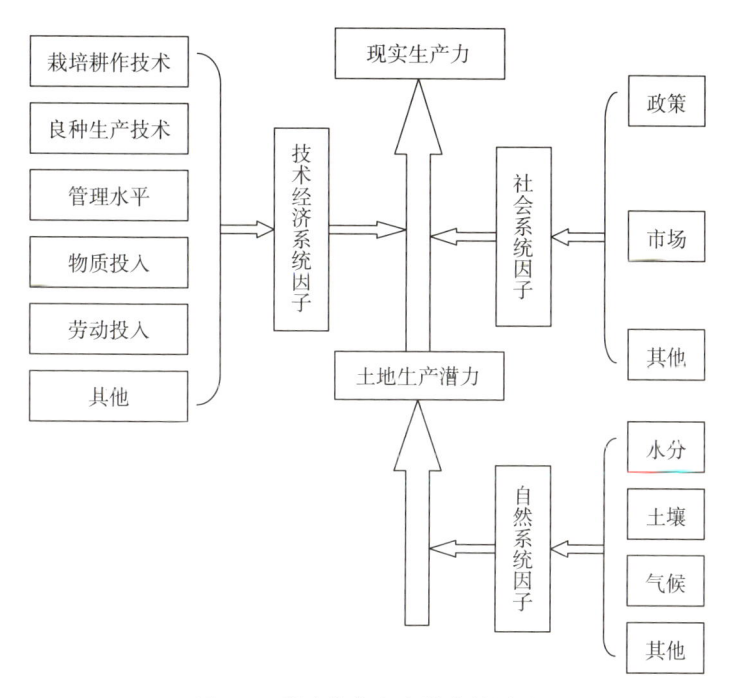

图 2.2 影响作物生产潜力的因子

总之，所有以上因子都对作物生产潜力的大小和实现程度起一定的作用，但不是起同等重要的作用，其作用大小随作物种类及作物生产潜力层次的不同而改变。市场经济条件下，土地生产潜力的开发主要受投入与管理水平的制约，肥料投入、病虫害防治、机械化水平、农业技术应用及田间管理等条件都不同程度地影响作物的产量（许皞，1999）。投入与管理水平受两类因素的影响：首先，受当地经济社会发展水平下农民利用土地能力的影响，也就是说农户的资金和管理技术水平决定了农民利用土地的能力；其次，在土地利用能力既定的条件下，对作物生产的投入与管理还受劳动者投入意愿的影响，即农民愿不愿意对土地进行充分投入。这对于土地整治尤其是耕地质量和综合生产能力的提升，具有重要的指导作用。在不同地区，应该根据限制因素的组合情况和可改变的难易程度的差异，因地制宜地挖掘土地生产潜力，优先整治生产潜力提升空间大且改造难度低的土地资源，对于需要投入大且效益低或破坏生态环境的区域应限制或禁止进行土地整治。

2.3.1.3 土地资源特性理论

土地资源是由地球陆地表面一定立体空间的气候、地貌、水文、基础地质、土壤、生物和经济社会等要素组成的复杂的自然经济综合体（王荣芳等，1996）。在其长期形成、演变过程中，各种要素以不同方式、从不同侧面、按不同程度、综合地影响着土地资源的特性。

（1）光照、温度和水分特性的利用。光照。"万物生长靠太阳"，太阳辐射是地球上所有生命活动的源泉。绿色植物通过光合作用合成有机物质，提供粮、油、棉等生活必需品。影响植物光合作用的太阳辐射因子包括光照强度和光照长度。光照强度通过影响光合作用影响作物植株生长量和经济产量，光照强度大有利于光合产物的积累。中国青藏高原和新疆维吾尔自治区是光照强度最大的地区，因而那里作物的千粒重特别高，棉花纤维长，瓜、果糖分含量高。光照时间长短对光合产物的产量也有重要影响。

温度。植物生长和人类生产活动要在一定的温度条件下进行。以温度为指标，可把全球划分为不同的气候带，在不同的气候带，土地覆被及适种作物也不同。极地冰沼地带，虽然土地宽广，但因为气候寒冷而只有地衣等低等植物生长，对于人类来说，是不能或难以利用的土地。中国东部湿润地区作物种类受温度影响显著。自北而南依次是：北温带，只有靠近南部中温带的边缘地区才能种植短生长期的马铃薯、荞麦；中温带，适种作物是玉米、冬小麦、大豆，一年一熟；暖温带，适种作物是玉米、冬小麦、大豆、甘薯、棉花（南部地区）及苹果、梨等果树，可实行两年三熟或一年两熟；北亚热带，种植水稻、小麦、棉花等，可一年两熟或一年三熟（包括一茬绿肥）；中亚热带，一般是双季稻或稻麦两熟，适种茶、柑橘等经济作物；南亚热带，是中国主要的双季稻区，可一年三熟，适种香蕉、甘蔗、菠萝、龙眼、荔枝等经济作物；热带地区，一年三熟，适种橡胶、咖啡、椰子等经济作物。

降水。水是地球上一切生命活动的源泉之一。在亚热带的非洲大沙漠、中国青藏高原和新疆维吾尔自治区等地区，太阳辐射很强，温度高，土地有着相当高的光温生产力，但是因为干旱缺水，实际生产力水平却很低；在那里，只有在有水或有水灌溉的地方，光、温、水才能耦合，土地才能表现出巨大的生产力。表示降水特征的变量有降水量、降水强度和降水变率。在相同降水量下，强度大的降水容易引起水土流失和洪涝灾害；

在相同的年均降水量下，降水变率越大，作物生产的稳定性越低，旱涝灾害频繁（田有国等，2006）。中国属大陆性季风气候区，降水变率和降水强度都较大，在西北地区尤为明显。在这种影响下，中国广大地区雨季集中，旱涝灾害频繁。在农业生产上必须加强防洪排水和灌溉抗旱的农田基本建设，以增加产量和生产的稳定性，但中国气候也有水热同步、有利于作物生长的优势条件，通过选择优良品种和种植制度，充分利用生长季优越的水热条件，以获得高产。

（2）地形特性的利用。海拔。海拔变化造成水热条件的差异，土地利用要根据这些不同，进行立体布置。例如，在太行山低山丘陵区，可以安排粮食和果树种植业，在中山地带安排水土保持林，在高山地带只能安排天然草场，进行季节放牧。

坡度。坡度的陡缓不仅直接制约着水土流失的强度，也影响着农业机械化和农田基本建设的难易。一般坡度<3°的缓坡耕地未受多大侵蚀危害，可以使用大型农业机械；坡度≥3°对土壤侵蚀和机械使用的影响增大。我国多把25°作为种植业土地的坡度上限；国外不少国家将15°作为耕地的坡度上限。开垦坡地必须采取一定的防止水土流失的措施，包括工程措施、生物措施、栽培耕作措施，这样才能保证土地资源的永续利用，否则，土地资源就会由于水土流失而退化直至被破坏，乃至彻底丧失生产力。

坡向。不同坡向接受太阳辐射的情况不同，阳坡比阴坡能接受更多的太阳辐射，东西坡接受太阳辐射的情况介于阴阳坡之间。要根据坡向种植喜阴或喜阳的作物。

（3）土壤条件与利用。土壤是土地的主体，直接影响一个地区土地资源的生产力及其利用和开发。以下从土层厚度、土壤质地、土壤可溶性盐含量和pH值、土壤障碍层、土壤有机质和养分含量等方面，说明土壤条件与土地利用管理的关系（田有国等，2006；唐华俊等，2008）。

土层厚度与土地利用管理。土层厚度关系到植物的扎根条件。深厚土层不仅为植物扎根提供了良好的立地条件，而且对养分和水分的保蓄能力强，对农林牧业发展均有利；而薄层土壤则对深根性植物的生长产生了限制。土地利用时，要根据土层的厚度选择发展农林牧业和安排对土层厚度适宜的作物品种。例如，谷子是须根系作物，只要有20~30厘米的土层厚度就可生长，而洋槐是直根系的树木，至少需要50厘米厚的土层才能生长。

土壤质地与土地利用管理。土壤质地关系到土壤的物理性质、蓄水保肥能力及工程性质。沙性土、轻质地的土壤耕作容易,要求耕作投入的能量少;黏质土壤湿时黏重,干时坚硬,耕作需要较大的能量投入。但沙性土对水分和养分的保蓄能力较差,大量灌水施肥时很容易造成水肥淋失,利用率低。因此,施肥时要采取少量多次的方式,灌溉时要避免大水漫灌,采取喷灌或滴灌方式。黏质土壤对于养分和水分的保蓄能力则较强。含有砾石的土壤,因为含有大量空隙,水肥的渗漏更迅速;大块的砾石还干扰耕作,撅犁打铧,不适于耕作,最好发展林业或牧业。而壤质土对于养分和水分的保蓄能力较强,也易于田间管理。

土壤可溶性盐含量和 pH 值与土地利用管理。当土壤中的可溶性盐分达到一定含量时,土壤溶液的渗透压增大,影响作物吸收水分,从而对作物生长产生抑制作用。一般可溶性盐总含量在 0.3% 以上时,即开始影响作物根系对水分的吸收,从而阻碍作物生长;当含量达到 0.5% 时,即产生明显的抑制作用;达 0.7% 时,即严重减产;达 1% 时,土壤成为难以生长植物的盐土。pH 值在 6.0~8.5 之间的土壤一般对大多数作物生长都是适宜的。但也有些喜酸性或喜碱性的作物例外。例如,茶树要在酸性(pH 值在 6.0~5.0 之间)土壤上才能生长好,板栗适宜在微酸性(pH 值在 7.0~6.0 之间)土壤上生长。土地管理上,对于盐碱土或盐化、碱化的土壤,要采取改良措施才能种植作物,或者是选择耐酸、耐碱品种;对于酸性土壤,可以通过施用石灰中和其酸性。

土壤的障碍层与土地利用管理。某些土壤具有阻碍植物扎根和水分渗透的层,例如砂浆层、黏土磐、铁磐、石灰磐等。这些障碍层对作物生长的影响,视其出现深度的不同而不同,一般在 50 厘米深度开始出现严重影响。在选择土地利用方式时,要充分考虑这些障碍层对植物或作物的影响。当然这也与种植的作物种类有关。例如,对于果树,即使这些障碍层在 100 厘米深度出现,也会对果树生长产生明显影响;而这个深度对一般的谷类作物的影响就不太大;对于水稻,因为水稻需要一定的保水层,这些障碍层即使在 50 厘米深度出现,对其影响也不大。剖面中黏土层的厚薄与层位,对土壤水运动也有重要影响。研究表明,毛管水在有黏土夹层的土壤中的上升速度均比沙质土和黏质土小,其上升速度随黏土夹层厚度的增加而减慢。相同厚度时,毛管水上升速度随黏土层位的升高而下降。一定厚度的黏土层会产生滞水作用,造成内涝,例如白浆土,其上种植玉米在雨季可能产生内涝;而种植水稻则可利用其黏土层的托水作用,成为高产优质耕地。

土壤有机质和土壤养分与土地利用管理。土壤有机质不但是植物养分供给的源泉之一，而且是土壤保持良好物理性质的必要物质。所以，土壤有机质含量的高低可作为表示土壤综合肥力的一项重要标志，有必要通过施用有机肥或秸秆还田等措施保持或提高土壤有机质的含量。土地开垦后，如果归还到土壤中的有机物少于土壤有机质的减少量，土壤肥力就会下降，土壤结构也会变差；反之，土壤肥力会上升，结构也会变好；施用有机肥或化肥促使作物生长，再通过根茬或秸秆等形式归还到土壤中去，都可能提高土壤的有机质含量。土壤中的速效养分含量也影响耕地生产力，人们可以通过施肥，特别是速效化肥来调节土壤中的速效养分含量。速效养分的变化受耕作施肥的影响很大。在土地管理中，要根据养分归还和平衡原理，合理施肥，避免掠夺式经营；在施肥品种上，要根据最小养分律，追施作物最需要的肥料；同时，注意不要过量施肥以至造成地下水污染。

土地资源所具有的这些特性，对土地整治过程中的土地平整、水利设施建设、土壤肥力提升和污染治理、种植作物遴选等内容，均具有重要的指导作用。

2.3.1.4 景观生态学理论

景观生态学源于土地研究，研究对象是土地镶嵌体，其应用也以土地利用为主。景观生态学是以人类与地表景观相互作用为基本出发点，研究景观生态系统的结构、功能及变化规律，并进行有关评价、规划及管理的应用研究。按照景观生态学的综合整体观，土地是一个由不同土地单元镶嵌组成的地理实体，与广义的"景观"概念是一致的，它不仅涉及土地的自然特性，还包含了人类的干预，兼具经济、生态、社会等多重价值（王军等，2007）。土地利用的目的与管理措施组成了土地利用方式，土地利用方式与土地单元组成了一个土地利用系统，由不同的土地利用系统镶嵌构成了土地利用的景观或者区域。土地利用系统是一个典型的自然—经济—社会复合景观系统，是人与自然环境相互作用的集中体现。生产性、安全性、保护性、可行性与接受性这五个目标构成了土地持续利用评价的基本框架（张凤荣等，2003）。景观生态学更强调土地持续利用的目标是多重的，追求多目标之间的优化，而不是单目标的最大化。土地利用涉及地块、土地利用方式、土地利用系统、景观和区域等多个空间尺度，其中景观和区域是土地持续利用最重要的空间尺度（曹顺爱等，2006）。

空间格局与生态学过程理论指出，结构是功能的基础，功能是结构的反映，景观异质性是其结构的直观表现，间接地反映景观生态系统的内在功能；景观的空间镶嵌结构决定物种、物质、能量和干扰在景观中的流动，只有景观或区域尺度上的空间镶嵌稳定，才能实现景观生态系统的稳定；空间镶嵌稳定不仅是一种状态，它还包含着变化过程；通过对景观结构与生态过程相互关系的分析，通过对结构和过程的相互作用分析与模拟，探讨合理的土地利用配置，是土地持续利用评价的基础；任何景观或区域都存在一个土地利用系统在空间上的最佳配置，能达到整个景观或区域的土地持续利用（赵桂慎等，2007）。景观生态学以人与景观的相互关系为着眼点，既注重景观系统的功能特征，又注重景观系统的稳定性和持续性，与土地资源可持续利用概念具有高度的一致性。因此，景观生态学构成了土地资源可持续利用研究的理论基础之一，而土地整治也属于土地资源可持续利用的范畴，因此，也应将景观生态学作为理论基础。

  景观可以理解为地球表面气候、土壤、地貌、生物各种成分的综合体，其内涵接近于土地生态系统的概念，可以认为每一地块就是一个景观单元，或者说景观主要体现于土地生态系统中（喻光明等，2006）。因此，景观生态学中的丰富度、均匀度、镶嵌度、连接度、边缘、空间格局、多样性等概念在土地整治中具有很大的实践价值，亦可作为评价土地整治效应的具体指标。在土地整治中，不能仅立足于短期的、单纯的地块合并、调整、改造，还需依据景观生态学的有关理论进行综合规划设计，保护农村的自然生态景观，促进生态平衡（王军等，2011）。当前，我国一些经济较为发达的地区进行土地整治时，在田间大量铺设混凝土路面和沟渠，这种做法无疑减少了绿地面积和生物栖息的场所，不仅降低了景观的多样性，也使得区域土地生态系统的结构发生简化，不利于系统功能的稳定与提高。在进行土地整治时，应尽可能改善农村生态系统现有结构简单、生态系统脆弱的状况，注意景观多样性的建设，促进系统稳定性的进一步提高。

2.3.2　基于经济属性的土地整治基础理论

2.3.2.1　土地供给理论

  土地供给指地球能够提供给人类社会利用的各类生产与生活用地的数量，包括在一定的技术、经济与环境条件下，对人类有用的土地资源数量和在未来一段时间内预知可供利用的土地数量，通常可将土地供给分为自然供给和经济供给（刘黎明，2010）。土地自然供给指地球所能提供给人类社会利用的各类土地资源的数量，包括已利用的土地资源和未来可利用的土地资源，又称为土地的物理供给或实质供给，不受任何人为因素或经济社会因素的影响，数量固定不变，是非弹性供给。土地自然供给受到气候条件、土壤质地、可资利用的淡水资源、生产资源及交通条件等因素的影响。我国土地的自然供给极其有限，全国可开垦的宜农荒地资源仅3330多万公顷，其中40%~50%为天然草地，主要宜于种植牧草；另外16%~20%分布在南方山丘地区，主要适宜发展木本粮油；其余1330多万公顷如果全部开垦，仅可净得耕地800万公顷。土地经济供给是土地在自然供给及自然条件允许的情况下，随着土地利用效益的提高而增加的土地供给量。鉴于土地具有多宜性，土地利用效益存在差异性，因此，土地经济供给随着土地需求的增长和经济效益的提高而变化，具有弹性。在土地作为商品进行交易的条件下，土地经济供给的变动趋势与土地价格、地租有直接关系。影响土地经济供给的基本因素包括土地自然供给量、土地利用的集约度、社会发展的需求、交通运输条件和现代科学技术的发展等。当然，在这一过程中，人类对自然环境的干预和对资源的利用也带来了严重的负效应——生态环境恶化，应引起人们高度重视。

土地整治就是通过改善土地利用环境和建设生态景观建设，消除土地利用中对经济社会发展起限制作用的因素，促进土地利用的有序化和集约化。其实质是通过对土地利用环境的建设，不断提高土地利用率和产出率，满足经济社会发展对土地资源的需求。通过土地整治来改变影响土地经济供给的系列因素，从而提高土地经济供给的数量，使之表现为动态的、有弹性的供给（李敏等，2003）。总的来说，土地整治对土地供给的影响主要体现在以下3个方面：直接增加农用地的经济供给；增强农用地供给的弹性；提高农用地经济供给的稳定性。

2.3.2.2 土地报酬递减理论

土地报酬递减指在技术不变、其他生产要素不变的前提下，对相同面积的土地不断追加某种要素的投入所带来的报酬的增量（边际报酬）迟早会出现下降。这里的土地报酬，可以理解为土地产品的产量，体现了土地的生产力（黄贤金，2009）。土地报酬递减规律已经有200多年的发展历史，一直被农业经济学视为最基本规律，同时广泛地应用于资源经济学、土地经济学、生态学等领域，随之成为工农业生产的普遍规律，并被抽象为"报酬递减规律"或"收益递减规律"。这个规律揭示出，在一定的技术水平下，对土地追加投资，当投入一定量资源时，产出量会因此而增加；而当投入的资源数量超过一定量后，随着追加投入资源数量的增加，投入等量资源带来的产出量呈递减之势。

从土地利用全过程看，土地报酬的运动规律在正常情况和一般条件下，随着单位土地面积上劳动和资本的追加投入，应该是先递增然后趋向递减。在递减后，如果出现科学技术或社会制度上的重大变革，使土地利用的生产资料组合进一步趋于合理，然后又会转向递增；技术和管理水平稳定下来，将会再度趋向递减。由于"土地报酬递减规律"的存在，在技术不变的条件下对土地的投入超过一定限度，就会产生报酬递减的后果。这就要求在土地整治过程中，人们在对土地增加投入时，必须寻找在一定技术、经济条件下投资的适合度，确定适当的投资结构，并不断改进技术，以便提高土地利用的经济效果，防止出现土地报酬递减的现象（张正峰等，2011）。从投入产出关系（生产函数）来看，报酬、生产力的递增、递减主要取决于投入的变量资源与固定资源（土地）的比例是否配合得当。两者在配合比例上协调与否及协调程度的大小，决定着土地报酬（收益）和土地生产力。土地报酬递减规律对土地整治中确定合理的资金和成本投入比例及土地整治规模等内容有着重要的指导意义。

2.3.2.3 区位理论

区位理论源于19世纪20年代德国农业经济与农业地理学家屠能的农业区位理论，它解释了在农业经济时代，人类如何选择其主要经济活动——农业活动的场所问题。在工业经济时代早期，工业生产活动的场所主要取决于生产成本的大小，运费作为一个影响空间成本的重要因子受到格外关注。韦伯的工业区位论就此产生，其核心是通过对运输、劳动力及集聚因素相互作用的分析和计算，找出工业产品的生产成本最低点，作为配置工业企业的理想区位（梁进社，2007）。随着工业经济社会的发展，社会生产更多地受市场的直接制约，市场因子倍受关注，产生了廖什的市场区位理论，他开始从总体均衡的角度来揭示整个系统的配置问题。随着人类生活方式和价值观进一步多样化，仅考虑单一的经济因素已不能全面反映工厂区位选择的目标，重视非经济区位因子及行为因素的新区位理论应运而生。其中，德国经济学家克里斯塔勒提出的中心地理论反映了作为人类生活基本场所的城市和聚落的空间配置规律，为科学合理地规划区域内不同等级聚落之间的空间关系，以及合理布局区域公共服务设施提供了理论基础。以上区位理论为土地整治项目进行科学选址提供了基本思路，也是土地空间布局合理化的理论基础，应在区位理论的指引下，努力调整土地整治项目分布现状，寻求土地整治效益最大化的最佳区位。

在土地整治项目区选址时，不同区位会因土地级差收益的不同而发生相应变化，决策者必须充分考虑区位因素对土地利用布局和土地整治经济效益、社会效益的影响，在选择时应该尽量发挥整治区的区位优势。①在城乡交错带与农村腹地进行土地整治存在着明显的区位差异，因而对土地整治的要求也完全不同。城乡交错带是联系城市与农村的重要通道，具有明显的区位优势，不仅交通便利，各项配套服务设施齐全，且具有农村土地空间开阔、土地肥沃、环境适宜等优点。在城乡交错带进行土地整治，就应该多布置些需求量大、不易保鲜的蔬菜类产品生产基地；而在农村腹地，距离城市中心较远，受各项经济条件限制，在这里进行土地整治时，则主要以种植传统粮食作物为主，发展粮食生产基地建设。②在我国中西部地区和东部地区进行土地整治，也存在着较为明显的区位差别。中西部地区经济基础较为薄弱，尤其是西部地区，各项基础设施条件较差，进行土地整治只能是在改善当地农业生产条件的基础上尽量提高粮食产量；东部地区则不同，改革开放后经济迅猛发展，各项基础设施齐全，农业土地利用的区位条件较中西部地区要优越，这时，土地整治就应该是充分发挥现有耕地资源潜力，在增加耕地面积和提高耕地质量的同时，建立一批专业化农业生产区，促进土地的集约利用与规模经营。

2.3.2.4 利益相关者理论

利益相关者理论属于企业伦理学（或商业伦理学）的研究范畴，是社会学和管理学的一个交叉领域。利益相关者理论的出现，是有着深刻的理论背景和实践背景的。从理论渊源上看，利益相关者理论与企业社会契约理论和产权理论有着密切的关系。从实践上看，在20世纪60年代，美、英等国奉行"股东至上"主义，即企业唯一的目标和社会责任就是股东利益最大化，利益相关者理论是在对美、英等国奉行的"股东至上"公司治理实践的质疑中提出（当时并没有得到理论界的广泛认同）并逐步发展起来的（刘向东，2011）。

利益相关者理论的核心是"弱化所有者地位，强调企业社会责任"，即企业在经营管理等活动中要考虑和体现各个利益相关者的利益，同时应当通过协调和整合利益相关者的利益关系，达到整体效益最优化（丁荣贵，2008）。利益相关者理论的主要观点有：①"企业依存观"，利益相关者依靠企业来实现个人目标，同时企业也依靠他们来维持生存；②"战管理观",强调利益相关者在企业战略分析、规划和实施中的作用,侧重于从相关利益主体对企业影响的角度定义利益相关者,强调企业战略管理中利益相关者的参与;③"权利分配观",利益相关者参与治理的基础在于投入的专用性资产及由此承担的公司剩余风险。既然利益相关者的专用性资产对于公司发展而言是关键的,而且在事实上承担了剩余风险,那么就应该享有相应的剩余索取权(贾生华,2003)。利益相关者理论是对传统公司目标提出的挑战,即公司的目标不应仅限于股东利益的最大化,也应考虑除了股东之外的利益相关者,例如经营者、职工、债权人、顾客、供应商和政府等。因为利益相关者都是特殊资源的拥有者,这些资源对公司来说是同等重要的,他们向公司投入了专用性资产,与股东一样,应该承担风险和享有收益。

利益相关者理论构建了一种管理方法,这种方法系统地将外界环境纳入组织的考虑之中,不仅把影响组织目标的个人和群体视为利益相关者,而且把当地居民、政府部门、承包商、研究机构、环境保护团体、竞争者等群体纳入利益相关者范畴,因为这些群体同样可以影响组织实现其目标的过程(克利兰,2008)。由于土地整治的复杂性和综合性,越来越多的学者试图从人文因素出发研究土地利用问题,其中利益相关者理论的引入,将会成为一个热点。土地整治涉及众多的利益相关者,在现行的土地整治项目操作中,政府出现"包揽一切"的倾向,项目目标的制定并没有顾及某些群体的利益诉求,漠视甚至侵犯某些利益相关者的正当权益,导致利益冲突,影响了项目目标的实现。利益相关者理论的核心思想是将企业视为整个社会环境中的一个组成部分,并非由股东完全拥有,企业与社会的各个方面存在着联系,企业的行为应该考虑到社会各个方面,以保证企业的生存和发展。将其引申到土地整治项目中,可以认为:土地整治项目不仅是投资者(政府)的项目,也是涉及社会各个方面利益的项目,其实施应当充分考虑众多利益主体的利益,保证他们平等参与项目的决策和利益分配。另外,利益相关者理论极大拓展了土地整治的视野,将外部环境引入土地整治战略制定与项目操作过程中,突破了原有的思维局限。引入利益相关者共同治理模式,可以通过土地整治项目的正式制度安排来确保每个利益相关者具有平等参与项目决策的机会,同时依靠相互监督机制来制衡各利益相关者的行为,通过适当的投票机制和利益约束机制来稳定利益相关者之间的合作,以实现项目决策的公正、公开与公平,最终实现利益相关者共同利益最大化的目标。在土地整治面临变革与创新压力的时刻，更多地关注众多利益相关者的利益、通过利益相关者共同参与保证他们享有平等参与项目的权利是理想的选择之一。

2.3.3 基于社会属性的土地整治基础理论

2.3.3.1 公共物品理论

公共物品这一术语最早由林达尔于1919年正式使用。目前，关于公共物品的定义以保罗·萨缪尔森为代表，他认为：公共物品是"每个人对这种产品的消费，都不会导致其他人对该产品消费的减少"。萨缪尔森对于公共物品的定义具有三个特征：一是效用的不可分割性，公共物品为全体社会成员提供，具有共同受益或者联合消费的特点，其效用为整个社会成员所共享，不能将其分割为若干部分，也不能分别归属于某些个人或者组织所享用；二是消费的非竞争性，是指消费者的增加不引起生产成本的增加，即多一个消费者引起的社会边际成本为零，或者说，一定量的公共产品按零边际成本为消费者提供利益或服务；三是受益的非排他性，公共物品一旦提供，就不能排除任何人对它的消费。这里有三种情况，一是技术上不可能，或者即使在技术上可以排他，但是在经济上不可行；二是任何人不得不消费它，没有办法拒绝；三是任何人都可以消费相同数量（Samuelson，1954）。

要全面理解公共物品，还需要进一步理解其他特征（刘向东，2011）：①替代性，公共投资对私人投入有替代效应（挤出效应）；②外部性，公共物品一般都具有较大的"正外部性"；③规模经济性，规模经济性在一定程度上形成自然垄断和进入壁垒；④成本集聚性和投入专用性（成本的沉淀性），一般的公共物品投资具有不可逆性和专用性，一旦投入，就无法迅速收回投资，其专有价值也很难移动或者转作他用，需要先期的科学决策；⑤范围性，包括生产的范围性和消费的范围性，需要增强针对性；⑥多样性和多层次性，表现在受益范围的多层次性及公共需求的多样性和层次性。层次性决定了公共物品投资主体的供给模式和职能范围；⑦阶段性，不同经济发展阶段，公共物品的内容和特性将发生相应的转变。

公共物品是具有消费的"非竞争性"和"非排他性"的物品，土地整治完全具备这样的特征；土地整治提供的产品主要是其对国家粮食安全、生态安全的保障等，可以供全社会消费，某人对土地整治的消费不会影响别人对土地整治的消费，这体现了土地整治的"非竞争性"；土地整治的消费中不可能排除他人对土地整治的消费,即土地整治的"非排他性"。由于"非排他性"的存在,导致了私人不愿意提供"土地整治"这种物品,同时存在"非竞争性",导致边际成本定价失灵,因此,由私人提供存在无效性(杨渝红等,2009)。所以,土地整治属于战略性的公共物品。作为一种公共物品,在我国农村土地集体所有制的背景下,目前我国的土地整治最优配置应实行以政府为供给主体、以地方政府和私人企业为生产主体的供给模式。土地整治作为公共物品,如果通过市场供给,不可能实现排他性或者会导致成本高昂,出现"搭便车"现象。因此,政府提供土地整治这种公共物品比市场提供更有效率,但是政府提供并不意味着政府生产,土地整治"提供"和"生产"完全可以分离。由各种不同形式的主体来担任,包括企业法人、第三部门,甚至个人。这样,政府可以更加专注于制度环境的建设和市场的监管、提供公平的市场竞争环境,其作用要远远大于其作为生产者的角色。

2.3.3.2 公众参与理论

"参与"的概念出现于20世纪40年代末期,是指一种基层群众被赋权的过程,被广泛地理解为在影响人民生活状况的发展过程中和发展计划项目中的有关决策主体的、积极的、全面介入的一种发展方式。公众参与是通过一系列的措施和手段,促使事物(项目等)的相关群体积极地、全面地介入事物过程(决策、实施、管理和利益分享等)的一种方式,是实现项目管理效果持续性的一种工具,是吸收公众参与项目设计、评价和实施的一种有效方法(李小云,2001)。特别是农业建设项目具有空间布局区域广、项目参与者众、利益相关人群多、社会效益比例大等特点。在农业项目管理中引入公众参与,通过引导群众参与项目选择、计划、实施、决策和评估等环节,能有效地保证农业项目自始至终充分体现项目区内广大利益相关者的真实需求,保证项目有效、安全地运行(申潞玲等,2005)。

土地整治项目作为公益项目的一种,公众参与的特点十分明显(刘志坚等,2006)。①空间分布广,项目分布在广阔的野外,占地面积大,地理空间布局广,地形、地貌差异显著,同类项目建设在不同区域表现出明显的特质性,当地人的参与度对于项目的成功实施与完成具有重要意义;②地缘性特点突出,土地整治项目在地理分布上多为集中连片式建设,表现出显著的地缘性,区域内自然、地理、人文、文化传统、民族风俗等因素直接影响到项目的建设,充分考虑项目建设地区的自然条件、生物品种、当地民族风俗、经济社会发展水平、农民素质等因素,将外来的技术与乡土知识有机地结合、融合,因地制宜地进行项目选择与建设是项目成功的首要条件;③社会公益性强,土地整治项目建设直接涉及中央、地方、农民及不同部门之间的利益分配,投资效益不仅体现为农业部门内部效益,也直接和间接地辐射到国民经济的其他部门,涉及社会不同阶层的切身利益,投资效益产出具有很强的公益性。综上所述,土地整治公众参与是指在区域土地整治过程中充分调动项目区域内各个利益主体的积极性和主观能动性,深入土地整治中来,以优化区域土地利用的合理配置,维护各个利益主体的切身利益,实现区域土地利用的可持续经营,保证区域内社会、经济、环境协调发展的过程(鲍海君等,2004)。

2.3.3.3 环境行为与环境态度理论

广义的环境行为,是指能够影响生态环境品质或者环境保护的行为,可以是正面的、有利于生态环境的行为,例如资源回收等;也可以是负面的行为,例如浪费能源等。其强调个人主动参与、付诸行动来解决或防范生态环境问题。一般个体最容易做到的是生态管理和财务行动等"私人领域的环境行为",而政治行动与法律行动等"公共领域的非激进或者激进的环境行为"较难做到。人们往往会从较低程度的行为开始,逐步提高行为的层次,这是一个循序渐进、不断提高的过程(Dunlap R, 2002)。

环境态度作为环境行为的一个重要影响因素,得到了学者们的普遍关注。环境领域所研究的态度包括两类:对环境的态度(或一般环境态度)与对某种环境行为的态度(或特定环境态度,例如针对节约能源的态度)。大部分学者都认为一般环境态度预测一般环境行为,特定环境态度预测特定环境行为。

环境行为与环境态度及其关系研究是环境社会学的研究热点,因为改善环境需要的不仅是科技手段,更重要的是人的观念和行为模式的转变。通过探讨如何通过教育和政策等手段改变环境态度,尤其是改变环境价值观,进而树立全社会环境友好的行为模式,这对于整个社会文明的进程都具有极大的促进作用,是实现可持续发展的必由之路(Stern P C, 2000)。

基于"态度影响行为"这一基本的心理学认知,一些经典的理论研究框架为后续研究奠定了理论基础和实证基础。例如,经典的计划行为论认为,若个人对某行为的态度愈积极,所感受到周遭的规范压力愈大,对该行为所感知到的控制越多,则个人采取该行为的意图便愈强(许世璋,2001)。ABC理论认为环境行为(B)是个人的环境态度变量(A)和情境因素（C）相互作用的结果，当情境因素是比较中立的或者趋近于零的时候，环境行为和环境态度的关系最强；当情景因素极为有利或者不利的时候，可能会大大促进或者阻止环境行为的发生。生态行为受到态度变量和情境变量的共同作用，尤其是在一些行为难以实施的时候，行为对态度变量的依赖就会减弱，而情境变量的影响力就会增强。

2.4 土地整治的运行

土地整治所遵循的理念与基础理论通过土地整治的具体运行得到充分体现。土地整治运行要素包括土地利用自然系统、土地利用方式、土地整治方式及其相关要素的集合。

2.4.1 土地整治运行要素

2.4.1.1 整治对象

土地整治过程中所采取的各项措施的实施对象是被整治的土地。不同类型的土地利用系统中土地所发挥的功能不尽相同。农业、林业利用系统中，土地为人类生产所需的物质产品和生态产品（生态性的土地）；而在城市、娱乐利用系统中，土地则为人类提供生活、活动空间（空间性的土地）。一个健康的土地自然系统，可通过其自组织行为加以进化，而被整治的土地一般是在利用过程中存在限制性因素的、已经不适应当前经济社会发展的土地，或目前利用基本合理但存在潜在不利因素的土地。

整治对象具体可以分为耕地、低产园地、农村居民点用地、城市建设用地等几种类型。例如，对耕地来说，常常存在田块形状不规则、破碎、灌溉设施不完善、土地不平整、田间道路不完善等问题，导致耕地生产能力不高。对被整治的农村居民点用地来说，往往存在建筑容积率低、人均用地量超标、分布散乱、村内道路、供电、供水、通讯等基础设施不健全等问题，导致农村居民生产、生活水平较差。

土地整治行为对不同类型的被整治土地会产生不同的影响，针对这样的土地采取一系列措施，从而改善土地的利用条件，使土地利用结构与方式变得更加合理。例如，对于耕地，从长远来看，土地整治一般可以通过加强基础设施配套建设以增加有效耕地面积、提高耕地生产能力、降低耕地生产成本、明晰产权关系；对于农村居民点用地，土地整治一般可以充分挖掘闲置废弃土地潜力，提高土地利用效率，改善农村居民的生产和生活条件；对于城市建设用地，土地整治一般可以改善城市人居环境，提升其价值。

2.4.1.2 土地利用方式

土地利用是指在一定社会生产方式下，人们为了一定的目的，依据土地自然属性及其规律，对土地进行的使用、保护和改造活动。土地利用包括生产性利用和非生产性利用。土地的生产性利用，是指把土地作为主要生产资料或劳动对象，以生产生物产品或矿物产品为主要目的的利用。土地的非生产性利用，是指把土地作为活动场所和建筑物基地的利用。将各种土地利用按产品的市场方向、投入水平、采用的技术和动力、地权关系的不同所划分的各种不同的土地利用形式称为土地利用方式。不同的土地利用方式对土地有不同的要求，土地利用方式对土地功能的发挥产生重要影响，不合理的土地利用方式会造成土地利用效率低下，降低土地利用功能。例如粗放的土地利用方式，会使得农村居民点用地散乱、低效；竭泽而渔的土地利用方式，会使耕地肥力降低、结构退化，影响其利用的可持续性。

2.4.1.3 土地整治参与主体

土地利用与整治过程从某种程度上看是通过劳动积累财富的过程，土地利用与整治也只有通过人的劳动才能实现。土地整治的参与主体可以是政府机构、农村集体经济组织、农户，也可以是现代农业企业。不同的整治目的，参与主体和受益者也不尽相同。例如，耕地整治参与主体一般是国家或地方政府及整治区域中的农户，在土地整治结束后，直接受益者是整治区域内的农户，土地整治后因耕地生产能力提高、作物产量增加、生产成本降低，使得净产值增加，从而提高了农户的纯收入。而国家是间接的受益者，因为耕地面积增加有利于实现耕地总量动态平衡的目标，而且耕地整治的资金通过开展土地整治活动流入与土地整治相关的各种行业（例如，建筑施工行业），会带动其发展，从而促进经济发展。

通过人的参与，增加了被整治土地上的人类劳动，使土地利用状况得到改善，从土地中获取了生存和生活资料，积累了财富，满足了其物质、文化、精神等诸方面的需求。

2.4.1.4 资金

从经济学意义上讲，土地整治实质上也是一种资本增值的手段或过程，土地整治中的资本投入以生产资料（物化资本）形式和货币资本形式进入土地整治过程中。该过程中，人们投入大量的活劳动和物化劳动，改变了土地的表面状况和物理、化学、生物性能，建成了与土地紧密结合的地表或地下构筑物（例如城镇土地的基础设施、农业水利设施等），从而使土地凝聚了人类劳动，形成了区别于土地本身（土地物质）的土地资本。土地整治使土地利用系统由低效、平衡状态向高效与非平衡状态的方向发展，是能够形成新的固定资产和新的生产能力的一项扩大再生产的投资建设活动。所以，土地整治需要巨大的资金投入，资金是土地整治的实施保障，是土地整治系统外来投入的重要形式。目前，我国土地整治资金来源，主要是新增建设用地土地有偿使用费、耕地开垦费、用于农业土地开发的土地出让金收入、土地复垦费等专项基金。

2.4.1.5 土地整治方式

土地整治工作是一种综合的工程技术措施，工程技术贯穿于土地整治的全过程，这些与整治对象相关联的工程技术措施即为土地整治方式。任何一个土地整治系统的演化，都是在运用科技等手段对土地利用系统进行改造。

土地整治方式可以分为农用地整理方式、建设用地整治方式、废弃工矿用地整治方式、生态用地整治方式等。不同整治方式和不同的工程技术措施相联系。耕地整治过程中，主要实施土地平整工程、农田水利工程、田间道路工程和其他工程。农村居民点整治，主要进行村庄建设用地规模改造工程、村庄公共设施配套工程、村庄基础设施健全工程等。这些工程会涉及土石方开挖与回填技术、土地平整技术、洪涝盐碱等综合治理技术、排灌渠系统及其建筑物改造技术等。另外，在土地整治后，还会因产权调整而涉及测量勘测、地块分配等技术。

2.4.1.6 外部环境要素

外部环境是指土地整治系统外，直接或间接影响土地整治行为的自然因素和经济社会因素，例如气候变化的影响、政策的影响等。

外部环境与土地整治行为之间相互影响。首先，外部环境会影响土地整治行为的实施，外部环境的差异会直接影响土地整治的方向与具体实施的工程。待整治地块周围的土地利用情况、生态环境情况直接影响该地块的整治方式和投入力度，不同的整治标准规定对土地整治工程的实施也产生着重要影响。例如，在生态脆弱地区，土地整治应以保护生态环境为主，实行生态迁移工程；而在城乡结合部或交通沿线地区，土地整治应以城镇化和优势产业发展为主，实行集约化的村镇建设工程；另外，土地整治行为会直接或间接影响外部环境，例如，土地整治增加耕地面积，有助于缓解人多地少的矛盾，提高农民收入；拆迁或控制农村居民点规模、优化居民点用地结构与布局，有助于促进区域城镇化、工业化进程，增加耕地面积，改善农民生活水平，实现农村社会稳定。当然，整治过程中的一些生物、工程等措施，也会对区域水资源、土壤、生物等环境要素产生有利或有害影响。

2.4.2 土地整治的运行机理

2.4.2.1 运行模式

土地整治运行模式受到资金、政策、意愿、技术与外部环境的影响。首先，土地整治是一项由扩大再生产形成新的固定资产和生产力的投资建设活动，是一种典型的经济行为，所以资金是土地整治系统调控外来投入的重要形式，其来源通常包括三个部分：国家、企业和个人。其次，土地整治运行机制也是一项制度安排和政策导向的公益性社会活动，受政策和行为主体的意愿影响也比较大，目前涉及土地整治运行的政策主要有农业发展、城乡建设用地增减挂钩、新农村建设、城乡统筹等；行为主体的意愿主要包括政府意愿和农户意愿，前者将土地整治看作是补充耕地和新增建设用地的重要来源，希望通过土地整治补充更多的耕地、腾退出更多的土地用来建设，而后者将土地整治视为改善其生活和生产条件的根本保障，如果其基本需求得不到满足，两个行为主体间的利益博弈也会对系统调控的推进产生很大影响。第三，任何土地整治都是在运用科技手段，技术贯穿于土地整治的全过程，例如进行村庄建设用地规模改造工程、村庄公共设施配套工程、土地平整工程、农田水利工程等涉及的建筑物改造技术、平整土地技术和排灌渠系统技术等。

2.4.2.2 运行过程

科学地认识和分析土地整治的运行过程，将有利于找出其发展变化的规律，进而科学调控土地整治活动。根据中国目前所开展的土地整治工作情况，土地整治的程序在总体上可划分为：土地整治区域的自然与经济社会评价，以及在此基础上的土地整治规划；在土地整治规划的方案中选择适宜的土地整治项目及为项目立项进行的可行性研究；对已批准的土地整治项目进行施工工程设计和投资估算，以及根据工程设计指标和投资估算进行项目施工；土地整治项目的竣工验收，项目区土地利用的后续管理及土地整治项目的效益评价等（国土资源部土地整理中心，2005）（图2.3）。

图 2.3 土地整治的内容与程序

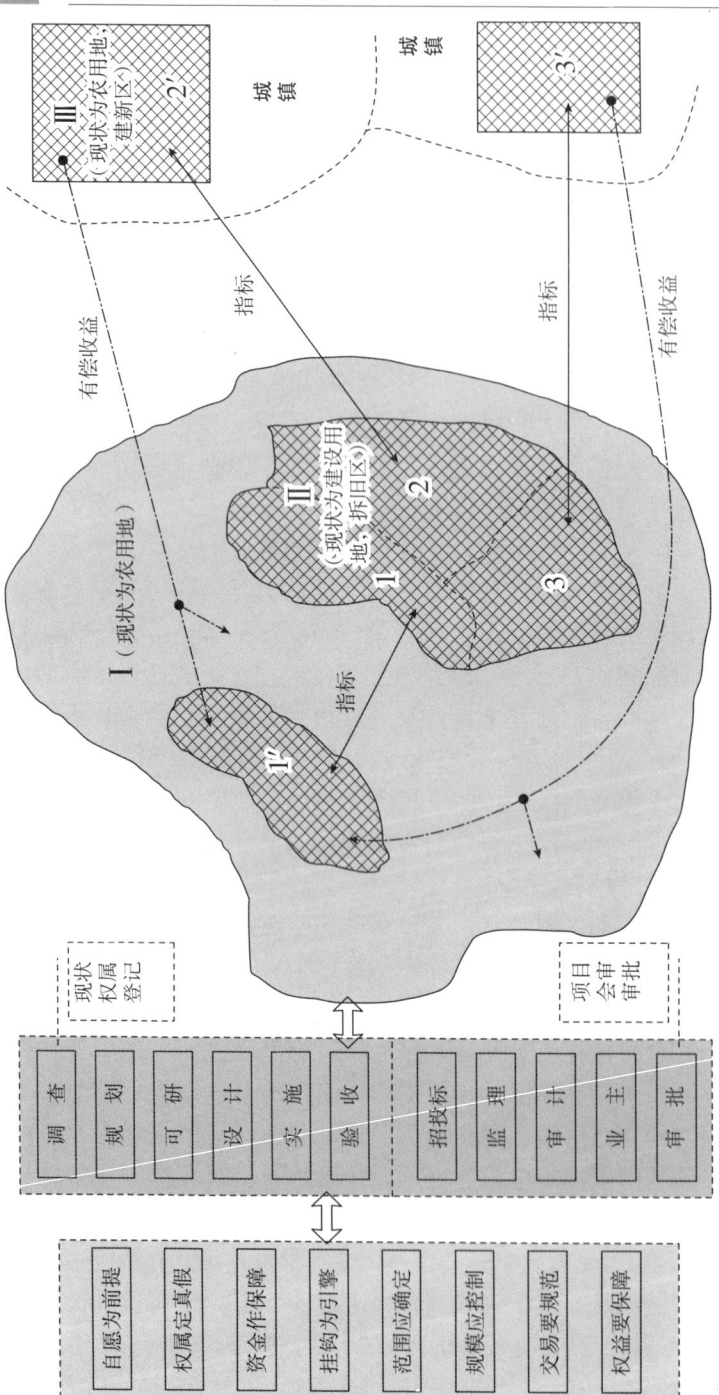

注：1. Ⅰ（土地整治项目）＋（Ⅱ＋Ⅲ）（挂钩项目）＝农村土地整治项目（整体项目）；2. 整治前：Ⅰ（现状为农用地），Ⅱ（现状为建设用地、拆旧区），Ⅲ（现状为农用地，建新区）；3. 整治后：1′为农村留用建设用地，2′为项目区内城镇建设用地，3′为项目区外城镇建设用地，其中 1＋2＋3≥1′＋2′＋3′；4. 1′、2′、3′均符合规划；5. 1′＋2′＋3′纳入计划；6. 1′＋2′＋3′随项目整体审批（涉及征收的要征收），不缴费；7. 3′按新增用地计划审批，缴费；8. 2′＋3′有偿收益用于 1′＋Ⅰ＋Ⅱ。

（1）编制土地整治规划。规划是土地整治工作的龙头。土地整治规划是在对整治区自然资料和土地利用状况及土地整治潜力分析的基础上，根据土地利用总体规划中土地整治的指标和要求，确定土地整治规划目标，划定土地整治区，对各土地整治区内的土地整治项目进行的总的安排。

土地整治规划主要内容是指土地整治规划在编制过程中的主要程序，包括：①土地整治的自然条件和潜力分析，包括整治区的自然条件分析、农用地整理潜力分析、建设用地整治潜力分析、土地复垦潜力分析和土地开发潜力分析；②拟定规划供选方案，包括确定土地整治规划目标和任务、划定土地整治区、选定土地整治项目；③规划协调与论证，对土地整治供选方案预期投资进行估算，并对土地整治后的经济效益、社会效益和生态效益进行分析，选出效益最佳的方案；④规划评审与报批，为保证土地整治规划成果质量，要组织专家对规划方案进行评审，评审合格的规划，按要求上报具有审批权的政府部门批准实施。

（2）土地整治项目可行性研究。土地整治项目可行性研究是项目投资决策之前，根据地区和行业的长远发展规划，国家关于土地整治的有关政策、法律法规，通过对拟建项目的自然、社会、经济、技术资料进行调查研究和分析，预测和评价项目建成后的社会、经济、生态效益；在此基础上，综合论证项目建设的必要性、技术可靠性和经济合理性，从而为项目的决策和实施提供科学依据（张正峰等，2009）。

土地整治项目可行性研究的内容主要有：①项目背景分析，包括项目区土地利用现状分析、水资源平衡分析、项目的合法性分析、新增耕地潜力分析、土地适宜性评价和土地利用限制因素分析等；②项目规划，包括项目规划的原则和依据、田块规划、农田水利规划、农村道路规划、农田护林带规划；③投资估算，包括投资估算的依据、总投资的构成和投资估算的依据等；④编制权属调整方案；⑤效益分析，主要对项目的经济效益、社会效益和生态效益进行分析。

（3）土地整治项目规划设计。土地整治项目规划设计是根据土地整治项目规划的要求，对土地整治项目区内需要实施的土地整治工程进行规划设计，为土地整治的顺利实施提供技术参数依据。

土地整治工程设计主要包括以下内容：土地平整工程设计、农田水利工程设计、农村道路工程设计、水土保持工程设计。①土地平整工程设计主要包括平地测量、田面平整工程设计和平整土地施工等内容；②农田水利工程设计包括灌溉渠道工程设计、排水沟工程设计、喷滴灌工程设计、电力和工程设计；③农村道路工程设计有路线设计、路基设计和路面设计三项内容；④水土保持工程设计内容有治坡工程设计、治沟工程设计和治滩工程设计等。

（4）项目投资估算。项目投资估算是指根据项目规划设计方案确定的土地整治项目建设标准和预算定额标准及经济指标，对项目的总投资作出的估算，是相对客观地反映实现项目任务所预计需求的资金额度。①项目投资估算编制说明。包括编制依据、原则、主要建设工程内容和主要设备购置数量、拆迁补偿原因和规模、已有工程内容需完善情况及配套基础设施建设情况等；②项目资金来源或筹措情况。包括申请中央资金和其他投入、基础设施配套资金落实情况；③项目投资估算编制过程及计算书、汇总表；④项目投资经济效益评价初步分析；⑤其他需要补充说明的问题。设计方案是一项整理项目得到落实的指南，涉及大量的人力、财力、物力投入，关系土地整治的成败，因此，设计方案须经国土资源管理部门会同农业、水利、交通、建设等相关部门预审，经同意或修改后同意，报区（市、县）政府审批并报地市级国土资源行政主管部门备案，做到决策科学、民主。各级部门在审查中，要着重对项目的技术设计、资金筹措、项目监督管理等方面进行评审。县（市）政府组织相关人员就整治区用地、经济社会现状、资金等展开调查，进行评价及可行性分析，对项目开展与否进行决策、批复。

（5）项目实施。项目实施是将项目规划设计付诸实现的过程，是整个项目落地的中心环节。项目实施主要涉及组织机构的建设、实施方案的拟订和执行、项目公告、建设招投标、工程施工、工程监理、监督检查等。整个项目实施过程中，需要对项目进行有效的质量控制、投资控制、进度控制和安全控制，保证项目建设质量。

（6）项目验收。项目验收包括中间验收、合同段工程验收和竣工验收。竣工验收又分为自验、初验和终验三个层次。项目竣工验收包括验收条件、验收程序、验收依据和内容，是对项目建设内容、实施管理、权属管理、资金使用、制度执行、后期管护等有关内容完成与执行情况进行全面验收。

（7）项目后评价。主要是对项目实施后的土地利用效益进行评价，一方面考察项目产生的效益状况，另一方面也积累一定的项目实施后的土地利用经验，作为今后其他项目的实施参考。

2.4.2.3 运行结果

（1）通过土地整治，改善土地利用结构，增加耕地数量，实现耕地占补平衡和耕地数量总量平衡,保障我国耕地资源的可持续利用。

(2) 通过对田、水、路、林、村进行综合整治,提高耕地质量,改善土地生产条件,提高粮食产能,保障国家粮食安全。

(3) 通过对废弃地整治、零散地归并、节水工程建设等,促进资源的节约利用,实现国家建设节约型社会的战略目标。

(4) 通过土地整治生态工程建设,改善环境,维护生态平衡,实现土地利用的环境友好目标。

(5) 通过开展土地整治,大力开展农业生产设施建设,调整土地权属关系,促进城乡协调发展和人与自然的和谐,最终实现城乡统筹和经济社会的和谐发展。

(6) 通过土地整治改善农村地区的生产、生活条件,振兴乡村地区经济,维护乡村地区景观和文化,维护土地利用的伦理生态文明和道德规范。

2.4.3 土地整治运行特点

土地整治运行的实质是通过土地整治方式对土地利用客体进行改造和建设,消除土地利用中的制约或限制因素,增强其目标因素,从而促进土地利用的高效化、有序化和集约化,保证土地资源可持续利用,满足经济社会可持续发展对土地资源的要求(鹿心社,2002)。其运行特点包括以下几个方面:

(1) 土地整治需不断提高土地资源的经济供给能力。随着经济社会的发展,对土地资源的需求量越来越大,而土地总量是恒定的,其自然供给能力也是有限的。通过土地整治来提高土地资源的经济供给能力,是解决土地利用现状与经济社会发展中形成的土地需求之间矛盾的有效途径。土地整治正是通过影响土地的经济供给因素,例如,提高土地的生产力、改善土地的利用条件或改变土地的利用方式等,提高土地经济供给能力和数量,从而服务于经济社会的发展。

(2) 土地整治运行强调开发利用与保护的相互结合。土地整治必须以土地资源的永续利用为基础,而土地资源的永续利用,要有良好的土地生态环境作前提。土地资源开发利用,必须以保护和改善土地生态环境为前提,而土地资源保护的根本目的是为了土地资源的永续利用,也是为了更好更有效地开发利用土地资源。两者相互影响、相互促进,因此,土地整治必须把开发利用与保护有机地结合在一起。

（3）土地整治运行追求生态效益、社会效益、经济效益的协调统一。土地利用系统是典型的自然—经济—社会复合系统，是人与自然环境相互作用的集中表现。生态效益是土地整治的前提和基础，社会效益是土地整治的根本目的所在，而追求经济效益是土地利用的中心内容，也是土地利用的生命力所在。所以，土地整治应追求生态效益、社会效益、经济效益的统一，做到生态上平衡、社会上可行、经济上有效。

（4）土地整治运行表现为一个持续的动态发展过程。土地资源是经济社会发展的重要物质基础，土地资源持续利用是经济社会持续发展的重要前提。经济社会发展的不同阶段对土地资源的需求不同。土地整治的目的，就是不断满足经济社会发展对土地资源及其环境的新需要，提供优良的土地生产和居住环境，而新的土地整治又促进经济社会的进一步发展，两者相互联系，不断发展。

第 3 章 农用地整理

农用地整理是指在以农用地（主要是耕地）为主的区域，通过实施土地平整、灌溉与排水、田间道路建设、农田防护与生态环境保持等工程，对田、水、路、林进行综合治理，增加有效耕地面积、提高耕地质量、改善农业生产条件和生态环境的活动。农用地整理是当前土地整治的重要内容，国家实施土地整治重大工程、土地整治示范建设和 500 个高标准基本农田建设示范县建设，着力提升耕地质量，成效明显。

3.1 农用地整理基本情况

3.1.1 农用地整理分区

根据地理区域的自然特征和禀赋情况，采取指标法和图形叠加法进行分区，为区域开展农用地整理指明方向，确立农用地整理重点。

指标法分区是通过分析影响农用地整理的自然、社会、经济因素，从中选择分区指标，通过指标的量化，并按一定评价方法得出分区结果。图形叠加法分区是通过将不同的分区图形叠加，生成新的数据平面进行区域划分。在土地利用、农业、生态、经济等分区基础上，形成农用地整理的一级分区，再根据农用地整理特征进行二级或三级分区。全国农用地整理共划分为 7 个一级区和 22 个二级区（图 3.1）。

3.1.2 区域土地利用特点和农用地整理方向

3.1.2.1 东北区

（1）土地利用主要特点。①土地资源丰富，以山地有林地、平原旱地为特征的农林用地结构鲜明，土地以农业、林业利用为主，农作物一年一熟；②水资源相对丰富，特别是水土组合条件好，要素投入效益高，对粮食增产作用明显；③热量资源不足，低温寒害直接影响了农业生产的稳定性；④工业化、城市化水平较高，乡村人口比例小，农业劳动生产率居全

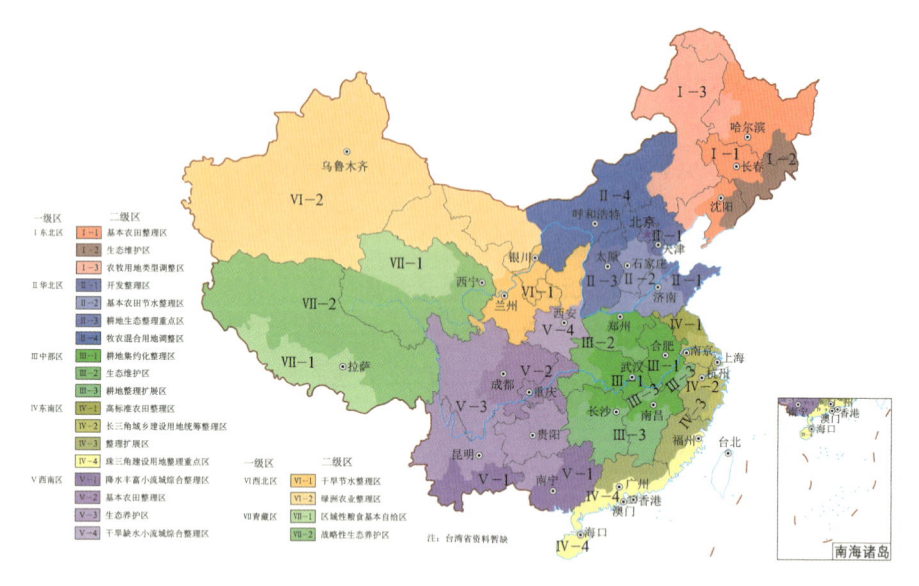

图 3.1 土地整治二级分区

国前列。

(2) 农用地整理方向。从建立国家粮食安全基地出发,以基本农田整治为主,平整土地,合理划分和归并耕作田块,加深耕作层厚度,使耕作田块集中连片;适当增加有效灌溉面积,配套改造现有灌排设施,完善灌排工程体系;旱作区推进喷灌、滴灌等节水灌溉工程建设,改造平原低洼区排水设施,推广水稻控制灌溉技术。提高基本农田质量,合理增加有效耕地面积,积极推进机械化、规模化的粮食生产基地建设。

3.1.2.2 华北区

(1) 土地利用主要特点。①以耕地利用为主,耕地中呈现水浇地与旱地并重的农业用地结构,农作物一年一熟或两熟;②土地组合条件较差,光热资源丰富,但水资源紧缺,降水较少且季节分配不均,旱涝盐碱等自然灾害严重;③人口密集,工业交通发达,城市化水平较高,建设用地比例居全国前列。

(2) 农用地整理方向。平整土地,合理划分和适度归并田块,客土改良质地过沙的土壤。实现耕作田块集中连片。更新改造现有机井,完善井渠结合灌溉体系,推广节水灌溉技术,推进管道输水灌溉、喷灌、滴灌等高效节水灌溉工程建设。整修和新建田间道、生产路和机械下田坡道等附属设施。新建、修复防护林带,保护和改善农田生态环境。农用地整理强调耕地数量和质量并重提高，通过土地整理改造大面积中低产田，实施农田水利、节水灌溉等工程措施，提高水资源利用效率。

3.1.2.3 中部区

（1）土地利用主要特点。①光热资源较优越，水资源充沛；平原大部分属于各河流的冲积平原，土地肥沃平坦，开发历史悠久，发展粮食生产的土地条件优越，农作物一年两熟至三熟；丘陵山地面积广，但大部分为缓低丘山与山间盆地、山冲谷地相间分布。②平原以耕地利用为主，耕地又以水田为主，水域比例大，呈现农业为主、渔业为辅的用地结构；丘陵山地以林地为主、耕地为辅，适宜发展林农牧结合的立体农业。③城镇密集，人口众多，非农用地比例较大，但地区分布不平衡，经济发展水平差异明显。

（2）土地整治方向。作为我国粮食生产水平较高的地区，农用地整治以耕地尤其是基本农田整治为主，通过农田水利设施的完善，大面积中低产田的改造，提高土地利用综合效益和保障粮食安全的能力。丘陵区应修建水平梯田、反坡梯田和隔坡梯田等，修复加固田坎，合理修筑截水沟、排洪沟等坡面水系工程和谷坊、沟头防护等沟道治理工程设施，减少水土流失。发展节水灌溉。整修和新建田间道、生产路和机械下田坡道等附属设施。新建、修复防护林带。

3.1.2.4 东南区

（1）土地利用主要特点。①光热资源优越，水资源充沛；平原大部分属于各河流的冲积平原，土地肥沃平坦，开发历史悠久，发展粮食生产的土地条件优越；丘陵山地面积广，但大部分为缓低丘山与山间盆地、山冲谷地相间分布。②平原以耕地为主，耕地又以水田为主，呈现农业为主、渔业为辅的用地结构；丘陵山地以林业为主、耕地为辅，适宜发展林业、农业、牧业结合的立体农业，由于该地区工业发达，对耕地污染严重，耕地质量不断下滑。③集镇密集，人口众多，非农用地比例较大，经济发达。

（2）土地整治方向。合理划分和适度归并耕作田块，整治现有圩（垸）区，更新改造灌溉排水涵闸、泵站。疏浚改造排水沟系，降低地下水位。合理确定田间道路的密度和宽度，整修和新建田间道、生产路。新建、修复防护林带，保持和改善生态条件，防止和减少污染。

3.1.2.5 西北区

（1）土地利用主要特点。①光热资源丰沛，水资源短缺，沙漠戈壁广布，土地面积大但质量差，总体组合较差；②以山地、草原、牧草地和绿洲农业利用为主，绿洲农业发达，由于干旱缺水，后备土地垦殖要以水资源而定；③地广人稀、交通不便、多民族聚居、土地生产力水平亟待提高。

（2）土地整治方向。以改善或维持生态环境为前提，限制生态环境脆弱、水资源缺乏地区的土地开发；对绿洲农业用地整治的重点，是在提高农田的渠系利用系数和水资源利用效率及防治土地盐碱化方面开展工作。平整土地。建设和改造水池、水窖等微小水源工程，提高灌溉保障能力；大力发展节水灌溉，推进喷灌、微灌等高效节水灌溉工程建设。整修和新建田间道、生产路，满足农机田间作业、田间生产管理、农产品运输、农民交通出行的要求；新建、修复防护林带，尤其是在受干热风、倒春寒、霜冻、大风、沙尘暴等灾害性天气影响的区域。

3.1.2.6 西南区

（1）土地利用主要特点。①光温水资源丰沛，地形复杂，并且多处于河流上游，水土流失严重，土地资源数量有限，作物产量不高；②山区林地分布较广；③人口众多，农用地比例较大，经济落后。

（2）土地整治方向。重点是开展以流域综合治理为内容，提高耕地质量、改善生态环境、治理水土流失和提高农用地利用效益。因地制宜修筑梯田，通过挖填客土、挖高填低，增加土层厚度，开展水土保持、水源涵养、护路护沟等植被生态工程建设。加强雨水集蓄利用、河塘清淤整治等工程建设。合理确定田间道路的密度和宽度，整修和新建田间道、生产路。新建、修复防护林带。

3.1.2.7 青藏区

（1）土地利用主要特点。①气温低，辐射强，水资源短缺，未利用土地所占比例大，天然草地广布，以高寒畜牧业利用为主，农作物一年一熟；②牧用地相对比较集中，高寒草地畜牧业占绝对优势；③土地开发利用不充分，土地经营粗放，土地生产力水平亟待提高；④地广人稀、交通闭塞，以自给性的农牧业为主，商品经济极为落后。

（2）土地整治方向。大部分地区禁止土地开发整理，而在绿洲农业区可开展耕地整治，提高耕地质量，平整土地，建设和改造水池、水窖等微小水源工程，提高灌溉保障能力；大力发展节水灌溉。整修和新建田间道、生产路，满足农机田间作业、田间生产管理、农产品运输、农民交通出行的要求。新建、修复防护林带，尤其是在受干热风、倒春寒、霜冻、大风、沙尘暴等灾害性天气影响的区域，适当进行草地改良。

3.1.3 农田整治基本模式

开展农田整治，主要是通过平整归并零散田块、完善农田基础设施等工作，达到优化土地利用结构、增加有效耕地面积、提高耕地质量和改善生态环境的目的。随着经济社会的发展及人类需求水平的提高，农田整治还承担着美化城乡环境、传承农耕文化的作用。由于不同区域的自然地理条件、经济发展水平和社会发展阶段不同，土地利用方式、耕作制度、作物品种各不相同，农用地整理的主导方向、基本内容和实施模式也就不同。目前，围绕农田开展的土地整治模式主要有良田改造型、产业引领型、规模集约型、以水定地型、生态保持型和景观文化型六种类型。

(1) 良田改造型。就是对现有基础条件相对较好的农田进行升级改造，使灌溉与排水、田间道路、农田防护与生态环境保持等农田基础配套设施更加完善，将其建设成"田成方、林成网、路相通、渠相连、旱能灌、涝能排"的优质高效、高产稳产的高标准基本农田。一般情况下，该良田区为基本农田整备区，其主要特点是耕作条件较好、耕地后备资源较为丰富，整治过程中集中投入，成片推进，以改善耕作条件、增加有效耕地面积、提高耕地质量为主要内容，最终建设成集中布局的高标准基本农田。

(2) 产业引领型。就是把土地整治的开展与现代农业发展相结合，将土地整治打造成为土地承包经营权流转和现代农业产业结构调整的依托平台，最终为发展现代农业服务，为农业产业化创造条件。在深入了解地方现代农业产业发展面临的形势及发展趋势的基础上推进产业引领型土地整治，按照现代化、产业化发展和农业生产的总体布局要求，科学设计农田整治方案，建成一批上规模、高效益、有特色的现代农业基地。

(3) 规模集约型。就是以提高农业综合生产能力为核心，以适应机械化规模耕作的需求为目标，按照高标准基本农田的建设要求，通过土地整治完善农田灌溉排水设施工程，开展田间道路工程，并改善田块形状，开展内部零星地类的整治，引导建设用地等其他地类逐步退出，促进优质农田集中连片，为农业的产业化、集约化、规模化创造条件。开展规模集约型土地整治，首先要形成规模经营的田块格局，完善配套设施，达到机械化耕作要求，同时积极开展权属调整，促进土地流转，促进农田向种粮大户集中。

(4) 以水定地型。就是在水资源的总体约束下，充分考虑水土资源平衡对农业活动的影响，对一定区域内农田整治的目标、布局、规模与时序等进行定位和明确后所开展的土地整治活动。我国水资源总体不足，西部大部分地方属于温带大陆性干旱气候区，在干旱气候影响下，必须将农业发展和水资源优化配置紧密结合。水资源的数量决定着农田整治的规模，水资源的分布决定着农田整治的基本格局。干旱缺水地区的土地整治要以节水设施工程建设为核心，采取渠道防渗、地下管灌、地上膜灌、喷微灌等措施，配套土地平整、田间道路、农田防护与生态环境保持等工程，实现节水农田建设。

（5）生态保持型。就是通过坡改梯、水土保持和土壤改良等工程措施，以蓄水、保土为核心，提高和恢复地表植被，提高耕地质量，维护生态环境，实现土地资源的可持续利用。在我国南方和中西部地区，地形地貌多样，丘陵、山地广布，很多地方水土流失严重，土壤养分平衡失调，生态环境退化。在生态脆弱地区开展土地整治主要是搞好农田防护与生态环境保持工程，采取平整土地、修筑田坎、修建蓄水灌排系统、种植防护林等措施，实现治水、治田与治丘相结合。主要措施是培肥、客土、炸土等增加表土厚度，提高土壤肥力；平整土地、修筑田坎、修建蓄水灌排系统；种植护坡林草。

（6）景观文化型。就是选择某些具有特殊区位、特殊景观、特殊历史文化价值的田块，在土地整治过程中以景观生态学和景观美学的理论为基础，按照提高景观文化功能、观光休闲功能的目标，开展乡土景观设计，改善和建设田园景观，营造生态环保型的景观道路与沟渠，增加农田景观小品设计，深入挖掘农田的景观与旅游价值，使之成为传承农耕文化的载体、教育体验的基地、休闲观光的目的地。开展景观文化型土地整治，应视经济社会发展阶段和城市化进程而开展，适应居民游览休憩需要，适应提高种田收益的需要。

3.2　农用地整理潜力

3.2.1　土地整治潜力内涵

根据国土资源部颁发的《市级土地整治规划编制规程》（TD/T 1034—2013）和《县级土地整治规划编制规程》（TD/T 1035—2013），土地整治潜力是在一定的经济社会发展条件和科学技术水平等因素限制下，对田、水、路、林、村进行综合整治，对低效利用的城镇工矿建设用地进行改造，可增加的有效耕地面积、其他农用地面积和节约的建设用地面积，以及土地利用效率和土地质量提高的程度。

3.2.2 农用地整理潜力分布情况

根据《全国土地整治规划（2011—2015年）》农用地整理潜力评价结果，全国农用地整理可净增加耕地面积417.93万公顷（6268.89万亩），产能提高潜力为4647.63亿千克，农用地整理潜力巨大。各省（自治区、直辖市）农用地整理潜力测算结果如表3.1。

表3.1 各省（自治区、直辖市）农用地整理潜力

行政区域	整治规模/万公顷	新增耕地数量/万公顷	产能提高潜力/亿千克
合计	12709.72	417.93	4647.65
北京	23.17	0.59	2.65
天津	44.11	1.46	7.61
河北	630.74	18.29	277.95
山西	407.40	16.84	165.56
内蒙古	704.20	18.35	371.93
辽宁	408.53	11.45	115.42
吉林	553.46	16.96	98.14
黑龙江	1752.83	58.58	514.85
上海	25.38	0.56	3.09
江苏	475.34	13.39	91.73
浙江	192.03	6.04	79.68
安徽	555.79	17.82	198.43
福建	133.01	4.62	70.95
江西	282.35	9.25	92.09
山东	751.53	28.01	295.42
河南	789.60	25.22	175.94
湖北	465.30	16.47	154.47
湖南	378.94	9.99	247.70
广东	288.57	6.92	110.95
广西	425.84	12.24	132.54
海南	66.25	1.71	20.48
重庆	223.59	9.82	33.89
四川	594.74	25.16	304.96

续表

行政区域	整治规模/万公顷	新增耕地数量/万公顷	产能提高潜力/亿千克
贵州	448.53	14.57	168.07
云南	607.21	23.78	234.80
西藏	36.16	0.84	3.84
陕西	405.03	16.84	118.68
甘肃	465.65	13.57	282.24
青海	54.77	1.94	7.04
宁夏	107.22	3.57	49.10
新疆	412.45	13.08	217.45

31个省（自治区、直辖市）农用地整理净增加耕地面积的潜力差距悬殊。首先，绝对面积最大的是黑龙江，其主要原因是黑龙江耕地面积较大，中低产田比例较高，土地利用较为粗放，农用地分布区内的零星未利用地，其他地类较多，农用地整理净增加耕地的面积潜力大；其次是山东、河南、四川和云南，农用地整理净增加耕地面积潜力也都在20万公顷以上；农用地整理数量潜力在10万公顷到20万公顷的是河北、内蒙古、安徽、吉林、陕西、山西、湖北、贵州、甘肃、江苏、新疆、广西和辽宁；农用地整理数量潜力在10万公顷以下的是湖南、重庆、江西、广东、浙江、福建、宁夏、青海、海南、天津、西藏、北京和上海（图3.2）。

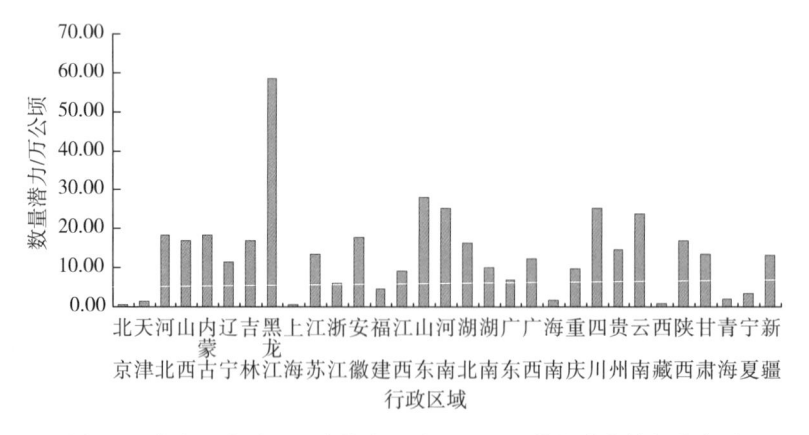

图3.2 各省（自治区、直辖市）农用地整理数量潜力等级分布图

耕地整治质量潜力方面，潜力较高的省份也是集中分布在中东部地

区，特别是黑龙江、内蒙古、四川、山东的质量潜力较高，较低的省份主要是西部地区的青海和西藏。南部沿海地区的质量潜力相对也较低（图3.3）。

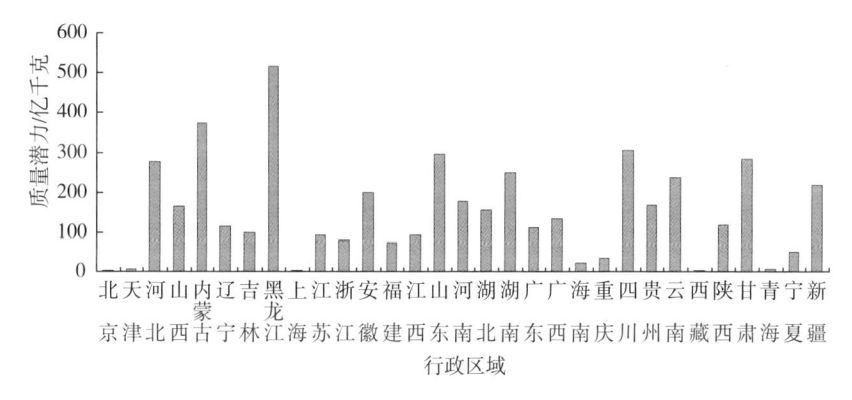

图3.3 各省（自治区、直辖市）农用地整理质量潜力等级分布图

3.2.3 农用地整理重点区域

结合农用地整理潜力测算结果，依据以下原则划分土地整治的重点潜力区：

（1）集中连片原则。农用地整理产能提高潜力较大，分布相对集中连片的区域划为重点潜力区，通过农用地整理，推进土地的适度规模化经营。

（2）数量、质量潜力并重原则。质量潜力的测算以数量潜力为基础，综合考虑农用地整理数量、质量潜力并重。

（3）充分利用现有成果的原则。综合考虑现有的116个国家基本农田保护示范区和《全国新增1000亿斤粮食生产能力规划（2009—2020年）》确定的800个产粮大县的分布情况，将其作为农用地整理重点潜力区。

（4）全面落实总体规划的原则。全面落实《全国土地利用总体规划纲要（2006—2020年）》确定的土地整治重点区域、重大工程的分布。

依据全国农用地整理潜力、目标及规模的空间分布现状，结合全国粮食主产区和基本农田示范区，以农用地整理潜力测算结果为分区基础，"十二五"全国土地整治规划确定了10个农用地整理重点区域：华北平原区、长江中下游平原区、东北平原区、华南丘陵平原区、浙闽丘陵平原区、云贵高原区、黄土高原区、四川盆地及秦巴山地区、内蒙古高原区、新疆天山山麓绿洲区（包括兵团部分团场），共涉及1618个县（市、区），如图3.4所示。

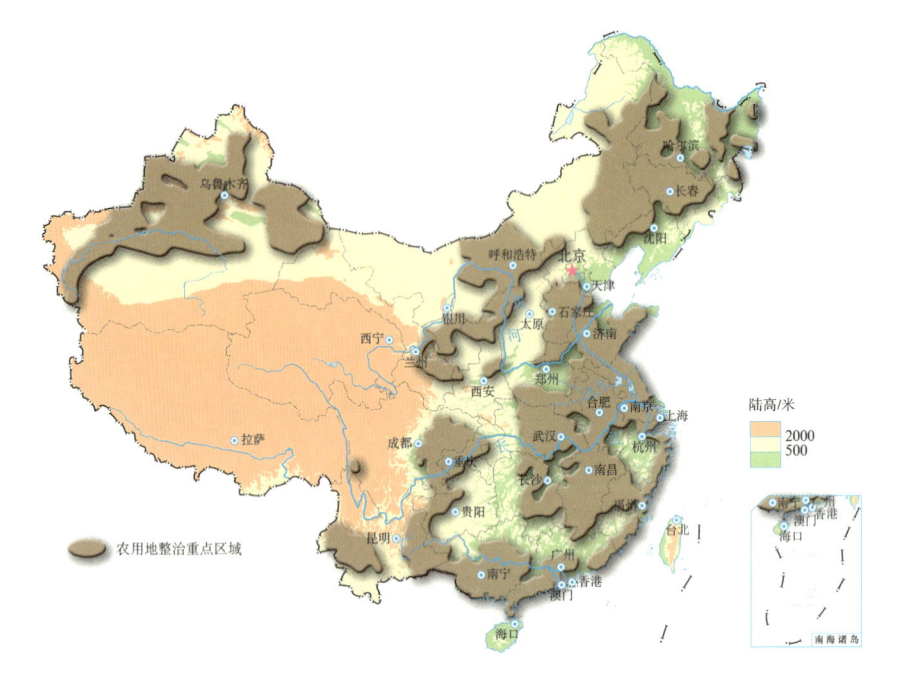

图 3.4　全国农用地整理重点潜力区

3.3　农用地整理实践探索

通过农用地整理，保证了全国耕地面积基本稳定，对坚守 18 亿亩耕地红线发挥了重要作用，促进了耕地保护和旱涝保收高标准基本农田建设，保障了国家粮食安全。2001—2010 年，建成高产稳产基本农田面积超过 1333.3 万公顷，其中"十一五"时期建成 1066.7 万公顷，新修建排灌沟渠 493 万千米，建成田间道路 460 万千米，经整理的耕地平均亩产提高 10%～20%，实现新增粮食产能 130 多亿斤，农田机械化耕作水平、排灌能力和抵御自然灾害的能力显著提高，农业生产条件明显改善，促进了新增千亿斤粮食工程的实施，保障了粮食连年增产。

3.3.1　高标准基本农田建设

基本农田是指按照一定时期人口和经济社会发展对农产品的需求，依据土地利用总体规划确定的不得随意占用的耕地。高标准基本农田是按照旱涝保收的基本要求，通过土地整治措施建成的集中连片、设施配套、生态良好、高产稳产、与现代农业生产和经营方式相适应的基本农田，包括经过整治后达到标准的原有基本农田和新划定的基本农田。

基本农田保护制度是我国的一项基本制度。从1999年起，国土资源部会同农业部在全国统一部署开展基本农田保护区调整划定工作。"十一五"时期国家探索建立了"以建设促保护"的基本农田保护新机制，2006年确定了116个国家基本农田保护示范区，要求各示范区按照"基本农田标准化、基础工作规范化、保护责任社会化、监督管理信息化"的总体要求，开展基本农田保护建设和新机制探索，并将基本农田保护纳入省级政府耕地保护责任目标考核范围。目前，我国已划定基本农田保护地块1.25亿块，基本农田保护面积15.8亿亩，保护率超过80%，许多地方超过了90%。

2011年以来，加快高标准基本农田建设成为土地整治工作的主旋律。高标准基本农田建设是为改善或消除主要限制性因素、全面提升农田质量而开展的土地平整、土壤改良、灌溉与排水、田间道路、农田防护与生态环境保持、农田输配电及其他工程建设，并保障其高效利用的土地整治活动。2012年7月1日起，《高标准基本农田建设标准》（TD/T 1033—2012）作为推荐性行业标准开始实施。该标准对高标准基本农田建设的基本原则、建设目标、建设条件、建设内容与技术标准、建设程序、公众参与、土地权属调整、信息化建设与档案管理、绩效评价等内容进行了规定，从此高标准基本农田建设有标准可依。同时，在规划方面，财政部牵头编制并经国务院批准了《国家农业综合开发高标准农田建设规划（2011—2020年）》；国家发展改革委牵头、国土资源部等有关部门参与编制了《全国高标准农田建设总体规划》并经国务院批复，提出到2020年建成旱涝保收的高标准农田8亿亩；水利部牵头编制了《全国现代灌溉发展规划》，发展改革、财政、水利、国土资源、农业五部门联合发文要求各地组织编制县级农田水利建设规划；国家林业局编制实施了《全国平原绿化三期工程规划（2011—2020年）》。以上工作为全国高标准基本农田建设奠定了良好的基础。

3.3.1.1 高标准基本农田建设总体思路与原则

（1）总体思路。以科学发展观为统领，以农村土地整治为平台，以重大工程、示范省建设、基本农田保护示范区和高标准基本农田建设示范县为抓手，综合运用工程与管理措施，积极探索新思路、完善新机制、采取新举措，通过规划引导、政策激励、强化责任、多元投入和规范管理，大力推进高标准基本农田建设，为促进农业现代化、加快社会主义新农村建设、促进城乡统筹发展提供有力支撑。

（2）高标准基本农田建设应遵循的原则。

1）坚持规划引导、计划管控。要以土地整治规划为依据，在充分考虑各地工作基础、基本农田状况、资金保障能力，特别是新增费征收及结余情况的基础上，以省为单位分解落实建设任务。要严格实行计划管控，合理安排建设时序，层层分解到各地，并对计划落实情况进行考核，确保"十二五"期间4亿亩高标准基本农田建设任务按期完成。

2）坚持先易后难、循序渐进。充分考虑各地工作条件、耕地等级和资金收入等情况，合理安排年度建设任务。2012—2015年，国家每年安排1亿亩建设任务。先行整治条件较好的基本农田，用较少的钱办较多的事，不断积累经验、提升能力。鼓励工作基础较好的省份加大建设任务量。

3）坚持突出重点、统筹兼顾。各地要集中资金、突出重点，把改造提升116个国家级基本农田保护示范区、推进500个基本农田建设示范县、实施好重大工程和示范省建设作为重要抓手，营造"多轮驱动"、相互促进的工作局面。与此同时，应根据建设任务，结合实际情况，统筹考虑在农用地整理重点区域选取基本农田保有量较大的地区，采取多种形式开展建设，作为对重要抓手的有益补充，共同完成建设任务。

4）坚持完善机制、责任到县。建立健全"党委领导、政府负责、国土搭台、部门联动、农民主体、社会参与"的高标准基本农田建设工作机制，进一步树立综合统筹理念，责任到县，积极搭建工作平台，强化部门协调联动，形成合力，共同开展。在具体建设中，应以县为单位，由县级人民政府统一组织，按照统筹规划、聚合资金、整体推进的要求开展工作。

5）坚持分类指导、差别管理。各地应以土地整治项目为载体，根据建设方式不同实行差别化管理。重大工程、示范省建设等土地整治项目，要严格按照国家有关规定和标准进行建设与管理。国家级基本农田保护示范区和高标准基本农田建设示范县，根据"按需整治"的要求，一部分应严格按照《高标准基本农田建设标准》（TD/T 1033—2012）实行田、水、路、林、村综合整治；一部分也可根据需要按照"缺什么、补什么"的原则，开展以完善田间基础设施为主的高标准基本农田建设。要积极探索多元化实施主体，进一步优化、简化项目申报管理程序。可由农村集体经济组织和农民群众自行建设的，要通过补贴或奖励的方式实行"先建后补"

和"以补代投",有效发挥农村集体经济组织和农民群众的主体作用。

3.3.1.2 高标准基本农田建设面临的问题

(1) 农田基础设施依然薄弱。全国有近半数的耕地没有灌溉水源或缺少基本灌排条件。现有灌溉面积中,灌排配套差、标准低、效益衰减等问题依然突出,全国40%的大型灌区骨干工程、超过50%的中小型灌区及小型农田水利工程设施不配套或老化失修,大多灌排泵站带病运行、效率低下,农田水利"最后一千米"问题仍很突出。田间道路数量不足,机耕道"窄、差、无",农机"下地难"问题突出。部分现有田间道建设设计不规范、标准不高、养护跟不上,损毁严重,难以满足大型化、专业化现代农机作业的需要。目前,全国1/3以上农田田间道路需修缮或重建,南方水田区及北方部分地区需修建的比例在1/2以上。农田输配电设施建设滞后,农田灌溉成本高、效率低。由于建设标准偏低、农田防护与生态环境保持体系仍不完善,整体防护效能不高。

(2) 建设投入不足且标准不高。长期以来,我国农田建设由各部门分别编制规划,分头组织实施,缺乏统一的指导性规划和规范的建设标准,造成项目安排衔接困难,建设标准参差不齐,难以统一考核评价。同时,由于长期投入不足,资金使用分散,造成许多项目建设标准偏低,多数农田建设项目难以同步实施土壤培肥改良、耕作节水技术等措施,工程建设效益难以充分发挥。

(3) 工程建后管护长效机制不完善。农田建设中"重建设、轻管护"的现象较为普遍,田间工程设施产权不清晰,耕地质量监测和管理薄弱,建后管护责任和措施不到位,管护资金不落实等问题突出。有的项目竣工移交后损毁的设备和设施得不到有效修护;有的项目建成后没有划入基本农田实行永久保护。此外,对已建成农田的用途和效益统计监测工作不到位。

3.3.2 土地整治重大工程建设

土地整治重大工程是在土地整治规划确定的土地整治重点区域基础上,围绕实现规划目标和形成规模效应,以完成区域内土地整治重大任务、解决重大基础设施建设或土地利用问题为目的,采取的有效引导土地整治活动的组织形式,是从国家层面指引土地整治方向、落实土地整治国家目标的重要抓手。

3.3.2.1 土地整治重大工程发展沿革

(1)《全国土地开发整理规划(2001—2010年)》首次确定重大工程。

1999年国土资源部印发的《关于切实做好耕地占补平衡工作的通知》（国土资发〔1999〕39号）明确提出各级国土资源行政主管部门"要依据土地利用总体规划编制好土地开发整理专项规划"，并从2000年开始部署全国土地开发整理规划编制工作。在编制过程中，基于宏观安排土地开发整理活动、引导土地开发整理资金投资方向、协调国家重大建设活动关系等方面的考虑，遵循"主要安排在土地开发整理重点区域、对实现规划目标起支撑作用"、"能够明显改善区域生态环境、解决土地利用和经济建设中的重大问题"、"综合考虑资金总量、规划目标和现行政策之间的相互约束关系"和"预期投资综合效益较好，对推进全国土地开发整理具有较强的示范意义"等原则，研究并安排了东中部粮食主产区基本农田整理、重点煤炭基地土地复垦、三峡库区移民安置土地开发整理、西部生态建设地区农田整治、新疆伊犁河谷地土地开发、"五纵七横"公路沿线土地复垦整理和"南水北调"水利工程沿线土地整理等七项重大工程。根据2003年印发的《全国土地开发整理规划（2001—2010年）》，2010年以前全国计划补充耕地4110万亩，这七项重大工程就承担了其中36.6%的补充耕地任务。

（2）《全国土地开发整理规划（2001—2010年）》确定的重大工程得到相关规划确认。《全国土地利用总体规划纲要（2006—2020年）》从确保实现全国耕地占补平衡角度，提出"对国家重大工程建设项目的补充耕地任务，经国务院批准，通过实施土地整理复垦开发重大工程，在全国范围内统筹安排"，把"组织实施土地整理重大工程"、"组织实施土地复垦重大工程"和"组织实施土地开发重大工程"分别作为"大力加强农村土地整理"、"积极开展工矿废弃地复垦"和"适度开发宜耕后备土地"的重要举措，在总体上承继《全国土地开发整理规划（2001—2010年）》确定的七项重大工程的基础上进行了微调，把"东中部粮食主产区基本农田整理工程"和"'五纵七横'公路沿线土地复垦整理工程"分别调整为"粮食主产区基本农田整理工程"和"'五纵七横'公路和京沪高铁沿线土地复垦整理工程"。2009年，国务院颁布的《全国新增1000亿斤粮食生产能力规划（2009—2020年）》，立足于国内实现粮食基本自给和着力提高粮食综合生产能力，明确要求"继续实施土地整理和复垦项目，确保耕地占补平衡。重点抓好辽河流域、豫西丘陵等地区土地整理工程，补充有效耕地面积"，并且提出"到2020年，在800个产粮大县和后备区完成整理和复垦耕地2000万亩"，规划中所提相关土地整理工程全部落在《全国土地开发整理规划（2001—2010 年）》确定的重大工程范围内，而且在促进粮食生产能力提升方面被寄予厚望。《中华人民共和国国民经济和社会发展第十二个五年规划纲要》确定了 12 项新农村建设重点工程，其中"旱涝保收高标准农田建设工程"和"农村土地整治工程"涉及土地整治工作、土地整治重大工程从而成为国家级工程。

（3）土地整治重大工程自 2008 年起进入大规模实施阶段。为了加快推进土地整治重大工程建设，2008 年以来，国土资源部和财政部按照打造以农村土地整治为主要内容的统筹城乡发展平台要求，在全国范围内组织实施了 9 个土地整治重大工程项目，涉及新疆、吉林、宁夏、黑龙江、云南、湖南、青海、湖北、河南等 9 个省（自治区），计划建设总规模 3270.56 万亩，新增耕地 792.66 万亩，总投资 483.96 亿元。

图 3.5　在建土地整治重大工程项目分布

3.3.2.2　实施土地整治重大工程的意义

土地整治重大工程是落实土地利用总体规划，有效保护土地资源，合理开发后备资源，促进土地资源高效、合理利用的重要手段，在引导建设重点、调控投资方向、实现资金和资源的合理配置、发挥中央支持资金的示范引领作用等方面起到十分重要的作用。

（1）国家积极主动补充耕地的需要。随着工业化、城镇化的快速发展，保护资源与保障发展的矛盾日益突出，耕地保护形势更为严峻。这就要求既要实行最严格的耕地保护制度，切实有效保护现有耕地，又要积极采取有力措施，通过大力开展土地整治，主动补充耕地，实现耕地保护工作开源节流并举。实施重大工程作为积极主动补充耕地的有效手段，在国家推进补充耕地后备基地建设、确保耕地总量平衡工作中可以发挥十分重要的作用。

（2）建设高标准农田、保障国家粮食安全的需要。党的十七届三中、五中全会及近几年中央一号文件，都将加快建设旱涝保收高标准农田放在十分重要的战略地位。土地整治重大工程是依托土地整治重点区域，针对不同土地利用问题开展的大规模土地整治工作，主要目标就是建设一批集中连片、设施完备、高产稳产、旱涝保收的基本农田，以增强农业抵御自然灾害的能力，全面提高粮食综合生产能力，夯实国家粮食安全和现代农业发展的物质基础。

（3）改革资金分配要素、提高投资效益的需要。现行《中华人民共和国土地管理法》颁布实施以来，土地整治走过了不平凡的发展历程，在工作内涵和外延上都发生了根本性的变革，目标和效益的综合性特点越来越鲜明，更加注重发挥项目的集聚示范效用、提高资金的规模效益。在这一背景下，以往投入分散的小型项目组织方式已不能满足当前农村土地整治工作全面、系统、综合发展的需要，大力推进重大工程和示范建设成为土地整治事业发展的必然选择。实施重大工程，既有助于按照统筹规划、聚集资金、突出重点、稳步推进的原则开展土地整治工作，防止国家投资"撒胡椒面"现象的发生，最大限度地发挥中央支持资金的规模效益；又有助于实现资金与资源的合理匹配，避免出现有资源、无资金或有资金、无资源的错位现象，进一步提高土地整治资金的使用效益和土地资源的利用效率；还有助于充分发挥中央支持资金的示范引领作用，在更大范围内聚合和引导各类涉农资金，进一步发挥叠加效益，形成合力，共同推动农村土地整治工作，更好地促进农业和农村的全面协调发展。

3.3.2.3 土地整治重大工程建设成效

（1）促进了高标准基本农田建设。正在实施的重大工程项目涵盖大部分粮食核心产区和后备产区，不仅大规模集中补充了耕地，而且促进了耕地集中连片布局，建成了一大批高标准基本农田并实行永久保护，进一步完善了"以整治促建设、以建设促保护"的耕地保护新机制。截至2013年12月5日，重大工程项目共建成高标准基本农田1161.32万亩，新增耕地338.48万亩。

(2) 改善了农村生产生活条件。重大工程项目的实施,不仅有力促进了当地农业现代化,而且加强了农村基础设施和公共服务配套设施建设,改善了农村整体环境,促进了社会主义新农村建设。大规模土地整治完善了田间配套基础设施,改善了农业生产条件,提高了耕地质量和综合产能。通过工程建设,重大工程项目区内土地资源利用率、田间道路通达率、农田灌溉保证率和农业生产机械化率普遍大幅提高,防灾减灾能力不断增强,促进了农业生产方式从传统向现代的转变,粮食单产平均提高20%以上。大规模土地整治还优化了农村土地利用结构和居民点用地布局,盘活了农村闲置和低效利用土地,提高了土地节约集约利用水平,形成了资金、技术、人力等生产要素的集聚效应,拉动了农村内需,整体上促进了农业增效、农民增收和农村发展。

(3) 推动了区域生态文明建设。重大工程项目建设始终坚持以生态文明理念为引领,注重采取工程、生物等措施,加强防风固沙等农田防护能力建设,加大保土、保水、保肥"三保田"建设力度,着力改善土地生态环境,实现了生态安全和粮食安全的双赢。云南省重大工程项目通过实施综合整治,防治了水土流失,改善了项目区与周边村庄的生态环境。吉林省重大工程项目的镇赉、大安子项目积极推进盐碱地生态治理及生态林、护坡草等工程建设,完成了大面积盐碱地整治,实现了碱地水稻连年丰收。

(4) 促进了农村地区社会和谐稳定。各地在实施重大工程项目时,注重发挥农村集体经济组织和农民的主体作用,把尊重农民意愿、维护农民权益作为出发点和落脚点,让农民在工程建设中直接受益,将重大工程打造成了"德政工程"、"民生工程"。河南省积极引导项目区所在村"两委"和普通农民群众参与重大工程建设,进一步提高了农村基层组织的威信,形成了"基层组织造福群众,群众拥护基层组织"的良好局面。一些地方把重大工程建设与促进"老、少、边、贫"地区经济发展和社会建设及生态文明建设相结合,对提高当地农民生活水平,加快脱贫致富,促进移民搬迁和生态建设,维护边疆地区、民族地区社会和谐稳定发挥了重要作用。

3.3.3 土地整治示范建设

3.3.3.1 国家基本农田保护示范区建设

2006年11月,国土资源部下发《关于正式确定国家基本农田保护示范区的通知》(国土资发〔2006〕270号),在31个省(自治区、直辖市)和新疆生产建设兵团(以下简称新疆兵团)确定116个县(市、区)为国家基本农田保护示范区,覆盖全国41个标准耕作制度区,拉开了基本农田保护示范建设序幕。

(1)基本情况。据初步统计,116个示范区中的112个示范区(有4个示范区相关数据暂缺)共安排土地整治项目2769个,建设规模2195万亩,累计投资约300亿元。截至2012年第二季度,这些示范区项目完成验收规模891万亩,占全部建设规模的40.6%。其中,北京、辽宁和四川3省(直辖市)全部或超额完成建设任务。

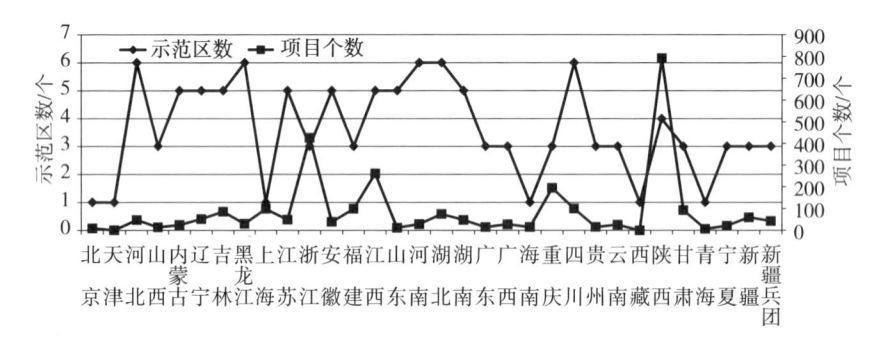

图3.6 各省(自治区、直辖市)国家基本农田保护示范区数和项目个数

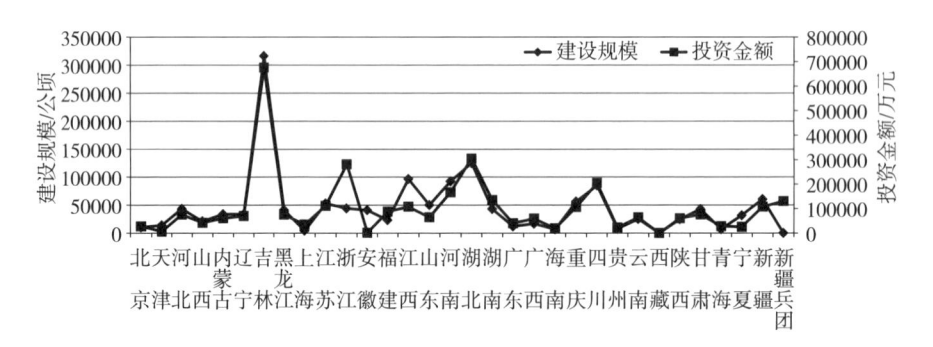

图3.7 各省(自治区、直辖市)国家基本农田保护示范区建设规模和投资金额

(2)基本做法。各地在推进示范区建设时,大都制订了示范区建设方案,确定了目标任务和保障措施,并从加强农田整治、夯实工作基础、健全制度机制及建设信息系统等方面入手开展建设。

1)以土地整治项目为载体,推进基本农田标准化建设。各示范区结合实际合理安排基本农田整治项目,在项目实施中按照土地集中连片、田块平整规则、水利设施配套、田间道路通达和防护林网配套的基本农田标准化建设要求,统筹推进土地平整、灌溉排水、田间道路、农田防护与生态环境保护等各项工程建设。山东省坚持整地、治水、通路、绿化、开发"五位一体",把基本农田整治成健康农田、生态农田和景观农田;广东省对实施进度缓慢的在建项目,采取跟踪落实、分类指导等措施,确保示范区基本农田建设进度。

2)以基础工作为抓手,推进基本农田规范化管理。多数示范区都重视基础工作,努力做到档案齐全完整、数据更新及时、标识统一规范。重庆市结合乡镇土地利用总体规划编制、永久基本农田划定,将基本农田保护区规划图、基本农田保护区现状图和基本农田保护地块位置信息、数量信息、质量信息及管护情况等数字化,初步建立了基本农田数据库;新疆兵团结合落实耕地和基本农田保护目标考核责任制,层层签订责任书,将基本农田保护责任落实到连队和地块,有的团队还将基本农田保护责任列入了土地承包经营使用证。

3)以建设责任制为核心,推进基本农田社会化保护。各示范区从明确责任和健全机制等方面入手,严格执行基本农田保护制度,同时积极探索激励机制。黑龙江省把实现耕地保护目标作为衡量乡镇人民政府工作实绩的重要依据,强化乡镇人民政府保护基本农田责任;上海市通过建立耕地保护目标责任制将示范区耕地和基本农田保护责任落实到人,通过建立生态补偿机制将基本农田纳入生态补偿范围,通过运用现代信息技术手段建立基本农田保护巡回检查制度;河南省建立了基本农田宣传、举报和信访评估制度,构建了市、县、乡、村四级基本农田动态巡查网络。

4)以信息系统建设为重点,推进基本农田信息化监管。各示范区都按照要求拟定了信息化建设方案,逐步建立基本农田基础数据库和信息管理系统,为基本农田审核、补划、执法监察、统计分析等提供依据。2006年,湖北省开发了基本农田保护信息管理系统,经试点后在示范区推广应用;广西壮族自治区将"二调"基本农田上图成果汇总至全区"一张图",完成了基本农田基本要素统计汇总上图工作;陕西省大力整合现有网络信息资源,完善系统服务功能,投资建立基本农田保护数据库和基本农田网络查询与管理系统。

(3)突出成效。2006年以来,各地把建设示范区作为落实科学发展观、服务"三农"发展、提高农业综合产能和改善农业生态环境的重要举措,基本实现"基本农田标准化、基础工作规范化、保护责任社会化、监督管理信息化"总体要求,取得了较为明显的经济效益、社会效益、生态效益和示范效益。

1) 改善了生产和生活条件,促进农村社会保持和谐稳定。各地在示范区建设过程中,既秉承了国务院提出的"确保基本农田总量不减少、用途不改变、质量不降低"的总要求,也通过对田、水、路、林、村实行综合整治而推进了示范区所在地农村生产、生活条件改善,成为新农村建设的重要抓手。湖南省通过改造"空心村"和合理规划农村居民点建设,完善交通、水利等基础设施和公共服务设施,将开展综合整治的村庄建设成为"道路通畅、田块规整、排灌自如、林网秀美、环境优良、设施齐备、人居和谐"的社会主义新农村建设示范点;青海省通过实施基本农田整理项目,昔日旱地变成水浇地,山地变为水平梯田,从根本上改变了农业生产条件,提高了机械化作业水平,示范区建设真正成为"惠民工程"和"德政工程"。

2) 拓宽了增收和创收渠道,促进农民收入持续较快增长。各地实践表明,示范区建设不仅因为增加耕地面积、提高综合产能而拓宽了项目区农民的增收渠道,而且因为项目建设增加了就业机会、带动了关联产业发展而开拓了相关农民的创收门路,夯实了示范区农民收入增长基础,经济效益较为突出。内蒙古自治区示范区建设取得了"治地、节水、增粮、富民"的明显成效,项目区新增耕地率在3%~20%之间,节水率在10%~60%之间,粮食亩产提高了50~200千克/亩,农业生产成本降低了5%~30%;甘肃省通过集中整治土地,完善了水利设施和田间道路,项目实施后每次农田灌溉可减少用工4~5人,机耕费和灌溉水费每亩年均降低40元左右。

3) 优化了农田和村庄环境,促进农村地区生态文明建设。基本农田特有的生态景观功能,在示范区建设过程中得到充分彰显和突出体现,不仅优化了农田和村庄的景观格局和生态功能,而且促进了农村地区的生态文明建设。北京市通过示范区建设,完善了农田基础设施,促进了农田合理布局,优化了农村面貌,特别是以基本农田整理项目为载体推进示范区建设,明显改善了农村生态环境;宁夏回族自治区通过土地整治,共治理沙漠5.6万亩,治理盐碱地9.2万亩,栽种各种树木298万株,初步形成乔、灌、草结合的农田防护林体系,项目区80%农田得到保护。

4) 发挥了示范和引领作用,促进基本农田保护思路创新。随着示范区建设工作深入开展,特别是通过贯彻落实"重在建设,典型示范,切实加强耕地保护特别是基本农田保护,发挥示范作用"的宗旨,这项工作得到各级党委和政府的高度重视,也得到广大干部和群众的关心支持。福建省通过示范区建设,适应了新形势下对基本农田实行特殊保护的需要,创造了以利益调节为核心的基本农田保护激励机制,探索了以现代技术为主要手段的基本农田监督管理体系;四川省通过示范区建设,努力实现基本农田保护从被动保护转向主动的以建设促保护,从重数量向数量质量并重转变,以及从部门保护转向全社会保护,并在实践中积极探索基本农田保护与农民增收相结合的有效途径。

3.3.3.2 农村土地整治示范省建设

2010年以来,国土资源部、财政部按照打造以农村土地整治为主要内容的统筹城乡发展平台要求,支持建设了10个农村土地整治示范省。示范省建设是国家以与有关省份签订协议的方式,用中央留成新增建设用地土地有偿使用费给予地方一定的资金支持,按照统筹规划、整合资金、整体推进的原则,开展以耕地面积增加、建设用地总量减少、农村生产生活条件和生态环境明显改善为目标的田、水、路、林、村综合整治。

(1) 基本情况。示范省建设要以村为单位,按照"全域规划、全域设计、全域整治"的要求,在村民自愿的前提下,整村推进土地综合整治。国土资源部、财政部确定在河北、内蒙古、吉林、黑龙江、江苏、安徽、江西、山东、湖北、广西等10个省(自治区)开展示范省建设,计划建设总规模2634万亩,新增耕地174.50万亩,新增粮食产能57.65亿斤,总投资520.64亿元。

(2) 主要做法。1) 强化组织领导,落实共同责任。10个示范省(自治区)均成立了领导小组或建立了联席会议制度,各级党委、政府带头履职,相关部门齐抓共管,共同推进示范省建设。山东省成立了由省长任组长,5位副省长为副组长,24个相关部门主要负责同志为成员的领导小组;江西省委常委会先后5次召开工作推进和调度会,高位推动示范省建设工作。大部分省(自治区)与市、县政府签订责任状,层层抓落实,并将示范省建设情况作为政府效能考核和耕地保护责任目标考核的重要内容,不断健全"政府主导、国土搭台、部门配合、整合资金、农村集体经济组织参与、各计其功"的工作机制。

2) 完善制度标准,创新工作机制。各地结合实际,相继出台了一系列政策制度和技术标准,为示范省建设提供了保障。吉林、山东、湖北等省党委或政府出台了项目实施意见或管理办法。各地坚持实行项目法人

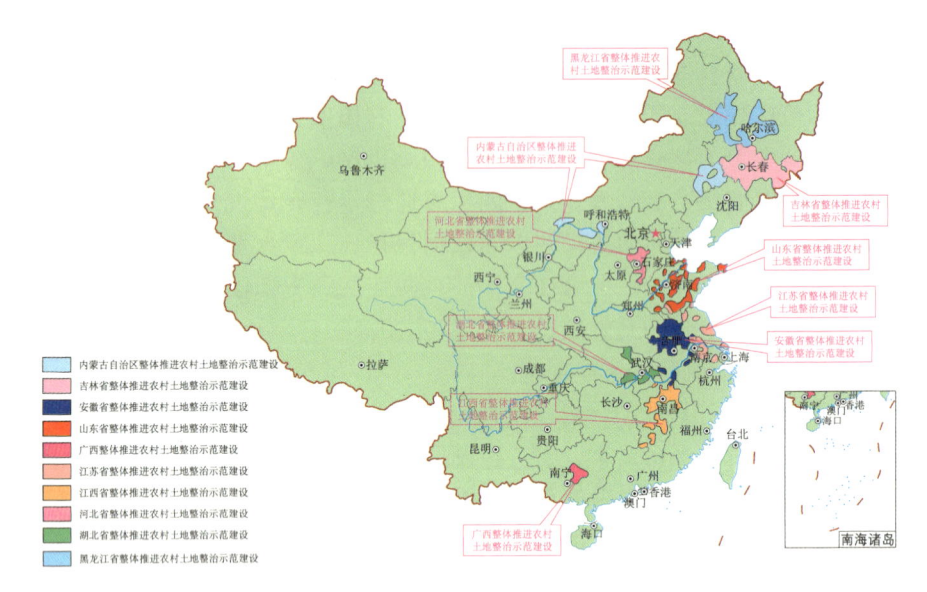

图 3.8　农村土地整治示范省建设分布图

制、公告制、合同制、招投标制、监理制、审计制等管理制度，并积极探索创新实施管理工作模式。广西壮族自治区实行区、市、县三级联审制度，优化了工作程序，缩短了审批时间；安徽省实行省国土资源厅干部分片包干负责制，定期对项目建设进行督促和指导；一些省（自治区）财政、审计、国土资源管理部门联合开展项目决算与审计工作，共同防控风险。

3）统筹各类资金，加强资金监管。多数省（自治区）集中土地整治资金、整合相关涉农资金，共同投入到示范省建设，并持续强化资金监管工作。江苏省和山东省分别集中投入地方各类资金70多亿元，较好地发挥了中央资金的集聚作用和放大效应。广西壮族自治区等省（自治区）严格资金拨付程序，实行一支笔审批制度，严格做到工程预算、施工合同、签字核实、正规发票、验收报账"五到位"。

4）尊重农民意愿，维护群众权益。各地充分调动农民积极性，注重发挥农村集体经济组织和农民群众在示范省建设工作中的主体作用。安徽省坚持三个"让农民做主"，即是否参与土地整治、怎么建设新农村、如何管理新农村让农民做主；湖北省开展以村组为主体的权属调整工作，对建成后耕地进行重新统一分配承包并进行确权颁证；一些地方优先安排农民投工投劳参与工程建设。

5）注重宣传引导，营造良好氛围。多数省（自治区）注重发掘宣传亮点，不断提高社会公众对示范省建设工作的认知程度。江苏等省积极研究制定宣传策略，全面展示工作成效；内蒙古等省（自治区）充分利用召开乡镇、村组和群众代表大会等契机，大力宣传示范建设的重大意义和成效，最大限度争取理解和支持。

（3）主要成效。1）增加耕地数量，提高耕地质量，促进了高标准基本农田建设。示范省建设不仅大规模补充了耕地，而且促进了耕地集中连片，建成并永久保护了一大批高标准基本农田。截至2013年12月5日，新增耕地179.90万亩，建成高标准基本农田约2245.72万亩，改善了农业生产条件，提高了农业生产效率，促进了农业生产方式从传统向现代的转变。

2）服务区域发展战略，促进了城乡统筹发展。吉林省、安徽省、江西省分别在长吉图区域、皖江城市带承接产业转移示范区、鄱阳湖生态经济区发展规划范围内开展示范省建设，在项目布局、任务安排上努力做到与当地工业化、城镇化和农业现代化战略保持一致，努力实现补充耕地、建设基本农田、促进农业产业化和城乡统筹发展的协调统一。

3）改善生态环境，促进农村生态文明建设。示范省建设注重采取工程、生物等措施，着力改善土地生态环境，实现了生态安全和粮食安全的有机结合。黑龙江省通过林网建设、荒地治理和村庄整治，有效减少了土壤的风蚀和沙化，保护了不可再生的黑土地资源；多个省（自治区）加大农田防护措施，加强农村生活污水处理设施建设，改善了项目区与周边村庄的生态环境。

4）夯实工作基础，促进土地整治事业发展。示范省建设在土地整治制度创新、队伍建设、信息管理和品牌建设方面发挥了窗口和引领作用，进一步夯实了土地整治持续发展基础。安徽省、山东省结合示范省建设，探索征地制度、集体土地流转等制度改革，扩大了综合效益。通过示范省建设，相关省（自治区）土地整治制度和标准更趋完善，专业技术人员实践经验更加丰富，土地整治机构队伍逐步发展壮大。一些地方建立了示范省建设相关数据库，实行动态监管。示范省建设日益受到广大农民的热烈欢迎和支持，提升了土地整治的良好品牌形象。

3.4 当前农用地整理的重点方向

在土地整治的探索和发展壮大阶段，农用地整理作为补充耕地的重要手段，项目较多地集中于成本相对较低、新增耕地率较高的土地开发。2005年以后，土地整治由重视数量向数量、质量并重转变，提高耕地生产能力的内涵型土地整治比例大幅增加。2005年，国土资源部下发《关于加强和改进土地开发整理工作的通知》（国土资发〔2005〕29号）。2009年，党的十七届三中全会和2010年中央一号文件都指出：土地整治的重点是大幅度增加高产稳产农田比例。注重提高耕地质量和生产能力已经成为农用地整治的方向。

当前农用地整理的工作重点主要在以下4个方面：

（1）围绕耕地保护目标，开展农用地整理。依据土地利用总体规划和土地整治规划，对农村地区田、水、路、林、村进行综合整治，全面推进土地整治工作。

（2）围绕基本农田保护和建设，开展高标准基本农田建设。坚持以建设促保护，大力开展基本农田建设，确保基本农田总量不减少、质量不降低。土地整治专项资金主要用于高标准基本农田建设。东部地区以建设高标准农田为主要任务；中部粮食主产区以保护和提高基本农田的粮食综合生产能力为主要目的；西部生态脆弱地区加大对平坝和缓坡耕地的整治力度，加大对"坡改梯"的建设力度和对淤坝地及出现沙化趋势耕地的整治力度，加强基本口粮田建设，力争实现中央提出的一人一亩口粮田的目标。认真组织开展好全国116个基本农田保护示范区建设，为不同类型农业耕作区树立基本农田保护和建设的典范。

（3）围绕发展现代农业和新农村建设，开展农用地整理。结合实施新农村建设规划，完善县、乡级土地整治规划，统筹安排、综合整治，着力提高农业综合生产能力，改善农民生产和生活条件；结合巩固农业基础地位，搞好农田基础设施建设，尤其是小型农田水利建设，增强排灌和防灾减灾能力；结合发展特色农业、现代农业，对项目进行科学设计，改善生态环境和农业生产条件，提高劳动生产率，为农业增效、农民增收奠定基础；结合建设农村美好家园，依照规划，搞好基础设施改造和建设，对村庄废弃地和腾退的宅基地进行合理开发利用，复垦还田，进行公益事业建设，美化居住环境，造福农民群众。

（4）围绕重点地区和重大项目开展土地整治。国务院《关于加强土地调控有关问题的通知》（国发〔2006〕31号）及财政部和国土资源部的有关配套文件已经明确，土地整治的资金投入将继续向粮食主产区倾斜，向基本农田保护区倾斜，向土地整治重大工程项目倾斜。这三个倾斜，主要是指新增建设用地土地有偿使用费，主要按照各地的实际基本农田面积进行分配，并对粮食主产区加大分配权重；集中资金，组织实施好经国务院批准、在建设中求保护效果明显、补充耕地规模大的土地整治重点工程项目。同时，土地整治还要结合流域和水系，重点向沿路、沿江、沿线布局，设立永久性标志牌，接受社会监督。

第 4 章 建设用地整理

4.1 建设用地整理概况

4.1.1 建设用地整理基本情况

建设用地整理是伴随着节约集约用地制度改革的不断深化而逐步发展起来的,大体经历了三个发展阶段,即探索起步阶段(1997 年以前)、发展壮大阶段(1998—2007 年)和综合发展阶段(2008 年以后)。1997 年以前,建设用地整理旨在解决城镇和农村中建设用地利用粗放的问题,主要是借鉴海外经验,在实践中探索低效建设用地开发利用的实施途径。1997 年底,全国已有 400 多个县开展了一定规模的土地整治,形成了一批建设用地整理的典型:①以上海为代表的"三个集中",把土地整治作为实施规划的手段,通过迁村并点,促进农民住宅向中心村和小城镇集中;通过搬迁改造,促进乡镇企业向工业园区集中;通过归并零星地块,促进农田向规模经营集中。②以安徽、河北、山东、湖北等省为代表,结合农民住宅建设,迁村并点、退宅还耕,通过实施村镇规划增加耕地面积的村庄建设用地整理。③以河北省邢台市等一批城市为代表,通过挖掘城市存量建设用地潜力,解决城市建设用地不足的问题,实施城市土地整理(鹿心社,2002)。

2005 年,党中央提出建设资源节约型社会,转变土地资源利用方式逐渐成为全社会的共识。同年,国土资源部在江苏省无锡市召开节约集约用地研讨会,明确提出节约集约用地主要包括三层含义:一是节约用地,即各项建设都要尽量节省用地;二是集约用地,即每宗建设用地必须提高投入产出强度,提高土地利用的集约化程度;三是提高土地配置和利用效率(孙文盛,2005)。

这一时期,各地通过挖掘存量土地利用潜力满足了发展用地需要,在推进建设用地整理方面取得了显著进展。

（1）城市用地。实践表明，立足建成区改造挖潜，一方面，可使旧城更新，促进城市增容扩能；另一方面，可节约土地，保护耕地。河北省唐山市实施"平改楼"工程，盘活"城中村"、"城中厂"用地，基本实现了城市发展不出城，近10年城市建设用地97%来自于城区存量土地。广东省深圳市对占地达6万多亩的241个"城中村"进行了全面改造，城市新增住宅用地3年减少了2/3。

（2）开发区用地。通过提高土地投资强度、容积率和建筑密度，实现了开发区"产业集聚、布局集中、用地集约"。上海市闵行经济技术开发区只有3.5平方千米，通过引导企业增资改造，每平方千米年销售收入可达123亿元。山东省潍坊市高新区通过对17个"城中村"进行改造，腾退土地3000亩，占开发区面积的1/4。

（3）工业企业用地。各地积极探索节地新型工业化道路，鼓励建设标准厂房，盘活企业存量土地，促进企业向园区集中，在提高集约用地的同时，推动产业转型升级。2004年，江苏省无锡市在占全国0.05%的土地上，实现了占全国1.4%的国内生产总值和0.9%的财政收入。湖北省武汉市通过"退一进一"对老工业基地进行改造升级，利用存量土地，新建起汉正街都市工业区，2004年区内工业总产值达到近20亿元。

（4）农村居民点用地。开展农村建设用地整理潜力大。江苏省江阴市华西村通过对113个自然村迁村并点，节约土地4800多亩。2004年，该村建起17座农民公寓，每户农民节约土地0.4亩。浙江省嵊州市大力开展村庄建设用地整理，盘活村庄用地1万多亩，新增耕地7016亩。

（5）统筹城乡发展用地。2006年国土资源部启动城镇建设用地增加与农村建设用地减少挂钩试点（以下简称"增减挂钩试点"）工作，批复天津市、江苏省、山东省、湖北省和四川省等5个试点省份，批准设立"增减挂钩试点"项目区183个，下达挂钩周转指标7.38万亩，开始探索以挂钩政策为引擎，优化城乡用地结构和布局，促进城乡统筹发展。

2008年，党的十七届三中全会提出要坚持"最严格的节约用地制度"。同年，国务院下发《关于促进节约集约用地的通知》（国发〔2008〕3号），提出"切实保护耕地，大力促进节约集约用地，走出一条建设占地少、利用效率高的符合我国国情的土地利用新路子"。为贯彻落实中央文件精神，国土资源部2008年批复合肥市节约集约用地试点。

2009年，"增减挂钩试点"进入全面规范推进阶段，国土资源部分两批次下达挂钩周转指标40.275万亩，涉及天津市、河北省、内蒙古自治区等 24 个省份。同年，国土资源部启动国土资源节约集约模范县（市）创建活动，各地积极探索建设用地整理新途径。湖北省结合新农村建设，用 3 年时间通过土地整治，"迁村腾地"归并自然村 1200 个，减少村庄用地 20 万亩，增加耕地 16 万亩。2009 年，国土资源部批复广东省开展"三旧"改造（旧城镇、旧村庄、旧厂房）试点，截至 2013 年 3 月，全省投入改造资金 4446.4 亿元，完成改造项目 2893 个，完成改造面积 15.1 万亩，节约土地 6.8 万亩，节地率达 44.8%（唐健，2012）。

《中华人民共和国国民经济和社会发展第十二个五年规划纲要》要求"落实节约优先战略"，明确了"单位国内生产总值建设用地下降 30%"的具体目标，节约集约用地上升为长期坚持的国家战略。党的十八大以后，节约集约用地更是成为加强生态文明建设、促进新型城镇化的重要抓手。

经过十余年的发展，我国建设用地整理逐步从单纯的农村建设用地整理、城市建设用地整理向土地综合整治转变；从单纯的盘活城乡低效用地、增加城镇建设用地有效供给为目标向优化土地利用结构和布局、促进节约集约用地、推动产业转型升级、改善城乡居住环境和生活条件、带动投资和消费增长、促进经济发展方式转变、搭建城乡统筹发展平台、发挥土地对城镇化健康发展的支撑作用等多目标并重转变。

4.1.2 建设用地整理类型

根据不同的分类角度，可将建设用地整理分为不同类型。从整理的地理位置角度，可将建设用地整理分为城市建设用地整理、农村建设用地整理和城乡结合部建设用地整理；从土地权属变化及整理后产权归属角度，可分为征购式整理和重划式整理；从整理对象角度，可分为公共设施用地、住宅用地、交通用地、工矿仓储用地整理等；从实践内容角度，可分为旧城改造、"城中村"改造、"城市更新"、村庄整理、农村居民点整理等具体活动（图 4.1）。下文将按建设用地整理的地理位置划分角度，分别论述城市建设用地整理、农村建设用地整理和城乡结合部建设用地整理的内涵、实质、特点、主要内容及任务等。

4.1.2.1 城市建设用地整理

（1）城市建设用地整理的内涵。城市建设用地整理是指在既定的城市空间范围内，依据城市发展规划和土地利用总体规划，采用一定的行政、经济、法律和工程技术手段，调整城市土地利用和社会经济关系，优化城市土地利用结构和布局，提高城市土地利用率和产出率，改善城市生态环

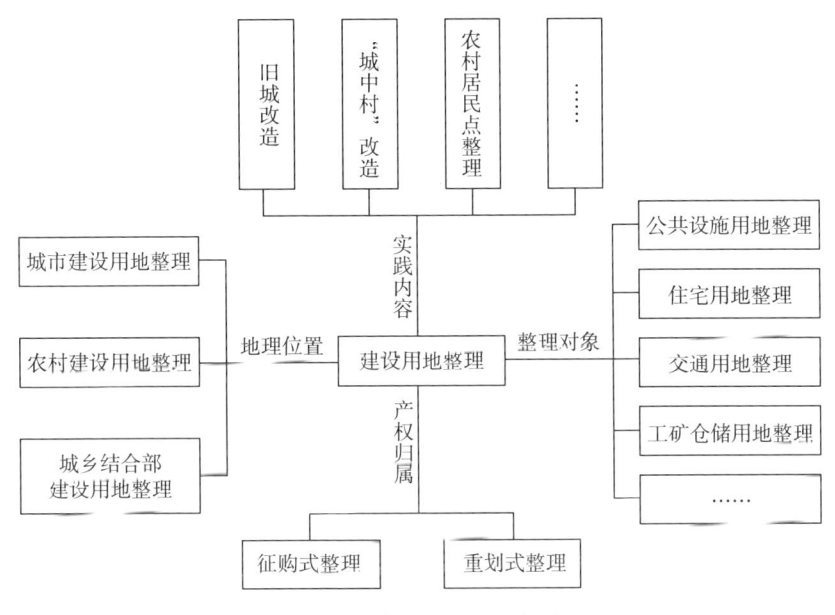

图 4.1 建设用地整理类型

境，实现经济、社会、生态的可持续发展。城市建设用地整理内涵可从 7 个方面来认识：①城市建设用地整理，实质是合理组织城市土地开发利用，提高城市土地经济承载能力，增加土地收益和经济供给能力；②城市建设用地整理属于土地综合应用技术范畴，涉及自然、社会、经济、工程等各个方面，横跨多学科领域，是具有技术性和实践性的系统工程；③城市建设用地整理依据城市发展战略、土地利用总体规划和城市总体规划，具体实施城市土地整理各项技术措施，达到合理利用城市土地的目的；④城市建设用地整理目标和内容，随着经济社会的发展而不断丰富完善，表现为一个持续的动态发展过程；⑤城市建设用地整理的形态，既包括调整城市土地利用的平面布局，又包括科学调整其三维利用空间格局；⑥城市建设用地整理，不仅包括城市土地利用的空间配置和内部要素的重新组合，还包括土地权属和土地收益的调整；⑦城市建设用地整理，不仅协调自然过程，还协调经济社会过程，追求的是社会、经济、生态效益的统一。

（2）城市建设用地整理的内容。从不同角度对城市建设用地整理的内容进行划分，根据不同的土地利用类型可分为：交通用地整理、公共设施用地整理、住宅用地整理、工矿仓储用地整理等；根据整理实践可分为：

旧城改造、"城中村"改造、功能分区整理、多维空间开发整理等（图4.2）。

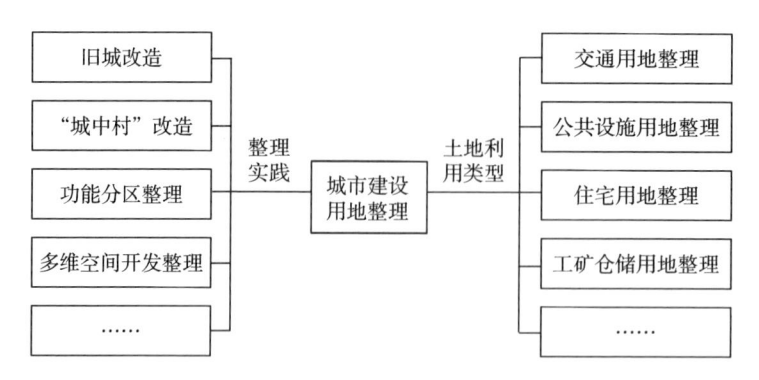

图 4.2　城市建设用地整理内容

4.1.2.2　农村建设用地整理

（1）农村建设用地整理的内涵。农村建设用地整理是指依据土地利用总体规划和村镇规划，对布局散乱、利用粗放、用途不合理及废弃闲置的农村建设用地，采用行政、经济、法律、工程技术等手段，对原有土地利用方式、利用强度及土地权属进行调整，优化农村建设用地结构和布局，提高农村土地利用效率，促进农村建设用地利用有序化、集约化和合理化，改善农村生产生活条件和生态环境的活动。

（2）农村建设用地整理的内容。农村建设用地整理立足于城乡统筹发展，以新农村建设为核心，以农村产业发展和农村土地资产价值显化为抓手，通过优化配置农村建设用地、培育农村特色产业、促进农民就业增收等措施，完善农村在生活居住、产业支撑、生态保护、景观优化、文化传承等方面的复合功能，实现村庄布局合理、规模适度、结构优化、生态友好及文明和谐的目标，促进城乡生产要素合理流动，实现城乡统筹发展。

4.1.2.3　城乡结合部建设用地整理

（1）城乡结合部建设用地整理的内涵。城乡结合部建设用地整理是指在城乡结合部这一特定地域范围内，对布局散乱、利用粗放低效的建设用地，从土地利用方式、土地利用结构和土地利用关系等方面进行重新规划与调整，优化建设用地结构和布局，提高建设用地利用效率，改善生态环境的活动。

（2）城乡结合部建设用地整理的内容。城乡结合部建设用地整理主要是对经过长期历史变迁形成的建设用地利用结构和布局，按新时期城乡发展的规律和要求进行调整和改造。主要目的是为了治理建设用地利用过于分散、整体效益和效率过低等弊病。从城市规划和投资的需求出发，通过权属调整重新界定地块范围或调整建设用地利用结构，达到改善并凸显其经济价值的目的。因此，城乡结合部建设用地整理，主要是对布局散乱、利用粗放、低效闲置等使用不经济的土地，按照城郊发展规律要求，进行道路、绿地、水域、基础设施等整体改善，以提高土地利用率，优化城乡景观布局，改善居住和生产条件。从地理分布来划分，可将城乡结合部建设用地整理分为近郊农村和远郊农村建设用地整理；从整理对象来划分，可分为农村居民点整理、工业用地整理、基础设施和公共设施用地整理等。

（3）城乡结合部建设用地整理存在利益多方博弈的特性。在城乡结合部地区，在现有征地制度框架内，随着城镇化的推进，不可避免地将使农村集体土地转化为城市国有土地，使城乡结合部建设用地整理成为一个多方利益博弈的过程（王爱民，2008）。政府既要考虑城市建设、环境、治安等问题，又要防止拆迁、整理、安置过程中的利益冲突演变成为社会不稳定因素；房地产企业既看到城乡结合部建设用地整理后所具有的巨大增值潜力，但又顾忌整理过程中涉及的拆迁安置矛盾难以协调，不确定性因素多；农民及农村集体经济组织则担心世代生存的土地将不复存在，在城市中难以就业，既得的收益在开发中得不到保护等问题。因此，城乡结合部建设用地整理，实质是政府、开发商、农村集体经济组织及农民等多方利益相互博弈，并最终达到相对均衡的一个复杂的系统工程（图4.3）。

4.1.3 建设用地整理重点区域

根据《全国土地整治规划（2011—2015年）》，"十二五"期间，规范推进农村建设用地整理，实施城乡统筹区域农村建设用地整理示范工程，开展农村建设用地整理，涉及北京、天津、河北、山西、辽宁、吉林、黑龙江、上海、江苏、浙江、安徽、福建、山东、河南、湖北、湖南、广东、广西、海南、重庆、四川、贵州、云南、陕西、甘肃、青海、宁夏、新疆等28个省（自治区、直辖市）549个县（市、区），建设规模78万公顷，资金需求316亿元。通过工程实施，新增耕地约6万公顷（90万亩），农村生产生活条件得到显著改善（图4.4）。

主要实施区域：辽东半岛、黄淮海平原、山东半岛、长江三角洲平原、珠江三角洲平原、冀中南地区、太原城市群地区、呼包鄂榆地区、哈长地区、东陇海地区、江淮地区、海峡西岸经济区、中原经济区、长江中

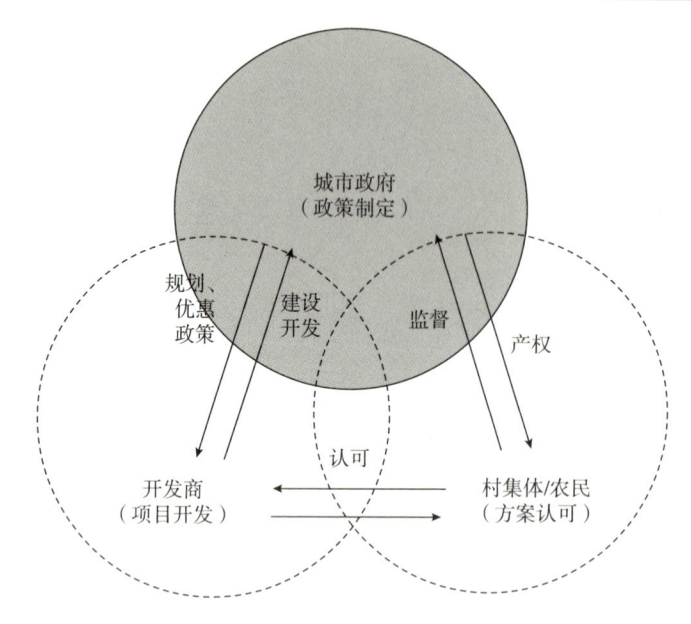

图4.3 城乡结合部建设用地整理三方利益博弈关系

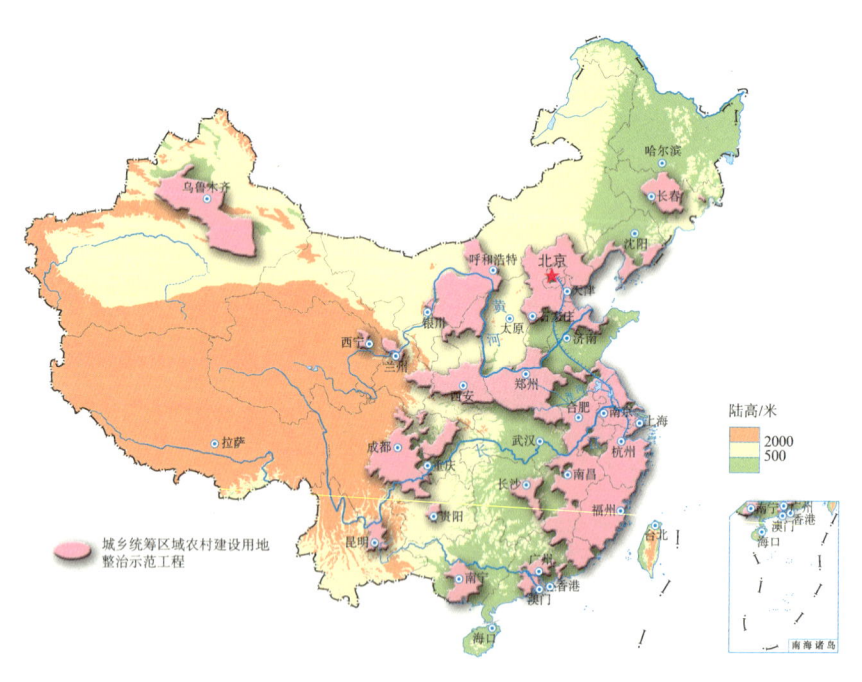

图4.4 城乡统筹区域农村建设用地整理示范工程分布

游地区、北部湾地区、成渝地区、黔中地区、滇中地区、关中—天水地区、兰州—西宁地区、宁夏沿黄经济区、天山北坡地区等。

项目备选区域：京西北区、京东南区、津西南区、冀东沿海区、冀南区、冀北区、鲁东半岛及黄河三角洲地区、辽宁沿海经济区、上海市、苏南环太湖地区、江苏沿江区、江苏沿运河区、江苏沿海区、浙江沿海区、沪宁杭沿线区、杭宁湖沿线区、温州金华区、佛山肇庆区、深圳东莞惠州区、珠海中山江门区等。

4.2 建设用地整理实践探索

近年来，各地认真贯彻落实节约集约用地战略，以盘活存量土地、提高建设用地利用效率为着力点，以整治低效建设用地为重点，大力推进农村建设用地整理，积极推行城、镇、村更新改造，促进城市土地二次开发，推进城乡低效建设用地盘活利用，推动土地资源、资产、资本"三位一体"作用的发挥，促进土地利用方式转变，提高了土地对经济社会发展的保障能力。

4.2.1 农村建设用地整理模式

在我国一些经济相对发达的地区，农民生活水平提高的诉求强烈、土地整治资金比较充足，在开展农村土地整治工作时，将农村建设用地整理列为重点，对其进行长远规划、高标准要求。一是优化总体布局，对宅基地布局混乱、农村基础设施建设和公共服务设施不配套的地区进行优化调整，完善基础设施和公共服务设施，引导村民向镇、中心村集中，产业发展向园区集中，提高用地效率，改善人居环境。二是强化基础建设，对一些未来重点发展的村庄，加强公共服务设施、生态环境等的总体改造提升，增强其集聚能力，彰显其特色。农村建设用地整理主要有迁村并点、整村搬迁、集约发展、旧村改造、城镇社区、景观田园等六种整理模式。

（1）迁村并点型。针对一些远离市区或中心镇的农村腹地地区的经济发展相对缓慢、生活环境条件较差、村内土地闲置较为严重的零星分散村庄进行土地整治，使这些居民或村庄在就近原则的指导下，向具有一定经济基础或规模的中心村迁移，实现居民点集中安置，同时对原有居民点进行复垦，释放用地潜力。其主要特点包括：①中心村形成了一定的产业基础，具备吸纳附近村庄劳动力的能力；②群众翻新旧房、新建住宅和公建设施配套的意愿强烈,新建住宅时向中心村集聚意见比较统一;③附近的村庄农户少,但用地粗放,且农民较富裕,集体经济较发达。例如,浙江省松阳县针对农村危旧房面广量多的实际,提出"改造中心村、撤并自然村、建设新农村"的目标,按照"连片拆除危旧房,重新规划建新房,腾出空间促发展"的总体思路,在全县实施5个整村搬迁、156个自然村撤并和28个农村危旧房改造项目,累计复垦宅基地2410亩,拆除旧房3065户、面积31.8万平方米,取得了较好的效果。

(2) 整村搬迁型。针对一些人居环境恶劣、地质灾害频发等生产生活条件较差、地处不适合人类居住区域的村庄,通过开展土地整治实施整体搬迁,使原有的村民搬迁至生活和生产便利的地方。例如,重庆市近年来在城口县、巫山县等9个区县开展了"实施土地整治,促进高山移民"试点。其主要特点包括:①地处特殊地区,例如地质灾害隐患点,人民生命财产不安全,按照政策规定必须整体搬迁或逐年梯度搬迁;②老村破旧不堪,布局分散,或水、电、路等基础配套设施条件很差,大多数年轻人已迁至新居民点,村庄空心化严重,宅基地复垦为新增耕地的潜力较大。

(3) 集约发展型。针对一些在当地有着一定地位和传统、农村经济自我成长性和发展能力水平相对较高、对周围农村居民点有一定辐射和带动作用的中心村、重点村等,通过土地整治进一步提升了基础设施和公共服务设施配套建设水平,改善人居环境,进一步强化了村庄功能,增强了其内生发展与集聚能力。其主要特点包括:①在整治过程中强调村庄建设规划核心指导作用,立足土地节约集约利用原则,确定较高层次的居民点建设目标和要求,建设高水平人居环境。②村庄的整治应密切结合农业规模化、产业化、集约化的发展方向,把握不断提高农民收入水平、生活水平的基本主线。

(4) 旧村改造型。依据合理布局、节约用地的原则,对原有村庄在现有基础上进行重新规划,适当调整用地结构,通过内部优化布局改造和整治"空心村"、废弃地、危旧房,加大内部低效土地的挖潜力度,实现土地盘活和新村建设。其主要特点包括:①旧村聚居地一户多宅现象、旧房危房、闲置废弃地多,"空心村"现象突出,但其区位条件较好,具有较大的整理潜力;②整治过程中严格划定农村居民点建设用地区,积极鼓励农户旧宅基地循环式开发利用,有效控制或缩小村庄用地规模,达到节约集约用地的目的。

(5) 城镇社区型。城市规划区内距离中心城镇较近、区位条件较好的村庄，通过土地整治完善生活服务设施、改善村庄人居环境、提高社会管理水平，使居民能够基本实现非农就业并有社会保障，土地整治前的城乡结合部农村变为城镇社区，促进土地合理利用，实现原有农民生产生活方式向城镇型生产生活方式的转变。其主要特点包括：①农民生活收入来源主要以非农就业为主，收入水平较高且基本稳定，村民思想观念更新快；②要结合城镇总体规划，为农村居民点完善基础设施和公共服务设施配套建设，实现农村社区化管理；③在土地整治过程中，应取消城乡二元分割管理体系，将改造后新村纳入城市管理体系，促进城镇化进程中产业结构和就业结构的转变。

（6）景观田园型。对一些历史文化名村、传统文化村落、景观特色村庄等，通过开展景观化、生态型的土地整治，着眼于文化传承与乡村旅游发展，保持完整的乡村自然景观特色，积极修复文物的历史环境，使这些村庄彰显区域中各类优质景观的文化与自然遗产多元价值，保证区域文脉与绿脉的传承，同时促进村庄产业发展和农民增收。其主要特点包括：①村庄具有特殊资源，具有一定的区位优势，可吸引外来游客；②土地整治景观设计过程中，注重保留当地传统、有特色的农耕文化和民俗文化元素，注重村庄人文环境、建筑环境和艺术环境的统一规划。

4.2.2 城镇工矿建设用地整理模式

城镇工矿建设用地整理，就是在土地、城市等相关规划的控制下，有序推进旧城镇、旧工矿及"城中村"改造，盘活存量建设用地，拓展城镇发展空间，促进土地节约集约利用，提升土地价值，改善人居环境。当前，比较有代表意义的包括深圳的城市更新模式和佛山的"三旧"改造整治模式。

（1）城市更新模式。城市更新模式是一种对城市低效建设用地的处置和收益分配等政策进行的有益探索和创新，就是在全面开展低效用地专项调查及科学编制低效用地二次开发专项规划的基础上，通过采取收购、委托收购、协议收购等多种手段，将"城中村"、企业改制用地等存量土地优先纳入土地储备，优化存量土地储备机制的运行模式，进而将城市更新片区作为单元进行整体规划，把分散的存量土地进行置换整合、更新升级，提高存量土地的置换效率。

该模式规定，原农村集体经济组织继受单位是唯一的土地确权主体，改变过去完全由政府主导、原土地使用权人无法参与开发过程的做法，允许集体建设用地与国有土地同样可以由权利主体自行开发,所得收益按照确定权益、利益共享的原则在政府和继受单位之间进行分配(刘昕,2011)。政府获得了城市功能提升的建设空间,继受单位获得了基础设施改善后的土地增值和用途调整后的土地收益。这个模式充分尊重和保障了原土地使用权人的权益,调动了其主动参与城市更新的积极性,有效化解了城市整体利益、局部利益与个体利益的矛盾。

(2)"三旧"改造整治模式。"三旧"改造指在符合土地利用总体规划和城镇建设规划的前提下,遵循"全面探索、局部试点、封闭运行、结果可控"的原则,对布局不合理、配套不完善、使用效率低下的旧城镇、旧厂房和旧村庄进行再开发,通过内部挖潜实现土地资源的有效流动、循环利用。具体操作过程中,突出多主体改造、多元投资及多用途改造,按改造主体,有政府主导拆迁、净地出让、引进资金运作的旧城镇改造模式和以农村集体经济组织投入为主自行改造及以土地入股、引进社会力量联合改造的旧村庄改造模式;按改造用途,有以保留原建筑风貌、完善公共配套设施、整合多地块连片改造升级的旧厂房改造模式和以环境整治改造为主的旧城镇、旧村庄改造模式等;按投资方式,形成了政府投资改造、社会资金投资改造等模式。

4.2.3 城乡一体化土地整理模式

城乡一体化土地整理是在区域城乡空间体系总体框架下,以土地整治和城乡建设用地增减挂钩为平台,加强城乡公共服务一体化,加快土地、人口、资本等要素在城乡之间有序合理流动,促进农业规模经营、人口集中居住、产业集聚发展,全面促进城乡协调发展的土地整治活动。当前,比较有代表意义的模式有以下4种:

(1)"两分两换"。以浙江嘉兴为例。"两分两换"是围绕土地节约集约有增量和农民安居乐业有保障的工作目标,在依法自愿的基础上,将宅基地与承包地分开,搬迁与土地流转分开,以承包地换股、换租、换保障,推进集约经营,转换生产方式;以宅基地换钱、换房、换地方,促进集中居住,转换生活方式,推进包括户籍制度、规划管理制度、公共服务均等化、新市镇建设在内的"十改联动"。

"两分两换"的工作目标是"五化",即:通过土地流转规模集约经营,加快推进农业产业化;通过盘活农村非农建设用地存量和挖掘潜力,加快推进工业化;通过转移农民、培训和提升农民素质,加快推进农民市民化；通过加大以城带乡、以工哺农力度，提升农业、改造农村、转移农民，推进农村城镇化，实现城乡一体化。

（2）"地票"模式。以重庆市为例。"地票"指包括农村宅基地及其附属设施用地、乡镇企业用地、农村公共设施和农村公益事业用地等农村集体建设用地，经过复垦并通过土地管理部门严格验收后所产生的指标。企业购得的"地票"，可以纳入新增建设用地计划，增加相同数量的城镇建设用地。

"地票"的创设，可以使农村多余的建设用地，通过复垦形成指标，进入土地交易中心进行交易，为土地流转、土地集约高效使用提供了制度平台。通过激励相容的市场机制，使远郊农村建设用地与城镇建设用地间潜在的供需关系巧妙结合，对于解决我国农村宅基地空置等低效率使用问题、打破城镇发展普遍遭遇的土地资源瓶颈，具有较强的现实意义。

（3）宅基地换房。以天津市华明镇为例。2005年，经国家发展和改革委批准，天津市东丽区华明镇成为首例"以宅基地换房"模式建设示范小城镇的全国试点。从2006年起，通过推进农村居住社区、工业园区、农业产业园区"三区"统筹联动发展，打造拥有薪金、租金、股金、保障金的"四金"农民，仅用三年时间就建成一个"新华明"。"宅基地换房"指在国家相关政策框架内，充分尊重农民意愿，坚持可耕地面积总量不减少、承包责任制不变，用村民现有宅基地统一置换高水平规划设计的生态宜居的特色新型小城镇，改善其居住环境，实现农民由第一产业向第二、第三产业转移，耕地向种植大户集中，农民向城镇集中，工业向小区集中，明显提高文明程度，并使之分享城市化成果。

具体操作过程中，按照规定的置换标准，农民用自己的宅基地无偿换取一套小城镇住宅，迁入小城镇居住，并由村镇政府组织将农民原有的宅基地统一组织整理复垦，实现耕地占补平衡。此外，除了规划农民住宅小区外，规划建设的新型小城镇，还要规划出一块可供市场开发出让的土地，并以土地出让获得的收入平衡小城镇建设资金。

（4）"千村示范万村整治"模式。2003年，浙江省委、省政府作出了实施"千村示范万村整治"工程的重大决策，并以此作为统筹城乡发展的龙头工程和全面推进社会主义新农村建设的有力抓手，开启了浙江美丽乡村建设的宏伟篇章。"千村示范万村整治"工程是在"农民自愿、因地制宜"的基础上，从治理"脏、乱、差、散"入手，通过土地整治活动，加大村庄环境整治的力度，完善农村基础设施，加强农村基层组织和民主建设，从而加快农村社会事业发展，实现布局优化、道路硬化、村庄绿化、路灯亮化、卫生洁化、河道净化，使农村面貌有一个明显改变，为加快实现农业和农村现代化打下扎实的基础。

其主要特点包括：①遵循农村建设和发展规律，突出农村工作的特点，以村庄环境整治和基础设施建设为主要抓手，切实改善农村人居环境；②以规划为龙头，统筹城乡规划和制订完善的县域镇村体系规划、村庄规划和农村发展规划；③突出重点，完善机制，统筹协调，将改善环境和促进农村经济社会发展相结合，全面促进农村各项事业进步；④保护和利用好农村土地，保持乡村功能、田园风光和历史文化。

4.3 推进建设用地整理的基本思路

当前，我国正处于全面建设小康社会的关键时期，党的十八大报告提出加快生态文明建设，推进新型城镇化建设。党的十八届三中全会提出建立城乡统一的建设用地市场，统筹城镇建设用地与农村集体建设用地，统筹增量建设用地与存量建设用地。按照严守底线、调整结构、深化改革的思路，严控增量，盘活存量，优化结构，提升效率，切实提高城镇建设用地集约化程度。新型城镇化要找准着力点，有序推进农村转移人口市民化，深入实施城镇棚户区改造，注重中西部地区城镇化。新型城镇化的过程也是节约集约利用土地的过程，更是城乡互动、统筹发展的过程。建设用地整理作为土地整治的重要组成部分，成为这一时期促进土地资源节约集约利用、推进城乡统筹发展的重要手段和途径。但要实现《全国土地利用总体规划纲要（2006—2020年）》和《全国土地整治规划（2011—2015年）》中提出的建设用地整理的战略目标和任务，还需要针对建设用地整理实践中存在的主要问题，例如，统筹规划、资金整合、实施监管、收益分配、土地权益、土地流转等方面的问题，在机制、体制、法制等方面还需要不断探索完善推进建设用地整理的思路和途径，保障建设用地整理健康、持续发展。

4.3.1 推进建设用地整理的思路与原则

针对现阶段我国建设用地的利用状况，推进建设用地整理的总体思路是：按照建设新型城镇化的总体要求，以促进土地节约集约利用为目标，以生态文明理念为先导，坚持"严控增量，盘活存量，优化结构，提升效率,切实提高城镇建设用地集约化程度",以盘活存量低效建设用地整理为重点,规范推进农村建设用地整理,积极开展城镇工矿建设用地整理,加快实施城乡结合部建设用地整理,建立规划统筹、资金整合、市场配置、技术创新、标准健全、监管严格、政策激励、制度完善的建设用地整理多元保障体系,建立兼顾国家、集体、个人的土地增值收益分配机制,形成政府统筹、部门协同、社会参与、用地者自觉的节约集约用地新格局。促进城乡建设用地结构更加优化、功能更加齐全、用地更加节省、效率更加提高,提升土地对经济社会发展的持续保障能力。

本着立足国情、借鉴发展的原则,总结借鉴海外建设用地整理的发展历程,开展建设用地整理应遵循以下基本原则:

(1) 政府引导,多方参与。在我国建设用地整理所需法律基础相对比较薄弱的现实情况下,采用政府引导的模式,根据城市总体发展需要,合理规划整理区域,引导城市有序发展。同时,鼓励企业和地权人参加,建立多方合作、利益共享的整理模式,改变过去主要依靠政府单方面行政推动的局面。

(2) 以点带面,重点突破。从提高建设用地整理效果角度讲,我国的建设用地整理在现阶段应选择整理效益明显、整理动力较强的地区和土地类型优先开展,在地方自愿和国家支持的基础上设立建设用地整理试点,积极探索符合我国国情的建设用地整理模式。

(3) 循序渐进,逐步推进。我国建设用地整理开展的理论研究和实践处于发展探索阶段,还没有形成一套规范的操作程序和有效的利益平衡机制。另外,整理活动涉及面广,关系到原有土地所有者和使用者的切身利益(林坚,2007)。因此,建设用地整理的推进必须是一个循序渐进的过程,应当在我国现行的法律制度下,采用逐步推进的方式,逐步引导建设用地开发利用方式的转变。

4.3.2 推进建设用地整理的措施

为切实推进建设用地整理在我国的开展,现阶段可有以下几个方面的推进措施:

(1) 在法制建设方面。土地整治涉及国家、土地所有权人、土地使用者乃至社会公众的切身利益。这些利益仅靠政策、行政手段难以有效调节,必须建立完备的法律法规体系来调整利益相关者的权益,才能依法保障原土地产权人的合法权益。例如,1985 年荷兰颁布的《荷兰土地整理条例》全面保障了农村地区的各种利益。同时，土地整治的实施过程也亟待依据有关法律法规，规范土地整治的资金运作、实施监管、收益分配、土地流转等关键问题，保障整治活动健康持续发展。例如，德国通过制定专门的《土地整理法》，在土地整理区的选择、土地整理的程序步骤、民主参与方式、不同类型和目的土地整理的差别化管理、土地整理责任部门的设置及各组织的分工合作、土地整理的设计和施工规范、地产主权益保障等方面作了全面且具体的规定，从而建立起完善有效的法制体系，从法律上保证了土地整理内容的规范与程序的完备。

（2）在权属调整方面。建设用地整理过程实际上也是土地权属调整的过程。妥善地解决这一问题，是调动各方面积极性，使土地整治工作顺利开展的关键。清晰界定土地产权主体及农户、村社集体、政府在土地权属管理中的角色定位，制定合理的土地收益分配比例，是协调土地整治多元主体利益的关键环节。建设用地整理中应按照确权在先的要求，对土地利用现状和权属进行调查、核实，做到地类和面积准确、界址和权属清楚。整理涉及的土地，原则上应维持原有土地权属不变；对土地互换的，要引导相关权利人本着互利互惠的原则，平等协商解决；有争议的要依法做好调处工作。整理实施后，要依法及时办理土地确权、变更登记手续，发放土地权利证书及农村土地承包经营权证等，依法保障农民的土地权益。海外土地整理十分注重权属调整。例如，德国土地整理实施程序分为四个步骤，其中第二步就是明确产权归属及他项权利。

（3）在统筹规划方面。以土地利用总体规划为依据，按照土地利用总体规划确定的土地用途进行整理，并结合土地利用总体规划，制订近期、远期建设用地整理的目标和任务；根据农业发展的总体布局和土地资源利用现状，科学划分建设用地整理项目区，从实际出发，因地制宜，分类实施；结合城市、村镇建设规划，统筹城乡用地，优化城乡土地利用结构和布局；依据土地利用总体规划，科学编制土地整理专项规划，与经济发展、城乡建设、产业发展、文化教育、卫生防疫、农田水利、生态建设等规划有机结合，合理安排生产、生活和生态用地，统筹耕地保护、生态环境保护、产业发展、村庄建设、交通、水利等基础设施建设，统筹文化、教育、卫生、社会保障等公共事业发展。根据规划，有计划、有步骤、有重点地开展建设用地整理。

（4）在资金筹措方面。从海外开展建设用地整理经验看，资金来源主要有四个渠道：国家（包括中央政府和地方政府）、企业（参与土地整理的企业)、个人(土地整理区内的土地所有权人)、土地整理基金和其他机构。我国建设用地整理发展到现阶段,应建立多元化的投融资机制。在资金安排上,争取中央和省级(含省、自治区、直辖市、计划单列市)新增建设用地土地有偿使用费资金支持,设立建设用地整理专项资金。建设用地整理纳入中央和省级政府的土地整理财政预算,实行专款专用。地方政府将整理项目打包申请专项资金,同时根据项目类型按比例投入配套资金。对于农村建设用地整理,应充分发挥各类涉农资金使用的叠加效益,按照"渠道不乱、用途不变、专账管理、统筹安排、各记其功"的原则,整合土地整治、农村公路、农业综合开发、农田水利、农村危房、以工代赈、扶贫开发、电力、通讯等相关涉农资金,发挥综合效益。鼓励农村集体经济组织和农民投工投劳,在不增加农民负担的前提下,有条件的地区可以鼓励农村集体经济组织和农民以自筹资金的形式参与整理。引入市场机制,鼓励企业或社会其他机构参与投资,形成国家、企业、集体和农户多元化投资体系。

(5)在动力机制方面。鼓励和引导原国有土地使用权人、农村集体经济组织和市场主体开展建设用地整理。一是在符合土地利用总体规划和城乡建设规划条件下,原国有土地使用权人可以申请开展建设用地整理,报市、县人民政府批准实施。二是引导农村集体经济组织开展建设用地整理。在土地利用总体规划范围内,需要将集体建设用地改变为国有建设用地的,可由原农村集体经济组织提出申请,依法办理土地手续,确定给原农村集体经济组织使用,并由原农村集体经济组织自行或合作开发。三是鼓励市场主体参与建设用地整理。调动市场主体参与整理的积极性,允许市场主体申请集中整理。四是完善土地收益分配机制,建立利益共享机制。将建设用地整理过程中实现的土地增值收益在国家、集体和个人之间进行合理分配,实现利益共享。

(6)在公众参与方面。海外建设用地整理非常重视公众参与,认为公众的积极参与和广泛支持是土地整治项目能够最终得以实现的关键。公众参与土地整治是对公众利益的保护和尊重,也对行政部门过多的权力形成了有效限制,从而保证了土地整治决策的合理与公正,达到了"有限的政府权力与有效的公众责任"的目的。我国建设用地整理应进一步健全公众参与机制,一方面要保障参与群体的广泛性,另一方面要保障公众参与贯穿建设用地整理的全过程,建立重大事项议事制度。在整理过程中,例如整理项目立项决定、土地估价成果、权属调整方案、土地整治方案、收益分配等，都要向社会公告，依法听证、论证，征求参加者和相关部门的意见。通过公众参与，使项目可行性研究更加合理，规划设计更加科学，措施更加有效。同时，应尽快建立公众参与法律保障体系，例如，德国《土地整理法》明确规定了公众参与土地整理的组织设置、参与规模、参与形式、参与步骤，以此确保土地整治公众参与的合理性和合法性，使土地整治活动真正达到公平、公正。

（7）在生态文明建设方面。土地整治是对土地资源及其利用方式的再组织和再优化过程，是一项复杂的系统工程，其过程改变了地表生态系统，必然对生态环境造成影响，例如，土地利用方式的改变、景观格局的变化、原有水系的改变等。从海外土地整治实践看，土地整治是一项与生物多样性保护和生态环境建设相结合的工程。现阶段应将我国建设用地整理作为一个与整治区域周边自然环境保持关联的完整生态系统，开展以土地为载体的景观生态建设，积极发挥生态安全功能。同时，整理建设中不应忽视村庄的文化传承和特色资源保护功能，要重视发掘地方优秀传统文化、民俗风情和民居建筑文化，保护好村落中古迹、特色民居等历史文化遗产，探索生态文明建设融入整理的机制和路径。将建设用地整理、环境保护和国土空间优化有机结合，通过建设用地整理，实现多功能拓展、多效应集成，拓展土地自我修复空间，提升修复能力。

第 5 章 土地复垦

5.1 土地复垦基本情况

5.1.1 土地复垦的发展历程与阶段特征

我国现代意义的土地复垦始于 20 世纪五六十年代，矿山企业职工为解决吃粮问题自发复地造田。以 1988 年《土地复垦规定》颁布实施为标志，我国土地复垦开始纳入法制化管理轨道。2011 年 3 月 5 日，国务院公布实施《土地复垦条例》，2012 年 12 月 27 日，国土资源部公布实施《土地复垦条例实施办法》，构建了我国土地复垦的基本制度框架。

二十多年来，土地复垦工作逐渐得到政府、企业及社会各界的重视，法律法规不断健全，配套政策逐步完善，基础工作得到加强，土地复垦率由 1987 年的 1% 提高到目前的 25% 左右，对保护耕地、改善生态环境、促进土地资源可持续利用作出了积极贡献。回顾我国土地复垦的发展历程，以关键法律法规和政策文件的发布为标志。

1988 年，我国出台了第一个《土地复垦规定》，随后 25 个省份相继出台《土地复垦规定》实施办法；发布试行《土地复垦技术标准（试行）》；一些矿业大省（如山西省）出台地方土地复垦标准；同时国家在山东省济宁市、江苏省徐州省、安徽省淮北市、河南省平顶山市等地实施了复垦项目与示范区建设项目，部分土地复垦义务人按照《土地复垦规定》的要求，自发复垦土地。2006 年，国土资源部出台了《关于加强生产建设项目土地复垦管理工作的通知》，探索生产建设项目土地复垦监管制度与手段，谋划新形势下土地复垦工作总体战略与布局。国家建立了土地复垦方案的编报审查制度，全面开展新建、改扩建、矿产资源整合生产建设项目土地复垦方案申查，实现了生产建设项目土地复垦的源头控制；开展了全国土地复垦潜力调查评价，第一次摸清了全国土地复垦基本数据和潜力分布情况，为开展土地复垦工作奠定了数据基础；在《全国土地整治规划

(2011—2015 年)》中增加了土地复垦专章,明确细化了"十二五"期间土地复垦的目标任务。2011 年,国家颁布了《土地复垦条例》,全面构建完善了土地复垦管理制度与运行机制,出台了《土地复垦条例实施办法》等政策法规与制度文件,发布了《土地复垦方案编制规程》(TD/T 1031—2011)、《土地复垦质量控制标准》等技术标准,开展土地复垦方案实施情况抽查,研究土地复垦方案实施监管政策手段;开展工矿废弃地复垦利用试点,大规模、有序推进历史遗留损毁土地复垦及其监管工作;开展采矿用地方式改革试点,探索露天采矿损毁土地复垦管理方式;国家及部分省、市、县分别确立土地复垦专门机构。

5.1.2 土地复垦对象与类型

根据《土地复垦条例》,土地复垦的对象分为生产建设活动损毁土地和自然灾害损毁土地两种。广义的土地复垦对象还包括农村废弃土地。生产建设活动损毁的土地,按照"谁损毁、谁复垦"的原则,由生产建设单位或者个人负责复垦。但是,由于历史原因无法确定土地复垦义务人的生产建设活动损毁的土地(以下称历史遗留损毁土地),由县级以上人民政府负责组织复垦。自然灾害损毁的土地,由县级以上人民政府负责组织复垦。

5.1.2.1 生产建设活动损毁土地类型

生产建设活动毁损土地,是指在生产建设准备阶段或实施过程中因挖损、塌陷、压占等造成损毁的土地。据统计,截至 2009 年,我国生产建设活动共损毁土地约 11407 万亩,其中已复垦约 2982 万亩,还有约 8425 万亩未复垦。我国生产建设活动损毁土地中,约有 60% 为矿产资源开采损毁。此外,交通、水利等基础设施建设和农村砖瓦窑生产也形成大量损毁废弃土地。

矿产资源开采是我国生产建设活动损毁土地的主要形式。其开采方式通常有露天开采、井工开采和露井联采。露天开采,是将矿石层上部的岩石和土层全部剥离后开采。井工开采,是指通过挖掘井巷开采。不同类型生产建设活动损毁土地呈现不同的特点。下文将重点介绍煤矿、金属矿、石油天然气、建设项目四种典型的生产建设活动废弃土地类型:

(1)煤矿开采损毁废弃土地。在我国能源矿产中,煤炭资源所占比例最大。我国已探明煤炭资源总量约 5.06 万亿吨,其中超过 1 万亿吨的省份有新疆和内蒙古;超过 0.1 万亿吨的有山西、陕西、宁夏、甘肃、贵州、河北、河南、安徽和山东。以上 11 个省（自治区）煤炭资源总量共为 48113 亿吨，占全国煤炭资源总量的 95.1%。因此，我国煤矿开采损毁废弃地也主要分布在上述省份。

1）露天煤矿开采损毁废弃土地类型。我国有露天煤矿的省份有内蒙古、山西、陕西、新疆、云南、黑龙江、辽宁、宁夏、甘肃等，主要分布在内蒙古的鄂尔多斯市、锡林郭勒盟、通辽市、呼伦贝尔市，山西朔州市，黑龙江双鸭山市，陕西省榆林市，新疆的昌吉、吐鲁番等地。

露天煤矿开采会对地形地貌、地表附着物、土壤、岩层等产生颠覆性损毁。现代露天煤矿在生产过程中，要求做到"采、剥、排、覆"一体化，通过地貌重塑、土壤重构、植被重建、景观再现四个步骤实现土地"边损毁、边复垦"。

露天煤矿损毁废弃土地类型主要包括露天采场和排土场。露天采场是指具有完整的生产系统，进行露天开采的场所。排土场是指堆放剥离物的场所。建在露天采场以内的称内排土场，建在露天采场以外的称外排土场。露天煤矿外部排土场压占土地的面积，一般约为露天矿占地面积的 50% 左右。

2）井工煤矿开采损毁废弃土地类型。井工开采是我国煤矿开采的主要方式。井工煤矿开采会引起地表沉陷、地裂缝，矿井中排出的矸石会压占土地。由于区域地形地貌、地质条件、采矿条件及地下水位的不同，开采沉陷对土地的损毁程度也各不相同，大致可分为 3 类：

一类是山地丘陵地区。开采沉陷后，地形、地貌无明显变化，基本不积水，对土地影响较小，只在局部出现裂缝或漏斗沉陷坑，个别区域可因开采沉陷而引发山体滑坡和泥石流。我国的西北、西南、华中、华北和东北的大部分山地、丘陵矿区属于此类。

一类是低潜水位平原地区。因地下水位较深，开采沉陷后地面只有小部分常年积水，积水区周围部分缓坡地易发生季节性积水，造成水土流失和盐渍化，对土地破坏较为严重，我国黄河以北的大部分平原矿区属于此类。

一类是高潜水位平原地区。由于地表潜水位高，开采沉陷后地表大部分常年积水，造成耕地绝产，积水区周围沉陷斜坡地大部分发生季节性积水，并使原地面农田水利设施遭受严重破坏，开采沉陷对土地影响严重，位于我国黄淮海平原的中东部矿区均属此类。

井工煤矿开采损毁废弃土地类型主要包括地表沉陷区和矸石堆放场。

地表沉陷区是指地下煤炭采出后，在地表形成的移动和变形区。矸石堆放场是指堆置废石或矸石的场地。

（2）金属矿开采损毁废弃土地。金属矿产资源的特点是分布广泛，但又相对集中于几个地区，例如，铁矿主要分布在辽宁省鞍山市和本溪市、河北和山西等地；铝土矿主要集中于山西、河南、贵州、广西等地；钨矿主要分布于江西、湖南、广东等地；锡矿主要分布于云南、广西、广东和湖南等地；铜矿主要分布于安徽、江西、湖北、新疆、西藏等省份。因此，我国金属矿开采损毁废弃地也主要分布在上述省份。

金属矿也存在露天和井工开采两种方式。金属矿开采损毁废弃土地类型，主要包括露天采场、排土场、尾矿库和塌陷坑。排土场是指矿山采矿剥离、排弃物的集中堆放场地，又称废石场。尾矿库是指筑坝拦截谷口或围地构成的用以贮存金属矿进行矿石选别后排出尾矿的场所。一些特殊矿产开采损毁废弃地，还包括溶浸场、堆浸场、赤泥堆场等类型。

与井工开采煤矿的塌陷区相比，井工开采金属矿的地下采空区诱发的塌陷地具有明显的时间滞后效应，往往在采空区形成后若干年才能稳定。因此，对塌陷区采取监测和防范为主的措施。此外，矿山酸性废水、重金属等对矿区周围土地和水体的污染，也是金属矿土地复垦中需要关注的问题。

（3）石油天然气开采损毁废弃土地。我国油气资源丰富，石油总资源量为9.4气资源丰富吨，天然气总资源量为3.8气总资源量立方米。陆上初步形成了以大庆油田、吉林油田为代表的松辽，以胜利油田、辽河油田、大港油田为代表的渤海、渤海湾，以新疆油田、青海油田为代表的准噶尔、柴达木、吐哈、塔里木，以长庆油田为代表的鄂尔多斯，以西南油气田为代表的四川等开发区域。因此，我国石油天然气损毁废弃地复垦的重点区域也分布在上述省份。

石油天然气项目损毁土地，包括石油天然气开发、运输整个过程中损毁的土地，土地损毁形式有挖损、压占和污染。油田项目土地损毁呈现出点多、面广、线长、单宗用地面积较少的特点。采油气井场、油气站（所）占地属于永久用地，用地点多、面积小、零星分散呈块状型。道路、油气集输管道用地呈线状型，涉及范围广，占地面积大。

石油天然气开采损毁废弃土地类型主要包括井场、道路和管线。井场是指钻井勘探、开采油气的工作场地。道路是指为油气勘探、开采、加工、运输等修建的道路。管线是指用于传送油气的联结泵、阀或控制系统的管道，也包括为油气项目生产建设服务的地缆和电线敷设管道。

（4）建设项目损毁废弃土地。交通、水利等建设项目损毁废弃土地一般为临时用地，是为配合主体工程建设所需要的一定数量的施工辅助设施用地，主要包括生产生活营区、取土场、弃土场和施工辅路。建设项目损毁废弃土地具有点多面广、零星分散、呈线性或块状分布等特点。

5.1.2.2 自然灾害损毁土地类型

自然灾害损毁的土地是指由泥石流、滑坡、崩塌、洪水、地震、海啸、风沙等自然灾害损毁的土地。由于自然灾害属于非人为的不可抗力因素，因此，因自然灾害损毁的土地由政府负责复垦。自然灾害损毁土地无法具体列举，其类型大致为以下几种：

（1）洪水损毁废弃土地。因急剧降水引发某一流域、河段或者区域的洪涝损毁的土地。洪涝能使其相关区域的土地被冲刷、淹没，导致地层裸露，表土流失、盐渍碱化。

（2）地质灾害损毁废弃土地。由地质作用产生的地质灾害导致地表崩塌、山体滑坡、地面塌陷、地面沉降、地裂缝。

（3）气象灾害损毁废弃土地。气象灾害包括天气、气候灾害和气象次生、衍生灾害。天气、气候灾害对土地的损毁，是指因台风（热带风暴、强热带风暴）、暴雨、洪涝、积涝等因素对土地直接造成的灾害。气象次生、衍生灾害对土地的损毁，是指因气象因素引起的山体滑坡、泥石流等对土地造成的灾害。

5.1.3 土地复垦类型区划分

依据地貌单元的一致性和土地复垦方向与工程技术的类似性、气候－土壤 植被地带性规律及不同性质矿山，尤其是大中型煤矿和金属矿的分布进行土地复垦类型区划分。土地复垦类型区名采用"大尺度区位或自然地理单元＋地貌类型组合（大尺度区位或自然地理单元和优势地面组成物质或岩性）"的方式进行命名。依据土地复垦类型区划分和命名原则将我国划分为东北山地丘陵区、黄淮海平原区、长江中下游平原区、东南沿海山地丘陵区、黄土高原区、内蒙古草原区、西南山地丘陵区、中部山地丘陵区、西北干旱半干旱区、青藏高原区10个土地复垦类型区（图5.1）。

图 5.1　中国土地复垦类型区

5.2　土地复垦工程技术模式

5.2.1　露天采场土地复垦工程技术模式

露天采场是指对埋藏较浅的厚大矿体，通过剥掉（剥离）覆盖在矿体之上的土石，将矿体分为若干阶梯段进行采矿所形成的场地。造成的环境影响主要是地形地貌景观的改变，大面积土地和植被的破坏，而开挖形成的高陡边坡失稳则会引发崩塌、滑坡等突发性地质灾害，链生的环境负效应是矿山及周边地区水土流失和土地荒漠化。因此，露天采场主要是对采坑和采坑边坡进行复垦，其复垦方式有四种（图 5.2）。

（1）采矿后地形落差不大采坑复垦。一般采取将剥掉（剥离）的废石土分层回填到采坑内，再进行平整，然后表面覆土、压实，使地表不形成陡坎，然后进行综合开发利用。回填废石时，可将大块和有毒的废石堆置在采坑底部，小块的堆在上面，组成合理的级配。表面覆土可利用剥离的表土或客土，覆土后的土地可用做农业、林业、牧业用地。例如，神东煤

第5章 土地复垦

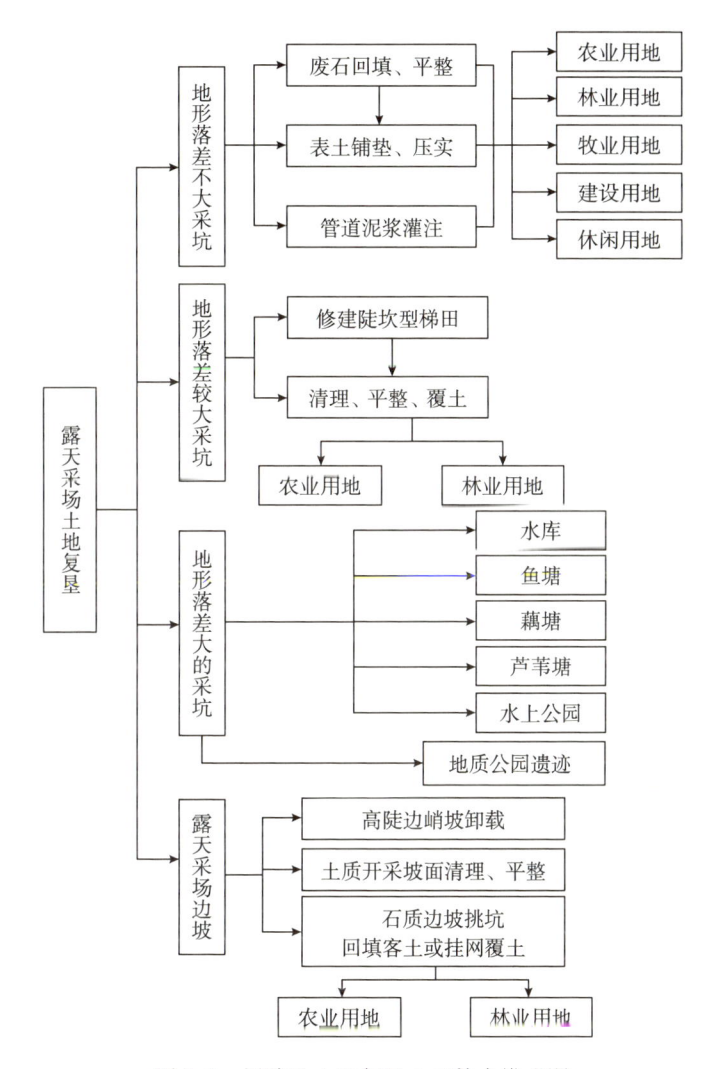

```
                    ┌─ 废石回填、平整 ──┬─ 农业用地
         ┌─地形落差 ─┤                  ├─ 林业用地
         │  不大采坑 ├─ 表土铺垫、压实 ──┼─ 牧业用地
         │          │                  ├─ 建设用地
         │          └─ 管道泥浆灌注 ────┴─ 休闲用地
         │
         │          ┌─ 修建陡坎型梯田
露天采场 ─┼─地形落差 ─┤                  ┌─ 农业用地
土地复垦   │  较大采坑 └─ 清理、平整、覆土 ┴─ 林业用地
         │
         │                            ┌─ 水库
         │          ┌─────────────────┼─ 鱼塘
         ├─地形落差 ─┤                  ├─ 藕塘
         │  大的采坑 │                  ├─ 芦苇塘
         │          │                  └─ 水上公园
         │          └─ 地质公园遗迹
         │
         │          ┌─ 高陡边峭坡卸载
         └─露天采场 ─┼─ 土质开采坡面清理、平整   ┌─ 农业用地
           边坡     └─ 石质边坡挑坑           ┴─ 林业用地
                      回填客土或挂网覆土
```

图 5.2　塌陷地土地复垦工程技术模式图

炭集团公司在马家塔露天矿土地复垦时就采用了"分层剥离、分层回填、表土覆盖、土地再造"的治理模式，现已成为"全国水土保持生态环境建设示范基地"。也可采用灌泥浆的办法，通过管道将配置好的泥浆灌注在废石土上，为了使泥浆中的水分及时晒干，可分若干次灌注，直至灌注疏干修复完成。灌注修复后的土地可用做建设用地和休闲用地。

（2）采矿后地形落差较大采坑复垦。对于采后造成地形有一定落差的采坑，宜改成陡坎型梯田，通过清理、平整、覆土，建成能种植粮食、蔬菜、果树、药材等农作物和经济作物的农业用地，还可建成用材林、经济林、风景林等林业用地。

（3）采矿后地形落差大的采坑复垦。某些采场采矿结束或闭坑后，会留下几十米甚至上百米的大坑，这时可利用管道，进行人工充水或利用自然降雨将其修筑成水库、鱼塘、藕塘、芦苇塘、水上公园或作为工矿企业和居民用水的补给水。例如，江苏省盱眙象山国家矿山公园内的水上公园，就是利用闭坑后的大坑建成的。对闭坑后有奇特景观的露天采坑还可作为地质公园遗迹的一部分进行保留，以供游客参观。例如，我国首座国家矿山公园——黄石国家矿山公园，园内就保留着落差444米高的露天采坑，该采坑所形成的边坡已成为世界第一高陡边坡，该公园也已成为"全国工业旅游示范点"。

（4）露天采场边坡复垦。露天开采往往会形成高陡的不稳定斜坡，斜坡上的岩土体下滑，易形成崩塌、滑坡灾害。因此，要对斜坡上的岩土体实施卸载工程，卸载后对土质开采坡面进行清理、平整，对石质边坡进行挑坑回填客土或挂网覆土，为林业用地和农业用地打下坚实基础。同时，在坡顶部要修筑排水沟（或土坝），使雨季洪水不能进入采坑。

5.2.2 塌陷土地复垦实践

采矿塌陷是矿区井下开采造成的，在地表表现为塌陷坑、塌陷槽、裂缝条等，其主要危害是破坏土地资源和地表各种建筑设施。我国采矿塌陷主要集中在煤矿区，其次是石膏矿区和部分金矿区等。塌陷土地的治理，主要是在查明采空区范围的基础上，对地面塌陷区、塌陷积水区采用多种措施进行综合治理。地面塌陷区土地复垦方式（图5.3）有3种：①塌陷土地复垦；②塌陷积水区土地复垦；③塌陷区综合治理。

（1）塌陷土地复垦。在我国西北、华北山地丘陵区，开矿造成的地面塌陷在地表主要表现为塌陷坑、塌陷槽和裂缝。地面表现为大面积整体下沉的区域，一般是煤矿井下开采时采用了长臂式综合机械化采煤方法造成的，这种整体下沉一般地表形态的变化不大，与原有的地貌不易区分。复垦时主要是待地面下沉数月稳定后，在其表面覆土、种植。对塌陷坑、塌陷槽和裂缝，主要是利用固体废弃物进行回填，恢复土地使用功能。具体方法是将塌陷坑内的表土取出，利用采矿过程中形成的煤矸石、固体废石、废渣回填塌陷坑和裂缝区。当回填高度与周围地势接近时，再将原先取出的表土覆盖、整平。同时，需要采取强夯等措施，防止地面下沉。也

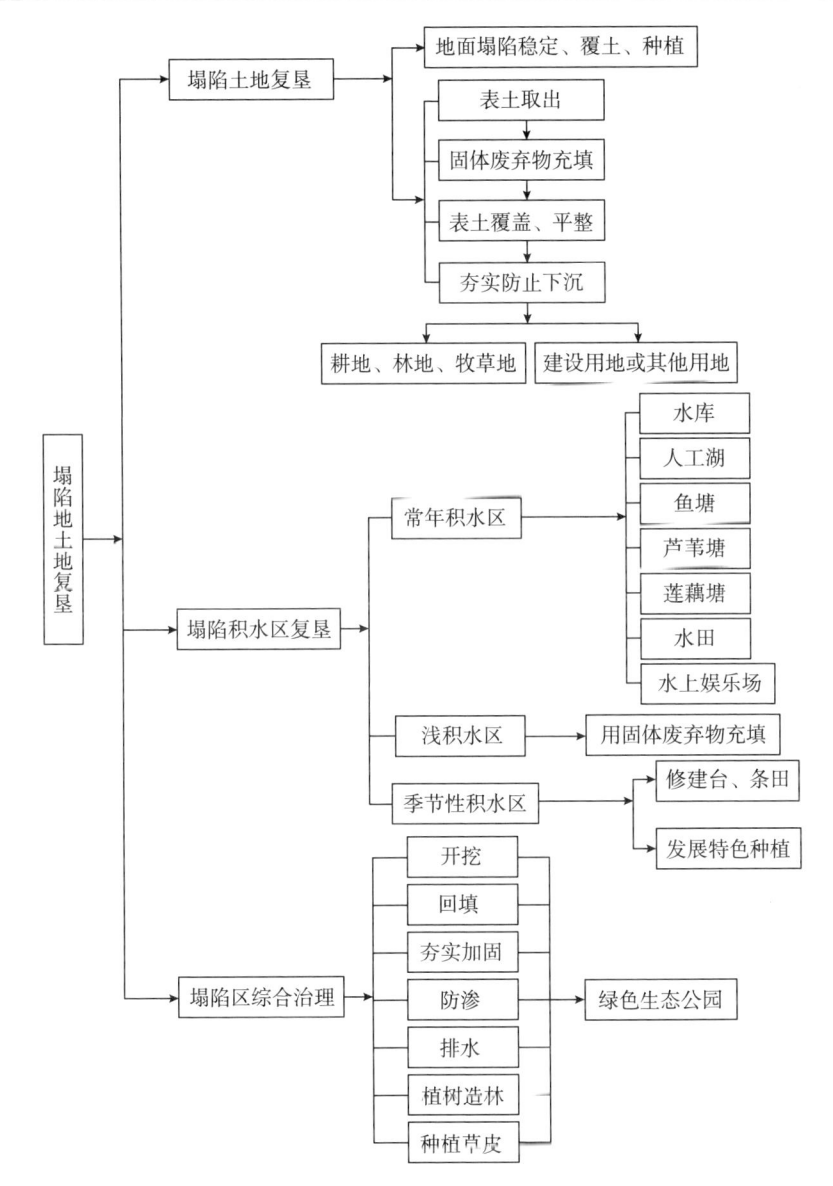

图 5.3 塌陷地土地复垦工程技术模式图

可采取分层回填分层压实的处理工艺，分层厚度的确定取决于填充物的块度、含水率与重量等，同样需要防止不均匀沉降。地面塌陷区土地复垦后可用做耕地、林地、牧草地或其他建设用地。回填后若用于种植，关键是重构合理的土壤结构，建造有利于作物生长的土壤环境。若用于建设用地，关键是采取合理的工艺，防止不均匀沉降。

（2）塌陷积水区土地复垦。黄淮平原的中部、东部和长江以南的平原区，地下采煤后在地表会形成深度较大的常年积水区，通常采用清淤扩建、淤泥造地等措施，建设成水库、人工湖、鱼塘、芦苇塘、莲藕塘、水田、水上娱乐场等；在黄河以北平原采煤塌陷区，一般为浅积水区和季节性积水区，对浅积水区可利用固体废弃物进行充填复垦；对季节性积水区，可实行挖沟排水，使塌陷区的积水排干，不再积水，修建台田、条田、发展特色种植。塌陷积水区治理的关键是防止积水下渗。

（3）塌陷区综合治理。采用多种手段，例如挖深填浅、夯实加固、防渗、排水、植树造林、种植草皮等，将塌陷区改造成绿色生态公园。例如，神东矿区自1985年建矿以来，到2006年底，已累计形成采煤塌陷区70.65平方千米。对塌陷区采取的治理措施是在塌陷区整体下沉 1~2 月逐步稳定后，设沙障，稳定沙面，种植沙柳、沙棘等耐干旱的各种乔灌木。对局部产生裂隙区利用固体废弃物进行回填，从而恢复了塌陷区的土地生产力。先后在大柳塔、上湾、补连塔等煤矿塌陷区进行了生态修复试验，实现了生态效益、经济效益和社会效益的有机结合。内蒙古锡林浩特煤矿治理区内有七个塌陷坑，治理时主要是利用塌陷坑周边堆积的大量煤矸石对其进行回填。将回填后的塌陷坑及采土坑表面进行覆土，覆土取自采土坑周边的耕植土，覆土厚度为50厘米左右，为了不使未整平的边坡发生次生地质灾害，在回填覆土时运用推土机将周边较高地段的边坡推成缓坡状，使之达到稳定。覆土后选择适合当地生长的沙棘、柠条、灌木等进行种植，达到自然景观与生态环境的和谐统一。

5.2.3 排土（废石）场土地复垦

排土（废石）场指矿山采、选、冶过程中露天开采剥离的废石（土），金属、非金属矿地下开采外排的废石、废渣，选矿产生的尾矿和冶炼产生的矿渣等压占的土地。不但破坏了大量的土地资源，地貌景观，而且长期堆放于露天场所，其中的有害、有毒物质易氧化分解，通过地表水、地下水对水土环境产生严重污染，危害人体和动植物的健康及生命安全，对矿区生态环境构成严重威胁。排土（废石）场复垦主要有废石堆表面复垦、废石堆边坡复垦、废石堆处理、废石和尾矿的资源化利用（图5.4）。

（1）废石堆表面场复垦。废石堆中一般岩石居多，土壤较少，因此，适合林业复垦。碎的废石适应于树木生根，可防止水分蒸发，将水分保持

第 5 章　土地复垦

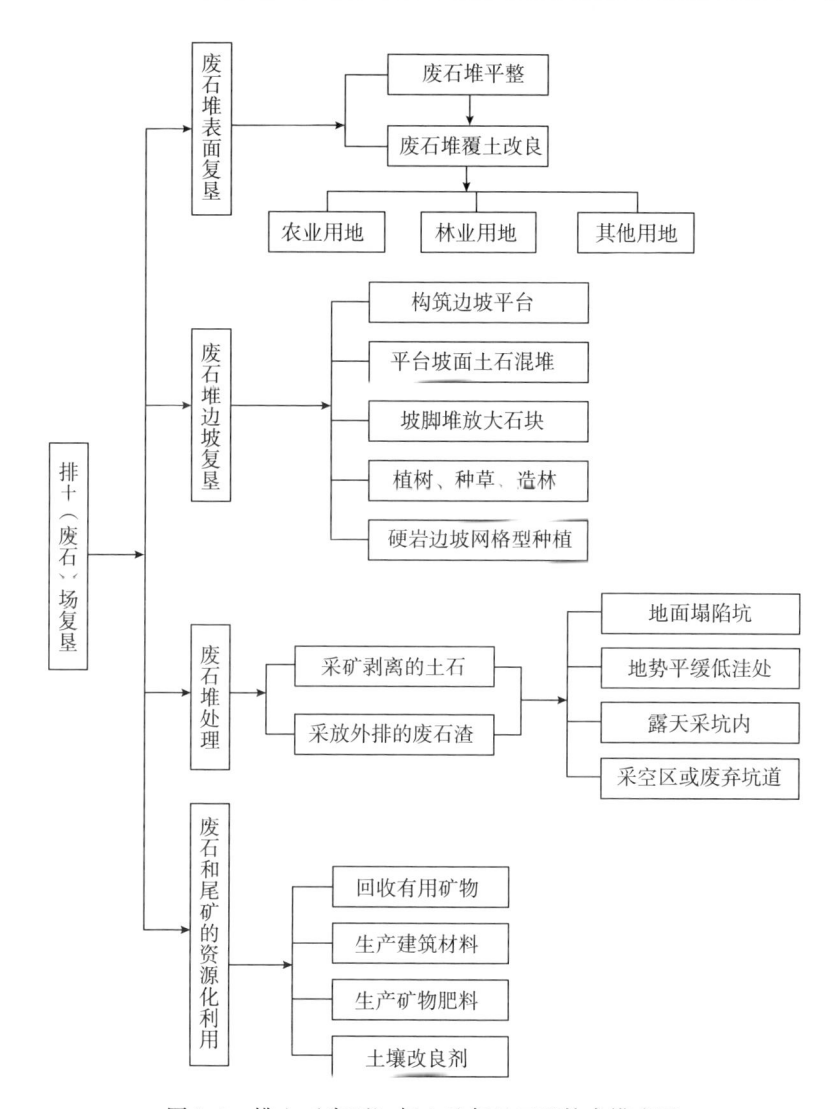

```
排土（废石）场复垦
├─ 废石堆表面复垦
│  ├─ 废石堆平整
│  └─ 废石堆覆土改良
│     ├─ 农业用地
│     ├─ 林业用地
│     └─ 其他用地
├─ 废石堆边坡复垦
│  ├─ 构筑边坡平台
│  ├─ 平台坡面土石混堆
│  ├─ 坡脚堆放大石块
│  ├─ 植树、种草、造林
│  └─ 硬岩边坡网格型种植
├─ 废石堆处理
│  ├─ 采矿剥离的土石
│  └─ 采放外排的废石渣
│     ├─ 地面塌陷坑
│     ├─ 地势平缓低洼处
│     ├─ 露天采坑内
│     └─ 采空区或废弃坑道
└─ 废石和尾矿的资源化利用
   ├─ 回收有用矿物
   ├─ 生产建筑材料
   ├─ 生产矿物肥料
   └─ 土壤改良剂
```

图 5.4　排土（废石）场土地复垦工程技术模式图

在植物的根系，保护树根的生长。少量排土（废石）堆场复垦用于农业或其他用途。为了改造利用废石堆，恢复其使用功能，消除崩塌、滑坡、泥石流、水土流失等地质灾害隐患，需要重点完成废石堆表面和边坡的复垦。

废石堆表面复垦一般采取平整、覆土、种植的方法，根据排土工艺和设备的不同，废石堆形状有等锥形、连脊形、横向弧形和平坦形等。针对不同情况，采取推平整治的方法或不推倒平整的方法，对不推倒的废石堆需要平整顶部，对其边坡进行复垦。针对废石堆中岩石居多的状况，为了防止有毒有害废石对环境的污染，平整废石堆场时，要重新构建废石堆结构，将粗粒废石和有毒的废石堆置在下层，然后在上面覆盖细粒碎石或土壤。平整后的废石堆，若用于林业用地，依树种不同覆土厚度也不同。在缺乏土壤的矿区，为了提高树木生长的母质环境，可在其中掺入垃圾、污泥、尾矿粉、粉煤灰等，种植的树苗一般为适合于当地生长环境的树苗，树苗不宜过大，要壮实，有发达根系，成活率高，例如杨树、槭树、榕树、紫穗树、黑胡桃、松树、洋槐等。应栽混交林，以利树苗的生长。若用于农业用地，种植农作物时，覆土厚度以利树苗成长为宜。此外，还可将泥煤、锯末、粉碎麦秆、树叶、粪肥等混合形成人工土，覆盖于平整后的废石堆上，以供农业种植。整治后的土地，要有横向排水沟，利于暴雨季节的排水，以免农作物遭受水灾。

（2）废石堆边坡复垦。对面积较大的废石堆，可采取不推倒的方法，除了对废石堆顶部表面进行平整治理、覆土、种植外，需开展边坡整修、植树、种草、造林，减少水土流失。为了减少水和风对废石堆边坡的侵蚀，保证种植需要，应采取以下工艺措施：①构筑边坡平台，通过削坡卸载，将原来单一坡面改成台阶状平台，平台边缘修筑挡水墙，阻止平台径流汇入边坡，减少水土流失；②平台坡面土石混堆后可种植林木，或覆土后种植牧草和灌木，以控制水土流失；③坡脚堆放大石块，拦截坡面下移泥沙，保护坡脚排水系统；④对坚硬岩石组成的边坡可挑坑形成网格型种植坑，将树苗种植在坑内，种植的树苗以混交林为主，再回填部分含肥的松散土壤，坑完全用塑料覆盖，目的是使塑料内凝聚的水分能沿衬垫的下面汇集给植物，可有效地浇灌植物，保证树苗的正常生长。例如，陕西省金堆城露天矿红旗沟废石场的综合治理就采取了削坡减载，构筑边坡平台，修筑截洪、排洪设施，覆土种植复垦的模式，通过治理消除了废石场的安全隐患，使12公顷土地恢复了使用，实现了矿山土地的可持续利用。

（3）废石堆处理。废石堆作为矿产资源开发的一种副产品，可以回填。现阶段我国矿山废石堆处理方式有两种：一种是用于回填废弃露天采坑、地面塌陷坑和地势平缓低洼处，填满后恢复原有地形地貌，然后覆土，用于林业或农业用地；另一种是将废石堆回填到地下采空区或废弃坑道内，可有效地减少对土地的占用。

（4）废石和尾矿的资源化利用。我国金属和非金属矿开采过程中排放的废石和尾矿的资源化利用起步较晚，利用程度不高，目前主要有以下三种利用方式：①回收有用矿物。随着我国一些矿山企业选矿技术水平的不断提高、新工艺的应用发展，对废石和尾矿的综合回收、综合利用观念也在逐步增强，过去不能或不容易回收的共生组分，现在可以或相对容易回收。例如，江西省德兴铜矿将含铜低于 0.3% 的矿石作为废石丢弃，废石中含铜 0.25%~0.30% 的矿石约占总储量的 20%。为了回收这部分资源，德兴铜矿采用堆浸-萃取-电积工艺提取废石中的铜，取得了较好的经济效益。大冶有色金属公司从铜绿山尾矿中回收了铜、金、银、铁。②生产建筑材料。利用矿山废石生产碎石用作混凝土骨料、公路材料、铁路材料等。目前，我国已利用尾矿开发生产了微晶玻璃、建筑陶瓷、建筑用砂、水泥、免烧砖、黏土砖、混凝土、耐火材料和化工产品等。例如，江西德兴铜矿利用尾矿生产陶瓷制品等。③生产矿物肥料或土壤改良剂。尾矿中往往含有锌、钼、锰、钒、硼、铁等维持植物生长的元素，可用来生产复合矿物肥料；而含有钙、镁氧化物的尾矿可作为土壤改良剂，施于酸性土壤中，可起到中和酸性、改良土壤的目的。例如，马鞍山矿山研究院利用磁化铁尾矿改良土壤，农作物增产效果显著。

5.2.4 矸石山土地复垦

煤矸石作为固体废弃的一种废弃物，其复垦、处理和利用不同于其他废弃物。煤矸石是采煤过程和洗煤过程中排放的固体废物，是一种在成煤过程中与煤层伴生的含碳量较低、比煤坚硬的黑灰色岩石。包括巷道掘进过程中的掘进矸石，采掘过程中从顶板、底板及夹层里采出的矸石及洗煤过程中挑出的洗矸石，其主要成分是三氧化二铝、二氧化硅。煤矸石堆置不仅压占大片土地资源，而且煤矸石中的硫化物逸出或浸出会污染农田和水体。煤矸石中含有一定的可燃物，在适宜的条件下会发生自燃，排放二氧化硫、氮氧化物、碳氧化物和烟尘等有害气体，污染大气环境，影响矿区居民的身体健康。矸石山还会自燃发生爆炸，或在雨季崩塌，淤塞河流造成灾害。为了消除污染，自 20 世纪 60 年代起，很多国家开始重视煤矸石堆（山）的复垦、搬迁治理和资源化利用。其复垦模式见图 5.5。

（1）煤矸石堆复垦。矸石堆治理。将矸石堆推平、平整后，用黄土进行覆盖、整平、种植。例如，神东煤炭集团矿区建成了 17 座煤矸石处置场，主要是对外排的煤矸石推平碾压后，上覆黄土，平整后植树种草，使矸石场变为绿地。矸石山绿化造景。在矸石山上覆土或带土穴植，种草造

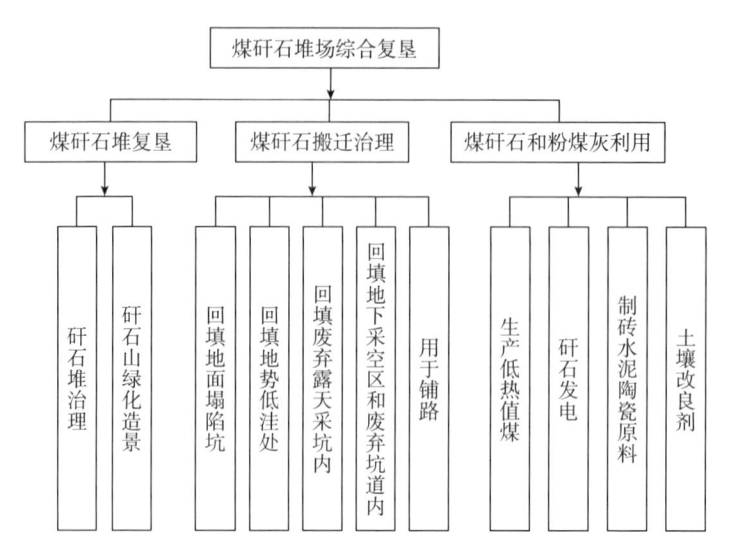

图 5.5 煤矸石堆场土地复垦工程技术模式图

林，美化环境。例如，阜新海州露天排土场中堆积着大量剥离矸石，日积月累形成了一座占地面积 12 平方千米的人造大山，综合治理时，通过平整矸石山、回填客土、种植护坡林木及植被的复垦，使现在的矸石场一眼望去满眼绿色，达到了有效改善生态环境的效果。

（2）煤矸石搬迁治理。回填地面塌陷坑和地势低洼处；回填到废弃露天采坑内或地下采空区及废弃坑道内；用于铺路。例如，宁夏石嘴山煤矿矸石山治理采用了煤矸石搬迁，回填塌陷区，对搬迁之后场地表面进行黄土覆盖，对回填后的塌陷区覆土、整修，恢复后的土地用作了工业场地。治理过后的矸石山，彻底消除了对环境的污染。

（3）煤矸石和粉煤灰利用。能源回收，可通过分选，从煤矸石中洗选出好煤，生产低热值煤，然后利用。用于发电，煤矸石发热量为 0.8~8 毫焦耳/千克，可用洗中煤和洗矸混烧发电。我国煤矸石用于发电利用率达 40%。例如，神东煤炭集团矿区大柳塔、上湾、保德等三座煤矿的发电厂主要利用煤矸石发电。建筑材料，用煤矸石等代替黏土作为制砖原料，生产砖、砌块。现今，国内外一些水泥厂用煤矸石作为水泥制作中的一种原料加以利用。陶瓷工业中煤矸石作建筑陶瓷、多孔陶瓷和高性能陶瓷的原料。制作土壤改良剂，以煤矸石为载体可生产无机复合肥和微生物肥。

5.3 土地复垦实践探索

5.3.1 中煤平朔集团有限公司土地复垦

（1）规划设计先导，资金持续保证。1989年我国《土地复垦规定》颁布后，平朔安太堡露天煤矿依据《中华人民共和国水土保持法》、《中华人民共和国土地管理法》等，编制了《矿区水土保持规划方案》和《矿区土地复垦规划方案》。在此基础上制定了年度实施计划，并将其纳入采矿生产计划中统一安排，保证了复垦工作有章可依。

图 5.6 平朔矿区露天采矿、排土场复垦前后对比

在土地复垦资金方面，平朔安太堡露天煤矿开国内煤炭企业之先河，将土地复垦专项资金打入生产成本，保证了资金的及时到位，建矿以来，矿区土地复垦资金全部由企业自筹。因此，平朔集团有限公司土地复垦的特色是将土地复垦纳入整个矿区开采方案，有高等院校、科研单位的规划设计和跟踪评估，有矿区本身持续的资金保证，有十几个土地复垦施工队伍，走出了"采、运、排、复"一体化的路子。

（2）复垦土地多种经营综合利用雏形凸显。针对矿区高寒、干旱、水蚀、风蚀并重等实际情况，平朔矿区土地复垦课题组重点攻克"新造地水土流失防治与环境灾害控制综合集成技术"、"土壤资源再生利用与生产力快速提高综合集成技术"、"草、灌、乔合理配置与植被重建综合集成技术"等技术难关。复垦技术的应用，改善了土壤结构，提高了土壤有机质和水分利用率，复垦土地质量和土地生产力明显好于原地貌，为土地资源综合利用提供了条件。复垦工作，近期以控制水土流失和发展防护林为核心；中期以建立耕地、苗圃地、牧草地、中药材基地、经济林为核心，形成农、林、牧、果的格局；远期以综合开发为中心，建立猎场、旅游景点、野生动物栖息保护园等。

（3）积极探索矿业用地新模式。2011年年初，国土资源部和山西省将平朔集团有限公司列为采矿用地改革试点单位，同意在不改变农村土地所有权性质、不改变土地规划的前提下，采矿用地实现"以租代征"，租用土地经过五年的综合治理后，将恢复好的耕地和建设的生态农业设施返给农民，对协调政府、企业、农民三方利益关系、耕地占补平衡、失地农民就业安置、规划建设用地指标等问题具有示范意义。

5.3.2 云南磷化集团有限公司土地复垦

（1）制定制度规范。云南磷化集团有限公司（以下简称《云磷集团》）按照国家有关法规政策要求，结合公司实际，制定推进工作的系列企业制度规范。一是采矿临时用地管理总体制度规范，即《露天采矿用地方式改革试点实施管理办法》。二是保障农民权益的专项制度规范。制定了《采矿临时用地补偿管理办法》、《采矿临时用地合同书》、《采矿临时用地还地协议书》等专项制度规范。三是采矿用地复垦与还地的专项制度规范。制定了《采矿临时用地复垦还地管理办法》、《采矿临时用地复垦验收管理办法》等专项制度规范，规定土地复垦时限和质量要求、归还用地面积不足部分处理办法，以及采矿所占用的耕地无法全部恢复原用途处理办法等。

（2）编制规划和计划。一是编制采矿用地规划与计划。协调县（区）国土资源主管部门将采矿用地纳入当地土地利用总体规划，并在土地利用总体规划的指导下编制采矿用地规划。公司采矿用地采用五年为一个用地规划期限，同时细化第一个五年规划的年度采矿用地计划。二是编制土地复垦方案及计划。公司结合采矿进度，编制土地复垦方案、阶段土地复垦计划和年度土地复垦实施计划，明确各阶段土地复垦的具体目标任务、工程规划设计、资金安排、实施进度及完成期限等（图5.7）。

图 5.7　云磷集团昆阳磷矿土地复垦效果图

(3) 建设和谐矿区。云磷集团多年来十分重视和谐矿区建设，积极探索矿产资源开发收益共享机制，帮助和带动矿区及周边社区经济社会发展，化解矿群矛盾，形成了矿地和谐建设品牌——"汉营模式"。

1) 落实采矿临时用地补偿。云磷集团根据采矿改革试点用地规划，结合生产实际，2011—2012 年，分别与改革试点土地所属的八个村委会签订了 4515.85 亩临时用地协议。除地面附着物补偿外，按每年 1500～2000 元/亩标准对土地权利人进行补偿。协议签订后立即支付 30% 的费用，用地手续办理完毕后支付剩余 70% 的费用。

2) 支持地方经济发展。在矿山所在地县（区）累计投资 30 亿元进行了七个方面的重点项目建设；加上规划中的二期项目，投资将超过 50 亿元。通过委托运输、装卸、产品加工等方式，支持地方社区和企业经营发展。

3) 支持地方社会公益事业。扶持镇（乡）村委会修建道路、饮水农灌工程；资助希望学校，帮扶困难村民子女读书等，赞助捐赠费用 5000 余万元。

4) 提供劳务和就业。吸纳安置地方从业人员 3300 多人次，同时优先安排矿区农民从事工程复垦、残矿回收、修路、采石等，复垦后土地雇佣当地农民耕种，支付的工程及劳务费用年均达到 3 亿多元。

5) 矿地文化交流。出资建设地方湿地公园，改善当地居民生活环境；矿地共建"郑和国际文化节"，充分发挥企业职工艺术团、摄影协会、医疗卫生优势，开展"企地心连心，和谐一家亲"走进新农村系列活动，包括"卫生进村"、"摄影进村"、"文化进村"、"文艺进村"、"爱心进村"等。

(4) 预存复垦费用。由于需要分期审批采矿临时用地，土地复垦费用共管账户与预存制度在云磷集团得到了有效落实。依据评审通过的土地复垦方案中测算的土地复垦费用额度，云磷集团与所在的晋宁县、安宁市和西山区等三个片区国土资源管理部门签订了《土地复垦工作监管协议》，明确了土地复垦费用预存和使用的时间、数额、程序、条件和违约责任等。并在双方约定的银行分别设立了土地复垦费用共管账户，遵循"土地复垦义务人所有、国土资源管理部门监管、专户储存专款使用"的原则，首期已预存1107.46万元，为实施土地复垦工程提供了资金保障。

5.3.3　淮南矿区政府投资土地复垦

(1) 出台政策，建立机构。淮南市政府出台了《淮南市采煤塌陷区环境综合治理机制》《关于采煤塌陷区加快村庄搬迁推进综合治理工作的意见》《淮南市采煤塌陷区环境综合治理机制》等有关政策文件。同时，淮南市政府成立了采煤塌陷区综合治理领导小组，把塌陷区综合治理办公室作为政府组成部门，有关县（区）也相应成立采煤塌陷区综合治理办公室，具体协调、管理采煤塌陷区综合治理工作。将采煤塌陷区综合治理工作列入市级民生工程，并纳入有关县（区）政府年度考核目标。

图5.8　淮南矿区采煤塌陷造成房屋和农田积水

(2) 筹措资金，整合项目。淮南市政府建立了采煤塌陷区综合治理发展专项资金。市、县、区财政每年将可支配财力1%以上的资金投入历史遗留损毁土地的复垦上，正在从事生产建设的采煤企业按实际造成的损毁程度相应比例从采煤成本中列支，形成政府投入、企业出资、社会融资、招商引资等多元化的投入机制，专款用于各自塌陷区域的综合治理。各出资方也计提一定比例资金支持塌陷区群众的第二、第三产业发展。

同时，淮南市政府整合涉及塌陷区综合治理相关政策、项目和资金：按照"渠道不乱、用途不变、专账管理、统筹安排、各计其功"的原则，对塌陷区范围内的土地复垦、地质环境治理恢复、耕地保护、新农村建设、交通、水利及学校、卫生院等治理资金和农村基础设施建设项目资金进行整合，将涉农、惠农资金大部分用于塌陷区综合治理。

（3）科学规划，综合整治。淮南市政府组织土地复垦义务人和有关专家，采取技术手段，把今后10~20年的塌陷情况预测清楚，区分稳沉与非稳沉，努力把握治理主动权，科学编制了土地复垦治理专项规划。编制《淮南市采煤塌陷区土地综合整治规划（2009—2020年）》、《淮南市西部塌陷区生态治理规划（2010—2025年）》及《淮南市城乡一体化规划（2009—2020年）》。

（4）因地制宜，探索治理模式。把土地复垦与农业产业结构调整相结合，把土地复垦与非稳沉区水域发展立体、生态种养殖试点相结合，把历史遗留损毁土地复垦与发展"三产"相结合，把土地复垦与资源枯竭矿井土地盘活相结合。

复垦前　　　　　　　　　　　复垦后

图5-9　淮南矿区塌陷区复垦前后对比

5.4　土地复垦面临的问题与推进思路

5.4.1　土地复垦存在的主要问题

（1）统筹协同推进土地复垦的工作机制尚未形成。土地复垦工作，尤其是矿区土地复垦，涉及多个利益相关方，包括政府、国土资源、环境保护、水利、农业、林业、交通、社会保障等部门，以及矿山企业和农民。

不同利益相关方在土地复垦有关工作上有着不同的利益关注点或管理目标。例如，矿山企业关注最大限度地开发资源，降低成本，获取最大的经济效益；政府关注的则获得保障经济发展的土地和矿产资源，保护环境，维护社会和谐稳定；国土资源管理部门要求合理开发利用矿产资源，将损毁土地复垦恢复到可供利用的状态，以实现耕地保护与治理恢复的目的，优化土地利用结构，促进土地节约集约利用。由于相关政策制度间衔接不够充分，存在各利益相关方均希望达到各自利益和目标最大化的冲突，均衡各方利益、统筹协同推进土地复垦的工作机制尚未形成。

（2）历史遗留损毁土地复垦任务难落实。一是历史遗留损毁土地复垦资金难保障。《土地复垦条例》明确了历史遗留损毁土地复垦责任主体为县级以上地方人民政府。近年来，国家逐步加大了对土地复垦的投入。目前已安排的土地复垦项目资金来源主要为新增建设用地土地有偿使用费、耕地开垦费、土地复垦费、土地出让金用于农业开发部分。然而这几类资金中，除了土地复垦费外，其他资金使用规定中都没有明确提出用于土地复垦的比例和方式。由于多数地方财政并不宽裕，地方政府缺乏投资土地复垦的积极性；加之土地复垦资金筹措渠道较少，缺乏吸引社会投资的激励机制，造成复垦资金难保障。二是工矿废弃地复垦利用试点管理需完善。2012年开始实施的工矿废弃地复垦利用试点是推进历史遗留损毁土地复垦的重要举措，但试点范围只限于建设用地，规模也十分有限（2012年全国批准规模共22.3万亩）。由于该试点是一项全新工作，一些试点"重建新、轻复垦"，在专项规划审查通过和年度复垦利用规模下达后急于建新，以至于对试点管理程序和复垦技术难度认识和估计不足。

（3）生产建设活动土地复垦监管体系不健全。一是土地复垦方案的监管抓手作用未能充分发挥。自2007年以来，我国逐步开展了新建和改建、扩建生产建设项目土地复垦方案编报审查工作。然而，大量在建生产建设项目和已完工或闭坑的生产建设项目土地复垦方案编报尚未全面启动。此外，一些生产建设周期较长的项目土地复垦方案服务年限较长。例如，报国土资源部审批采矿权的矿山土地复垦方案大多依据20～30年采矿周期的开发利用方案编制，服务年限一般为30～40年。而实际开采情况往往与最初设定的开发利用方案出入较大，相应的土地损毁情况也与土地复垦方案中预测的情况差异较大，完全按土地复垦方案实施复垦工程、落实复垦资金往往不切实际。二是土地复垦监管内容与方式不明确。《土地复垦条例》明确了国土资源管理部门对土地生产建设活动土地复垦的监管职责与要求。但由于缺乏具体操作细则，监管方式、手段和约束机制不明确，有关技术标准和技术手段不健全，加上管理人员相对偏少、缺乏工作经费、其他工作任务繁重，造成国土资源管理部门无力全面开展生产建设活动土地复垦监管工作。

(4) 矿业用地政策存在缺陷。一是缺乏复垦后土地退出机制。例如，山西平朔矿区，露天采矿每年需使用和征收大量土地。仅 1984—2006 年，以划拨方式出让的土地达 61928.43 亩。目前，平朔煤业公司已复垦土地 3 万余亩。但因复垦后土地特别是耕地的产权流转机制未明确，平朔煤业公司每年需投入大量资金来养护复垦后的土地，一定程度上挫伤了企业的土地复垦积极性。二是大量矿业用地处于违法状态。目前，国家下达给地方的新增建设用地计划指标既包含常规的经济社会发展所需的建设用地指标，也包含矿业用地指标。由于新增建设用地计划指标的限制，造成大量矿业用地的违法现象。以安徽省两淮矿区为例，由于多年大规模的开采已形成约 480 平方千米的采煤塌陷区，其中 60% 为耕地。尽管安徽省出台了有关政策，要求将这些塌陷积水耕地区分不同情况分别予以征收或复垦，但由于积水较深且缺乏土源，复垦难度较大。同时，受新增建设用地计划指标的限制，多数无法办理征收手续，造成大量因塌陷积水而无法耕种的耕地在地籍图上仍然维持耕地地类。

(5) 现有技术和模式无法适应新情况和新问题。一是新的开采方式带来了新的问题，随着科学技术的进步和经济社会的发展，我国矿产资源开采的速度和规模不断增大，且逐步转向深部开采、二次开采、多煤层开采、露井联采。新的开采方式下，土地损毁速度和程度加大，呈现出与以往不同的特点；且部分已复垦土地、搬迁村庄和城市建设区需要二次复垦、二次搬迁。二是现有复垦技术和模式未能充分与生产工艺结合。目前我国大多数土地复垦工作均在土地损毁后开展，这种被动复垦方式存在被损毁的土地不能及时恢复，且后期缺乏回填土源，能够复垦比例较小的弊端。

5.4.2 推进土地复垦工作的思路

(1) 加强规划统筹与利益相关方参与。一是科学编制土地复垦规划。在对未来矿产资源开发损毁土地预测的基础上，将土地复垦与环境治理、新农村建设等统筹考虑，整合土地复垦有关资金和项目，编制土地复垦规划，调整优化复垦后土地空间结构。二是加强部门协调与社会参与。探索建立"政府主导、国土搭台、部门与企业协作、农民参与"的组织方式。将土地复垦纳入经济社会发展评价体系，建立相应的目标体系与考核办法。通过联席会议的方式，让多个利益相关方充分表达自己的诉求，在协商的基础上达成共识，形成各方共同遵守的规则，提高决策的科学性与可操作性。

（2）加大历史遗留损毁土地复垦投入与规范管理。一是设立历史遗留损毁土地复垦专项基金。建立土地复垦补偿机制，从资源补偿税、采矿权出让收益、土地出让金、新增建设用地土地有偿使用费等资金中，提取一部分资金，设立历史遗留损毁土地复垦专项基金，稳定复垦资金来源。建立专项基金项目管理制度，优先用于历史遗留损毁耕地的复垦。二是规范土地复垦利用试点管理。加强对试点地方的政策和技术指导，进一步明确工矿废弃地复垦利用管理要求与程序；加快建设工矿废弃地复垦利用备案与监管系统，加强试点实施监管与考核评估，并将考核评估结果与下年度复垦利用指标挂钩；研究制定工矿废弃地复垦利用试点专项规划与实施方案编制要点与技术要求。

（3）构建信息报备与费用监管结合的土地复垦监管体系。一是实施土地复垦信息报备。构建"分级负责，层级管理"的"国家—省—市—县—企"五级土地复垦监管体系，并依托国土资源综合监管平台和"一张图"，建设土地复垦信息报备与监管系统。从土地损毁情况、土地复垦费用使用情况、土地复垦工程实施情况及土地复垦效果等方面开展信息报备工作。二是签订土地复垦费用监管协议。依据土地复垦方案，县级国土资源管理部门与土地复垦义务人签订《土地复垦费用监管协议》。明确土地复垦费用纳入生产成本；以"企业所有、国土监管、专户存储、专款专用"的原则设立土地复垦费用账户；土地复垦义务人分年度存入土地复垦费用；复垦费用的提取和使用受国土资源管理部门的监督。

（4）完善土地复垦激励机制。一是探索土地复垦义务人存量建设用地复垦激励机制、流转机制。探索建立复垦后土地的使用权流转机制，盘活土地复垦义务人存量建设用地。将复垦后经验收合格的土地（尤其是耕地）进行收储和有偿流转，不仅能增加企业经济效益，调动企业履行土地复垦义务的自觉性，而且能有效提升土地资源的利用效益。二是创新新增矿业用地管理模式。探索创立"新增矿业用地"单行指标，实行"封闭循环"管理。在保障农民合理合法补偿的前提下，鼓励企业将土地复垦与生产工艺结合，预先谋划、优质高效复垦。经验收合格的土地可以用来置换新的"新增矿业用地"指标。

（5）加强土地复垦科学研究与技术推广。一是加强土地复垦科学研究与国际合作。加大与土地复垦发达国家交流与合作的广度、深度和力度，学习国外的先进理念、技术措施和经验做法。同时，鼓励高校科研机构协同攻关，注重土地复垦融合矿产学、地质学、生态学、土壤学、经济学等学科进行交叉研究，大力推动土地损毁预测和复垦关键技术研发，强化土地复垦基础理论与技术方法的创新与应用研究。二是加强对土地复垦先进技术的推广。成立土地复垦先进技术推广的专门机构，建立土地复垦先进技术推广平台，实施搜集、总结、宣传土地复垦先进技术。对应用先进技术实施土地复垦的企业，予以表彰和奖励。

第 6 章 宜农未利用地开发

我国是人多（耕）地少问题较为突出的国家，随着工业化、城镇化进程快速推进，建设占用导致大量耕地减少的趋势不可避免，合理开发部分宜农未利用地[①]资源成为坚守耕地保护红线的必要举措。科学、适度开发宜耕后备土地，需要摸清相关资源的潜力规模和空间分布，明确开发的重点区域及不同区域的开发要求。

6.1 宜农未利用地开发基本情况

我国历来重视后备土地资源尤其是宜农未利用地资源调查评价工作，从1949年到20世纪90年代末，相继组织开展了多次全国或区域范围的后备土地资源调查评价工作。比较典型的有1956—1976年、1980—1986年由中国科学院资源综合考察委员会组织的宜农荒地调查，1988—1990年由国家计划委员会和国家土地管理局组织的待开发土地资源调查，1990—1994年由全国农业区划委员会组织的"四荒"地资源调查，1997年由国家土地管理局进行的农用地后备资源调查（樊志全，2005）。20世纪90年代以前开展的宜农荒地调查将宜农未利用地资源界定为可以开垦种植农作物、饲料、饲草和果树经济林木的草地、疏林地和灌木林地等（含义与宜农荒地相似），1980—1986年调查确定全国宜农未利用土地资源面积为3295万公顷，主要成果是《中国1∶100万土地资源图》；1988—1990年开展的待开发土地资源调查的基础数据源主要是土地利用概查结果，包括当时未利用或基本未利用的大片荒草地、弃耕三年以上的撂荒地、地头村边的闲散荒地、江河湖泊水库的滩地和海涂、乡镇工矿废弃地及未利用的可养殖水面，此次调查确定全国宜农未利用土地资源数量为1358万公顷（表6.1）。

[①] 本章所指宜农未利用地，是在当前经济技术条件下，充分考虑土地开发的生态环境效应，通过适当开发可以成为耕地的集中连片分布的荒草地、盐碱地、沼泽地、裸土地、沙地、苇地和滩涂。

表6.1 历次宜农未利用土地资源调查评价比较

名称	时间	组织实施单位	调查对象与范围	调查方法	宜农未利用地资源/万公顷
宜农荒地调查《中国1∶100万土地资源图》	1956—1976年	中国科学院资源综合考察委员会	适宜于开垦种植农作物、饲草饲料、果树和经济林木的天然草地、疏林地、灌木林地及待开发土地（包括滩涂）	根据大量实地调查数据汇总	1612
	1980—1986年	中国科学院资源综合考察委员会	农业、林业、畜牧业用地后备资源	利用1972 1984年陆地资源卫星影像结合实地调查资料	3295①
待开发土地资源调查	1988—1990年	原国家计划委员会和原国家土地管理局	目前技术经济条件下可以开发利用于农、林、牧、渔和城乡建设等的土地，包括当时未利用或基本未利用的大片荒草地、弃耕三年以上的撂荒地、地头村边的闲散荒地、江河湖泊水库的滩地和海涂、乡镇工矿废弃地及未利用的可养殖水面	大片荒地基本采用20世纪80年代调查资料，零星闲散荒地和工矿废弃地大多由典型调查推算	1358
"四荒"地资源调查	1990—1994年	原全国农业区划委员会	可供农业利用而目前尚未利用的荒山、荒地、荒滩（不包括海涂）和荒水（未利用于水产养殖的可养殖水面）	组织各省开展全国县级农业综合开发后备资源调查	948
农用地后备资源调查	1997年	原国家土地管理局	包括未利用土地一级类中的可利用的荒草地、盐碱地、沙地、沼泽地、裸土和水域中的滩涂（包括海涂），但未包括荒水、废弃地和可改作耕地的疏林地、灌木林地，以及通过土地整理可改作农地的田坎、沟渠、田间道路、村庄等	以1996年土地利用现状调查资料为基础的考察	807

①此数值包括可以开垦种植农作物、饲料、饲草和果树经济林木的草地、疏林地和灌木林地等，其含义与宜农荒地相似，并非全指耕地的后备资源。

1990—1994年开展的全国农业后备资源调查包括"四低"(中低产田、低产园、低产林、低产水面)和"四荒"调查,其中"四荒"相当于农用地后备资源,包括可供农业利用而尚未开发利用的荒山、荒地、荒滩(不包括海涂)和荒水(未利用于水产养殖的可养殖水面),此次调查确定宜农未利用地资源数量为948万公顷;1997年开展的农用地后备资源调查是依据1996年土地利用现状调查结果对农用地后备资源分布情况进行分析,此次调查确定全国宜农未利用地资源数量为807万公顷。

2000—2003年,国土资源部组织开展的中西部和东部耕地后备资源调查采用自下而上汇总的数据,在土地利用变更调查的基础上,按照统一的调查评价技术流程和标准,对不同区域集中连片的宜农未利用土地资源的类型、数量和潜力进行调查评价(樊志全,2005)。此次调查确定全国宜农未利用土地资源面积为734.39万公顷,可开发面积为701.66万公顷。其中,可开发荒草地面积为361.58万公顷,可开发盐碱地面积为80.05万公顷,可开发沼泽地面积为19.66万公顷,可开发苇地面积为14.57万公顷,可开发滩涂面积为54.73万公顷,其他可开发未利用地面积为171.07万公顷。全国31个省(自治区、直辖市)(不含台湾省、香港和澳门特别行政区)都有宜农未利用土地资源,但分布极为不均,主要分布在北部和西部的干旱地区(图6.1)。其中,西北区宜农未利用土地资源占全国面积的64.50%,分布比较集中;南方和东部地区的宜农未利用土地资源较少,仅拥有较多沿海滩涂的山东省较多,占全国面积的4.35%(表6.2)。在31个省(自治区、直辖市)中,新疆宜农未利用土地资源最为丰富,面积高达331.73万公顷,占全国面积的47.20%;其次为甘肃,面积达69.22万公顷,占全国面积的9.86%,两者合计占全国面积的57.06%。

从全国各省(自治区、直辖市)各类可开发宜农未利用土地资源占所在省(自治区、直辖市)宜农未利用土地资源比例来看,海南、广西、云南、西藏、贵州、四川、湖北、湖南、江西、北京、黑龙江、甘肃、宁夏、青海等省(自治区、直辖市)以可开发荒草地为主,其中,可开发荒草地面积占其可开发宜农未利用土地资源面积比例为90%以上的有海南、广西、云南、西藏4省(自治区);可开发荒草地面积占其可开发宜农未利用土地资源面积比例在70%~80%之间的有四川、湖北、湖南、江西、北京5省(直辖市);可开发荒草地面积占其可开发宜农未利用土地资源面积比例在60%~70%之间的有黑龙江、甘肃、宁夏、青海4省(自治区)。可开发宜农未利用土地资源以可开发荒草地、可开发滩涂为主的有辽宁、安徽、福建、广东4省，其中，福建、广东两省比例高达91%以上；吉林以可开发盐碱地为主；天津以可开发荒草地、苇地为主，两者所占比例为93.75%；山东以可开发荒草地、盐碱地为主；上海宜农未利用土地资源全部为可开垦滩涂；河南、浙江两省以可开发滩涂为主，比例分别为62.64%、87.65%；河北、山西两省以可开发荒草地、盐碱地、滩涂为主，占总面积的82%以上；陕西、重庆、新疆以可开发荒草地、可开发未利用地为主，占总面积的80%以上；内蒙古宜农未利用土地资源以可开发盐碱地、可开发沼泽地、其他可开发未利用地为主（表6.2）。

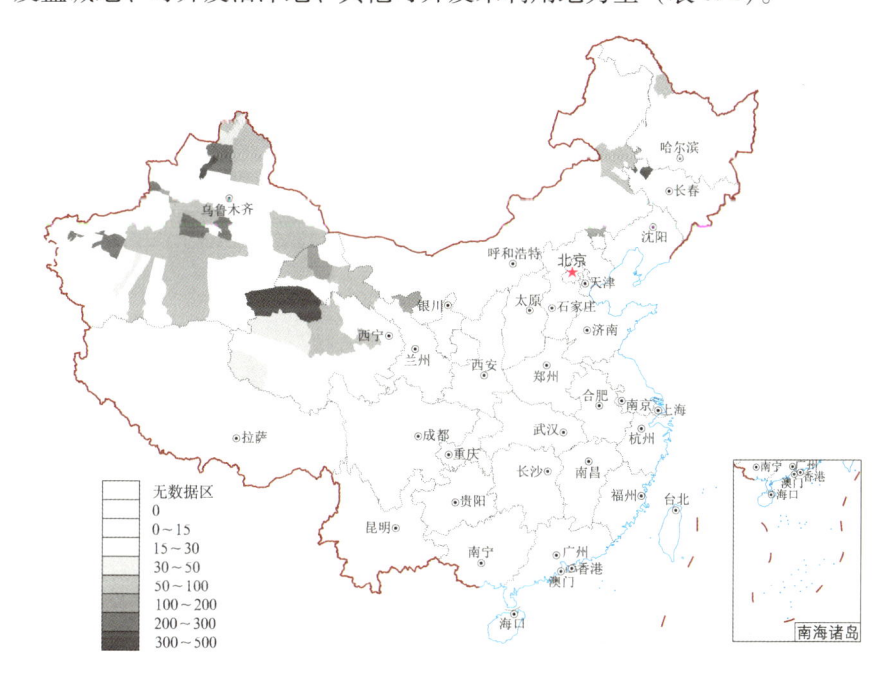

图6.1 全国县级宜农未利用地土地资源分布图

表6.2 各省（自治区、直辖市）宜农未利用土地资源状况表

单位：公顷，%

区域	省（自治区、直辖市）	宜农未利用土地资源	可开发土地					
			可开发荒草地	可开发盐碱地	可开发沼泽地	可开发苇地	可开发滩涂	其他可开发未利用地
青藏区	青海	218166.8	137493.6	49917.1	9060.0	8705.7	1977.0	11013.3
	西藏	26946.9	25081.4	23.3	0.0	0.0	340.4	1501.7

续表

区域	省（自治区、直辖市）	宜农未利用土地资源	可开发土地					
			可开发荒草地	可开发盐碱地	可开发沼泽地	可开发苇地	可开发滩涂	其他可开发未利用地
西南区	云南	117665.4	111559.1	0.0	572.0	0.0	931.6	4602.6
	贵州	4156.2	3068.9	0.0	0.0	0.0	0.0	1087.2
	广西	19125.2	17639.6	0.0	0.0	0.0	164.2	1321.5
	四川	111833.3	84779.6	211.3	302.1	1239.2	17667.3	7633.9
	重庆	63719.5	37703.9	0.0	0.0	241.2	3913.6	21860.7
西北区	陕西	45949.5	23455.6	2372.3	273.3	246.7	6299.1	13302.5
	甘肃	692152.3	432270.6	92424.6	3851.8	562.8	3818.7	159223.7
	宁夏	249526.7	170331.8	20802.7	411.6	336.7	1398.3	56245.5
	新疆	3317287.6	1752443.0	234315.2	18594.7	23413.6	23743.4	1264777.8
	内蒙古	222726.1	10940.6	85953.9	82632.3	437.9	3001.2	39760.3
东北区	黑龙江	251946.1	159718.6	7101.4	52181.1	6119.5	25665.0	1160.6
	吉林	197392.8	21591.4	130990.7	21510.5	13191.7	5421.7	4686.8
	辽宁	85095.3	33258.7	3921.1	2208.8	10410.7	31431.9	3864.0
晋豫区	山西	71687.5	23394.0	25498.2	490.0	0.0	18488.1	3817.3
	河南	104134.0	15983.5	267.1	2487.4	263.6	65230.1	19902.4
湘鄂皖赣区	安徽	49573.5	11960.2	0.0	485.3	6770.0	27629.8	2728.3
	湖北	56173.1	41356.7	0.7	697.4	1878.7	5037.9	7201.7
	湖南	41950.2	33340.0	0.0	103.0	1260.8	3243.1	4003.3
	江西	257457.4	203538.8	0.0	170.0	67.6	40280.0	13401.0
京津冀鲁区	北京	8544.0	6874.7	0.0	0.0	11.9	1062.8	594.6
	天津	1872.5	1178.3	135.3	0.0	512.4	0.0	46.4
	山东	304906.6	124547.9	111793.7	107.0	23504.5	28097.9	16855.6
	河北	122845.0	41645.2	28994.1	0.0	11929.5	30130.8	10145.4
苏浙沪区	江苏	182519.2	37981.2	5343.1	388.6	34432.7	70381.3	33992.4
	浙江	73974.3	8191.7	18.3	1.0	19.8	64841.8	901.7
	上海	16173.3	0.0	0.0	0.0	0.0	16173.3	0.0
闽粤琼区	福建	50804.9	12439.0	151.0	0.0	147.2	36570.4	1497.3
	广东	41401.8	23494.9	255.0	96.0	0.0	14348.7	3207.2
	海南	8935.5	8574.9	0.0	0.0	0.0	0.0	360.6

从1949年以来的历次宜农未利用土地资源调查评价结果来看，由于调查评价的目的、对象、范围和方法等存在很大差异，每次调查评价结果差异明显。但就全国范围的调查评价而言，2000—2003年国土资源管理部门组织的宜农未利用土地资源调查由于采用了统一的基础方法和标准，其结果具有较好的可比性和权威性。目前，该成果已广泛应用于相关研究和决策中。

6.1.1 宜农未利用土地资源分布现状

基于2000—2003年全国宜农未利用土地资源调查成果，结合历年土地利用变更调查的土地开发补充耕地数量数据，核减已开发土地后可以得到当前全国及各省（自治区、直辖市）宜农未利用土地资源情况。如果假设各省（自治区、直辖市）土地开发补充耕地面积均来自宜农未利用土地资源，那么2001年以来宜农未利用土地资源减少量等于2001年以来土地开发补充耕地总量与土地开发新增耕地面积的比值。其中，2001—2008年年底，土地开发补充耕地总量数据来自2001年以来《全国土地利用变更调查报告》中土地开发补充耕地面积数据加总，土地开发新增耕地面积比例由2003年以来《中国国土资源统计年鉴》各省（自治区、直辖市）县级以上土地开发项目补充耕地面积平均比例获得，依据前述估算方法，可以得到在此期间全国及各省（自治区、直辖市）宜农未利用土地资源减少面积。

在此基础上，如果假定各省（自治区、直辖市）土地开发补充耕地优先考虑2000—2003年调查中涉及的优质集中分布宜农未利用土地资源区，将2000—2003年的调查结果减去已开发宜农未利用土地资源数量，便可得到经核减已开发后的宜农未利用土地资源数据（表6.3；图6.2）。结果表明，如果仅核减已开发宜农未利用土地资源，截至2008年年底，我国集中连片分布的宜农未利用土地资源面积共528万公顷，若全部开发出来，按60%的垦殖率计算，可得耕地317万公顷。从我国宜农未利用土地资源分布看，集中分布在西北区，占全国宜农未利用土地资源的76.61%，其中新疆占全国宜农未利用土地资源的59.59%，甘肃占全国宜农未利用土地资源的12.53%，宁夏占全国宜农未利用土地资源的3.61%，内蒙古占全国宜农未利用土地资源的0.64%；其次是东北区，占全国的6.36%，其中吉林占全国宜农未利用土地资源的3.42%，黑龙江占全国宜农未利用土地资源的2.53%；再次是湘鄂皖赣区，占全国宜农未利用土地资源的

4.51%，其中，江西占全国宜农未利用土地资源的3.99%。此外，青海、山东、四川、江苏和重庆仍有一定数量的集中成片分布的宜农未利用土地资源，而其余各省（自治区、直辖市）的成片分布的宜农未利用土地资源所占比例很少，甚至没有。

表6.3 核减已开发土地后全国及各省（自治区、直辖市）宜农未利用土地资源情况

区域	耕地后备资源数量/公顷	占全国比例/%	省（自治区、直辖市）	耕地后备资源数量/公顷	占全国比例/%
青藏区	217587.00	4.12	青海	194720.1	3.69
			西藏	22866.9	0.43
西南区	104012.80	1.97	云南	0	0.00
			贵州	0	0.00
			广西	0	0.00
			四川	71266.63	1.35
			重庆	32746.17	0.62
西北区	4041708.60	76.61	陕西	12596.17	0.24
			甘肃	661225.6	12.53
			宁夏	190413.4	3.61
			新疆	3143694	59.59
			内蒙古	33779.43	0.64
东北区	335187.57	6.36	黑龙江	133232.8	2.53
			吉林	180612.8	3.42
			辽宁	21341.97	0.41
晋豫区	56834.83	1.07	山西	25487.5	0.48
			河南	31347.33	0.59
湘鄂皖赣区	237970.70	4.51	安徽	9473.5	0.18
			湖北	18093.1	0.34
			湖南	0	0.00
			江西	210404.1	3.99
京津冀鲁区	178344.97	3.38	北京	0	0.00
			天津	0	0.00
			山东	153673.3	2.91
			河北	24671.67	0.47

续表

区域	耕地后备资源数量/公顷	占全国比例/%	省（自治区、直辖市）	耕地后备资源数量/公顷	占全国比例/%
苏浙沪区	69332.53	1.31	江苏	69332.53	1.31
			浙江	0	0.00
			上海	0	0.00
闽粤琼区	34893.74	0.67	福建	28271.57	0.54
			广东	0	0.00
			海南	6622.167	0.13
全 国	5275872.74	100	全国	5275872.74	100

图 6.2 核减开发面积后宜农未利用土地资源分布图

同时，考虑到 2000 年后我国的生态环境建设力度进一步加大，2000—2003 年调查确定的宜农未利用土地资源有相当一部分位于不宜开发的生态保护重点区域，也必须予以扣除。因此，衔接期间发布的相关规划，特别是充分考虑生态环境建设规划、湿地保护规划、自然保护区规划及水土流失、荒漠化治理等相关规划中对限制开发或重点治理区域的相关规定，分别予以扣除后，可以得到当前全国及各省（自治区、直辖市）宜农未利用土地资源数量及其分布。为此，将全国生态环境建设重点区域、国家级水土流失重点治理区、全国湿地重点保护区、全国主体功能区生态环境重点类型区等进行叠加，得到全国生态保护涉及的重点区域（图6.3）。基于2000—2003年调查确定的各地市宜农未利用土地资源统计数据，以生态环境建设重点区域面积占地市的面积比例作为宜农未利用土地资源核减比例，估算各地市宜农未利用土地资源核减量（图6.4），在此基础上汇总数据，得到各省（自治区、直辖市）宜农未利用土地资源核减量（表6.4）。

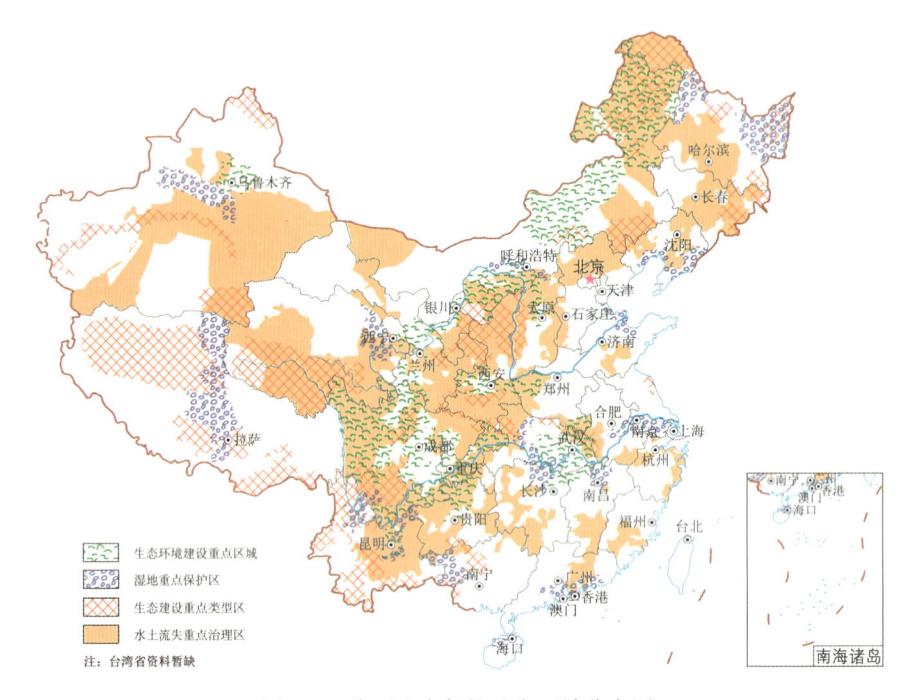

图6.3　全国生态保护重点区域分布图

表6.4　各省（自治区、直辖市）生态保护区宜农未利用土地资源减少情况

单位：万亩

省份	宜农未利用土地资源减少面积	省份	宜农未利用土地资源减少面积
北京	0	湖北	17.25
天津	0	湖南	0
河北	0	广东	0

第 6 章　宜农未利用地开发 | 135

续表

省份	宜农未利用土地资源减少面积	省份	宜农未利用土地资源减少面积
山西	5.00	广西	6.52
内蒙古	101.10	海南	0
辽宁	3.77	重庆	6.50
吉林	15.30	四川	76.37
黑龙江	145.72	贵州	0.47
上海	0	云南	75.79
江苏	40.82	西藏	14.13
浙江	0	陕西	38.68
安徽	3.75	甘肃	15.88
福建	0	青海	26.71
江西	0	宁夏	126.31
山东	30.85	新疆	626.54
河南	6.30	全国	1383.76

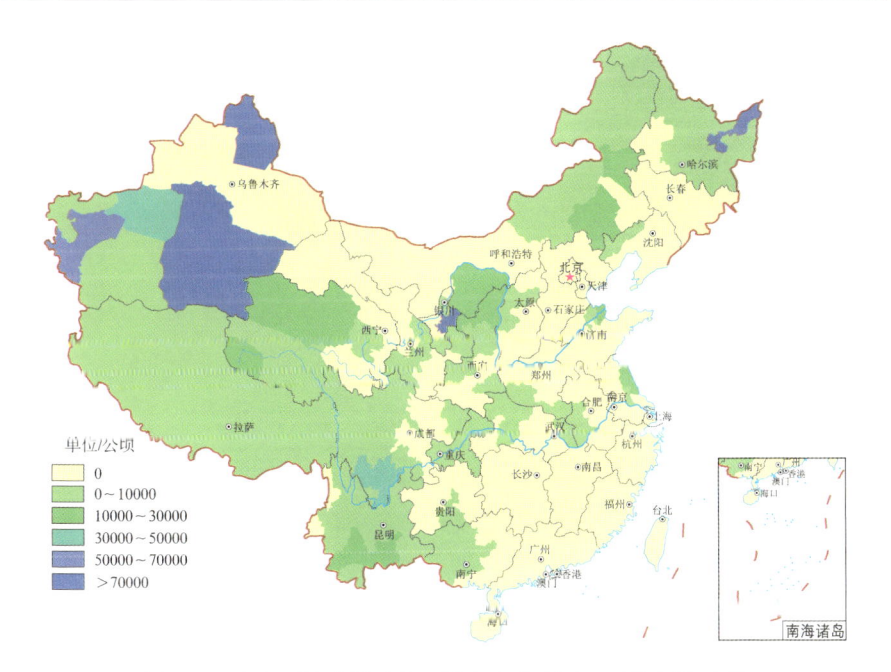

图 6.4　生态环境建设重点区域宜农未利用土地资源核减量

以 2000—2003 年全国宜农后备土地资源调查成果作为基础数据，扣除历年土地开发减少的宜农未利用土地资源量、生态环境建设重点区域扣除的宜农未利用土地资源面积，最后得到当前全国及各省（自治区、直辖市）宜农未利用土地资源数量与分布（表 6.5；图 6.5）。结果表明，我国集中连片分布的宜农未利用土地资源面积共 446 万公顷，若全部开发出来，按 60% 的垦殖率计算，可得耕地 267.6 万公顷。从我国宜农未利用土地资源分布看，集中分布在西北区，占全国宜农未利用土地资源的 78.17%，其中新疆占全国的 61.19%，甘肃占全国的 14.60%，宁夏占全国的 2.38%；其次是东北区，占全国宜农未利用土地资源的 5.06%，其中，吉林占全国的 3.83%，黑龙江和辽宁分别占全国的 0.81%、0.42%；再次是湘鄂皖赣区，占全国宜农未利用土地资源的 5.03%，主要分布在江西，占全国的 4.72%。此外，青海、山东、江苏、重庆、福建和河北仍有一定数量的集中成片分布的宜农未利用土地资源，而其余各省（自治区、直辖市）成片分布的宜农未利用土地资源所占比例很少，甚至没有。

图 6.5　宜农未利用土地资源分布图

表6.5 全国及各省（自治区、直辖市）宜农未利用土地资源情况

区域	耕地后备资源数量/公顷	占全国比例/%	行政区	耕地后备资源数量/公顷	占全国比例/%
青藏区	190361	4.27	青海	176914.10	3.97
			西藏	13446.90	0.30
西南区	48767.8	1.10	云南	0	0.00
			贵州	0	0.00
			广西	0	0.00
			四川	20351.63	0.46
			重庆	28416.17	0.64
西北区	3482845	78.17	陕西	0	0.00
			甘肃	650639.60	14.60
			宁夏	106206.40	2.38
			新疆	2725999.90	61.19
			内蒙古	0.90	0.00
东北区	225327.57	5.06	黑龙江	36087.80	0.81
			吉林	170410.80	3.83
			辽宁	18828.97	0.42
晋豫区	49303.83	1.11	山西	22156.50	0.50
			河南	27147.33	0.61
湘鄂皖赣区	223972.70	5.03	安徽	6972.50	0.16
			湖北	6596.10	0.15
			湖南	0	0.00
			江西	210404.10	4.72
京津冀鲁区	157777.97	3.54	北京	0	0.00
			天津	0	0.00
			山东	133106.30	2.99
			河北	24671.67	0.55
苏浙沪区	42120.53	0.95	江苏	42120.33	0.95
			浙江	0	0.00
			上海	0	0.00
闽粤琼区	34893.737	0.78	福建	28271.57	0.64
			广东	0	0.00
			海南	6622.167	0.15
全国	4455370.137	100	全国	4455370.137	100

6.1.2 宜农未利用土地资源潜力分区

确定宜农未利用土地资源开发重点潜力区是做好土地开发规划、明确开发时序的重要前提。本书在划分宜农未利用土地资源开发重点潜力区时主要遵循以下原则：①相对集中原则。基于利于投资和建设管理及方便工程实施的考虑，宜农未利用土地资源开发重点区域以宜农未利用土地资源数据为依据，强调行政区域和后备资源分布具有相对集中性。②开发利用适宜性与限制性相对一致性原则。重点潜力区内土地资源适宜性基本一致，以便于因地制宜开发利用；同时，土地资源开发利用的主要限制因素和强度基本相同，以便于安排土地改良工程。③协调性原则。重点潜力区应注意与《土地利用总体规划纲要（2006—2020年）》确定的土地开发重点区域相衔接，兼顾其他相关规划，特别是生态环境建设规划。④保持县域完整性。重点潜力区划分不打破县级行政界线。

遵循以上原则，以各省（自治区、直辖市）宜农未利用土地资源数量和分布为基础，特别是与《全国土地利用总体规划纲要（2006—2020年）》划分的土地开发重点潜力区进行了充分衔接，在全国土地利用总体规划划定5个重点区域的基础上，增加了6个宜农未利用土地资源开发重点潜力区，合计11个重点潜力区。如果不考虑生态保护区，重点潜力区共涉及162个县（市），面积合计73.05万平方千米（图6.6；表6.6）；在

图 6.6 宜农未利用土地资源开发重点潜力区分布图

考虑生态建设重点功能区的情况下，将重点潜力区和生态建设重点功能区进行叠加（图6.7），剩余范围涉及138个县，辖区面积剩余55.36万平方千米（图6.8；表6.7）。

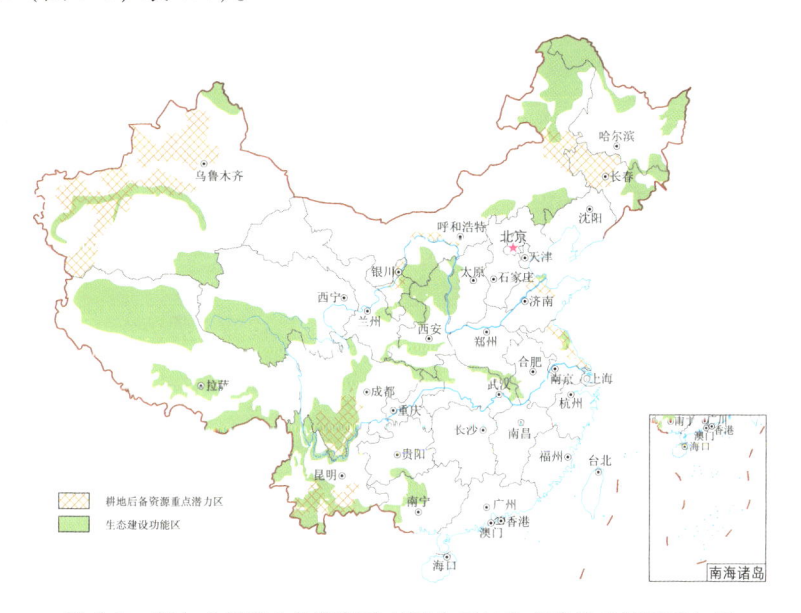

图6.7 宜农未利用土地资源重点潜力区与生态建设功能区叠加图

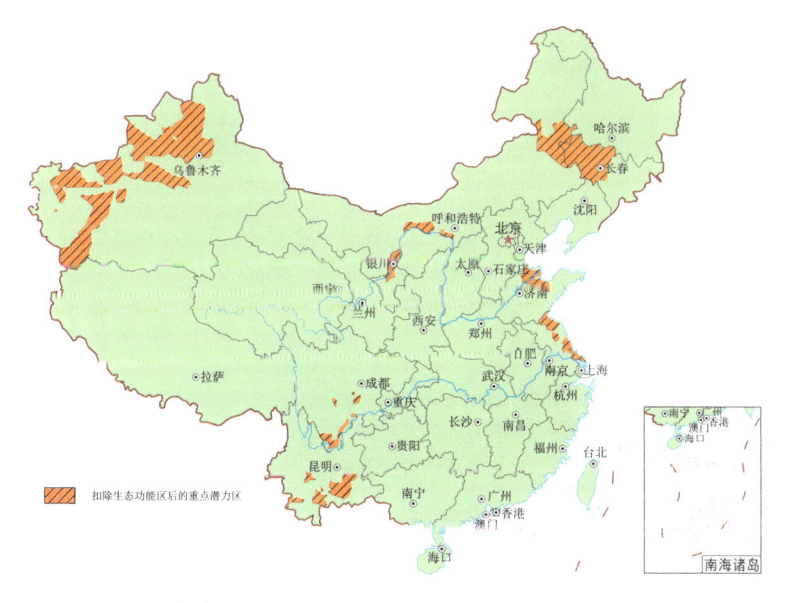

图6.8 扣除生态建设功能区后宜农未利用土地资源开发重点潜力区分布图

表6.6 宜农未利用土地资源开发重点区域名称与具体范围（未扣除生态建设功能区）

序号	区域名称	重点区域	所在市、县
1	东部沿海滩涂区	黄河三角洲	山东：寿光市、广饶县、博兴县、高青县、滨州市辖区、惠民县、阳信县、无棣县、利津县、垦利县、东营市辖区、沾化县、昌邑市、寒亭区
		苏北沿海滩涂	江苏：赣榆县、东海县、连云港市、灌云县、灌南县、响水县、滨海县、射阳县、阜宁县、建湖县、盐城市、大丰市、东台市、海安县、如东县、通州区、海门市、启东市
2	河套银川平原区	河套平原区	内蒙古：临河区、五原县、乌拉特前旗、土默特右旗、托克托县
		银川平原区	宁夏：石嘴山市、银川市、吴忠市、青铜峡市、中宁县、灵武市、惠农区、平罗县、贺兰县、永宁县
3	滇西南地区	滇西南地区	云南：红河哈尼族彝族自治州、思茅区共23个县（市、区）
4	新疆伊犁河谷地-南北疆山麓绿洲区	伊犁河谷地区	新疆：新源县、巩留县、特克斯县、尼勒克县、伊宁县、察布查尔锡伯自治县、霍城县
		北疆山麓绿洲区	新疆：阜康市、米泉市、昌吉市、呼图壁县、玛纳斯县、石河子市、沙湾县、乌苏市、克拉玛依市、和布克赛尔县
		南疆山麓绿洲区	新疆：库尔勒市、博湖县、焉耆回族自治县、轮台县、库车县、新和县、阿瓦提县、阿克苏市、温宿县、乌什县、巴楚县、伽师县、疏勒县、疏附县、英吉沙县、莎车县、阿图什市、墨玉县、和田市
5	川西南地区	四川攀西地区	四川：乐山市辖区、峨边彝族自治县、马边彝族自治县、木里藏族自治县、甘洛县、冕宁县、越西县、美姑县、雷波县、喜德县、昭觉县、盐源县、西昌市、金阳县、布拖县、普格县、德昌县、宁南县、会理县、会东县、洪雅县、攀枝花市辖区、盐边县、米易县、雅安市辖区、芦山县、天全县、名山县、汉源县、石棉县、荥经县
6	松嫩平原区	嫩江上游流域	内蒙古：兴安盟
		吉林西部地区	吉林：榆树市、农安县、德惠市、九台市、白城市辖区、镇赉县、大安市、通榆县、洮南县、公主岭市、双辽市、梨树县、松原市辖区、前郭尔罗斯蒙古族自治县、乾安县、长岭县、扶余县

表 6.7 宜农未利用土地资源开发重点区域名称与具体范围（扣除生态建设功能区）

序号	区域名称	重点区域	所在市、县
1	东部沿海滩涂区	黄河三角洲	山东：寿光市、广饶县、博兴县、高青县、滨州市辖区、惠民县、阳信县、无棣县、利津县、垦利县、东营市辖区（保留一部分）、沾化县、昌邑市、寒亭区
		苏北沿海滩涂	江苏：赣榆县、东海县、连云港市、灌云县、灌南县、响水县、阜宁县、建湖县、大丰市、东台市、海安县、如东县、通州区、海门市、启东市
2	河套银川平原区	河套平原区	内蒙古：临河区、五原县、乌拉特前旗、土默特右旗、托克托县
		银川平原区	宁夏：石嘴山市、银川市、吴忠市、青铜峡市、中宁县、灵武市（部分扣除）、惠农区、平罗县、贺兰县、永宁县
3	滇西南地区	滇西南地区	云南：个旧市、开远市、蒙自县、建水县、石屏县、弥勒县、泸西县、元阳县、红河县、思茅区、宁洱哈尼族彝族自治县、墨江哈尼族自治县、景东彝族自治县、镇沅彝族哈尼族拉祜族自治县、江城哈尼族彝族自治县、孟连傣族拉祜族佤族自治县、澜沧拉祜族自治县、西盟佤族自治县
4	新疆伊犁河谷地－南北疆山麓绿洲区	伊犁河谷地区	新疆：新源县、巩留县、特克斯县、尼勒克县、伊宁县、察布查尔锡伯自治县、霍城县
		北疆山麓绿洲区	新疆：阜康市、米泉市、昌吉市、呼图壁县、玛纳斯县、石河子市、沙湾县、乌苏市、克拉玛依市、和布克赛尔县
		南疆山麓绿洲区	新疆：库尔勒市（部分扣除）、博湖县、焉耆回族自治县、轮台县（部分扣除）、库车县（部分扣除）、新和县（部分扣除）、阿瓦提县（部分扣除）、阿克苏市（部分扣除）、温宿县、乌什县、巴楚县（部分扣除）、伽师县（部分扣除）、疏勒县、疏附县、英吉沙县、莎车县（部分扣除）、阿图什市、墨玉县（部分扣除）、和田市
5	川西南地区	四川攀西地区	四川：乐山市辖区、木里藏族自治县、冕宁县、美姑县、雷波县、昭觉县、金阳县、布拖县、宁南县、会理县、会东县、石棉县、盐边县、米易县
6	松嫩平原区	嫩江上游流域	内蒙古：兴安盟（科尔沁右翼前旗和扎赉特旗部分地区被扣除）
		吉林西部地区	吉林：榆树市、农安县、德惠市、九台市、白城市辖区、镇赉县、大安市、通榆县、洮南市、公主岭市、双辽市、梨树县、松原市辖区、前郭尔罗斯蒙古族自治县、乾安县、长岭县、扶余县

6.2 土地开发重点区域

6.2.1 重点潜力区土地开发方向和要求

在确定土地开发重点潜力区基础之上，通过分析各重点潜力区土地开发的有利因素和限制因素（表6.8），特别是水土资源平衡特征（图6.9），可以提出今后一段时间内各重点潜力区土地开发的方向和要求。

表6.8 宜农未利用土地资源开发重点潜力区的有利因素与限制因素

序号	区域名称	重点区域	有利因素	限制因素
1	东部沿海滩涂区	黄河三角洲	集中连片，地形多为平原、易开发	盐碱、缺水（淡水）
		苏北沿海滩涂	区位优势明显、经济发达、资源丰富	盐碱、缺水（淡水）
2	河套银川平原区	河套平原区	集中连片程度较高	以盐碱土和沙地为主，干旱多风
		银川平原区	集中连片程度较高	比较集中，次生盐化威胁大
3	滇西南地区	滇西南地区	光热水资源丰富，干湿季节明显	比较分散、坡度大、土壤条件差、水蚀威胁大
4	新疆伊犁河谷地-南北疆山麓绿洲区	伊犁河谷地区	地块平整、水资源丰富	风蚀威胁大
		北疆山麓绿洲区	地形平坦，地块规整，开发平整工程量较小	风蚀威胁大
		南疆山麓绿洲区	地形平坦，地块规整，水资源丰富	风蚀威胁大
5	川西南地区	四川攀西地区	耕作经验丰富	温度条件差
6	松嫩平原区	嫩江上游流域	分布集中，水资源丰富、土质肥沃	泄洪能力差，土壤透水性差
		吉林西部地区	分布集中，光温充足	降雨量小、蒸发量大，多风干旱

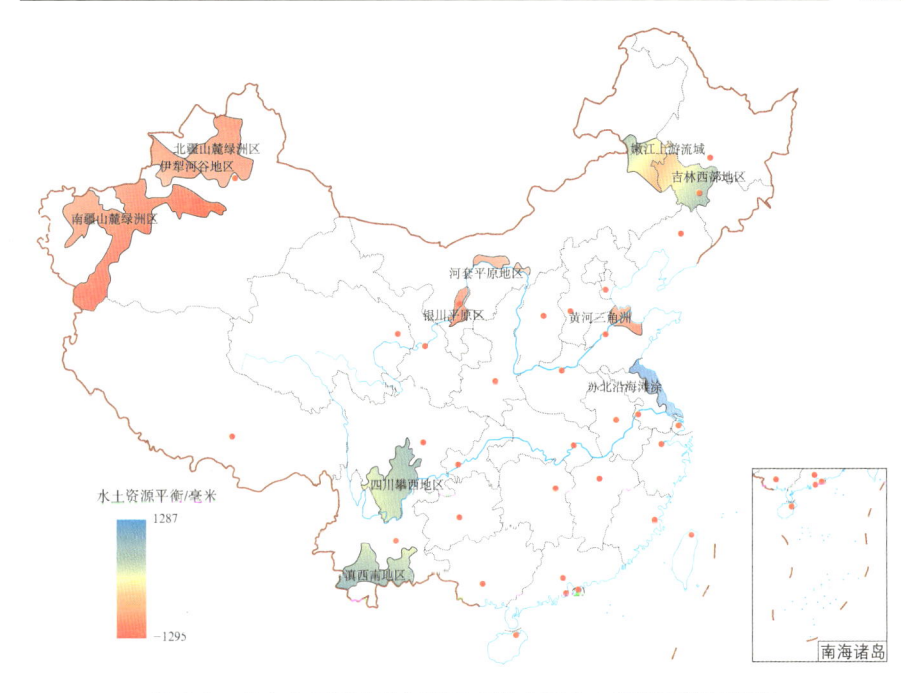

图 6.9 宜农未利用土地资源重点潜力区水土资源平衡特征图

（1）黄河三角洲。不考虑生态环境重点建设区的情况下，该区包括山东省的东营市辖区、垦利县、利津县、广饶县、寿光市、博兴县、高青县、滨州市辖区、惠民县、阳信县、无棣县、沾化县、昌邑市、潍坊市寒亭区，土地面积合计 1.91 万平方千米。考虑生态功能区时，由于涉及黄河三角洲湿地生态系统保育区，东营市辖区河口区部分土地被扣除，扣除后该区域剩余面积 1.74 万平方千米。该区域水土资源平衡的主要特征是降水量小于蒸散量，水资源亏缺。区域年均降水量约 590 毫米，水资源年均亏缺量约 516 毫米，水分亏缺风险指数为 0.47，属于中度缺水地区。该区耕地后备资源不仅数量大，而且大多集中连片，地形多为平原，适合大规模机械开发，易开发、较易开发宜农未利用土地资源比例占 90%，但该区宜农未利用土地资源多具有重要生态价值，开发过程中必须兼顾生态效益。土壤含盐量高、不利于农作物生长成为制约盐碱地开发的重要因素。轻度、中度盐碱化土地通过改良可以成为优质耕地，而重度盐碱化土地改良则需较长时间和较大投入，而且质量难以保证。另外，该区农田基本靠引黄灌溉，开发过程中应把盐碱地治理和灌溉设施建设放在首位。

（2）苏北沿海滩涂。不考虑生态环境重点建设区的情况下，该区包括江苏省的赣榆县、东海县、连云港市、灌云县、灌南县、响水县、滨海县、射阳县、阜宁县、建湖县、盐城市、大丰市、东台市、海安县、如东县、通州区、海门市、启东市，土地面积合计2.83万平方千米。扣除该区涉及的生态环境重点建设区苏北沿海湿地生态系统保育区后，剩余辖区面积2.21万平方千米。该区水土资源平衡状况较为均衡，全区年均降水量约为997毫米，年均参考作物蒸散量约为966毫米，水分略有盈余，降水可以满足需要。该区滩涂广阔，地势地平，区位优势明显，地理位置重要，绝大部分地区海拔在50米以下，区内不同地区宜农未利用土地资源潜力存在较大差别，受不同地区经济、生态和农业生产技术等因素影响，宜农未利用土地资源开发应采取因地制宜原则。

（3）河套平原区。该区包括内蒙古的临河区、五原县、乌拉特前旗、土默特右旗、托克托县，土地面积合计1.49万平方千米，重点区范围内未涉及生态环境重点建设区。该区年均降水量约为270毫米，年均蒸散量却大于1000毫米，水资源亏缺量约730毫米，属于重度缺水地区。该区地势平坦，土层较厚，而且集中连片程度较高，光热资源丰富，昼夜温差大，引黄灌溉方便，为宜农未利用土地资源开发利用提供了得天独厚的自然条件。但是，耕地后备资源中盐碱地所占面积较大，加之水土资源平衡态势以亏水为主，水资源短缺是限制该区发展的主要因素。因此，开发时首先应做好水利设施建设和盐碱地治理。

（4）银川平原区。不考虑生态环境重点建设区的情况下，该区包括宁夏的惠农区、平罗县、贺兰县、永宁县、石嘴山市、银川市、吴忠市、青铜峡市、中宁县、灵武市，土地面积合计1.49万平方千米。考虑生态环境重点建设区的情况下，灵武市大部分区域涉及生态环境重点建设区为毛乌素沙漠化防治区，扣除后辖区面积为1.22万平方千米。该区年均降水量约为273毫米，年均蒸散量却达到1000毫米以上，水资源亏缺量近800毫米，属于重度缺水地区。该区光照充足，有效积温高，昼夜温差大，有利于农作物生长，宜农未利用土地资源集中连片分布，排水条件较好。地貌类型以川地为主，间以缓坡丘陵，因受山势洪积扇影响，地势平坦、开阔。土壤类型以淡灰钙土、固定风沙土和湿润风沙土为主，土层较厚，坡度小，土壤质地以沙壤为主，适宜发展农作物、林木生长和人工牧草。

（5）滇西南地区。不考虑生态环境重点建设区的情况下，该区包括云南的红河哈尼族彝族自治州、思茅区（普洱）的23个县（市、区），土地面积合计8.20万平方千米。考虑生态环境重点建设区的情况下，蒙自市等

18个县（市）被扣除，扣除生态区后辖区面积3.70万平方千米。该区涉及的生态环境重点建设区为川滇干热河谷生态系统保育区与川滇森林生态系统多样性保育区。该区降水量略小于蒸散量，水资源亏缺约274毫米，水分亏缺风险指数为0.24，属轻度缺水地区。该区域地形复杂，光热水资源丰富，干湿季节明显，但是在干旱季节，不仅农业生产无法正常进行，而且造成人畜饮用水严重困难；而一旦出现强降雨，又会形成大面积内涝。开发时一方面要注意生态治理和蓄水设施建设，另一方面要因地制宜，有的可直接开垦为梯田或者望天田，有的需要在开垦之前采取工程、生物、农业措施。

（6）伊犁河谷地区。该区包括新疆的新源县、巩留县、特克斯县、尼勒克县、伊宁县、察布查尔锡伯自治县、霍城县，土地面积合计4.12万平方千米。该区不涉及生态环境重点建设区。该区各季节水土资源平衡均以亏水为主要特征，全流域春、夏、秋、冬四季平均水分亏缺量依次为192毫米、317毫米、137毫米和13毫米，水分亏缺风险指数分别为0.80、0.74、0.77和0.39，属于重度缺水地区。该区后备耕地资源主要分布在伊犁河流域的冲积扇上及冲积平原地区，特克斯河、巩乃斯河、喀什河河谷地带和河滩地带，地势平坦、开阔，地块规整。水资源极其丰富，开发潜力巨大。目前受水利工程设施制约，水资源利用率较低。随着恰普其海、巴伦台等大型水利工程枢纽将建成投运，水资源利用率将得到很大提高，宜农未利用土地资源开发将得到充足水源保证。

（7）北疆山麓绿洲区。该区包括新疆的阜康市、米泉市、昌吉市、呼图壁县、玛纳斯县、石河子市、沙湾县、乌苏市、克拉玛依市、和布克赛尔县，土地面积合计9.60万平方千米。该区不涉及生态环境重点建设区。该区年平均参考作物蒸散量约为1011毫米，水资源亏缺量为875毫米，水分亏缺风险指数达到0.87，属于极度缺水地区。该区地势开阔，地形平坦，地块规整，开发平整工程量较小。虽然平整、开阔的地块为开发利用带来一定的便利条件，但是西北地区的多风气候使得该区风侵蚀威胁较大，对土地开发造成一定阻力。该区虽然是新疆水资源比较丰富的地区之一，但由于水资源空间分布不均及缺乏调蓄设施，一方面，水资源存在过剩，另一方面，区域内部地区仍然缺水。随着引水、节水措施的实施和完善，该区水资源将得到更加的合理开发利用，可以满足后备资源开发利用的需求。

（8）南疆山麓绿洲区。不考虑生态重点区的情况下，该区包括新疆的库尔勒市、博湖县、焉耆回族自治县、轮台县、库车县、新和县、阿瓦提县、阿克苏市、温宿县、乌什县、巴楚县、伽师县、疏勒县、疏附县、英吉沙县、莎车县、阿图什市、墨玉县、和田市，土地面积合计 21.75 万平方千米。考虑生态环境重点建设区的情况下，该区库尔勒市、轮台县、库车县、新和县、阿瓦提县、阿克苏市、巴楚县、伽师县、莎车县、墨玉县的部分地区由于涉及塔里木河荒漠化生态系统保育区被扣除，辖区剩余土地面积 17.85 万公顷。该区年平均参考作物蒸散量约为 1081 毫米，水资源亏缺量为 1021 毫米，水分亏缺风险指数达到 0.94，属于极度缺水地区。该区地势平坦，地形开阔，农业生产的主要不利因素是大风。土壤以棕漠土、风沙土为主，部分土壤质地沙性大，持水保水能力较差。区内大小河流有 55 条，年总径流量为 86.20 亿立方米。特殊的地理环境背景决定了该区水土资源平衡以亏水为主要特征，水资源是当地可持续发展的重要限制因子。在后备耕地资源开发利用中，应尽快推行节水措施，兴修调蓄工程，满足宜农未利用土地资源开发利用需求。

（9）四川攀西地区。不考虑生态重点区的情况下，该区包括乐山市辖区、峨边彝族自治县、马边彝族自治县、木里藏族自治县、甘洛县、冕宁县、越西县、美姑县、雷波县、喜德县、昭觉县、盐源县、西昌市、金阳县、布拖县、普格县、德昌县、宁南县、会理县、会东县、眉山市洪雅县、攀枝花市辖区、盐边县、米易县、雅安市辖区、芦山县、天全县、名山县、汉源县、石棉县、荥经县，土地面积合计 9.02 万平方千米。考虑生态重点区的情况下，该区乐山市辖区、木里藏族自治县、冕宁县、美姑县、雷波县、昭觉县、金阳县、布拖县、宁南县、会理县、会东县、石棉县、盐边县及米易县部分区域将被扣除，扣除后区域面积 1.45 万平方千米，该区涉及的生态环境重点建设区为川滇干热河谷生态系统保育区与川滇森林生态系统多样性保育区。该区年平均参考作物蒸散量约为 897 毫米，水资源亏缺量为 286 毫米，水分亏缺风险指数约为 0.32，属于中度缺水地区。该区农耕历史长，耕作经验丰富，国家对该地区有较多优惠政策。水资源和热量是该地区土地开发最严重的限制因子，季节性缺水和季节性热量不足。开发时应因地制宜加强建设蓄水设施。

（10）嫩江上游流域。不考虑生态重点区的情况下，该区包括内蒙古的兴安盟，土地面积合计 5.08 万平方千米。在考虑生态重点区的情况下，该区科尔沁右翼前旗和扎赉特旗的部分地区将被扣除。辖区剩余面积 4.42 万平方千米，扣除区主要涉及大、小兴安岭森林生态系统保育区。该区年平均参考作物蒸散量约为850毫米，水资源亏缺量约为430毫米，水分亏缺风险指数达到0.50，属于重度缺水地区。该区连片宜农未利用土地资源主要分布于内蒙古兴安盟的科尔沁部分旗，该区地势平坦，水资源丰富，土质肥沃，但该区泄洪能力较差，土壤透水性差，冻土期长，需要修建排水水利工程，同时营建防护林才能大面积开发。

（11）吉林西部地区。该区包括吉林省的白城市、松原市、长春市和四平市，土地面积合计7.56万平方千米。该区不涉及生态环境重点建设区。该区年平均参考作物蒸散量约为820毫米，水资源亏缺量约为250毫米，水分亏缺风险指数达到0.31，属于中度缺水地区。该区宜农未利用土地资源丰富，集中分布于白城市，主要宜农未利用土地资源类型是盐碱地。此外，也有部分荒草地和沼泽地分布。该区生态环境脆弱，气候条件欠佳，干旱和洪涝灾害频发，宜农未利用土地资源开发应加强土地荒漠化、盐碱化科学论证，同时合理利用该区丰富的地下水资源。

6.2.2 实施宜农未利用土地资源开发思路

（1）适时开展宜农未利用土地资源调查评价。前已述及，新中国成立以来，我国先后多次进行全国或区域范围的宜农未利用土地资源调查评价工作，同时经历了20世纪50年代、60年代、80年代和90年代的荒地资源大开发。由于宜农未利用土地资源始终处于动态变化之中，随着土地开发的深入广泛推进，宜农未利用土地资源数量呈现不断减少态势。本书采用的宜农未利用土地资源数据是基于2000—2003年国土资源大调查数据，并且经过系列修正后汇总得到（截至2008年年底），并不能准确反映宜农未利用土地资源的真实现状，因此，迫切需要进行新一轮宜农未利用土地资源调查，以切实摸清底数，特别是作为未来开发重点区域的宜农未利用土地资源重点潜力区。

（2）宜农未利用土地资源开发强调生态优先。从严格意义上讲，我国各宜农未利用土地资源重点潜力区的土地开发，均面临保护和改善生态环境的双重压力，特别是西部的干旱地区和半干旱地区，土地开发利用限制因素较多，宜农未利用土地资源的开发主要是水土资源的综合保护与开发。所以，宜农未利用土地资源的开发前提是基于区域生态环境保护出发，依据"在开发中保护，在保护中开发"的基本原则，制定针对各重点潜力区的宜农未利用土地资源开发规划，以期达到有计划、规模化开发宜农未利用土地资源的目的。鉴于我国宜农未利用土地资源现状，当前应以宜农未利用土地资源开发与生态环境可持续协调发展为准则，将宜农未利用土地资源开发利用纳入区域土地利用总体规划中进行合理布局和优化配置，并以能否妥善解决生态环境问题作为评判土地开发工程成败和长久得失的关键所在。否则，极易造成盲目开发，引起土地沙化、水土流失等生态环境恶化现象。

（3）建立宜农未利用土地资源共同开发机制。开发利用宜农未利用土地资源必须发挥地方政府的主导作用，统筹各部门力量，切实发挥宜农未利用土地资源开发综合效益。地方各级政府要统筹规划、统筹资源、统筹资金，整合各部门力量，建立健全工作组织协调机制，强化部门分工合作，落实共同推进责任，真正做到资源优化配置、资金集中投入、政策配套运用、综合效益显著提高。主导部门要通过算人增地减账、土地资源潜力账、土地开发效益账，广泛宣传国情、国策和土地开发的重要性和紧迫性，向广大干部群众讲清土地开发的社会生态效益与子孙后代的生产关系，使广大干部群众对尖锐的人地矛盾有清醒认识，从而提高土地开发过程中的自觉性。地方各相关部门要在政府统一领导下，主动跟进，融入全局，切实落实"谁开发，谁使用，谁受益"原则和各项优惠政策，履行职责，各负其责，配合做好土地开发利用的相关工作。

（4）建立以政府投资为主的多元投入机制。宜农未利用土地资源开发是一项耗资巨大的工程，需要有大量资金保障。在重点潜力区组织大规模土地开发项目时，尤其是涉及与土地开发相关的大规模水利工程建设时，政府投资是一项重要的资金来源。实行以政府投资为主体多元化投资的机制是土地开发工程顺利开展有力的保证，土地开发工程的最终受益者是当地农民和政府，只要工作做好、做到位，多渠道投资是可行的。一方面，加大政府投入力度，按照国家加大对农业投入的总体要求，积极争取政府加大宜农未利用土地资源土地开发支持力度，另一方面，针对具体的土地开发项目，可制定优惠政策，积极建立多元化投资融资渠道，实现筹集资金多元化。按照市场规律，可以通过合作、股份、独资等形式，引进国外和国内资金，成立土地开发企业，进行宜农未利用土地资源开发。本着"谁投资，谁受益，谁负责"的原则，即有责有偿、风险与利益共存原则，建立公平合理的土地开发市场机制，可以极大提高投资者投资的积极性。建立土地开发多元化融资机制，可有效推进土地开发进程和当地经济社会发展，同时可以减轻国家财政压力。

（5）建立健全后备土地开发质量评价体系。宜农未利用土地资源开发应立足于建造高质量、生态效益好的耕地，在这个前提下努力增加耕地面积。通过土地开发增加耕地面积，其实质是要求新增粮食生产能力，提高粮食生产能力应是数量、质量和生态效益并重，三者构成全面保护耕地的一个有机整体，在我国宜农未利用土地资源十分有限的现实情况下，提高耕地质量和改善生态环境尤为重要。而从我国土地开发利用目标来看，目前过分强调增加耕地数量这个硬性指标，缺乏与之相对应的较为完善科学的改善农地耕作条件和提高土地质量的指标。为实现土地开发利用新的战略重点，应尽快建立完整科学的土地开发质量评价体系，这是保证土地开发质量的重要环节。县（市）以上国土资源、农业部门要在充分调查、分析、评估的基础上，参照上级的有关规定和农业用地的基本要求，制定出符合实际的宜农未利用土地资源开发利用验收标准并进行量化评判。

（6）加大科技投入确保土地开发取得突破。随着我国科技水平提高，许多先进科技手段，包括土壤改良方法被广泛应用于宜农未利用土地资源开发的土地生态环境改善，并取得了良好的进展和成效。例如，在内蒙古自治区托克托县伍什家乡毡匠营村进行的盐碱化土壤改良试验，以燃煤烟气脱硫废弃物作为化学改良剂。研究结果表明，实验区土壤 pH 值和全盐量比对照区有明显降低，且原始碱化度越高，则代换性钠和碱化度的下降幅度越大；中国科学院东北地理与农业生态研究所用野生羊草苗改良苏打盐碱荒地的试验示范研究，采用苗高 10～15 厘米的羊草根茎分蘖苗作为移栽秧苗的实施方案，先后解决了选种苗、整地、插秧移栽、返青与后期管理、采种与收获等关键环节的技术问题，突破了沿袭多年的种子直播繁殖方式且效果不理想的传统做法，成功创建了羊草人工移栽代替传统直播方式在大面积盐碱地上直播恢复羊草植被的栽培方法和相关技术，为松嫩平原和其他苏打盐碱地生态恢复与羊草群人工快速重建提供了新途径、新方法。目前，我国宜农未利用土地资源重点潜力区土地开发均面临较多限制因素，利用先进科技手段进行土壤改良，提高未利用土地粮食生产能力是保障我国粮食安全、保护脆弱生态环境的重要方式。这就要求不断加大土地开发科技投入，依靠科学手段改良土壤质量、提高土地利用率和生产率。

6.3 典型地区宜耕后备土地开发实践

6.3.1 新疆维吾尔自治区宜耕后备土地开发情况

1949 年新疆维吾尔自治区和平解放以来，各族人民和军垦战士，艰苦创业，开荒造田，新疆土地开发达到历史空前水平（陈红，2009；樊自立，2012）。根据第二次全国土地调查结果，截至2009年年底，全疆耕地面积512.3万公顷，为1949年（120.9万公顷）的4.23倍。根据全国耕地遥感调查数据，1995—2005年，全国耕地面积增加区域主要是新疆、黑龙江、内蒙古和吉林等省（自治区、直辖市），其中尤以新疆增加耕地面积最大。

6.3.1.1 土地开发条件分析

新疆维吾尔自治区宜农未利用土地资源的主要特点是面积较大而且集中连片。从土地类型上看，主要是沙地、荒草地、盐碱地。土壤类型多以荒漠土壤和盐碱土为主，土层较厚，地下水位较深。由于地处干旱荒漠地区，水资源条件较差，主要靠雪山融水灌溉和深井提水来解决（韩德林，2003；乔木，2008）。

6.3.1.2 土地开发生态问题

新疆土地开发大多按规划进行，但也有不少属于盲目开荒，对生态环境影响很大（樊自立，2010，1996；邓铭江，2008）。南疆塔里木河从2001年实施治理到2007年，灌溉面积扩大42万公顷，"边治理边开荒"现象普遍存在，致使阿拉尔以下干流水量在2009年只能流到新渠满，河道断流长度达1200千米，严重影响大西海子以下平均每年输水3.5亿立方米规划目标的实现，更有甚者，在河床中打井抽水，造成河床地下水位下降，使河水加大渗漏迟迟不能下泄。在北疆玛纳斯河流域，由于绿洲和耕地面积不断扩大，地表水引用率已达96%，再无潜力可挖，转而依靠开发地下水增加耕地，特别是在沙漠边缘打井开荒，抽取无补给来源的200~400米深层地下水，导致地下水位每年以0.5~1.0米速度下降，造成大片林带死亡，梭梭林被毁，荒漠化扩展。耕地盐渍化面积扩大，1985年，新疆土壤普查结果显示盐渍化耕地面积为126.4万公顷，占耕地总面积的31%，2006年，通过卫片解译和实际调查，盐渍化耕地面积162万公顷，由于新垦土地多为盐碱地，较土壤普查时净增35.6万公顷，占耕地总面积的32%。另外，开荒者中很多不是农民，有水就开，投机取利；无水弃荒，造成荒漠化扩大。

6.3.1.3 土地开发对策建议

为了科学合理地利用本地区的宜农未利用土地资源，在开发过程中应努力做到以下几点（樊自立，2012；徐海量等，2010）：

（1）坚持以水定地。新疆地处干旱地区，今后土地开发必须以水定地。新疆水资源总量为857亿立方米,除流出国水量外,实际可利用水量为673亿立方米,扣除生态用水和难以利用水量,实际可供水量为452亿立方米。随着工业化和城镇化的发展,用水量增加,若按占可供水量的10%计算,实际农业用水只有407亿立方米。目前,新疆各类灌溉面积已达660万公顷,每年实际用水440亿~460亿立方米,已超现状和未来可供水量。绝大部分地方再不可能通过开荒扩大耕地。必须改变发展思路,停止开荒扩大面积,走内涵挖潜和提高土地生产力为主的道路。根据调查,新疆绿洲内部耕地利用系数平均为0.65~0.75,通过土地整合提高0.1~0.15,就可使耕地面积增加60万公顷以上;加上建成"田成方、林成网、路相通、渠相建、旱能浇、涝能排"的高标准基本农田,废除不必要的小路和灌排渠,扩种田边地角,开垦田块间小块荒地,合计可增加10%~15%耕地;另外,形成大条田后,有利于发展节水灌溉,大面积发展膜下滴灌可节水30%~40%,在不增加引水情况下增加灌溉面积。

(2) 坚持开发与保护相结合。新疆自然生态系统非常脆弱,一旦遭受破坏就很难恢复。农区外围的生态环境是农区的天然保护层,一旦遭受破坏,风沙等自然灾害就直接威胁到农区,不仅造成农业生产减产,而且影响当地人民生活。因此,在新疆宜农未利用土地资源开发利用过程中必须注重绿洲外围生态环境保护,贯彻"在开发中保护,在保护中开发"的开发与保护相结合原则,严格管理、合理利用、有效保护。

(3) 坚持优化配置、全面发展。新疆宜农未利用土地资源开发必须结合国家西部大开发战略的实施,合理调整农业产业结构,优化配置各业用地,特别是优化农业生产用地,逐步实现农业产业链,推动种植生产-加工-销售的产业化进程,积极引导,加强管理,重点开发建设耕地、人工草地和人工林地,使农业、林业、牧业、渔业全面发展,将资源和地缘优势转化为经济优势和产业优势,这样不仅会取得良好的经济效益,而且取得良好的社会效益和生态效益。

(4) 坚持重视科技投入。新疆宜农未利用土地资源开发,不仅需要大量资金投入,更需要重视对科技的投入。土地开发应做到高起点、高标准、高要求,在认真做好前期可行性研究的基础上,逐步加大开发中的科技含量,大力推广应用先进的农业节水技术,全面规划、合理布局、综合利用、严格保护,开发一片必须成功见效一片,严禁边开发、边废弃和破坏土地资源的行为。根据新疆实际,进一步完善土地开发过程中的产权制度建设,制定基本农田、人工草地、人工林地的科学标准和相应的使用、保护措施与奖惩办法，加大科技投入力度。

6.3.2 东北地区宜耕后备土地开发情况

东北地区位于我国东北部，主要包括辽宁、吉林、黑龙江三省，若从区位条件和区域经济联系角度考虑，还应包括内蒙古自治区东部的呼伦贝尔市、兴安盟、通辽市及赤峰市。1949年以来，国家为解决全国人民吃饭问题，放眼全国，东北优越的自然条件、安定的社会环境，使之成为全国重要的粮食产区和商品粮基地，东北土地得到进一步开发，长期成为全国开荒重点地区，耕地总面积增长较快（王慧杰，2006）。仅1949—2004年，在全国耕地面积下降的情况下，东北地区耕地面积增加592.55万公顷，年均增长10.77万公顷。耕地面积的扩大，主要来自大面积开荒。

6.3.2.1 宜耕后备土地开发条件分析（王慧杰，2006）

东北地区宜耕后备土地开发的适宜条件主要表现在以下四个方面：

（1）自然地理区位优越。东北地区位于我国东北部，是我国最北、纬度最高的一个区，该区土地的首要特征是肥沃，而且大面积集中连片分布，使该区成为我国最好的一年一熟制作物种植区域。

（2）地表结构较好。东、北、西三面环山，平原中开，南面临海，山地和平原面积均十分广阔。

（3）光温条件较好。该区尽管位居我国最北部，冬季长而严寒，夏季温而短促，但基本上仍可满足一熟制作物生长需要，而且由于夏季日照时间长，太阳辐射有效性大，昼夜温差大，有利于作物生长和质量提高。

（4）降水条件良好。由于临海，海洋有明显增湿作用，加上南来热带太平洋气团影响，该区降水适中，水分状况良好，降水强度和变率都不大，而且85%集中在作物生长季节，水热同季。该区也有不利于耕地开发的气候条件，主要包括低温冷害和霜冻害、旱涝和大风等。其中，低温冻害一旦发生，受害面积大，减产幅度也较大；旱、涝灾害在农业基础设施较薄弱的情况下对农业生产危害很大；大风一年四季均有发生，以春季最多，在植被受到严重破坏地区，大风可引起沙尘暴。

6.3.2.2 土地开发生态效应

东北地区20世纪50年代以来大规模土地利用/覆被变化，尤其是土地超强度大范围开发引发了一系列生态环境问题（王慧杰，2006）。

（1）水土流失。1949—2000年，东北地区耕地面积增加了485.86万公顷，林地、草地大量减少，大面积坡耕地被开垦，平缓丘陵区坡耕地甚至达到山顶，大范围、超强度、不合理的土地开发致使东北地区地表植被受到严重破坏，地表裸露，为风力、水力及冻融创造了条件，加之不科学的农业耕作技术和方法，水土流失问题日益严重。水土流失面积由20世纪50年代的12万公顷扩大到24万公顷。据调查，黑龙江省每年流失土壤大约2亿~3亿吨，流失养分折合标准化肥500万~600万吨，相当于全省当年施用化肥总量。严重的水土流失将直接导致土壤肥力下降，土层越来越薄，土壤质地变粗，造成土壤保蓄水分的能力降低，土壤抗旱能力下降，土地的生产力和生产稳定性都大大下降，导致当地低产贫困，甚至威胁到群众基本生活和生存条件，有的成为"生态难民"；水土流失引起泥沙大量下泄，造成下游农田的水冲沙埋，还会淤高下游河床，淤积湖泊水库，使河流泄洪和湖泊水库的蓄洪能力降低，增加了洪水发生的频率和洪灾的危害程度，直接影响到水利、航运、交通、工矿等国民经济建设部门和人民生命财产安全。

（2）黑土退化。由于长期水土流失和用养失调，东北黑土区土壤肥力逐年减退、理化性质日趋恶化。深厚的黑土腐殖质层已经由最初的60~70厘米下降到20~30厘米；有机质含量由开垦初期的7%~10%下降到3%~5%，严重的地方则达到2%以下；现有土壤结构遭到破坏，日趋板结，密度增大，孔隙度减少，持水量降低，保水、保肥、通气性能等理化性状发生变化，可耕性越来越差，相当一部分高产田变成中、低产田。

（3）荒漠化扩展。到2000年，东北平原西部沙化土地总面积为1020万公顷。其中，科尔沁沙地为530万公顷，呼伦贝尔沙地为300万公顷，松花江、嫩江沙地为190万公顷，而且总体上呈扩展趋势，年均扩展速度近2万公顷。

（4）土壤及水体污染。东北地区被大规模开发以后，土壤及水体受到严重污染。东北尤其是黑龙江省大范围使用地膜，因部分农膜不及时回收而留在土壤中，导致土壤环境严重恶化。辽宁省约有10%土地受到不同程度污染，其面积达40万公顷。

（5）生物多样性锐减。三江平原是新中国成立后土地利用变化较大的地区，生物多样性也因此受到很大影响。

6.3.2.3 土地开发对策建议

为了科学合理利用该地区的宜农未利用土地资源，在开发过程中应努力做到以下三点：

（1）做好湿地保护工作。东北地区宜农未利用土地资源主要分布在河流两岸的低平涝洼地及部分岗地上，土壤主要类型有草甸土、白浆化草甸土、沼泽化草甸土、草甸白浆土、潜育白浆土和草甸沼泽土。土壤潜在肥力较高，这些可垦荒地，集中成片，宜机械化作业，特别适合开垦为岗地。因此，要特别注意适度开发，保留一部分沼泽、泡沼作为平原水库及自然保护区，防止生态系统严重退化而导致生态环境问题。例如，在三江平原低洼沼泽区，不能把所有沼泽水体全部排干垦为耕地，需保留部分沼泽、泡沼修建为平原水库，用于调蓄水量、发展灌溉，有效解决缓坡耕地春季干旱。更为重要的是，浅水沼泽地是水域与陆域交汇处的湿地生态系统，芦苇、杂草丛生，是鸟类、鱼类栖息繁衍的良好场所，是鸟类物种资源库，一经破坏难以恢复。必须把部分沼泽地划为湿地自然保护区，维持生态平衡。开发浅水沼泽区时，可以根据不同高程分层次利用土地，建成芦苇－渔－稻－旱作高效人工生态复合系统。

（2）防治土地荒漠化和盐碱化。该地区一部分宜耕土地后备资源分布在生态环境脆弱区域，受土地荒漠化和盐碱化的严重威胁，在开发过程中，如果不注意生态环境保护，很容易引发土地荒漠化和盐碱化蔓延，导致土地进一步退化，使目前可以开发利用的后备资源成为难开发或不能利用的土地，最终失去利用价值。因此，要进行土地荒漠化、盐碱化防治等方面研究，采取水利、农业、土壤改良、生态工程等方面措施，综合治理土地荒漠化、盐碱化现状，防止耕地后备资源开发利用条件进一步恶化，有计划地改变宜农未利用土地资源利用环境。

（3）加强水土流失综合防治。该地区部分后备土地资源分布在丘陵地区，是水土流失强度侵蚀区，宜农未利用土地资源利用条件相对较差，极易造成土壤面蚀和沟蚀，继而使开发利用条件进一步恶化，甚至丧失开发利用价值。因此，必须积极营造和保护自然森林及草地植被，建立永久性植被，采取切实可行的生物和工程措施，加强对东部山区水土流失防治，防止水土流失进一步发生，改善宜农未利用土地资源开发利用条件。

6.3.3 江苏省沿海滩涂开发情况

江苏省人多地少，人均耕地面积仅 0.06 公顷/人，随着经济建设迅速发展和工业化城镇化进程加快，江苏省每年还需占用耕地 2 万公顷左右。1998 年以来，江苏省耕地面积年均减少 3 万公顷左右，人地矛盾空前严峻。因此，迫切需要增加耕地，保证耕地"占补平衡"。沿海滩涂是江苏省得天独厚的土地资源，滩涂围垦除直接取得经济效益外，还可以为江苏省乃至长江三角洲、全国提供大量土地资源，为江苏省耕地占补平衡作出重大贡献，对于保障江苏省乃至全国粮食安全具有重要意义。

6.3.3.1 江苏沿海滩涂土地资源概况

江苏省大陆海岸线北起苏鲁交界的绣针河口，南抵苏沪交界的长江口，长约954千米。其中，粉砂淤泥质海岸线长884千米，约占海岸线总长的93%，是江苏省最主要的海岸类型。中部近岸浅海区发育有南黄海辐射沙脊群，南北长约200千米，东西宽约90千米。江苏省沿海地区独特的动力地貌孕育了大量沿海滩涂，根据2008年江苏近海海洋综合调查与评价结果（国家908专项江苏部分），江苏省沿海未围滩涂总面积为750.25万亩，约占全国的1/4，潮上带滩涂面积46.12万亩，潮间带滩涂面积704.13万亩，含辐射沙脊群区域理论最低潮面以上面积302.63万亩。连云港市沿海潮上带滩涂面积0.07万亩，潮间带滩涂面积29.21万亩；盐城市（不含辐射沙脊群）沿海潮上带滩涂面积40.10万亩，潮间带滩涂面积170.99万亩；南通市（不包括辐射沙脊群）沿海潮上带滩涂面积5.95万亩，潮间带滩涂面积201.30万亩。

6.3.3.2 江苏沿海滩涂资源开发问题

经过多年开发，江苏省沿海滩涂资源利用日益暴露一些问题（于宁等，2012），例如，滩涂围垦开发利用效率有待提高，沿海滩涂开发多为传统的种植、养殖业，开发层次不高，利用方向单一，资源综合利用效率不高；滩涂围垦开发利用机制有待完善，缺乏总体规划引领，政府调控力度不够，管理不规范，有效投融资机制尚未建立。尤其是沿海生态环境保护问题亟待引起高度关注。滩涂围垦引发的生态环境问题主要表现为：海洋水文动力条件发生变化，匡围导致潮流通道的重新调整，潮流通道潮量、流场、流向、流速等变化可能导致泥沙新的回淤及冲刷、港道萎缩、航道阻塞，如果在匡围前不认真研究并优化方案，必对航道造成影响；匡围施工对海洋渔业及底栖生物造成损失，取土和吹填必然破坏海洋原有水环境，围堤、隔堤等永久占地范围的底栖生物会形成永久损失；匡围后的匡围区范围内及内陆区域的自然演替进程将受到人为干扰，导致生物种群数量减少；匡围后开发利用形成新的污染，如种植业中化肥农药的使用给滩涂自然生态环境带来污染。

6.3.3.3 江苏沿海滩涂资源开发建议

为了科学合理利用滩涂资源，在开发过程中应努力做到以下4点：

（1）科学论证、合理规划。江苏省围垦开发应正确处理好经济效益、社会效益与生态效益的关系,围垦开发应服从江苏沿海地区发展规划,保留必要的20%生态用地,确保鸟类及海洋生物的栖息地;应符合环境保护、海洋功能区划要求,不影响原有港口航运、河口排洪、海岸冲淤等;充分考虑利益相关者的补偿,维护社会稳定。

(2) 创新管理体制和运作机制。随着江苏省经济发展水平的提高和市场经济体制的逐步完善,围垦的组织方式、投资主体、资金来源、功能定位、产业选择和收益分配等方面,都发生了一系列变化。因此,必须创新围垦开发的管理体制和运作机制,在科学论证的基础上,充分考虑政府、投资企业、渔民等方面利益,实行政府监督、市场化配置资源,按照规范化、法制化进行。

(3) 强化环境管理,在保护中匡围。为降低施工活动对生态的影响程度,海堤堤身填料尽量就地取材,堤身表面防护尽量栽种植物或使用天然石材,减少对海水水质的污染。在整个施工期内,由建设单位委托环保专职单位承担生态监理,建设单位通过编制环境保护手册对施工人员进行法律、法规培训及生物多样性保护知识的培训。严格控制批准的施工区域,加强对施工营地、拌和场、物料堆场等作业方式等的管理。施工船舶废水、固体废弃物应严格管理,不得随意排放。

(4) 加强基础研究,在利用中保护。必须结合滩涂资源特点,利用现有资料分析滩涂资源现状利用方式的合理性,从滩涂资源的客观属性评价其开发利用的适宜性,从自然演变—人工匡围二元模式出发研究滩涂的动态演变规律,从可持续发展理论、社会—经济—生态复合系统理论出发,研究滩涂资源对生物栖息地、环境、人口、滩涂养殖、种植、工业区建设、住宅开发、交通用地、保滩护岸等的承受能力,从而指导制定适度围垦开发利用模式,保护生态环境。应重视海堤林、农田林网建设。大力提倡发展绿色盐土农业、生态循环养殖,减少生产环节污染,保持良好的生态环境。同时进一步开展规划海域附近潮位、潮流、波浪、泥沙和地形测量,为项目环境后评价及后续工程方案提供依据。

第 7 章 土地生态环境整治

土地生态环境整治指针对区域水土流失、土地沙化、土地盐渍化、土壤污染、土地生态服务功能衰退和生物多样性损失严重的区域，结合退耕还林、退牧还草，治理水土流失，控制土壤污染，推进生态环境综合整治，提高退化土地生态系统自我修复能力，增强防灾减灾能力的一系列措施。

7.1 概述

7.1.1 生态环境影响土地利用的机理

由于生态环境因素在演变过程中具有不同的物理与化学性质，对土地利用具有引导与限制作用。四季分明、气候适宜的地区适宜各种农作物的耕种；地形特殊又兼具山水之美的地区具有作为人类休闲游憩之地的潜力；土壤肥沃且排水条件较好的地区可用于高效的农业生产；相反，在环境脆弱和敏感地带的任何有强度的土地开挖行为，都会造成地面的塌陷或滑坡；河流上游的土地开发，也会带来严重的水土流失等。生态环境对区域土地利用的影响是一个多维度、多因素交互作用的复杂体系（图7.1）。

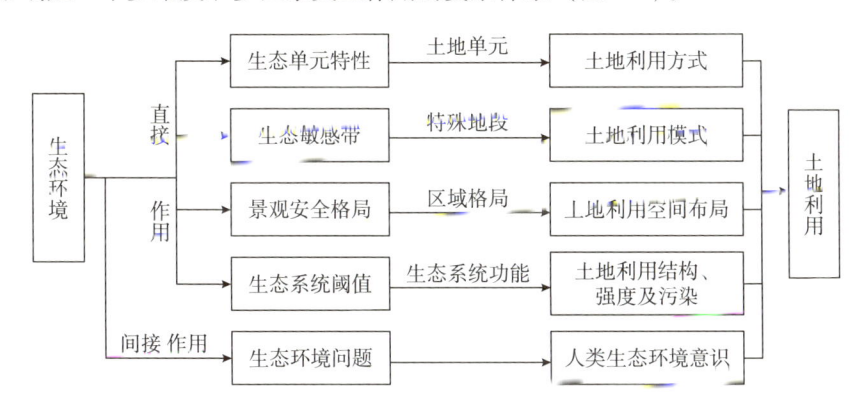

图 7.1 生态环境对土地利用的影响机理

7.1.1.1 直接影响

直接影响是生态环境作用于土地利用的基础，也是生态环境对区域土地利用限制作用的核心部分，即"硬约束"，根据微观层面、地段层面、区域层面和生态系统层面的层次差异。

微观层面上，不同生态环境因子在一定区域内组合形成各具特色的生态单元。这些生态单元特性会对生态环境特性需求的土地利用方式产生引导或限制作用。在干旱区，对水资源的需求使绝大部分建设用地与农用地沿河分布；在湿润地区，地质坚实、能防洪的地段则成为建设用地选址的首要因素；在陡峭山区，环绕的梯田成为人们创造性利用土地的主要方式；在地势平坦的平原，大规模的机械化作业则是人们农业耕作的首选。这不仅是特定的生态环境因素对土地利用方式影响的被动体现，也是当地人们主动适应环境条件进行创造性土地利用的主导响应。

地段层面上，生态敏感性直接影响土地利用模式。生态敏感性是指生态环境及因子对外界干扰发生响应的敏感程度，即在同样的人类活动强度影响或外力作用下，各区域出现生态环境问题的概率大小。对特定地区来说，不同生态环境因子具有不同的敏感性。在地质敏感区，不当的建设用地方式必然增加诱发地质灾害的频率；在水文敏感区，任何高强度、高污染利用都会对区域水环境产生致命的伤害，这些都会对特定地段的土地利用产生约束作用。

区域整体格局上，景观安全格局成为区域土地利用空间布局的重要约束力量。根据景观生态学，景观中存在着某种潜在的空间格局，它们由一些关键性的局部、点及位置关系构成，这些局部、点及空间关系对控制区域景观水平生态过程起着关键性作用，如一个盆地的水口、廊道的断裂处或瓶颈河流交汇处的分水岭等，此种格局即为安全格局（俞孔坚，1999）。它不仅是证实生态过程动态趋势中某些门槛值存在的切实佐证，也是约束景观结构变化的最后底线。任何导致生态安全格局部分或全部破坏的景观改变，都会导致区域生态过程的急剧恶化，因此必须加以避免。土地利用作为区域景观变迁的首要驱动力，也必须以此为基本原则，在此格局容许范围内寻求最佳的空间布局模式。

区域生态系统上，生态系统阈值则成为区域土地利用结构、强度及污染程度的最后约束。根据生态学原理，任何一个生态系统内部都具有一定限度的自我调节能力，以维持自身的稳定性。当外界干扰程度在这个限度之内时，系统自我调节能力能够得到维持；当外界干扰超过这一限制时，系统自我调节能量将迅速失去作用，系统物质能量循环将严重受阻，甚至导致系统崩溃。这种生态系统自我调节能力的极限，称为生态系统阈值。它是生态系统内一系列数量关系变化导致出现内部质变的临界点，包括数量积聚程度方面的临界点和数量配比方面的临界点两类（马传栋，1995）。对区域土地利用而言，它表现为自然生态环境对土地利用行为的最大承受力，包括土地利用规模阈限和土地利用结构阈限两个方面。土地利用规划阈限是区域生态环境对土地利用强度的最大容受力；土地利用结构阈限是区域生态环境对土地利用类型间配比关系变化的容忍程度。人们要想实现区域土地利用的生态安全，必须以此原则约束土地利用强度与配比关系。

7.1.1.2 间接影响

间接影响是整个作用的重要组成部分，它是生态环境通过人口子系统，借助人类生态环境意识的改变，实现对区域土地利用强度与方式进行约束的具体体现，可称为"软约束"。随着生态环境问题的加剧和人类社会文明程度的提高，这一影响效应日益显现，具体表现为人类为消除生态环境问题而付出的持续努力。这虽然是人类在承受生态环境惩罚后追求自身生存的被动响应，但其必将成为人与自然和谐共生的孕育体。

从作用的过程来看，间接约束首先表现为土地利用的失控使生态环境问题日益加剧，其次是人们在切实感受到问题带来的种种灾难与毁灭性破坏之后，开始认识到生态环境的重要性，并有意识地思考问题产生的原因及防治对策，同时制定各种政策与措施来约束自身的土地利用行为，以求人类的土地利用活动限制在"硬约束"的框架之内。最后，随着时间的推移和持续的努力，这种约束逐渐显示出巨大的效力，并最终引导了土地利用与生态环境关系的改善。当然，"软约束"效力的大小与社会文明程度的高低、政治体制的架构及人们思想意识的水平等因素相关，作用机理也相当复杂。因此，需要跨领域、多学科的综合研究，对科学认识人与自然关系、发挥人类主观能动性具有重要的理论与实践意义。

综上可见，生态环境是影响土地利用的重要因素，生态环境条件优劣与否直接影响到土地利用方式。因此，实施土地生态环境整治，通过区域生态环境和自然地理要素（土地、水、植被等）建设、修复和保护，提升区域土地可持续利用能力，有利于促进生态文明建设。

7.1.2 不同区域土地生态环境整治重点

（1）西南丘陵山区。西南丘陵山区涉及广西、云南、贵州、四川、重庆五个省（自治区、直辖市），占我国国土面积的 11.9%，面积达 114.2 万平方千米。这些地区大部分处于中国自然地理的第二级台阶上，地形地貌复杂多样，丘陵山地占有很大一部分比例，山地、高原面积多占总面积的 80% 以上。土地沙漠化、石漠化、盐碱化范围广，水土流失面积大，自然灾害发生频繁是西南丘陵山区面临的主要生态环境问题。一方面，由于这些区域大于 25°以上的坡耕地及其他用地类型比例高，地表土层处于潜在的不稳定状态，极易发生水土流失。另一方面，西南丘陵山区碳酸盐岩分布广泛，一旦丘陵区植被被破坏，山区生态环境的脆弱性将迅速增加，水土流失加剧，极易形成裸露的石质山坡，导致土地石漠化、荒漠化现象严重。以云南省为例，目前以沙化为特征的荒漠化土地面积达 6.7 万平方千米。另外，西南丘陵山区地质构造复杂且运动强烈，岩石破碎，山地面积大，地势高差大，加上降雨充沛和频繁，滑坡、泥石流等自然灾害也常发生在这些区域。

（2）西北生态脆弱区。西北生态脆弱区是中国生态环境屏障和水资源保护的特殊地带，涉及新疆、西藏、内蒙古、青海、甘肃、宁夏等省（自治区），面积占中国国土面积的一半以上，是中国西部大开发战略的重点地区。这个区域除西藏外均处于干旱或半干旱气候带上，是中国水土流失和土地荒漠化防治的主要区域，生态环境特别脆弱。据统计，全国荒漠化土地的 98% 以上发生在这六个省（自治区）内，而这些地区的草地和荒漠化土地占土地总面积的比例高达 83.2%。在该土地利用类型下，由于人类的不当干扰，草地不断退化为沙地，西北地区的生态环境安全受到严重威胁，并且这种趋势仍在加剧。据研究，目前西北生态脆弱区土地沙化以每年 2460 平方千米的速度在扩展，相当于中国一年损失一个中等县的土地面积。除荒漠化严重外，西北地区水土流失也十分严重，水土流失面积约占全国水土流失面积的 83.7%，且各省（自治区）的水土流失面积占各省（自治区）土地面积的比例几乎都超过 50%，而森林覆盖率极低。另外，西北地区水资源也严重短缺，干旱、半干旱地区的湖泊干涸现象十分严重，部分湖泊的含盐量和矿化度明显升高。

（3）东北农牧交错区。东北农牧交错区位于中国北方农牧交错带的东部"三北"交界农牧交错区，涉及黑龙江、吉林、辽宁、内蒙古四省（自治区）的多个地区，对东部农区的生态环境起到关键性的作用。东北农牧交错区位于中国南北冷暖气流作用强烈的气候过渡带，属于温带大陆性气候和温带季风气候交界处，因此表现为同时具有大陆性和季风性的气候特征。该区域气候多变，常出现连续干旱年和一年内出现先旱后涝或先涝后旱的现象。由于生态环境条件相对不稳定，这些区域对于外界干扰非常敏感，特别是近年来人类多年垦殖和其他不当利用造成诸多生态问题。目前，东北农牧交错区已成为中国水土流失、土地荒漠化和草场退化等生态环境问题最为严重的地区之一。研究表明，在1986—2006年的20年当中，吉林西部盐碱化、沙漠化、草原退化、湿地萎缩等土地退化现象有明显的扩大和加重趋势，对生态环境造成严重威胁，严重损害了该区域生态系统的生态服务功能。另外，经过多年的垦殖，东北农牧交错区的生物多样性遭到严重破坏；大量木材砍伐导致森林资源严重破坏，野生动物栖息地减少；湿地退化，蓄水能力急剧下降，许多两栖类、鸟类等栖息地遭到破坏。

（4）东南沿海地区。东南沿海地区主要包括海南、广东、福建、浙江、台湾、江苏、上海、安徽、江西和山东的全部或大部分土地。近年来，随着这些区域经济的高速发展和人口的密集集聚，导致沿海地区土地资源严重短缺，生态环境环境日益恶化，不利于区域经济的可持续发展。例如，随着人口增长和非农业用地的扩展，江苏省人均耕地面积从1949年的0.157公顷/人下降为1996年的0.063公顷/人，减少了近60%；其余各地人均耕地面积也有大幅度下降。东南沿海地区除人地矛盾日益突出外，水土流失也十分严重。中国长江以南分布有大量的红壤，红壤区雨量大、暴雨多，地形复杂，土壤易受侵蚀，尤其是山林被破坏地区，植被覆盖及结构均被改变，加剧了土壤侵蚀过程。而由于植被覆盖率较低、层次单一、土壤结构较差等原因，红壤区水土流失较为严重，有机质强烈分解，致使土壤营养元素缺乏。例如，浙、赣、粤、闽丘陵区有大量水土流失。据估算，在未来的50年内，珠江三角洲、长江三角洲和黄河三角洲的海平面将上升，大片沿海平原土地将被海水吞没，土壤盐渍化等自然灾害将进一步加剧。目前，近江苏淮北滨海盐土就有盐碱地2万公顷。另外，东南沿海地区工业"三废"对土地环境的污染也愈演愈烈，多个地方均出现了不同程度的重金属污染、二氧化硫释放过多形成的酸雨造成土壤酸化等问题。

7.2　土地整治生态环境治理模式

目前土地整治生态环境治理技术和方法主要包括基于生物安全的生态网络构建、防治自然灾害的水土安全控制、保护地域特征和文化的景观特征和遗产保护，以及综合考虑以上三方面的绿色基础设施总体规划。

7.2.1 生态网络构建模式

基于生物安全的生态网络构建是将适宜生物生存、迁徙和扩散的生境有机联系成一个网络系统，可促进物种基因交流、维护物种和生态系统稳定并促进生态可持续发展。生态网络一般可由核心区、缓冲区、廊道和战略点（踏脚石）构成。

核心区是指具有高自然价值或地域关键物种生存的生态系统区域，可以是森林、湿地、湖泊等土地利用类型。重要核心区外常常可规划一定距离的缓冲区，以降低高强度人类活动对核心区的干扰和影响。对于一些处在人类干扰区域但具有较高的生物生存适宜性，且对区域生物觅食、迁徙，甚至繁殖有重要作用的生境斑块，可作为生态网络规划的战略点（踏脚石），以促进迁徙物种的短期停留和小型生物的生存与扩散。而连接核心区或战略点的一些线状和带状景观要素则可以规划为廊道，如河流、防护林带、谷底、山脊等，以提高景观连通性，促进物种迁徙和基因交流。具体方法如下：

（1）确定关键物种和栖息地（核心区）。分析并确定当地具有重要生态学意义的物种和种群，明确其在规划区域内的空间分布和生境特点，包括濒危物种、关键物种、受干扰处于高风险的物种，以及迁徙物种在本地区的栖息地。通过历史资料查询、当地公众参与和实地调查，以及科学文献研究，确定关键物种及其栖息地类型与空间分布，包括巢域、觅食区域、扩散和迁徙路径（廊道），并绘制核心区和缓冲区空间分布图。

（2）根据关键物种生态习性和规划区土地利用现状，开展生物生存适宜性评价，分析确定不同关键物种适宜生存的最小生境及其空间分布。分析不同土地利用类型对关键物种的干扰影响及关键物种的迁移阻力，进而确定关键物种生存的重要战略点（踏脚石）和迁移的主要廊道。

（3）综合叠加核心区、缓冲区、战略点和廊道图形成生态网络规划图。分析生态网络规划图覆盖区域的生境面积、质量（如植被覆盖度、群落结构等），并结合土地利用现状分布图，确定需要维护、恢复和新建的生境区域。

7.2.2 水土安全控制模式

以防治自然灾害为目的的水土安全控制可采用"源-汇"理论分析评价流域景观格局与生态过程的关系，进而确定安全的水土空间格局。"源"

景观是指在格局与过程研究中，那些能促进生态过程发展的景观类型；"汇"景观是指那些能组织延缓生态过程发展的景观类型。土地整治水土安全规划一般需要考虑洪涝安全、水土流失、地质灾害及面源污染风险等方面。具体方法如下：

（1）洪涝安全评价。基于数字高程模型和GIS水文模型，生成河网水系数字化图，并分析确定地下水补给区、汇水区和滨水区。利用GIS空间分析技术，对洪水、地表径流等过程进行分析和模拟，或利用不同年份历史洪涝灾害淹没区（高、中、低）情况，与河流水系现状图进行叠加，评价不同水系洪水发生频率和洪水淹没区风险程度，并针对滨水区、洪水淹没风险区等区域提出相应规划。

（2）水土流失分析。基于空间数据库，分析不同区域的坡度、坡长、降水侵蚀力、土壤侵蚀量、土地利用类型及植被覆盖度等以诊断不同区域水土流失风险的高低。

（3）地质灾害评价。根据历史数据及地质灾害影响因素（如地形地貌、土壤、植被、人类干扰等）综合评价地质灾害发生的风险等级，形成地质灾害发生的重点区域等级图。

（4）面源污染分析。分析人口密度、建设用地密度、耕地化肥用量、畜禽养殖密度等空间数据，按照面源污染负荷计算方法，评价区域面源污染成因、强度及危害，形成面源污染风险等级图。

（5）综合叠加分析洪涝安全风险图、水土流失风险图、地质灾害风险图和面源污染风险图，确定水土安全的"源"和"汇"及其相关的安全过渡区，形成水土安全格局规划。

7.2.3 景观特征和遗产保护模式

认识和保护地域景观特征和文化遗产可通过景观特征评价方法实现。景观特征评价主要强调景观的特征状态，例如，由自然地形地貌和人文活动因子相互作用而形成的景观形态和风貌，而非景观质量或价值。景观特征评价分为特征化阶段和基于景观特征知识进行的评判阶段。特征化阶段又包括区域特征的辨识、分类、制图和描述（关键特征和存在问题），而评判阶段则包括景观保护、提升和重建的建议。具体方法如下：

（1）在GIS技术支持下，按照一定的分类标准，通过自然地形地貌属性、土地利用属性、聚落空间格局及文化属性等图层的叠加，形成初步的景观特征类型图。通过当地居民、专家和管理者组成的公众参与讨论会及实地调查核实，确定最终的景观特征类型图。

（2）基于主客观数据，描述不同景观特征类型的关键特征，包括各景观的尺度、格局、质地、开阔度、自然性、历史性等美学和生态学特征，以及坡度、地形起伏、高程、土壤等自然特征。描述尽量采用客观性词语，避免使用带有主观判断的词汇。

（3）根据景观特征的重要性、容忍性、条件性等，并结合土地利用现状提出不同景观特征类型的建设构想和战略，确定景观维护、提升和重建的区域。

（4）根据历史遗产文化景观的现状分布、保存质量和文化价值，对文化遗产保护涉及的乡土文化景观、自然景观河游憩资源进行保护、整合和特色强化，形成历史文化遗产保护网络规划图，并提出遗产保护的优先等级（重点保护、一般保护、提升和重建等）。

7.2.4 绿色基础设施总体规划模式

绿色基础设施总体规划是建立一个生物生息安全的、水土安全的和地域特征与文化得以延续的多功能网络，强调空间结构的完整性和多功能性。例如，绿色基础设施总体规划网络中某些核心区应既是生物保护区，又是乡土文化核心区；廊道应既是生物迁移的廊道，也是景观文化廊道。总体规划是一个多目标、多内容、多功能发生冲突并协调解决的过程，可以根据土地利用战略，设计不同的发展目标和情景，提出不同阶段的方案。最终从多种方案中选择最优方案实施。主要步骤和方法有以下4种。

（1）绿色基础设施建设战略：通过收集和分析现有政策法规和各类规划，确定绿色基础设施总体发展的战略、重点和任务。综合考虑区域生态环境问题、土地整治规划目标要求和不同利益相关者的意见，确定绿色基础设施建设优先战略。

（2）绿色基础设施现状与需求分析：基于土地利用空间数据定量化，评价现有绿色基础设施数量、质量及其存在的问题，分析绿色基础设施空间功能现状，重点关注功能受威胁区域，确定绿色基础设施提升的空间机会及未来可能导致绿色基础设施变化的驱动力。

（3）绿色基础设施网络整合：在 GIS 软件支持下，对生态安全网络图、水土安全网络图和景观特征与文化遗产保护图以功能最大化为原则进行叠加和分析，提出绿色基础设施可能的空间布局方案。所谓功能最大化，是指生物多样性保护、水土安全防治、景观河文化遗产保护等功能空间重叠最大的区域，重叠度越高，确定绿色基础设施的建设方案则应越优先。也可以根据实际情况给予各专项规划不同的权重，进行叠加分析，确定最终的绿色基础设施空间布局方案。

（4）召开咨询讨论会：依据区域发展战略要求和绿色基础设施现状，从技术可行性、经济效益、社会效益及生态环境影响等方面评价并修正方案，确定最优规划方案。

7.3 基于绿色基础设施网络的城乡交错区土地整治规划实践

土地整治过程是生态环境保护的过程，体现在土地整治的规划与项目实施的各个环节。通过土地整治、生态修复、森林保育和造林种草、城市绿地建设和乡村生态环境整治建设，城乡一体化绿色基础设施将成为中国未来推进优化国土空间格局、推进生态文明建设的重要内容。绿色基础设施是一个区域的生命保障系统，是自然环境和位于城镇、乡村内外的绿色和蓝色空间所构成的网络，它提供了多种社会、经济和环境效益。就像交通基础设施是由公路、铁路和机场等构成的网络一样，绿色基础设施是由公园、河流、行道树、农田、森林、湿地等构成的网络，能够调节空气、水和土壤质量，为经济发展提供原材料和良好的投资环境，促进人们身心健康的发展（Cilliers S et al, 2013；Hansen R et al, 2014）。现有研究将绿色基础设施所能够提供的功能划分为以下19个类型（表7.1）。

表7.1 绿色基础设施网络功能类型对比表

	英国东米德兰兹地区绿色基础设施网络	美国纽约州萨拉托加绿色基础设施网络	美国马里兰州绿色基础设施网路	美国俄勒冈州波特兰绿色基础设施网络	爱尔兰绿色基础设施网络	加拿大绿色基础设施网络
景观保护与强化	√	√	√	√	√	√
提供栖息地、亲近自然		√	√	√		√
娱乐、运动、冥想与休闲	√	√		√	√	√

续表

	英国东米德兰兹地区绿色基础设施网络	美国纽约州萨拉托加绿色基础设施网络	美国马里兰州绿色基础设施网路	美国俄勒冈州波特兰绿色基础设施网络	爱尔兰绿色基础设施网络	加拿大绿色基础设施网络
能源生产与保护	√	√		√	√	√
食物生产与生产性景观	√	√	√		√	√
雨洪管理	√	√	√	√	√	√
城市区域热岛效应控制	√			√		
提供教育与培训资源	√	√	√	√	√	√
绿色空间保护、创造、维护与使用中提供公众参与机会	√	√	√	√	√	√
人类及野生动物的绿色通道	√	√	√	√	√	√
改善水与空气质量、调节当地气候、缓解噪声污染	√	√	√	√		√
丰富生物多样性	√	√	√	√	√	√
维护自然景观过程	√	√		√		
历史文化遗产保护	√	√	√		√	
彰显区域特色	√	√	√		√	
连接城镇与乡村	√	√			√	
提供就业机会	√	√	√	√		√
营造场地感	√	√			√	√
维护工作景观及其所具有的特有属性			√	√		

近年来，国内部分地区亦已尝试开展了绿色基础设施相关规划（如广东绿道网等）（郭栩东等，2011；马向明，2012），但仅停留于理论研究阶段，实际应用较少。北京市海淀区土地整治规划在绿色基础设施解决土地问题方面进行了有力探索，旨在为土地整治规划绿色基础设施网络建设提供参考，为土地整治生态环境可持续发展提供依据。

7.3.1 海淀区基本概况

海淀区位于北京市区西北部，地理位置北纬 39°53′~40°09′，东经 116°03′~116°23′。全区总面积 430.77 平方千米。该区地处华北平原的北部边缘地带，系古代永定河冲积层的一部分，地势西高东低，属大陆性季风气候，无霜期为200天左右。本区多年平均降水量为642.4毫米，降水量各月分配不均，主要集中于6~8月。风向冬春季以西北风为主，夏秋季以东风和东南风为主。依据区域资源禀赋特点，目前已经建成大量的绿色基础设施。

7.3.2 土地整治绿色基础设施网络构建

绿色基础设施与生态系统服务之间的密切联系已被诸多学者证实，绿色基础设施所提供的生态系统服务之于人类自身的生理与心理健康及其所处环境的重要性，逐渐为人们所关注和研究，绿色基础设施规划更是早已开始尝试从生态系统服务功能的角度对绿色基础设施所具有的各项功能展开评估。

7.3.2.1 绿色基础设施单项功能量化评估及结果

依据向当地居民发放的绿色基础设施调查问卷反馈结果，参考海淀区园林、水务等部门所展开的专项调查结果，综合前人对于海淀区展开的生态方面的研究结果，选取雨洪管理功能，调节当地气候功能，丰富生物多样性功能，历史文化遗产保护功能，娱乐、运动、冥想与休闲功能，景观保护与强化功能作为研究对象，运用其所对应的生态系统服务分析方法展开单项评估。主要对雨洪管理功能，调节当地气候功能，丰富生物多样性功能，历史文化遗产保护功能，娱乐、运动、冥想与休闲功能和景观保护与强化功能6个方面进行量化评估。

各项功能的空间分布特点可以归纳为6点：①雨洪管理功能方面，关键的功能区主要集中分布于三个区域，分别是以北京凤凰岭自然风景区及其西南部地带为主的集中区；以鹫峰森林公园及其南部地带为主的集中区；以香山公园及其西北狭长地带为主的集中区。②调节当地气候功能方面，关键的功能区主要集中分布于两个区域，分别是以颐和园、圆明园、紫竹院公园为主的，涵盖较大面积水域的南部集中区；以西山林带，及由林地、水系、农田、耕地等介质镶嵌组成的北部乡村集中区，它们共同构成一条东南—西北方向的条带形区域，这与海淀区的主导风向一致。③丰富生物多样性功能方面，关键的功能区主要集中分布于西部山区及南沙河两侧，而若干小型自然斑块则主要散布于京密引水渠—昆玉河—长河、清河—万泉河及永定河引水渠—旱河沿岸，主城区中的自然斑块则多以公园为核心。④保护历史文化遗产功能方面，关键的功能区主要集中分布于4

个区域，分别是以北京凤凰岭自然风景区、鹫峰森林公园为主的大西山集中区；以香山公园、圆明园为主的"三山五园"集中区；以北京大学、友谊宾馆为主的近现代建筑群集中区；以广仁宫、摩诃庵为主的庙宇集中区。⑤娱乐、运动、冥想与休闲功能方面，关键的功能区主要集中分布于4个区域，分别是以颐和园、圆明园为主的"三山五园"集中区；以北京元大都城垣遗址公园、万寿寺为主的中心城区集中区；以小毛驴市民农园、大觉寺为主的大西山集中区；以上庄东岳庙、翠湖湿地公园为主的翠湖集中区。⑥景观保护与强化功能方面，关键的功能区以林地、耕地等半自然景观为主体，虽然海淀乡村及城乡结合部地区的人工改造强度处于中等水平，但半自然景观无论是在景观多样性、景观均匀度，还是在景观优势度上，都处于突出地位。

7.3.2.2 绿色基础设施多功能性综合评估与规划结果

（1）绿色基础设施网络节点的确定。在上述各项功能的量化评估结果的基础上，经过数学处理，将评估结果分为10类，由高到低分别赋值10、9、8、7、6、5、4、3、2、1。再将各项功能中赋值在5~10的区域进行提取和叠加，便可得到海淀区绿色基础设施多功能性评价图（图7.2），借此即明确了区域中那些多功能性较强区域的空间位置。

由于不同区域的需求各有侧重，因而区域中的绿色基础设施的重要程度也各有不同。对于某些区域而言，一些功能可能比另一些功能有优先性。因此，如果仅关注那些有最多服务功能的区域，可能会导致忽视一些功能较单一但是重要程度很高的区域，而这些地方所提供的少数服务功能可能对某些地区是关键的。为此，参考国内外研究成果，再从绿色基础设施各项功能之于区域的重要程度进行评估，以保证最终绿色基础设施网络中网络节点选择的准确性。具体而言，一方面，通过专家对绿色基础设施提供的每项功能进行打分，即将绿色基础设施提供的各项功能分配5分，对这六项功能之于海淀区的重要性进行评定，得到单项功能重要程度值（wi）；另一方面，通过专家对绿色基础设施的实施必要性和实施效果进行打分——分别从几率、量级、效力、可行性4个方面对各项功能进行评定，最高为3分，最低为1分，将这4个方面的分值加合后折算，便可得到相应的系数。而系数值相对高的功能，即可作为功能实施的重点优先项。

利用上述得到的单项服务功能重要程度值与相应的系数运算叠加：W（绿色基础设施多功能性重要程度值）= $\sum w$（单项功能重要程度值）·i（单项功能系数），便可得到绿色基础设施功能重要程度评价图（图7.3）。

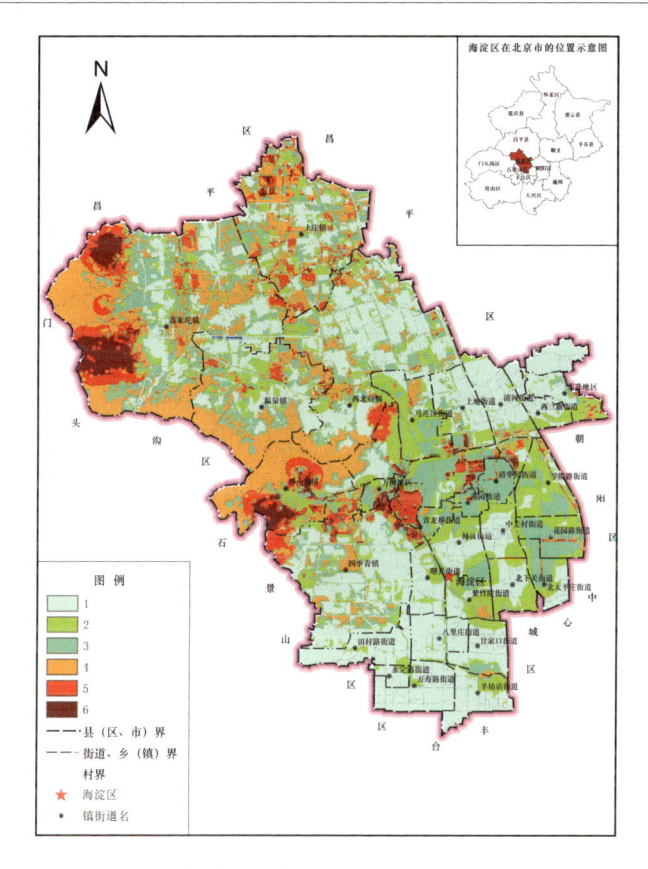

图 7.2 海淀区绿色基础设施多功能性评价图

通过将上述得到具有较多功能类型数的区域与具有较高功能重要程度的区域进行叠加，再与海淀区土地利用总体规划中的土地用途分区进行叠加，分别加上那些功能较单一但是重要程度较高的区域，减去那些处于海淀区土地利用总体规划中的建设用地范围内的区域，通过聚集度分析，即可得到海淀绿色基础设施网络中的网络节点。

（2）绿色基础设施廊道的确定。绿色基础设施网络中的廊道不仅承担着连通各绿色开放空间、增加区域可达性、连接各自然及半自然栖息地、避免生境破碎化、提升区域整体的景观特征等功能，还可以维持和提高相邻区域中绿色基础设施之间的联系，增加更大尺度上的区域之间的连通性。依据聚集度分析结果，共确定了 14 条廊道，其中有两条廊道以道路为依托，其余 12 条皆以水系为依托（图 7.4）。

通过对绿色基础设施功能类型进行总结归纳（表 7.1），不难发现，这

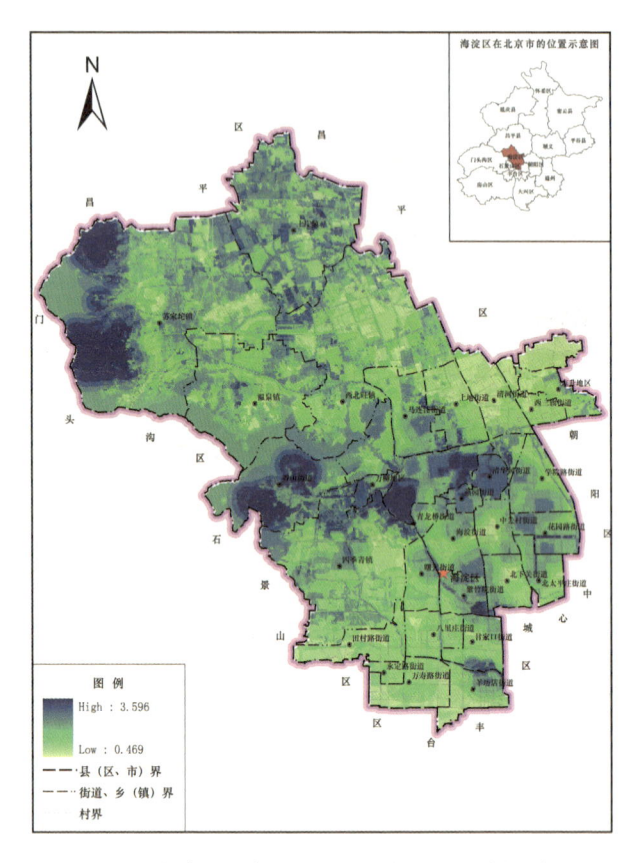

图 7.3　海淀区绿色基础设施功能重要程度评价图

些功能类型可划分为两类：一类是"非量化的"，如提供教育与培训资源功能，绿色空间保护、创造、维护与使用中提供公众参与机会功能等。它们往往是融入规划流程设计、规划实施、基础设施建设与管理过程之中的。另一类是"可量化的"，如前面所量化评估的雨洪管理功能、丰富生物多样性功能等。它们可以借助较为成熟的评价手段得到量化，从而使规划者可以清楚地了解其空间分布特征，进而便于随后的综合分析及网络节点与廊道的准确选取与布局。故而可以推断，在规划设计确定核心绿色基础设施功能类型时，应首先区分功能的实现途径，明确其在整个规划流程中所处的环节，以保证各功能都能得到充分的考量与切实的落实。

纵观国外较为成功的绿色基础设施规划案例可以发现，一方面，它们都十分重视规划区域中原有优质绿色基础设施资源（如绿道、滨水廊道、

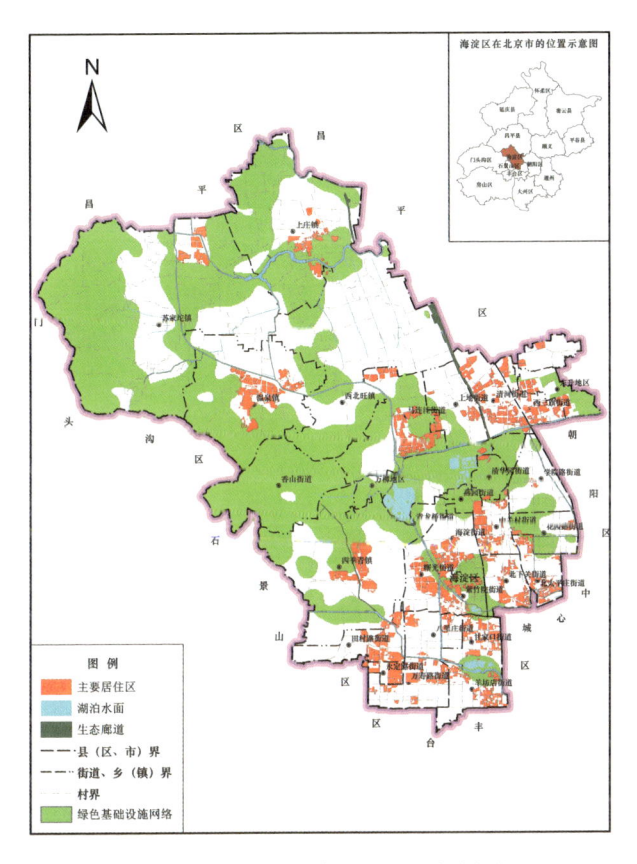

图 7.4　海淀区绿色基础设施规划图

自行车道等）的修复、保持与功能提升，并尽可能使它们成为规划网络的一部分（Llausas A et al，2012；Madureira H et al，2014），而非盲目地规划建设新的廊道；另一方面，在规划建设新的绿色基础设施时，这些规划又特别重视与区域土地利用及城市基础设施发展之间的联动（La Rosa D et al，2013），使之不会与其他部门的规划相冲突，进而保证形成的网络符合前瞻性的要求。就本书的规划而言，尝试在进行网络节点与廊道的选取时，在区域综合评价结果的基础上，融合了海淀区园林部门与水务部门现有的规划成果、北京市绿化隔离带规划成果等，将这些规划计划建设的京密引水渠绿化带、清河绿化带等融入网络廊道之中。故而可以推断，在开展网络路径选取时，应注重平衡建"新"与守"旧"之间的关系，尊重现有优质资源与现有规划成果，从而实现现有资源的最大限度合理利用。

7.4 基于生态环境保护的土地整治项目实践

7.4.1 基于生态安全的丘陵山区土地整治实践——以西南丘陵山区小流域土地整治工程设计为例

小流域是以分水岭和出口断面为界形成的自然集水单元，也是一个发展农业、林业、畜牧业等生产的经济单元。作为一个完整的土地生态系统，具有四个特点：①系统生境类型多样。造山运动使小流域内地形变化大，呈现出山顶、坡面、沟谷等变化多样的地貌部位。一定的地貌部位具有一定的自然地理效应，形成相应的水热对比条件和气候条件，于是在不同地貌部位形成不同的小气候生境类型。②生态环境脆弱。地形是影响生态环境变化的重要因素，山区小流域地貌类型多样，无论在山顶、丘坡或沟谷，人类不合理的经济活动破坏植被后，均易发生土壤侵蚀过程，而坡度大小则是影响侵蚀发展的主要因子之一。因此，山区小流域是生态环境脆弱区。③异质景观的共轭性。即小流域内尽管存在不同类型的自然景观，但它们不仅具有发生学上的相互联系，而且具有共同的空间质能结构，或者说具有自己独特的物质循环、能量转化和信息传输的共轭结构，是一个独特的、统一的自然区域。④生态经济功能分异明显。人类根据小流域生境类型的差异，依据适宜性原则，采取不同的利用方式，形成各种各样的土地利用系统。因此，山区小流域也是一个生态经济系统。小流域的垂直变化导致小流域的上、中、下三个部位各种资源的分布不均匀，其生态经济功能也不相同。

7.4.1.1 小流域土地整治的宏观内容安排

小流域土地整治就是小流域原有景观格局的破立过程，是人为促使景观格局发生变化的过程。小流域土地整治是一种景观整理，即促使小流域景观格局保持或发生变化，为物质、能量、信息畅通，人口、资源、环境协调发展的人为干预过程。小流域作为完整的生态系统，土地整治的核心是科学合理利用水土资源，其成功的关键就是要突出整理的综合性：①整理区域的综合性，即山上和山下、坡面和沟谷综合整理；②整理措施的综合性，即工程措施、生物措施和耕作措施的并行采用；③整理内容的综合性，即从流域产业结构调整、产权调整等宏观内容到各种立地条件整理措施等微观内容的协调。

以流域为单位，从总体上统一规划、安排土地利用结构、方式和产业结构，是针对流域的上游、中游、下游等各个较大组成部分的水土资源优化配置和合理利用的总体构想。其宏观内容主要包括以下内容：

第一，结合小流域各部位理想功能进行土地利用结构调整。即上部及坡度较大的坡面退耕还林还草，通过植树造林、封山育林等措施增加植被的盖度，减少水土流失，为小流域中、下部的经济发展提供环境保护，实现保水保土的生态效益目标；中部地处小流域的过渡地带，根据土地资源、水资源等资源优势和约束条件安排畜牧业、经济林果和生态保护用地；下部作为农耕用地和居住用地。

第二，根据当地人口和立地条件，首先建设起一定数量的高标准基本农田和与之相配套的水利设施。这样既保证了粮食生产的稳定高产，解决了群众的温饱问题；又使群众改变了广种薄收的传统习惯，将大量坡耕地退耕还林。另外，既合理调整了土地利用结构和产业结构，缓解了粮食与经济作物、林果生产争地的矛盾；又能防止水土流失，促进了农林的协调发展。

第三，平整土地，改良土壤，配套农田水利、交通等基础设施。该项整理内容主要安排在小流域的中部、下部，留出生态保护用地外，无论是经济林果用地还是农耕地都要进行平整，特别是中部缓坡地的坡改梯等，尽量减少水土流失，并进行土壤改良，配套沟渠等基础设施，实现生态、经济双重效益目标。

第四，归并地块，复垦灾毁地，调整农村居民点用地。该部分土地整治内容的着眼点是增加有效耕地面积和改善乡村景观，为实现下部的经济效益目标提供土地资源保证。通过小流域下部土地综合整理，改善生产生活条件，促进小流域上部的退耕和居民主要活动乃至居住地集中到小流域下部，减缓上部的生态压力。

7.4.1.2 小流域土地整治的微观措施设计

小流域土地整治工程设计即狭义的土地整治所指的田、水、路、林、村改造措施。根据优化配置和合理利用小流域水土资源的基本原理，充分考虑区域各地貌部位的基本特征（表7.2），配置不同的土地整治措施及其标准（表7.3，表7.4），以实现不同的土地整治效益目标。

表7.2 西南丘陵山区小流域各地貌部位的特征

特征	分水岭带	坡地带	狭窄沟道带	宽谷平地带
坡度	平缓夷平面或剥蚀面	>10°	<10°	<6°
侵蚀类型	轻度侵蚀或潜蚀	水力侵蚀和重力侵蚀	水力侵蚀和洪积冲积	洪积冲积为主
土层厚度	中、薄	中、薄	中、较厚	较厚、厚

表7.3 西南丘陵山区小流域土地整治措施一览表

地貌部位		整理措施	土地整理目标
丘陵顶部、山地分水岭		封山育林；植树造林	提高植被覆盖率，涵养水源
坡地	>25°	坡耕地退耕还林，荒地封山育林	保水保土，提高覆盖率，改善生态环境
	15°~25°	远离村庄的坡耕地退耕还林还草；靠近村庄，修建梯田、梯土，培肥地力	改善生态环境；提高耕地生产能力
	8°~15°	修建水平梯田、配套排灌渠系	改善耕作条件；提高耕地生产能力
山区峡谷		沟谷修谷坊、拦沙坝、沉沙凼、水坝塘，淤坝造地。沟道底坡修筑梯田；沟谷两旁建造植物保护带	增加耕地面积，增加蓄水，改善排灌条件，减少泥沙外泄
丘陵宽谷		平整土地，归并田块；配套沟渠、道路设施；河道裁弯取直，开发河滩地，复垦水毁地；下湿滩湾修排水渠，筑台田	增加耕地面积；提高耕地生产能力；改善生产条件；减少灾害损毁，保护良田沃土

表7.4 西南丘陵山区小流域土地整治工程设计标准

土地整理措施	类别	标准
退耕还林	坡度	>25°全退；15°~25°远离村庄的坡耕地退
坡改梯	自然坡度	8°~25°
	土层厚度	>30厘米
	台面宽度	8°~15°，5~7米；15°~25°，3~5米
	梯面坡度	依据自然坡度大小而定，一般2°~5°
	高差	0.8~2.0米
	连片面积	≥2公顷
缓坡地种植果树及经济林沿等高线撩壕	壕沟宽度	1.0米
	壕沟深度	0.8米
	壕沟间距	5.0米
集水设施	密度	根据降雨量、所种植作物的耗水量等因素测定
	容量	直径3.0~5.0米，高2.0~3.0米

注：表中数据来源于笔者在西南丘陵山地区小流域土地整理实地调研后得到的资料的综合。

7.4.2 基于生态重建的矿区土地整治实践——以京西史家营矿区为例

7.4.2.1 生态环境整治与规划

根据史家营乡的自然景观特征、水土条件、植被覆盖、居民点分布、煤矿分布与开采、工业与交通运输业等自然与经济社会特点，结合景观生态破坏的现状，依据经济建设与生态环境协调发展原则，兼顾保护与开发，将该区域划分为 5 个生态环境整治与规划区。

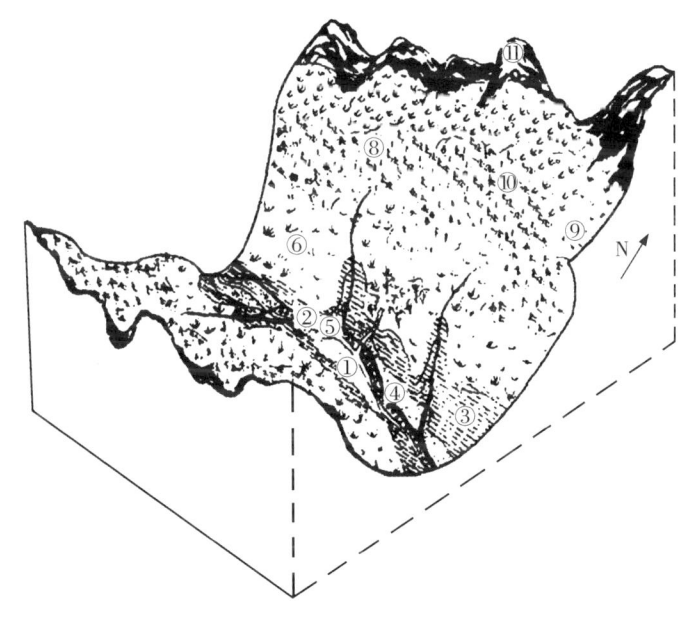

图 7.5　史家营矿区生态系统结构图
①耕地；②果粮间作地；③河滩滩；④河流；⑤公路；⑥疏灌草地；
⑦有林地；⑧矿区；⑨荒草地；⑩塌陷区；⑪裸岩

（1）景观生态环境恢复与重建区。以史家营乡北山矿区为景观生态环境恢复与重建地带，全部关闭年产量小于 10000 吨的煤矿，保留年产量大于 10000 吨的 3 个煤矿，对煤矿场地进行土地整治，用矿渣回填矿井，清理沟谷堆积物，使原始地表土壤出露，以水土保持为中心，以减轻自然灾害和污染及恢复土地及破坏的生态环境为目的，建立环境保护森林生态模式，进行草-灌木为先行植被和人工植树相结合的人工景观生态恢复。

（2）种植、养殖和观光生态农业示范区。主要使指耕地质量较好且集中连片的地区。以耕地为基础，通过平整土地，推广以抗旱为中心的农业技术应用，促进单位面积产量提高；并利用农作物产品（饲料、秸秆）发展饲养业和食用菌培植业，修建小水窖、小截流和小水库，发展以滴灌为主的高标准果园；建设以温室、大棚为主的工厂化生产基地，实现以农副产品生产与观光农业相结合的优化农业结构。

（3）果粮养殖生态农业区。主要包括以果粮间作和果园为主要种植形式的地区。充分利用山地通风透光优势，在有限土地上采取间作形式生产粮食和饲草，然后利用饲草、饲料和树叶发展食草性牲畜养殖，通过过腹还田形式将肥料返还土地，从而达到增肥地力，提高经济效益的良性生态循环。

（4）林草放牧生态畜牧业示范区。充分发挥当地山场广大，牧草资源丰富的优势，重视牧场建设，划定夏秋及冬春季节牧场，实行放牧与封育轮牧制，在土层较厚的地块种植草苜蓿等优质牧草，建设人工牧场或割草场，促进二级养殖业发展。

（5）旅游休闲为主的生态旅游区。依托丰富的景观旅游资源和人文历史遗迹，结合山地沟谷生态经济区域的特征，开展山地生态旅游。生态旅游既是一种行为理念和发展模式，也是山区推出的绿色旅游产品。生态旅游遵循的特征包括：①崇尚自然、亲近自然和保护自然；②生态旅游开展的前提是不污染环境、不破坏生态；③通过生态旅游开展宣传生态旅游的思想，明确生态保护的意义，改变旅游者的传统观念和提高全民的保护意识；④通过山区居民的积极参与实现生态旅游的发展与当地社区建设的互动推进。生态旅游的开展集中在具有历史影响的百花山和莲花山两个区域，以自然景观旅游为主体，融合历史人文景观，成为替代传统产业，发展绿色产业的重要替代产业形式。

7.4.2.2 生态系统重建的土地整治工程

在考察研究区生态系统特征和划分生态环境整治类型区的基础上，通过土地整治工程实现矿区生态系统重建的目标。

（1）矿山占地规划和土地恢复工程。首先依法搞好矿点规划和压缩，其次对矿山要依法进行管理，结合拦蓄坝的修建，划定矿渣、煤矿石堆放地点；对因挖损、塌陷、压占等造成破坏的土地，及时进行土地景观恢复。

（2）造林绿化工程。造林绿化是生态环境建设最主要、最基本的工程，造林应做到适地栽树，在树种选择上应以油松、侧松、落叶松、山杏为主。土层较厚的地块可选择核桃等果树，综合乔、灌、草种植。造林要先易后难，首先建立百花山森林保护区，搞好现有林的保护抚育，其次是进行疏灌林和草地的抚育。

（3）水土保持工程。除植树造林外，重点是水平田、拦蓄坝、疏导渠的修建。在每个小流域内，由支沟到主沟，每隔一定距离修建拦蓄坝，并在关键部分修建石坝；同时在沟道变曲度较大的迎水面、支沟汇流处增加疏导工程，以削弱洪水、泥石流的破坏力；在坡面分水岭两侧造林育草，结合造林育草修建水平条田，沟内修建拦蓄坝；迎水面和汇流处修建疏导渠，在一个小流域内形成"拦、蓄、淤、排"、"乔、灌、草工程"相结合的景观生态整治综合防护体系。

（4）泥石流、塌陷区景观生态防护工程。目前史家营乡矿区共有险户350户，已搬迁75户，对所余275户应视情况进行妥善处理。其中一级险户3户应在近一二年内搬迁安置完毕，其余二级险户应视实际情况采用搬迁、修建高标准防护工程、汛期到时转移避险等方法给予妥善安排。在近期五年内要重点解决好大村涧村的搬迁和新村重建工程。

（5）水利工程。水资源是京西矿区景观生态整治的核心环节。结合小流域综合治理，加大山区"五小"水利工程建设，重点抓好小水窖、小水池等集水工程，结合拦蓄坝修建的小塘坝、小水库工程和与之相配套的引水提水工程。既可做到雨水、洪水季节可贮水，在旱季又可引水灌溉，保证农业用水、人畜用水和景观生态整治用水，促进植被的快速恢复。

7.4.3 基于生物多样性保护的土地整治实践——以黔东南茂兰项目为例

7.4.3.1 生物多样性保护评价与整治分区

土地整治中的生物多样性保护旨在探索农田生态系统中如何维护生物多样性和生态系统的稳定性，有助于降低农田遭受病虫害的风险，促进土地的可持续利用，并且是对建立保护区方式进行就地保护生物多样性的重要补充（郧文聚等，2011）。由于该项目区处于自然保护区外缘拥有多种珍稀物种，生物多样性保护的关键在于保护生态敏感区域，增加珍稀物种活动与迁移的生境连通度。主要思路为以生物多样性保护评价为依据优化生境格局，利用最小耗费表明原理形成项目整治分区，在此基础上探讨项目区土地整治工程的规划、设计与实施。

（1）生物多样性保护评价。首先，结合生物多样性保护目标、生态敏感状况和欧盟专家建议，通过生态价值（Value）、格局特征（Pattern）与生态风险胁迫程度（Risk）三方面指标来度量各土地利用单元的生态敏感度。结果显示,生态敏感低值区主要为水田和旱地集中分布区,其中水田占9.93公顷,旱地面积为0.63公顷。处于研究区河谷谷地,地势较为平坦,生态风险胁迫低,生态价值主要体现在农作物生产功能上,仅在农田中分布有零星的生境斑块,生境连通性较低。现有地块较零散,灌溉模式以土渠输水为主,灌溉效率较低,优化方向为土地整治重点区。

生态敏感中值区包括:①道路及其缓冲区,两侧地形较为复杂、地表植被覆盖度低,土壤侵蚀风险胁迫程度高;道路两侧分布有任豆、香木莲、多花兰、鹤顶兰等珍稀植物,褐翅鸦鹃和斑头鸺鹠多在道路两侧的灌草丛中活动觅食,具有一定的生态价值。道路工程作为人类扰动强烈的人工廊道,在增加人类活动连通性的同时隔离了生境,影响了生物多样性。为削弱道路对物种迁移和扩散的阻隔作用,设定为生态廊道建设区,占研究区总面积的10.3%。②水域廊道及其缓冲区,是中华秋沙鸭、猕猴、斑灵狸、褐翅鸦鹃、棕背田鸡等珍稀动物的觅食饮水和隐蔽藏身场所,以及鹤顶兰、香木莲等珍稀植物的生境,区内小水塘及湿地受到人为活动影响强烈,水质污染风险程度较高,设为河流生态重建区,占研究区的4.2%。

生态敏感高值区主要位于研究区外缘的自然植被及边缘的疏林、灌木林缘地带,包括:①自然植被分布区与自然保护区相连,区内物种丰富度高,包含一定的珍稀物种,生境保留较为完好,连通程度高,具有最高的生态价值,但极易受到干扰,造成功能损失。基质优化方向为自然植被保育区,占研究区总面积的51.5%。②林缘地带是自然植被保育区向土地整治重点区的过渡地带,面积为研究区总面积的21.3%。其生态系统和群落的多样性对栖息于林缘灌丛的斑头鸺鹠、斑灵狸等物种的保护,以及单性木兰、任豆等珍稀植物群落生境的扩展具有重要意义,并对农作物生产具有重要的防护作用,具有较高的生态价值。生态系统极易受到土壤侵蚀、农业生产、交通运输等自然和人为因素的干扰,设为林缘植被保护区。

表7.5 项目区生物敏感性特征与整治方向

敏感性等级	生态价值	格局特征	生态风险胁迫	整治方向
低	最低	农田为主	低风险	重点整治
中1	中等	连通性差	土壤侵蚀风险	生态廊道建设
中2	较高	连通性差	水质污染风险	河流生态重建
高1	最高	连通性好	极易受胁迫	自然植被保育
高2	很高	形状复杂,易受外界影响	较易受胁迫	林缘植被保护

(2) 项目整治分区。①廊道优化：生境廊道优化是提高生境连通性、保护生物多样性的重要保障（朱强等，2005）。项目区中，中华秋沙鸭和棕背田鸡的活动范围在河流两侧，斑头鸺鹠的主要活动范围为原生阔叶林，维护原有生境和严禁捕猎是保护以上三种珍稀动物的有效途径。而其他珍稀动物——猕猴、斑灵狸和褐翅鸦鹃活动范围跨越农田、灌木林地、疏林地、有林地等景观，廊道对于生境的维护具有重要作用，选择这三种动物作为最小耗费路径评价的对象确定廊道优化的位置，提高廊道保护生物多样性的效率。②设立阻力表面：最小耗费路径模型遵循系统论中的能量消耗最小化原理，即生态系统中的物质流和能量流选择"源"、"汇"之间最小的能耗路径运行。生物多样性调查动物的栖息地、活动习性与觅食区域，栖息地作为最小耗费距离模型中的"源"，如猕猴和斑灵狸等动物栖息的山地常绿阔叶林和稀树灌丛，褐翅鸦鹃繁殖季节喜栖息的隐蔽灌丛乔木等处。动物觅食与活动区域作为"汇"，猕猴和斑灵狸常至溪边觅食饮水，褐翅鸦鹃多食农田中和河流两岸的毛虫、蝗虫等害虫，则设定河流和水田为"汇"。根据动物活动习性和研究区植被覆盖状况，利用 ArcGIS 的 Cost Distance 模块构建各类动物活动和通行的阻力表面。根据耗费阻力图选取最小耗费路径，在路径所经之处通过植被恢复工程设置生境廊道，保留原有生境斑块，避免道路和沟渠对连通性的破坏。③关键生境斑块识别与斑块优化：景观中的关键斑块与节点对维护生物多样性同样具有重要作用，往往可以决定生物多样性保护的整体水平，物种扩散的斑块边缘、各种能量流和物质流的交汇处、农田中的原生植被等具有维护生态系统功能的关键作用。项目区现有的主要生境斑块包括农田中的树木、灌丛、荒草和小水塘等生态岛，物质流和能量流较为充沛的河流源头与交汇处，易于物种扩散的半岛状生境斑块等，均是需要保护与优化的斑块。

7.4.3.2 基于生物多样性的土地整治工程

土地整治工程主要包括地力恢复工程、灌排工程、植被恢复工程和道路工程，基于生物多样性保护的土地整治工程需针对特定土地整治分区，以生态化原则进行设计、实施与管护。实施土地整治工程中需注意的原则包括：①实施保肥、保土、保护物种工程。在土地平整工程中，采取表土剥离措施，保护肥沃土壤和土壤动物、植物种源，维护原生态。②选择适宜施工期。土地平整工程在9月至次年2月间进行，以避开大多数动物的繁殖期。③采用适宜的施工工艺。施工采用小型机械结合人工措施，工程爆破采用低振低噪爆破技术，减少对动植物的扰动。④在工程实施中应避

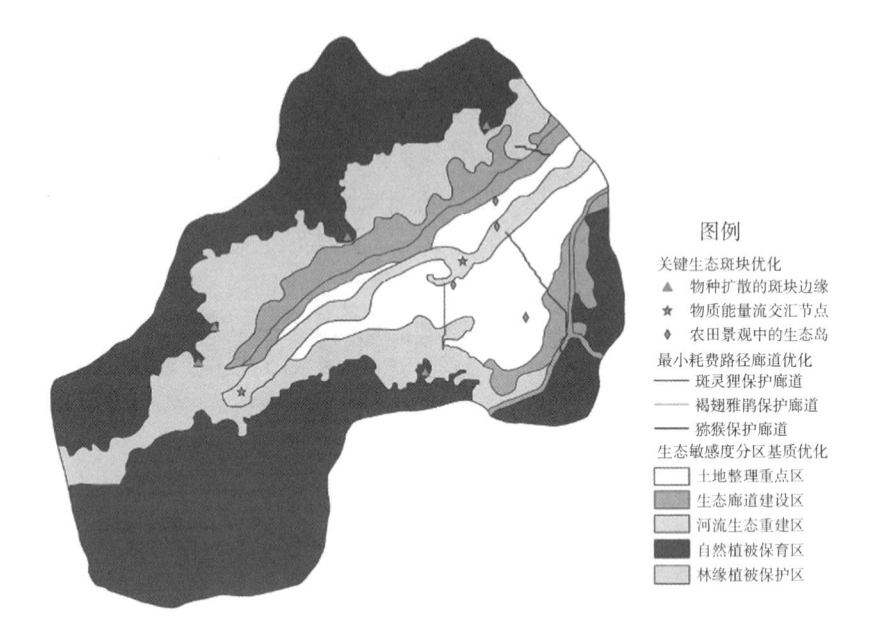

图 7.6　项目区生境格局优化与土地整治分区示意图

免在生态高敏感区、动物通行廊道和关键生境斑块内设置施工场地和工程临时用地，减少施工过程对生态系统的扰动。

（1）土地整治重点区。实施土地平整工程、土壤肥力保持措施、水土保持措施等地力恢复工程，提高土地整治重点区土地利用率，减少对生态高敏感地区的压力。土地平整工程将小地块适当整理为大地块，清除农田中的卧牛石，提高耕作便利度、增加耕地面积。为有效保护陡坡梯田的稳定性，减缓水土流失，保留传统的"U"形、鱼鳞状和波浪状田坎，发挥其抗水力冲击的力学特性。土地整治重点区实施土地平整工程 1.36 公顷，整理后增加耕地面积为 1.04 公顷。灌排工程需根据研究区水系湿地现状、水资源利用状况、现有排灌系统、农作物种植状况等因素进行设计，构建与自然水系相协调的灌排系统，河流至农田之间的新建输水渠道采用 PPR 管，以减少水泥沟渠对生物的阻隔作用并提高水资源利用率，项目区共修 PPR 管道 2368 米。

优化农田景观内的灌溉系统，构建生态化沟渠，减少对生物的阻隔效应。在土层较厚、石漠化风险程度较低的水田中，保留土质构造的田内调节渠道，并保持田间小水塘的常年蓄水状态，维护鱼类及两栖动物的生存环境；对渗漏损失较大的渠道进行砼衬砌防渗处理，以节约水资源；在已有和新建防渗渠道中每隔100米以小圆木、树枝等天然材料搭设沟渠生态板，并通过恢复两侧灌草丛构建生态沟渠，利于昆虫、爬行类和两栖类动物通行。保留和恢复农田景观中的原生生境，保持生境连通性，便于动物的隐蔽与迁移。在珍稀动物运行最小耗费路径上保留田坎上的荒草灌丛，构建生态廊道，增加景观的可达性。农田中残存的原生植被斑块和小水塘对保留原生物种、提供生态岛具有重要作用，应予以保护。

（2）生态廊道建设区。基于生物多样性保护的道路工程设计重点在于设置合理宽度，并尽量选取本地土石材料。田间道设计宽度为3米，路面结构设计为泥结石路面厚10厘米、路基夯填土厚20厘米，两旁修建干砌石路肩，路肩两侧种植乔灌植被，起到减缓水土流失、减少道路阻隔效应的作用，共修建1992米。生产道宽度小于1.2米，共修建890米，采用泥结石堆砌路面，增加道路透水性减少动物通行阻力，两侧种植灌草植被。同时，在两栖类、爬行类等小动物迁徙廊道与道路交汇处增设桥涵，在猕猴和鸟类活动穿行的道路两侧种植本地乔木或果树，如拐枣树、南酸枣树、构树等，为鸟类提供停歇场所，为猕猴提供食物来源，减少道路的阻隔效应。

（3）河流生态重建区。修复河流及沟渠两侧植被，种植小叶女贞、蚊母树等本地植物。重点恢复河流与农田之间的植被，选取灌草间种乔木的方式设置异质性树篱，起到防护农田与维护生物多样性的作用。河流的源头与汇流处是能量流与物质流的关键节点，分布有鹤顶兰、任豆、多花兰、中华秋沙鸭等珍稀动植物。在这些区域应加强植被培育与防护，修复沼泽湿地补植香蒲、李氏禾、蔗草、问荆等本地植物，为中华秋沙鸭等物种提供越冬生境。

（4）自然植被保育区。自然植被保育区位于茂兰自然保护区的外缘，此区域的保护策略为严格的植被保育，维护自然植被良好的连通性，选取具有较丰富物种和较强扩散作用的半岛状斑块边缘种植国家一级重点保护植物单性木兰，扩展其分布范围，增强群落的优势度。

（5）林缘植被保护区。树篱是防护农田、减少土壤侵蚀、增加生境多样性的重要方式。传统农田防护林的单一化易造成农田景观中野生动物物种生境的缺失，高大乔木与农作物形成突变边缘致使农作物减产，因此，农田景观至山地阔叶林景观的过渡带上宜保留稀树灌丛林缘，构建农田景观边缘的异质性防护树篱。并保留林缘的岩石与灌丛等生境斑块，以保护在林下灌丛岩石缝隙中生长的多花兰和鹤顶兰等灌木。

第 8 章 土地整治规划

土地整治规划是规范有序推进土地整治活动的现实需要，科学编制土地整治规划，对于有效整合各类资源，优化用地结构，规范有序推进土地整治各项活动，促进耕地保护和节约集约用地，统筹协调农村土地整治、资源环境保护和经济社会发展，促进土地资源可持续利用和经济社会可持续发展均具有十分重要的意义。我国土地整治规划经过两轮规划实践，已全面构建了"国家—省—市—县"四级规划体系，围绕服务新型城镇化、工业化、农业现代化和生态文明建设初步建立了土地整治规划编制和实施的理论方法和技术体系。

8.1 土地整治规划发展及其主要特点

8.1.1 土地整治规划演变

8.1.1.1 土地开发整理规划（2001~2010年）

1999年，《国土资源部关于切实做好耕地占补平衡工作的通知》（国土资发〔1999〕39号）中提出各级土地行政主管部门"要依据土地利用总体规划编制好土地开发整理专项规划"。2003年3月，《全国土地开发整理规划（2001~2010年）》经部长办公会审查通过印发实施。各地纷纷行动，对规划编制空前重视，全国各省（自治区、直辖市）及大部分县级行政单位都完成了规划编制工作。

土地开发整理规划作为土地利用总体规划的补充和深化，大大增强了规划在指导土地整治活动中的可操作性。自2001年规划实施以来，十年间，全国通过土地整治，新增耕地276.1万公顷（4142万亩），超过同期建设占用和自然灾害损毁的耕地面积，保证了全国耕地面积基本稳定，对坚守18亿亩耕地红线发挥了重要作用。同时，建成高产稳产基本农田超过1333.3万公顷（2亿亩），经整治的耕地平均亩产提高10%~20%，农田机械化耕作水平、排灌能力和抵御自然灾害的能力显著提高，农业生产条件明显改善，促进了新增千亿斤粮食工程的实施，保障了粮食连年增产。

8.1.1.2 土地整治规划（2011～2015年）

随着《全国土地利用总体规划纲要（2006～2020年）》的发布实施和第一轮土地开发整理规划的规划期限逐渐临近，第二轮规划编制工作拉开序幕。2010年5月，全国土地整治规划编制工作正式启动，同年10月，国土资源部召开电视电话会议，下发《关于开展土地整治规划编制工作的通知》，全面部署了省级土地整治规划编制及14个试点市、县的土地整治规划编制工作。2012年3月，《全国土地整治规划（2011～2015年）》经国务院批准正式颁布实施，明确了未来五年全国土地整治工作的方针政策和目标任务。此后，国土资源部依据全国规划相继安排了高标准基本农田建设、城乡建设用地增减挂钩、工矿废弃地复垦调整利用、低丘缓坡荒滩土地开发利用、城市低效土地二次开发等土地整治活动。

这一阶段，土地整治的地位不断上升，内涵和外延快速扩张。土地整治规划作为土地利用总体规划的继承和发展，内容不断丰富，目标趋于多元化，承载了更多使命。目前，土地整治规划已全面建成"国家—省—市—县"四级规划体系，目标体系清晰明确、各级规划任务重点突出，规划的编制、组织管理在上一轮规划基础上得以完善和规范，实施抓手更加有力。

8.1.2 土地整治规划体系

土地整治规划分为国家、省、市和县四级，可根据需要编制乡村土地利用规划。

县（市、区）可结合实际，以土地利用总体规划和土地整治规划为依据，组织编制土地复垦专项规划、城镇低效土地二次开发专项规划、宜农未利用土地资源开发专项规划和城乡建设用地增减挂钩专项规划等。

全国土地整治规划是国家土地整治的战略指引，是指导全国土地整治工作的纲领性文件；省级土地整治规划是土地整治规划体系中承上启下的重要规划层次，为市、县规划提供依据和指导；市、县土地整治规划是实施性规划、土地整治活动的基本依据，是土地整治规划体系的主体和关键（郧文聚，2011）。

8.1.3 土地整治规划任务和基本要求

8.1.3.1 土地整治规划的主要任务

土地整治规划的任务是依据规划层级和地方实际需求综合确定的。虽然不同区域土地整治规划的任务各有侧重，但主要任务是基本一致的，都应当包括上一轮规划实施及相关工作情况评价、土地整治潜力分析、土地整治重大（点）问题研究、制定土地整治战略和目标任务、土地整治布局安排、资金供需分析和效益评价、制定规划实施的保障措施和土地整治规划信息化建设等方面。

8.1.3.2 土地整治规划编制的基本要求

（1）规划范围和规划期限。土地整治规划范围为行政辖区内的全部土地。规划的期限一般为5年，可展望至10年。

（2）编制原则。规划编制应遵循以下原则：①依法依规，科学规划。以《土地管理法》等相关法律法规为依据，以促进"三农"发展为目标，明确土地整治和高标准基本农田建设目标任务，确定土地整治布局和项目安排，提出规划实施政策措施。②因地制宜，突出重点。立足当地经济社会发展实际，突出高标准基本农田建设重点，因地制宜、循序渐进，统筹安排各项土地整治活动，规范有序推进田、水、路、林、村综合整治。③承上启下，相互衔接。坚持自上而下、上下结合，依据上级规划的部署安排，充分考虑各市、县经济社会发展条件和土地整治潜力，合理安排本行政辖区土地整治和高标准基本农田建设任务，做到上下协调；同时，加强与相关规划的协调衔接，提高规划的可操作性。④部门合作，公众参与。建立土地整治规划编制组织机构，加强对土地整治规划编制工作的组织领导，统筹推进规划编制工作；健全规划编制的专家咨询制度和部门协调机制，加强规划论证；采取多种方式和渠道，提高规划编制的公众参与度，增强规划编制的公开性和透明度。

（3）编制依据。①《中华人民共和国土地管理法》、《土地复垦条例》、《基本农田保护条例》、《中华人民共和国环境影响评价法》等有关法律法规；②国家有关土地整治的政策文件、涉及土地整治规划编制与实施的行政规章和规范性文件；③同级土地利用总体规划、上级土地整治规划及相关的区域发展规划，经济社会发展规划及其他相关规划等；④依法组织开展并公布的相关调查、评价成果。

（4）编制程序。①准备工作。成立规划编制领导小组，制订工作方案，落实承担单位和工作经费，建立专家咨询委员会，开展技术培训和宣传动员。②基础调查。收集有关自然、生态、经济、社会和土地利用等方面的基础资料，梳理国家与所在省（自治区、直辖市）出台的相关法律、规划、政策和标准等，开展必要的补充调查和适宜性评价，摸清土地整治潜力。③重点研究。立足本行政辖区经济社会发展对土地整治需求，充分利用已有规划成果，围绕全国土地整治规划确定的目标任务，开展土地整治战略、高标准基本农田建设、城乡建设用地整治、土地整治中的生态建设、规划实施保障措施等重点研究。④编制方案。在开展土地整治潜力评价和重点问题研究的基础上，明确土地整治战略目标和高标准基本农田建设任务，根据土地利用总体规划和当地经济社会发展要求等，与相关规划相协调，提出土地整治规划方案，并与上级规划相衔接。⑤协调论证。采取多种方式广泛征求意见，组织有关部门、专家对规划供选方案进行论证。综合各方面意见，修改、确定规划方案，完善规划成果。⑥成果报批。规划成果经编制领导小组审议后，报上级国土资源主管部门审核后，由同级人民政府批准实施。

8.1.4 土地整治规划编制的特点

在土地整治基本理念和基本理论的指导下，结合我国土地整治特点，总结土地整治呈现的一般规律，以便指导土地整治规划编制实践。

(1) 土地整治的阶段性。不同的经济社会发展阶段，土地整治的内容及任务自然会有所差异，呈现出明显的阶段性。以农业为主导产业的时期，经济社会增长速度相对缓慢，生产要素主要是资源和劳动力，土地整治主要是增加粮食产量，建设配套基础设施，改善农民生产、生活条件。以工业为主导产业的时期，生产要素增加了资金这一重要生产要素，产业结构和布局会引起土地用途更替及影响土地利用效率。伴随着资源消耗快速增加，土地资源的有限性和生态环境约束对区域发展的影响也越来越大，因此，优化用地结构和布局、加强生态环境建设对土地整治提出更多需求。当经济发展脱离工业化过程后，高新技术产业和社会服务业将成为经济增长的主要动力，农用地趋向规模化、集约化、生态化和多功能化，而随着基础设施和公共服务设施的配套，建设用地的区位条件不再敏感，趋向集约高效、环境友好，土地整治将更加注重提升土地资源对经济社会及产业发展的生活、生产、生态景观等基础服务功能（郧文聚，2011）。

(2) 土地整治的广域性。从广义上看，土地整治包括一切以提高土地利用效率为目的的措施和手段。只要是消除土地利用现状中对经济社会发展的制约和限制因素，有助于土地利用效率进一步提高的建设活动，都可认为是整治的范畴。从国内外土地整治发展经验来看，土地整治的范围都呈现不断扩大趋势，一般都经历了从农用地整理到建设用地整治再到生态环境整治的过程，土地整治的要素也不断趋向综合化，目标趋向多元化。我国早期的土地整治"偏重"于农用地整理，单纯以增加耕地数量为目标，发展到现在，注重"田、水、路、林、村、镇"的区域综合性整治，努力提升耕地数量、质量和生态功能，促进建设用地节约集约利用，已经成为当前土地整治的重要特点（罗明，2003）。

（3）土地整治的区域差异性。各地自然和经济社会条件的差异决定了土地整治必须坚持因地制宜的原则，在确定各业用地时，既要考虑到生产发展的需要，又要考虑到土地资源的特性，宜农则农、宜林则林、宜牧则牧，做到地尽其利；同时，消除土地利用上不合理的现象。土地整治具有鲜明的地域性，不同地区由于自然经济条件不一样，发展农业生产过程中存在的主要问题也不同，土地整治的方向便不一样。因此，不同地区整治的重点、内容和方法也就不一样。

（4）土地整治的市场化。土地整治措施的选取应遵循自然法则与经济法则相结合的原则，其中的经济法则，主要是指应顺应市场规律。例如，农用地由原来的自然条件适合种什么就种什么转变为立足于科学技术的市场需求与自然条件相结合的农业种植方式，以土地整治为契机，结合城乡居民食物结构和消费结构的转变特征，根据市场的需要进行农业结构调整。

8.2 土地整治规划编制技术与方法

8.2.1 土地整治规划编制的基本方法

8.2.1.1 定性分析

定性分析是一种以语言描述为主的分析手段，也是传统社会科学最基本的研究手段。定性分析可以使人们对研究对象的外部环境、研究对象的组成、结构及发展方向有一个最基本的、相对感性的了解。与定量分析相比，定性分析更偏重于逻辑推理，但也正是由于过度依赖经验分析，其结果往往过于粗略，难以反映研究对象的精确关系，在现代分析研究中定性方法的分量正在不断下降。

不过，在对一些个别出现、具有较强复杂性和不确定性的现象进行分析时，定性分析具有较大优势，尤其是分析一些缺乏可靠的理论指导的问题，往往需要用定性分析的方法构建分析解决问题的理论框架或概念模型。在具体实践中，将定性分析与定量分析相结合，已经是各类分析研究的基本原则，即用定性分析进行前期分析，用定量分析进行验证并对定性分析结果进行修正、补充，通过这一过程的不断反复，使得研究更加细致深入。

当前，已经形成了不少定性分析的工具，常见的如优劣势分析法、PEST分析法、特尔斐分析法等（郧文聚，2011）。

8.2.1.2 定量分析

定量分析是在一定假设条件下，将研究对象的结构、组成因子和因子间的相关关系、外部环境对研究对象的影响等以数字或数学公式的形式表达出来，以期对研究对象有个比较精确的、偏于理性的认识。与定性分析相比，定量分析的优势在于能够运用理论方法，通过数学运算得到精确、可重复的结果和结论，便于对方法和结果的补充、完善和移植使用。但其劣势也十分明显，就是土地利用受多因素影响，具有高度不确定性，且模型或公式再完美也难以做到"算无遗漏"，直接导致定量分析结果的或然性，即定量计算的结果只能当作可能发生的值，而不是必然发生的值。因此，定量分析所依赖的理论和前提假设对分析水平有着决定性的影响。

本书对规划编制中常用的定量分析方法进行简要介绍，包括指标分析、因素相关和主成分分析、聚类分析等。

（1）指标分析。指标是规划编制中常用的各种统计指标。按其所反映的数量特点和内容的不同，可以划分为数量指标和质量指标两类。数量指标比如区域人口数量、国内生产总值总量、土地面积、土地整治规模、年度资金投入水平等，质量指标如土地利用结构、土地利用效率、农用地质量等表达事物内涵状况的指标。

按照分析研究过程中的使用情况来划分，又可以划分为可以直接使用的简单统计指标、需要通过数学综合的指标和全面反映事物特征的综合指标。简单指标一般都有专门的统计方法，能够直接使用，对于判断区域总体情况或某具体问题的情况十分直接而有效。如基于全国农用地分等成果的区域平均农用地等别指标，能够直观反映某区域的农田质量状况，能够在全国范围内与其他区域进行比较分析。还有美国经济学家钱纳里在对经济发展阶段的研究过程中，基于人均国内生产总值这一指标提出将经济发展划分为初级产品生产阶段、工业化阶段和发达经济阶段，对全世界经济发展都具有重要的指导意义。

除了专门的统计指标以外，有一些指标是需要通过数学综合得到的指标，这类指标往往能依据现有的统计指标按照专门的模型计算获取。如近两年来为反映建设用地扩张程度和集约利用水平，使用较为广泛的城市用地增长弹性系数指标，是城市用地增长率与城市人口增长率的比。

在分析研究中，由于单项指标不能全面反映对象特征，常采用综合指标来概括多个因素的影响。如前文所提到的农用地等别指标，就是一个综合性指标，是按照农用地的自然条件、利用状况、经营状况逐级运算得到，其中最常用的利用等等别指标能够综合反映农用地所处区域内的气候、地形地貌、土壤、灌溉与排水等条件。在计算土地整治潜力分析中，也常使用多因素综合评价法，如在嘉兴市土地整治规划（2011—2020年）编制过程中，为测定全市农用地利用效率潜力，基于典型样地构建了包括田块宽度、田块分维度、田块细碎度、田块集聚度、中等地面积比例、道路通达度、机械化程度共7个指标的评价指标体系。

（2）因素相关分析和主成分分析。规划编制过程中往往需要分析很多要素，如村庄整治与人口变化、经济发展、产业结构等要素之间的关系，粮食产量与地块面积、耕地质量、基础设施条件等要素之间的关系等，在这些关系中，要素之间彼此联系，影响效果却不相同。

运用因素相关分析及主成分分析，对于规划编制主要有以下两点意义：一是有助于确立区域战略目标。由于不同区域的情况不同，经济社会发展阶段各异，影响土地利用和土地整治需求的主要因素也不一样，对于不同地区，通过进行土地利用变化和土地整治与所有因素的相关分析，找出相关程度最大的因素，从而确定区域土地整治的战略重点。二是可准确判定影响区域土地利用效率提高的主导因素。例如前文提到的粮食产量，不同尺度上考虑这一问题的因素不一样，宏观层面由地形地貌、光温条件、土壤类型等自然因素主导，中观层面由作物品种、微地貌、基础设施条件、区域劳动力水平甚至和区域产业结构高度相关，微观层面和耕地质量、地块面积、灌排条件、农产品价格等因素相关。对于不同区域，各因素所起的作用又不一样，例如干旱地区，灌溉条件是主要因素，而在平原生产力水平较高的地区，基础设施可能起到主导作用。只有找到关键问题，才能找到解决问题的有效途径，从而制定针对性的土地整治策略。

因素相关分析及主成分分析在计量统计中的运用十分普遍，常用的软件包括Excel、Eviews、SPSS及国产软件DPS等。

(3) 聚类分析。聚类分析同样是规划编制中常用的多元统计分类法，是根据多变量或多指标的属性或特征的相似性，用数学方法把它们逐步地进行分类，最终得到一个能够反映分类对象直接亲疏关系的分类系统。

在规划编制中，常常需要根据区域的差异和不同的目的划分不同的分区，针对情况相近的区域制定相似的土地整治目标及空间政策以实施差别化的管理，也可以用来进行土地整治布局的优化。例如在对区域各个下辖行政单元的经济水平、耕地利用状况、村庄用地水平、城镇发展用地需求、土地整治潜力、水资源状况、产出状况、人力水平、资金保障能力等多项指标进行调查后，就可通过聚类分析将区域划分为不同类型，作为分区的基础。

聚类分析一般分为三大步骤：首先是数据标准化，将不同计量单位和数量级的原始数据变换处理，便于进行相互比较运算；其次是计算聚类统计量，利用标准化后的新数据计算聚类统计量，该值反映了各分析单元之间的关系密切程度；最后是选择聚类方法，即根据聚类统计量将关系密切的单元聚为一类，将关系不密切的单元加以区分。

8.2.1.3 模型分析

模型分析方法简单来说就是方法的组合及方法的具体实现手段，需要与特定的研究对象相结合，如土地利用变化及驱动力模型、土地适宜性评价模型、耕地需求和建设用地需求预测模型、城市引力模型、生产函数模型、技术效率模型等。在规划中利用模型进行分析的方法越来越普遍，可应用模型的数量越来越多，现从分析、预测、优化技术方面列举若干常用模型供参考。

(1) 层次分析模型（AHP）。层次分析法是一种定性与定量分析相结合的方法，尤其是表现形式非常简单，能够适用于复杂的社会科学领域，因此，得到了较为广泛的应用。运用该方法的主要难点是合理确定相关因素及相关关系，在因素间的相关关系不能明确或是对所分析问题缺乏深入认识时，需要通过反复分析，真正理解、把握问题，构建合理的问题分析的层次结构。

(2) 回归预测模型。回归分析的常用模型包括一元回归模型、二元回归模型、多元回归模型、非线性回归模型（如 Logistic 模型）及自适应的回归预测技术。无论采用哪种类型的模型，都要注意预测对象与影响因素之间必须存在因果关系，不能在没有分析的前提下随意建立因素之间的回归模型，其结果没有任何意义。另外，回归预测分析的原理是基于已有的数据规律，要准确预测未来，对数据量有一定要求，同时要合理选择适宜的线性或非线性模型。

（3）线性优化模型。运用线性规划模型，首先是要尽可能明确研究问题的界限，即前提假设和约束条件要尽可能明确；其次是要从实际问题中合理抽象出主要因素，即将复杂问题简单化；三是建立模型时要考虑模型的可行性，模型越简单，解释越粗糙，与实际脱离越远，反之模型细节越丰富建立模型的难度越大；最后要进行模型的论证，以保证模型合理性和数学上的正确性。这也是对使用其他模型分析方法的一般要求。

（4）系统动力学模型。与线性规划模型相比，系统动力学模型的分析结果主要依赖模型结构本身，对参数大小不如线性规划模型敏感。其原因在于系统动力学模型以规划目标与影响因素间存在的因果关系为基础，通过建立两者的信息反馈机制，模拟系统动态过程。因此，在处理非线性具有多种反馈结构的复杂系统上，系统动力学模型具有较强适应性，但其缺点也很明显，比如对于长期性、趋势性问题分析较弱，个别影响较大的参数会遇到难以准确定量的问题，模拟结果的随意性较大、解释性较差。

（5）智能体（Agent）模型。核心是一张二维格网图，每一个空间网格代表土地利用变化的基本单元。空间网格的土地利用如何变化取决于其综合的自然—经济—社会属性，最终表现为宏观层面的土地利用格局动态变化过程。"空间决策模型"相对于传统土地变化空间模型的最大革新是将人的行为偏好、人口结构、政策条件等因素定义成网格经济—社会属性的重要方面，以此体现人类在土地利用变化过程中的主体地位。此类模型重点研究的是网格地块的土地利用方式及格局发生变化的可能性，因此，模型中人与地块的空间对应关系并不需要非常明确，人口数量可能存在动态变化，并且一定程度上可以在不同地块间流动，以此改变地块的综合属性特征，由此造成网格地块土地利用格局的变化。综合来看，这类模型较多应用在城市扩张、居民点选择等研究领域，尤其是政策分析与评价等问题。

8.2.1.4 空间分析

土地整治规划属于空间规划，对空间分析有大量需求，分析的主要内容包括三维模型构造与三维分析、网络分析和基于空间位置的空间分析等。三维模型构造与三维分析、网络分析发展的技术和软件系统已经比较成熟。在空间分析方面，GIS基础软件平台和空间分析专业软件产品或各自不断丰富，或通过战略合作、整体兼并等方法完成产品的一体化过程，目前已经包括图形分析（空间对象，用图形学方法）、空间数据分析（属性度量，用统计学方法）和空间模型分析。尽管许多软件、著作和论文都对空间分析进行研究和阐述，内容各有取舍，但主要内容基本是一致的，主要包括叠置分析、缓冲区分析、网络分析、统计分析、地形分析等。

叠置分析：是指在同一空间参照系下，将同一地区的地理对象的图层进行叠合，以产生空间区域的多重属性特征，或建立地理对象之间的空间对应关系。其中主要包括点与多边形的叠置、线与多边形的叠置、多边形与多边形的叠置。

缓冲区分析：即根据分析对象的点、线、面实体，自动建立它们周围一定距离的带状区，用以识别这些实体或主体对邻近对象的辐射范围或影响度，以便为某项决策提供依据，其中包括点缓冲区、线缓冲区、面缓冲区等。而随着三维GIS研究的深入，对缓冲区的研究也不断深入。

网络分析：即对地理网络和城市基础设施网络等网状事物一级的相互关系和内在联系进行地理分析和模型化。其中包括路径分析、资源分配、流分析等。

统计分析：主要对数据进行分类和综合评价。其中包括统计图表分析、描述统计分析、主成分分析、层次分析法、系统聚类法、判别分析等。

地形分析：指对地形及其特征进行分析，包括地形表面模型建立、地形内插、精度分析、地形因子、可视化分析、剖面分析等。

此外，空间分析还包括空间查询与量算、趋势面分析、三维空间分析、空间插值方法、集合分析及其他应用分析模型，如小波分析应用模型等。随着对空间分析研究的不断深入，必定会增加更多的空间分析内容。

近年来，在土地整治规划的分析研究中，有几类空间分析方法得到了迅速而广泛的应用，取得了不少成果案例，值得我们分析与借鉴。

空间自相关分析与空间聚类。空间自相关是研究地理空间中各空间单元之间相关关系的分析方法。某空间单元与其周围单元间就某种特征值，通过统计方法，进行空间自相关性程度的计算，以分析这些空间单元在空间上分布现象的特性，是当前分析研究空间发展区关系、确定发展类别中较为先进、发展十分迅速的方法。

景观格局分析。近几十年来，为了定量化描述复杂的景观格局，景观生态学家们构建了一系列的景观格局指数。土地利用相关研究发现，这些指数能够很好地反映区域空间特征，能够为揭示用地状况，如耕地的利用状况、建设用地的集约利用水平、区域生态用地的破碎程度等提供依据。景观格局分析的常用工具是 Fragstats 景观指数分析软件，包括 4 个类型 39 个常用指数，常用的指数包括斑块数量和面积指数、斑块密度指数、最大板块指数、平均最临近距离指数、集聚度等。

8.2.1.5 政策分析

一般而言，规划政策分析所包括的基本要素有目标、备选方案、相关效果（备选方案的作用与影响）、标准（评估备选方案的依据）、模型（备选方案择优的基本途径）。进行规划政策分析涉及六个基本步骤：一是系统阐述，二是大范围搜索，三是科学预测，四是构建模型，五是方案评估，六是择优推荐。

从土地整治政策的环境来看，主要有六个方面具有重要影响的土地利用政策：一是节约集约用地政策；二是耕地保护政策；三是土地生态保护政策；四是权益保护、保障和改善民生的政策；五是促进闲置土地、存量土地、未利用地等有效利用的土地政策；六是因区域差异而实施的差别化土地政策。

8.2.2 土地整治规划编制技术

8.2.2.1 各级规划定位

土地整治规划分为国家、省、市和县四级，可根据需要编制乡村土地利用规划。全国土地整治规划（以下简称全国规划）是国家土地整治的战略指引，是指导全国土地整治工作的纲领性文件；省级土地整治规划（以下简称省级规划）是土地整治规划体系中承上启下的重要规划层次，为市、县规划提供依据和指导；市、县土地整治规划（以下分别简称市级规划、县级规划）是实施性规划和土地整治活动的基本依据，是土地整治规划体系的主体和关键。

全国规划主要阐明国家土地整治战略，明确未来土地整治的主要目标、任务和政策，合理布局土地整治重点区域、重大工程和示范建设项目，是指导土地整治工作的纲领性文件，是落实耕地保护和节约集约用地目标任务，协调推进城乡一体化建设，规范有序开展土地整治工作的基本依据。

省级规划是指导省级行政辖区内各项土地整治活动的基本依据，是促进"三农"发展和推进"四化"同步协调发展的重大举措，是统筹安排各类土地整治资金的重要手段，也是安排城乡建设用地增减挂钩、城镇低效用地再开发、低丘缓坡荒滩等未利用地开发等土地整治试点的重要依据。

市级规划是落实省级土地整治规划的重要环节，是实施和深化市（地）级土地利用总体规划的重要手段，是指导市（地）级行政区土地整治活动的政策性文件，是统筹安排各类土地整治资金的重要依据。市级规划重点落实高标准基本农田建设、补充耕地任务，同时统筹安排农用地整理、农村建设用地整理、城镇工矿建设用地整理、土地复垦和宜农未利用土地资源开发等各类土地整治活动，促进土地整治工作全面、深入、有序开展。

县级规划是实施和深化市（地）级土地整治规划和县级土地利用总体规划的重要手段，是指导县级行政区土地整治活动的实施性文件，是土地整治项目立项及审批的基本依据，是安排各类土地整治资金的重要依据。县级规划要统筹安排农用地整理、农村建设用地整理、城镇工矿建设用地整理、土地复垦和宜农未利用土地资源开发等各类土地整治活动，重点安排高标准基本农田建设和补充耕地项目，促进土地整治工作全面、深入、有序开展。

8.2.2.2 规划编制主要内容

（1）研判土地整治形势。总结上一轮规划实施期间土地整治的成效，客观分析上一轮规划实施的成效、经验和问题，评价分析土地整治的潜力，研判规划期间土地整治面临的形势。

（2）确定土地整治目标。围绕实施国家土地整治战略和对本行政区的整治目标要求，确定规划期土地整治的目标任务和主要指标，主要包括高标准基本农田建设规模、补充耕地面积等约束性指标，以及城乡建设用地整治规模、整治耕地质量等预期性指标。

（3）进行土地整治分区。根据自然地理条件、区域经济和社会发展水平、土地利用情况和生态环境等因素，合理分区，提出不同区域土地整治的目标任务和要求。

（4）安排农用地整理。在严格保护生态环境的前提下，科学合理安排农用地整理，增加有效耕地面积，提高耕地质量；落实高标准基本农田建设任务，统筹安排国家级基本农田保护示范区、高标准基本农田示范县及其他各项建设任务等。

（5）安排城乡建设用地整治。根据农业现代化和新农村建设需要及农民实际承受能力，合理安排农村建设用地整理活动。以促进土地节约集约利用为目标，按照部统一部署和规范管理的要求，科学安排城乡建设用地增减挂钩和城镇低效用地再开发的规模、布局和时序。

（6）安排损毁土地复垦。确定历史遗留损毁土地复垦规模和补充耕地面积，明确各类损毁土地复垦原则和要求。按照部统一部署和要求，提出工矿废弃地复垦利用的安排和政策措施。

（7）安排宜耕后备土地开发。在土地适宜性评价基础上，明确宜耕后备土地开发规模、补充耕地面积和耕地质量等级等。按照部统一部署和要求，明确低丘缓坡荒滩等未利用地开发的原则和安排。

（8）确定土地整治重点区域、重点工程和重大项目。根据各类土地整治潜力分析和适宜性评价等，合理划定土地整治的重点区域，落实土地整治重点工程和重大项目。

（9）开展资金供需分析及效益评价。测算土地整治资金需求，分析资金来源渠道，进行资金供需平衡测算，提出资金筹措方案。

（10）提出规划实施保障措施。从经济、社会、法制、行政等方面提出规划实施保障措施。

8.2.2.3 规划战略与目标的制定

土地整治战略是指导区域土地整治工作的基本方针。应充分考虑经济社会发展要求和土地整治潜力，落实土地整治规划和土地利用总体规划目标任务，提出土地整治的基本原则、主要方向、重点任务和总体对策。战略不等同于规划，规划是战略研究的实施，战略研究是编制规划的指导。土地整治战略研究是从整体上控制土地整治规划的编制与实施，是土地整治规划中首先要解决的问题。

（1）土地整治战略研究。土地整治涉及多种多样的活动主体，各行各业的群体，持有不同价值观的家庭、个人，还有中央政府、地方政府等。通过形形色色的活动，各个主体相互影响，这些主体和主体之间的关联构成了一个巨大的系统。

要认识这样一个复杂社会系统的全貌几乎是不可能的，土地整治规划仅是按照土地整治的基本理念，运用某种规划方法对整个系统进行控制引导。土地整治战略研究正是将整个系统中与土地整治相关的内容截取出来，可以说是为了规划而抽象的系统断面（郧文聚，2011）。

战略研究首先是进行区域基础条件分析，目的是阐述规划背景和确定规划关键问题。分析完成后，应结合土地整治的基本理念制定规划的指导思想和基本方针。在规划前期阶段，可预先草拟目标，以指导规划过程，在规划过程中不断对这些目标进行提炼，最终形成正式目标。规划任务依据规划目标，在规划过程中充实完成。

战略研究完成后，应编写一份简要的分析报告或前文提到的规划文本提纲，清晰地描述规划的基本原则、区域定位、规划目标和主要任务，这些内容都应与规划过程中提出的关键问题及问题的解决途径紧密联系起来，拟定这样的一份报告对于整个规划过程可能十分有用。

（2）土地整治战略重点。现阶段我国土地整治战略的基本方针可以概括为六个方面：一是坚持以农田整治为重点；二是坚持促进城乡建设用地集约节约利用，严格控制建设用地规模；三是坚持统筹城乡发展，促进工业化、信息化、城镇化、现代农业化同步发展；四是坚持因地制宜，尊重生态规律；五是坚持规划先行，量力而行，有序推进；六是坚持以人为本、群众自愿原则，切实保障群众权益。

按照我国土地整治规划的规划体系，土地整治战略可以划分为国家宏观战略层、省级区域调控层、地区工程操作层和区县项目落实层。不同层级的土地整治战略各有侧重，但都由战略要素、战略目标、战略要点、战略措施等共同构成。①国家宏观战略层。主体定位为经济发展、社会进步、人地和谐、生态友好和持续发展。其战略思想侧重于把握工业化、城市化进程中耕地保护和建设用地需求的平衡关系，探讨强化土地作为基本要素的经济技术途径，提升国家可持续发展重大生态安全、粮食安全的土地整治支撑战略。战略要点在于凸显土地资源属性，推进土地节约集约利用，统筹区域土地资源配置，优化土地利用结构与格局；强化土地经济、生态和科技创新导向；充分体现土地法律、法规与政策对土地整治的调控效能。②省级区域调控层。主体定位为省域差异、区域问题、区域政策和区域统筹。其战略思想侧重于科学揭示特定时期区域发展政策与土地利用优化决策的耦合关系；发挥政府调控土地资源配置的决策功能；探索促进土地资源的区域、配置的区域政策。战略要点在于凸现土地的资产属性，强化政府和土地整治工程决策的调控能力；明确区域经济社会发展中重大土地整治问题的演进过程、动力机制与调控途径；制定和实施有区别的区域发展政策及其土地政策。③地区工程操作层。主体定位为整治工程建设、技术创新、操作模式和统筹城乡协调。其战略思想侧重于扎实推进土地生态安全、耕地质量与粮食安全的旱涝保收高标准基本农田工程；尝试建立区域基本农田保护、生态建设与农村经济持续发展的长效机制和创新体制；促进土地科学研究、土地科技创新与工程技术推广。战略要点在于突出土地整治面临的重大问题，为国家目标和地区发展需求，提出解决诸如基本农田保护与建设、退化土地恢复与整治、水土资源协调、耕地后备资源开发、农村建设用地整理等问题的行动计划、科技支撑和可行措施。④区县项目落实层。主体定位为整治项目安排落实、方案优化和典型示范设计。其战略思想侧重于因地制宜落实农用地整理、建设用地整治、生态环境整治等各类整治项目；科学合理安排各类整治项目的规模、时序和空间布局；结合当地的地形地貌、土地利用和社会经济发展要求开展示范典型项目设计。战略要点在于结合地区土地整治工程的要求，提出高标准基本农田建设、农村居民点整治、土地复垦、耕地后备资源开发和生态环境整治的具体落实方案。

（3）土地整治规划目标的制定。土地整治规划目标是指为保障经济社会可持续发展对土地资源的需求，规划期内通过土地整治所要达到的特定目的，以定性和定量的形式体现。土地整治规划目标应该通过循序渐进的方式来制定。规划前期阶段，必须对规划区域土地整治存在的问题和机遇取得充分的认识，以战略分析为基础在规划过程中不断提炼，直到规划文本编制完成，才算真正完成目标的设定。

从程序上来讲，目标设定包括"初始目标设定—具体指标测算—目标调整确定"三个步骤，并且会在规划过程中不断反复，例如在重大问题研究阶段会根据潜力测算结果的调整，规划方案编制阶段根据资金供需测算、环境影响评价或部门/公众意见进行调整，甚至在规划实施过程中会由于政策环境变化而调整等。

拟定土地整治规划目标的过程中，应重点注意以下四点：一是规划目标的设定应与规划尺度（规划层级）相适应。举例而言，省级规划注重宏观指导，不应当将规划目标制定得过细，不能将规划目标制定为修多宽的路等。县级规划注重实施，很多规划内容直接和土地整治项目的操作直接相关，规划目标应当具体、可操作，甚至可以直接作为项目建设的指导框架。二是规划目标可采取总目标与分目标相结合、定性与定量相结合的方式。总目标通过描述某个特定的主题阐释规划意图，主题的对象既可以是某一土地整治类型也可以是某一重大问题，可采用定性描述；分目标则通过某一具体途径的安排实现特定总目标，宜采用定量描述。规划编制中应理顺层次关系。三是规划目标在形式上应简单并保持一致，合理表达规划意图、规划重点、先后次序等含义。四是在必要时，应对规划目标进行调整，在规划编制中不仅不该想方设法避免调整，反而应不断回顾目标是否针对关键问题，贴合当地实际。

8.2.2.4　高标准基本农田建设安排及布局

高标准基本农田建设是《全国土地整治规划（2011—2015年）》制定的重要任务，到2015年我国将新建4亿亩高标准基本农田，2020年新建8亿亩高标准基本农田，为国家粮食安全奠定坚实基础。

（1）高标准基本农田建设条件调查。在规划编制中应以土地利用总体规划确定的基本农田保护区、集中区、整备区及土地整治重点区域、重点工程所涉及的范围为重点，重点调查分析基本农田的数量与分布、耕地质量等级、已建成高标准基本农田面积、拟建设高标准基本农田面积等情况。

有条件的地区可进一步调查基本农田的基础设施条件、土地权属状况、土地经营方式、农作物种植情况、投入产出情况、生态环境条件等。

（2）高标准基本农田建设安排。充分利用基本农田相关工作成果，结合基本农田现状调查结果，分析现有基本农田的数量和布局、基本农田的质量状况、基本农田的基础设施配套完善程度、水资源保障情况等，说明已建设完成的高标准基本农田的规模、基本农田利用的障碍因素和存在的主要问题。

按照以下原则选择确定符合当地实际情况的高标准基本农田建设目标：一是优化土地利用结构与布局，实现集中连片，发挥规模效益；二是增加有效耕地面积，提高高标准基本农田比例；三是提高基本农田质量，完善农田基础设施，稳步提高粮食综合生产能力；四是加强高标准基本农田生态环境建设，发挥生产、生态、景观的综合功能；五是建立保护和补偿机制，促进高标准基本农田的持续利用。

（3）确定高标准基本农田建设标准和建设内容。按照《高标准基本农田建设标准》要求，符合国家法律、法规及各部门的有关规定，结合地方实际条件，提出适宜当地的高标准基本农田建设标准，确定重点建设内容。

（4）确定高标准基本农田建设范围。应按照以下原则确定高标准基本农田建设范围：一是符合国家法律、法规，符合土地、农业、水利、环境保护等部门的有关要求；二是水资源有保障，水质符合农田灌溉标准，土壤适合农作物生长，无潜在土壤污染和地质灾害；三是相对集中连片；四是具备建设所必需的水利、交通、电力等骨干基础设施；五是地方政府高度重视，当地农村集体经济组织和农民群众积极性高。

（5）进行建设可行性分析。提出规划期内新建高标准基本农田的数量和布局，提出建设的主要途径，分析资金需求和供给情况等。

8.2.2.5 土地整治分区

进行土地整治分区最直接的目的是明确各区土地整治方向和重点，在阐明各区的自然条件、经济社会条件和土地资源优势的基础上，确定区域土地整治的现状、特点、经验及问题，揭示各区土地整治的发展方向和重点内容，实行差别化管理。但是，并不是每级规划都需要进行土地整治分区；省级规划应当进行土地整治分区并根据需要制定二级分区，市级规划可以根据需求进行土地整治分区，县级规划则一般不需要进行土地整治分区。

（1）分区依据。土地利用现状分析、潜力评价及本区域的自然、社会经济资料是分区的基本依据。在分区中，要根据土地利用现状，充分考虑土地的资源特点、利用状况、适宜用途，参照土地整治潜力评价结果，因地制宜地划区。区域发展战略及各部门用地需求量是分区的必要依据，在符合国家、省（自治区、直辖市）、市（地）、县土地利用总体规划、用地政策的前提下，各级的分区布局和面积数量要尽量满足各部门发展对土地的需求，做到分区结果各部门都能接受，使土地整治分区真正为本区域的经济发展起保障和辅助作用。区域内已有的规划、区划是划区的参考依据，有关部门编制的各种规划反映了各行业对土地利用的特殊要求，代表了一定时期土地利用的合理性，要尽量采纳。各地有关耕地资源、水资源保护、生态建设和环境保护的专门资料是分区的有效依据，因为它是实现社会目标和公众利益所必需的，应尽可能采用。实地调研结果是分区的直接依据，是分区方案的具体化过程，可以重点考虑。

（2）分区方法。分区方法可以分为定性方法、定量方法和定性与定量分析相结合的方法三类。定性分析法一般包括专家咨询法、综合分析法、叠图法，定量分析法包括主成分分析法、聚类分析法等。采用定性分析法进行土地利用分区，受人为主观性影响较强，而采用定量分析法，通过建立分类指标体系的分区程序，对样本进行分类，将土地整治分区进行量化，在一定程度上克服了主观因素的影响，但又会因为完全依靠所选取的分区指标体系，使分区受到指标可获得性与指标选取科学性的影响。因此，将定性和定量分析的方法结合起来划分土地分区十分必要。

8.2.2.6 土地整治重点区域和重点项目安排

（1）土地整治重点区域安排。土地整治重点区域主要是在土地整治潜力调查和评价的基础上，为统筹安排市域内耕地、各类农用地、农村建设用地、未利用地、废弃土地等资源的开发利用，根据自然、社会、经济条件，生态环境建设要求，以及土地整治类型及其整治限制因素的相对一致性，为引导土地整治活动，实现土地整治目标，在土地整治分区基础上，确定的土地整治重点区域。

重点区域与土地整治分区具有内在联系。土地整治分区的划分主要依据自然和社会经济条件，同时借鉴土地利用总体规划成果等。区域划分，一方面，为因地制宜指导土地整治活动提供依据；另一方面，为确定重点区域打下基础。重点区域受地形、地貌、河流等自然条件影响较大，沿河流域、滩涂开发潜力较大，土地整理、复垦主要集中在平原地区，山区、丘陵区农用地资源较为丰富，发展林果业及牧草种植业潜力较大。因此，重点区域的确定与土地整治分区的划分具有内在联系。在土地整治分区划分的基础上，土地整治潜力相对较大而集中的区域一般可以划为重点区域。

（2）土地整治重点项目安排。土地整治重点项目是在划定重点区域的基础上，围绕实现规划目标，结合国家和地方经济建设、重大基础设施建设、生态环境建设，以及重大土地利用问题，有效引导土地整治活动的组织形式。

土地整治重点项目具有如下特点：土地整治规模较大；土地整治潜力较大，基础条件好；对实现规划目标起主要支撑作用；对落实重点区域内土地整治任务发挥主导作用；能够明显改善区域生态环境；预期经济效益、生态效益、社会效益明显；对推进土地整治具有较强的示范意义。

在规划编制中，一般按照如下原则进行项目布局安排：一是以划定的土地整治重点区域为基础，立足当地经济社会条件和土地资源利用特色；二是以落实区域内土地整治重大任务，或解决较大基础设施建设（包括能源、交通、水利等）、流域综合开发治理、生态环境建设、区域发展规划等土地整治活动中出现的土地利用问题为目的；三是以保护和改善生态环境为前提，相对集中连片，具有一定规模，具有较好的基础设施条件；四是项目实施具有较可靠的资金保证，地方政府和公众积极性高；五是项目实施对规划目标的实现起支撑作用；六是综合考虑重点项目空间分布的平衡性；七是综合考虑资金总量、规划目标和实施的可行性，合理安排土地整治类型结构；八是项目建设期一般不超过3年，超过3年的可以分期实施等。

8.3 土地整治规划图件编制与数据库建设

8.3.1 土地整治规划图件作用和编制原则

8.3.1.1 土地整治规划图的意义和作用

土地整治规划不仅要做到定性、定量，而且必须做到定位。因而土地整治规划除文字资料外，还必须具有与之配套的土地整治规划图。土地整治规划图采用专门的图例符号系统和独特的表示方法，以图件形式再现了规划内容，明确了辖区内各块土地整治的方向、内容，为今后实施规划、进行各项土地整治提供了图件依据。它具有文字或其他任何表达方式所不能代替的特殊的重要效用，是今后实施规划、科学地进行土地整治实施管理的一个特殊有效的工具。图件编制质量直接影响到规划的科学性和可操作性。

8.3.1.2 土地整治规划图编制基本原则

（1）科学性原则。土地整治规划图件编制时应坚持实事求是的态度，所采用的各种资料应准确可靠。图件规划内容要遵循因地制宜、合理配置的原则，有充分的科学依据。

（2）统一性原则。图件的图例符号系统要严格按照国家颁布的规划规程要求绘制，做到标准化、规范化，利于不同区域土地整治规划图的地图信息交流，为建立土地整治规划管理信息系统奠定基础。

（3）实用性原则。编制土地整治规划图的目的在于应用，它是土地管理的一个重要工具。因此，无论图件的比例尺、内容或图件表现手段的设计均应满足土地资源管理部门的工作要求，体现其实用性。

（4）艺术性原则。图件的科学内容是通过它的特殊艺术形式表达出来的，具有精美艺术价值的规划地图直观易读，给人以生动的感受，可更好地传递信息，提高图件的实用价值。

8.3.2 土地整治规划图件的基本要求

8.3.2.1 土地整治规划图的种类

土地整治规划图件包括必备图件与可选择图件。必备图件为土地整治规划必须编制的图件，可选择图件根据需要选择编制。

（1）必备图件。①现状图：土地利用现状图。②规划图：土地整治潜力分布图、土地整治规划分区图、高标准基本农田保护示范区规划图、土地整治规划图（土地整治重点区域分布图、土地整治重点项目分布图、土地整治项目分布图等）。

（2）可选择图件。包括土地整治规划战略图、绿色基础设施网络规划图等。

8.3.2.2 土地整治规划图件的要素

（1）底图要素。土地整治规划图件的底图要素是编制土地整治规划图的地理基础，即土地整治规划图件所依托的底图。

地理基础要素包括政府驻地、行政界线、主要交通道路、主要河流水系及名称注记。

注记内容主要包括市（地）、县（区）、乡（镇）政府驻地名称，公路、铁路、民用机场名称，水利设施名称，河流、湖泊与水库名称，自然保护区、风景名胜区名称，高程特征点名称，其他重要地物名称。注记字体采用宋体，注记字向为正向朝北；注记排列方式有水平字列、垂直字列、雁行字列、屈曲字列四种；注记字距视图幅内容协调、美观情况而自定。

（2）专题要素。土地整治规划图件的专题要素是编制土地整治规划专题图时必须表现在规划图上的要素。专题要素包括土地整治分区（省级），土地整治潜力（农用地整理潜力、农村建设用地整理潜力、土地复垦潜力、宜农未利用地开发潜力），土地整治重点区域（农用地整理、农村居民点整治、土地复垦、宜农未利用地开发、生态整治）（市级），重点项目（市级）/土地整治项目（县级），万亩高标准基本农田保护示范区（市级）/高标准基本农田（县级），建设用地管制分区中的允许建设区、有条件建设区和禁止建设区。图件编制的具体要求见各级土地整治规划编制规程。

8.3.3 土地整治规划数据库建设意义和作用

8.3.3.1 建设土地整治规划数据库是国土资源管理信息化的必然要求

信息化是当今世界的发展趋势和潮流，进入21世纪，信息技术向高速大容量、网络化、综合集成化方向发展的势头更加迅猛，大力推进信息化，是覆盖中国现代化建设全局的战略举措和破解发展难题的重要手段。信息技术深度融入国土资源管理各环节，国土资源部提出建设国土资源遥感监测"一张图"和核心数据库，全面掌控资源数量、质量、空间分布、开发利用现状和潜力，优化土地利用空间格局和供应时序，促进资源高效合理配置。通过完善"全国覆盖、全程监管、科技支撑、执法督察、社会监督"于一体的国土资源综合监管体系，借助信息技术扩大监管视野，真正做到"天上看得清、地上查得实、网上管得住"。

土地整治规划成果是国土资源管理的业务领域之一，其成果也必然是遵从统一标准、统一操作规范的数字化成果。自2010年第二轮土地整治规划编制、实施以来，国土资源部多次发文，明确要求建立各级土地整治规划数据库，实现土地整治规划的信息化建设。

8.3.3.2 建设土地整治规划数据库具备了坚实基础

近十几年，国土资源部相继出台了一系列标准，包括县（市）级土地利用数据库标准、县（市）级土地利用数据库建设技术规范、土地利用现状分类标准、土地利用规划数据库标准、土地利用现状和规划数据库数据质量控制规范、城镇地籍数据库标准、国土资源信息核心元数据标准、全国国土资源信息网络系统建设规范、第二次全国土地调查系列标准、土地利用数据库标准、城镇地籍数据库标准、土地调查数据库更新标准、土地调查数据库建设技术规范等，这些标准和规范保证了土地整治规划成果能够按照统一标准、统一操作规范进行建设，从而实现全国国土资源数据的集成与共享。

8.3.3.3 土地整治规划数据库的核心是服务于管理和应用

土地整治规划是开展土地整治和建设旱涝保收高标准基本农田的基本依据，各类土地整治活动都要规划先行。为适应信息化发展需要、提升管理效能，建立土地整治规划数据库，并纳入国土资源遥感监测"一张图"和综合监管平台统一管理，可以充分发挥规划的日常统筹管控作用。

建设土地整治规划数据库的主要目的是为了更好地管理规划成果及更好的实施规划管理。因此，数据库不仅是静态的规划成果存储，更多的是要面向管理应用，实现动态的规划实施监管，为长期的规划管理服务。在管理和应用中，需要重点考虑不同的规划层级，管理的需求和目标会有明显差异，数据库建设的内容和功能应针对不同层面进行应用分级。总的应用可以概括为实现一"看"、二"查"、三"分析"，国家级侧重国家层面关注的重点问题和重大工程；省级侧重在审批、监管；市、县级侧重项目实施的规划管理。同时，由于规划管理内容庞杂、区域差异大，还需考虑重点工作的整体性和区域的特殊性。对于未来可能出现的需求还要留有接口，具备一定的前瞻性，例如，将规划数据库建设与项目的审批和监管、规划的调整更新、规划的实施评估等实际工作相结合，还应包含耕地质量、工矿废弃地调整利用、城乡建设用地增减挂钩等内容。

8.3.4 国家级土地整治规划数据库及管理应用系统

国家级土地整治规划数据库建设将建立一套满足国家级和省级规划报备存贮和管理要求的规划数据库管理系统，可以对规划的文本、表格、空间数据进行有效管理（表 8.1）。通过与相关数据库的交互共享实现数据实时更新，满足对规划运行状态进行监测监管的需要。基于数据分析模型和规划评估模型，能够辅助规划实施跟踪评估等管理工作。

表 8.1 国家级规划数据库的总体架构

信息化基础设施	软件基础设施	
	硬件基础设施	
规划数据中心框架层	规划成果信息库	空间数据
		非空间数据
	规划外部信息库	基础地理信息
		农村土地整治项目信息
应用集成与开发框架层	Oracle	
	ArcGIS	
	……	
综合应用层	规划入库更新模块	
	数据同步管理模块	
	规划成果查询模块	
	规划运行监测模块	
	规划实施评估模块	

从整体上分析，数据库及管理系统建设主要满足以下需求：

（1）规划空间数据快速组织管理。按照规划数据管理的要求，对国家级和省级规划成果数据进行集中存储管理、入库更新等。能够快速浏览与查询文本、图件成果，满足国家和省级范围内空间矢量/栅格数据浏览、叠加分析、属性查询、空间查询、统计分析、空间面积量算等需求。

（2）数据查询统计分析能力。国家级规划数据库及成果管理系统不仅要满足国家级管理的要求，而且承担着为国土资源管理各类业务提供基础数据的任务。因此，数据库的查询、统计、分析等功能应满足不同的业务应用需求。系统能够输出符合规程规范要求的各类汇总表格和图件；系统可以为相关用户提供全国每一个土地整治项目尤其是高标准基本农田建设项目的名称、建设范围及规模等信息；系统应具有数据分析功能，对每年的规划运行情况，如规划指标执行情况、高标准基本农田建设情况等进行对比分析，为国土资源管理提供决策支持；系统还应支持各类统计图表、专题图件的制作与生成。

（3）多形式多尺度的动态展现。在实现全国规划成果的应用分析的同时，系统还应支持不同尺度的成果浏览，支持不同尺度浏览时要素的自动筛选加载；支持矢量、栅格数据的空间叠加显示；实现数据产品的加工制作等。通过多种成果展现模式，满足规划成果数据浏览需求。

国家级规划数据库的总体架构主要包括信息化基础设施层、规划数据中心框架层、应用集成与开发框架层、综合应用层四大部分。

第9章 土地整治项目可行性研究

9.1 概述

9.1.1 可行性研究的概念

项目可行性研究，一般针对投资项目而言，是在项目决策阶段，对项目建设有关的市场、资源等条件进行分析，提出工程建设方案，并从技术、经济和环境等方面进行分析论证，从而确定项目是否可行或选择最佳实施方案的工作。可行性研究最早出现在国外，20世纪50年代得到了较大的发展。改革开放以后，我国在总结新中国成立以来经济建设的经验教训基础上，学习和引进了国外可行性研究，并应用于工业项目建设前期的技术经济分析。1981年，原国家计划委员会发文规定："把可行性研究作为建设前期工作中一个重要技术经济论证阶段，纳入基本建设程序"。1983年，原国家计划委员会下发了《关于建设项目进行可行性研究的试行管理办法》，提出"可行性研究是建设前期工作的重要内容，是基本建设程序中的组成部分"，"建设项目的决策和实施必须严格遵守国家规定的基本建设程序"。1987年，原国家计划委员会颁发了《建设项目经济评价方法与参数》和《关于建设项目经济评价工作的暂行规定》，规定了建设项目可行性研究阶段经济评价的方法和参数，标志着我国投资项目进入了决策科学化、民主化的新阶段。2006年，为适应《国务院关于投资体制改革的决定》（国发〔2004〕20号）的要求，国家发展改革委发布了《建设项目经济评价方法与参数》（第三版），为在社会主义市场经济条件下，科学开展投资项目可行性研究工作、科学决策项目提供了指导原则。目前，项目可行性研究已成为投资决策中一个不可缺少的阶段。

土地整治项目可行性研究，最早在《国家投资土地开发整理项目管理暂行办法》（国土资发〔2000〕316号）文件中提出，要求项目申报时，应提交项目可行性研究报告。随后出台的《关于组织申报国家投资土地开发整理项目有关事项的通知》（国土资厅发〔2001〕64号）提出了项目可行性研究报告的编写提纲。2013年8月，国土资源部发布了《土地整治重大项目可行性研究报告编制规程》（TD/T 1037—2013），首次以技术标准的方式规定了土地整治重大项目可行性研究报告的编写内容，同时明确了可行性研究的工作内容和深度，也为一般土地整治项目的可行性研究工作提供了借鉴。

土地整治项目具有区别于一般建设项目的特定目标，不仅反映在经济效益方面，而且更加重视社会效益和生态效益。社会影响是土地整治项目可行性研究的重要内容。因此，土地整治项目可行性研究是根据地区和行业的发展规划、土地利用规划、土地整治规划和高标准农田建设规划，以及国家关于土地整治的法律法规，通过对拟建项目所在地的自然、社会、经济、技术等因素进行调查研究和分析，选定土地整治目标，确定土地整治方案，估算投资，以此预测项目建成后的社会效益、经济效益和生态效益，全面论证项目建设的必要性和风险，分析技术方案的适用性，评价经济的合理性，从而为项目立项提供科学依据。土地整治项目可行性研究是确定项目建设方案、估算投资、安排资金计划的主要依据，也是开展项目绩效评价的重要参考。

9.1.2 可行性研究的任务

土地整治项目可行性研究任务主要包括：一是开展项目建设背景分析，分析项目建设的必要性；二是开展基础调查和建设条件分析，明确建设目标和任务；三是拟定建设标准，选择可靠、适用的土地整治方案，分析项目实施和运营中可能存在的风险；四是估算项目投资，计算项目建成后的各项收益情况，评价项目的经济合理性；五是开展公众意愿调查，制定土地权属调整初步方案；六是提出项目实施管理措施，编制项目建设计划。针对上述工作，最后提出可行性研究结论。

9.1.3 可行性研究成果深度

按照《土地整治重大项目可行性研究报告编制规程》（TD/T 1037—2013）规定，土地整治项目可行性研究成果的深度应符合以下要求：①说明项目的由来和背景，分析相关政策和规划要求，论证项目建设的必要性；②确定项目的建设范围和建设规模，划分土地整治功能区和子项目片区；③查明建设区自然条件、社会经济条件和基础设施状况；④查明建区土地利用现状，落实新增耕地来源，测算新增耕地面积；⑤开展水土资源供需平衡分析，提出水资源利用方案；⑥对土地开发区和复垦区进行土地适宜性评价，提出土方开发和复垦的措施；⑦查明建设区土地利用限制因素，分析项目实施的潜在风险，制定应对措施；⑧确定建设任务和土地利用规划方案，基本确定建设标准和内容；⑨对骨干工程开展详细规划设计，提出工程类型、规模，计算工程量；⑩对田间工程选取典型区域开展典型设计，测算主要工程的工程量；⑪进行投资估算，初步确定资金规模，提出资金筹措方案；⑫组建实施机构，明确实施流程，制定主要工程施工方案；⑬明确分年度建设任务，制定分年度资金计划；⑭明确公众参与内容，确定土地权属调整初步方案；⑮明确工程管护的原则，确定工程管护主体；⑯提出项目实施的组织、管理、控制和保障措施；⑰进行社会效益、生态效益、经济效益分析，预测整治后耕地质量等级变化情况；⑱提出可行性研究结论。

9.1.4 可行性研究工作程序

土地整治项目可行性研究可划分为以下工作阶段：现场踏勘和资料收集、公众意愿调查、建设条件分析、拟定建设标准和规划方案、开展规划方案论证、制定权属调整方案、投资估算和资金筹措、编制年度计划、成果编制、评估论证。简要说明如下：

（1）现场踏勘和资料收集。开展可行性研究工作之前，应组织技术人员进行现场踏勘、调查，详细了解项目区自然、社会、经济、土地利用、基础设施等基本情况。在开展实地踏勘之前，应制定踏勘计划，明确工作人员分工。踏勘过程中，认真收集与项目有关的资料，包括气象、水文、地质、土壤、植被和农业种植，以及规划、政策、技术标准和报告等；同时与当地土地、农业、水利、林业、环境保护、建设等部门技术人员交流，与项目区农户进行座谈，详细了解项目区各方有关土地整治意愿。在充分沟通的基础上，初步达成土地整治规划方案的共识。

（2）公众意愿调查。土地整治项目区少则几百亩，多则几万亩，甚至几十万亩，涉及范围较广。在土地整治活动中，充分听取各土地权益人的意见，尊重各方权益，是保证土地整治成效的关键。因此，除了在现场踏勘过程中与项目区农户座谈之外，还应制定公众意愿调查表，开展问卷调查；通过问卷分析，了解项目区各土地权益人的真实意愿。问卷调查内容包括项目区农业种植情况、土地利用限制因素、土地整治工程建设内容、各项效益等。

（3）建设条件分析。通过分析，合理确定土地利用方向和用地规模，制定科学合理的土地整治方案。不同区域经济社会发展水平、自然条件的差异，决定了土地整治目标、工程建设内容和标准的不同。一般而言，经济快速发展的地区，其土地整治目标和建设标准较高，以田、水、路、林、村综合整治为主，进行各项用地布局时应考虑长远发展的要求，详细确定农业产业、居民点和水利、交通等基础设施布局；而经济欠发达的地区，多以单一目标的土地整治为主，建设标准适当降低，基本确定耕地、园地、林地、水域等用地布局。

（4）拟定建设标准和规划方案。建设标准反映了一定区域、一定时期内的经济社会发展水平，也反映了国民经济各部门工作的重点和配合的程度。当前已经颁布的《高标准基本农田建设标准》（TD/T 1033—2012）和《高标准农田建设通则》（GB/T 30600—2014）等技术标准，主要规定了土地整治目标、建设内容和技术要求。不同区域在进行土地整治项目安排时，应结合区域特点，细化工程建设标准，以此落实土地整治规划方案和工程建设内容。建设标准的选择与规划布局和工程设计是个互动的过程，应重点关注投资水平和建设标准的关系。

（5）规划方案论证。为了更好地了解土地利益相关方、专家和审批单位对土地整治方案的可接受程度，在土地整治方案初步确定之后，需要及时进行规划方案论证，这也是土地整治过程中公众参与的主要内容。规划方案论证分为三个层次：一是开展土地利益相关方的论证，可结合现场踏勘和公众意愿调查等工作进行；二是开展技术单位内部和外围专家的论证；三是由项目承担或审批单位组织的论证工作。各阶段论证工作需分开进行，论证后的成果将支撑下一阶段工作。规划方案论证后，再行拟定土地整治工程措施。

（6）制定权属调整方案。土地整治过程中涉及土地权属调整时，应严格执行《国土资源部关于加强农村土地整治权属管理的通知》（国土资发〔2012〕99号）的规定。该文件规定，在项目可行性研究阶段，查清拟开展整治区域的土地利用和权属现状，调查了解权利人权属调整意愿，分析、统计权属调整的初步意向，编制土地权属调整初步方案。土地权属调整方案主要内容包括：土地权属调整的原则和依据；土地权属调整的对象和范围；项目区域内土地利用和权属现状；土地归并和分配办法及土地权属调整相关图件。土地权属调整应结合工程建设，科学选择，并保证工程方案的最优化和效益的最大化。

（7）投资估算和资金筹措。在确定规划方案之后，根据之前拟定的工程建设标准，合理确定工程建设内容，进行工程量测算和项目投资估算，计算投资效益。按照土地整治资金政策，进行融资能力分析，提出资金筹措方案；根据资金收入情况，编制年度资金支出计划。

（8）成果编制。综合上述工作，编制土地整治项目可行性研究成果。其成果符合《土地整治重大项目可行性研究报告编制规程》（TD/T 1037—2013）的规定，包括项目可行性研究报告，以及附图、附件和附表。

（9）评估论证。可行性研究工作之后，需要召开专家论证会，对可行性研究成果进行评估。专家评估论证意见，作为项目立项的主要依据。

9.2 可行性研究内容和方法

项目可行性研究内容主要包括项目背景分析、项目选址、基础调查、建设条件分析、确定规划方案与建设内容、制定土地权属调整方案、投资估算和效益分析等。

9.2.1 项目背景分析

每个拟建项目都有其特定的背景、依据和理由。土地整治项目一般由政府投资建设，属于非营利性的公益性项目，有明确的目标。土地整治目标主要包括：一是增加有效耕地面积，提高耕地质量，增加粮食产能；二是通过农田基础设施建设，改善农业生产条件，提高农业生产效率；三是加强农田防护林建设，治理水土流失，改善生态环境；四是改善农业生产方式，促进农业增效，农民增收；五是改善农村人居环境，促进新农村建设。总之，通过土地整治，调整土地利用结构，提高基础设施水平，保障土地利用效率。

开展项目背景分析，主要围绕土地整治目标，从国家宏观经济政策和相关规划要求，结合土地利用和土地整治政策，对项目建设背景进行说明，论证项目建设的必要性和重要性。项目背景分析可分为两个方面：一是微观层面，说明通过土地整治，是否增加有效耕地面积，提高耕地质量，改善农业生产条件和生态环境，促进农村经济发展和农业增效、农民增收；二是宏观层面，对于受宏观经济影响较大的项目，如土地整治重大工程项目，应进行国民经济和社会影响分析，分析项目建设是否符合区域发展目标，是否符合土地利用规划和土地整治规划的要求，是否能够实现土地节约集约利用，是否符合保护生态环境、可持续发展的要求等。通过上述两个层次的分析，判别项目建设的理由是否充分、合理，以此阐明项目建设的必要性和重要性。

9.2.2 项目选址

土地整治项目选址的过程就是确定土地整治项目区位置和范围的过程。由于受到一定历史时期社会、经济和产业发展等政策的影响较多，土地整治目标在不同的历史时期会有所不同，这会影响到土地整治项目区的选择。在选定土地整治项目区位置和范围时，应结合国家目标，考虑土地利用方向和社会价值，需有所取舍、突出重点。为此，在进行土地整治项目选址时，应重点考虑下列因素：一是项目区选择应符合现行法律法规规定和区域发展政策；二是项目选址应符合土地利用规划、土地整治规划、高标准农田建设规划及其他部门规划；三是项目区周边具备支撑各类土地发挥最佳效益的基础设施条件；四是具备必要的自然资源条件，如合适的温度、光照、降雨，无难以克服的地质、土壤和环境因素。上面提到的基础设施包括与土地整治项目实施有关的水利、道路、电力等工程项目，目前在国务院职能划分上分属于不同的职能部门。

项目选址，应综合考虑下列因素：

（1）全面分析各项水资源条件，将水资源承载力和"以水定地"作为基本原则。

（2）避开各种自然灾害地区，水资源严重缺乏、土层薄且无客土条件、生态环境十分脆弱的地区不宜开垦为耕地，坡度25°以上的耕地、裸岩石砾地、河道常水位以下的河滩地、严重污染地区等严禁进行土地整治。

（3）谨慎开发17°以上的耕地。一般坡度在8°以下较易机耕，8°~17°尚可机耕，超过17°则难以机耕（王秋兵，2010）。耕地开发应与农业产业发展、机械化结合。

（4）土地权属无争议。在项目选址时应查清项目区土地权属状况，存在权属争议的土地不应纳入土地整治范围。

（5）尊重流域的完整性。在划定项目区边界时不仅要考虑行政区界线，还应充分考虑项目区实际地形条件、自然地物的分布情况，不打乱流域的完整性。

（6）应综合考虑土地整治成本，全面分析各类工程成本投入所带来的效果。

土地整治项目选址应遵从完整性、先易后难、效益最大化等原则。完整性应体现在集中连片，发挥规模效益，应与流域规划、灌区规划和水土流失治理等结合起来；先易后难体现在土地整治潜力大、工作难度小、工程量小且具有较大规模的区域；效益最大化是指经济效益、社会效益和生态环境效益等方面综合效益最大化。

9.2.3 基础调查

通过基础调查，查清项目区自然与资源条件、社会经济状况、土地利用现状、基础设施等情况，为建设条件分析和规划方案制定提供基础依据。

9.2.3.1 自然与资源条件调查分析

自然与资源条件调查内容包括地形、气象、水文、地质、土壤、植被、生态环境、自然景观和自然灾害等。

（1）地形资料包括不同地貌类型的分布特征，主要地物分布情况，地面高程、相对高差、地面坡度，以及地面径流流向。

（2）气象、水文资料包括项目区所处气候带、干旱及湿润气候类型，不同典型年的年降水量和最大暴雨量，多年平均蒸发量，各月平均气温、最高和最低气温，各月最大风力、风向，多年平均霜期、平均冰冻期、冻土深度，多年平均日照时数，光热资源量，以及主要河流、水库、湖泊、排水承泄区的控制面积、流量、特征水位、含沙量、水质等。

（3）地质资料分为工程地质和水文地质两个方面，包括区域地质构造，断裂和断层分布，地层岩性、分布和物理性质，地震烈度，不良地质灾害，以及地下水类型、赋存条件、含水层分布和渗漏量，地下水理化性质、潜水动态、流向、埋深、补给与排泄条件、可开采量等。

（4）土壤资料包括：土壤物理性质，如土壤类型、质地、结构、分布状况、比例、孔隙率等，土壤化学性质，如盐分组成、含盐量、pH 值，以及氮、磷、钾和有机物含量等，土壤水分特性，如土壤含水量、渗透系数、给水度、田间持水量等。

（5）植被及生态环境资料包括区内植被覆盖情况，主要适生乔木、灌木的类型和成本，退耕还林、还草的区域，水土流失及治理情况。

（6）自然景观资料包括自然和文化遗产分布情况，现有农田景观格局,村庄分布位置和居住情况,主要生物种群类型、分布和习性,重要生态廊道。

(7) 自然灾害资料包括冰、冻、霜、旱、涝、渍、潮、风、沙、土等。

上述自然条件中,地形调查可采用地形图调绘、航片判读的方法,并与实地调查相结合。气象、水文、地质、土壤、自然灾害是影响工程布局和结构的主要因素,可通过测量、试验、技术报告分析、现场调查等方法获取,也可补充测量和试验。其他自然与资源条件的调查,应通过收集有关技术报告和文献,结合现场踏勘,收集并核实有关资料的真实性。对于重要参数的获取,应明确获取途经,以及所采取的调查分析方法。

9.2.3.2 经济社会条件调查分析

经济社会条件调查内容主要包括:项目所在行政辖区内(一般为乡级,重大工程可为县级)的人口、土地面积、经济状况、农业生产、交通状况等;项目涉及行政村及自然村的数量、人口、土地面积、农业种植结构与产量、农业耕作水平、劳动力、经济收入、生态景观、历史文化等。上述数据可从当地统计年鉴和国民经济发展报告中收集。

9.2.3.3 土地利用现状调查分析

土地利用现状包括土地使用情况、耕地质量和土地权属情况。

(1) 土地使用情况调查内容包括现有土地类型、分布、面积,重点是对耕地面积的统计。土地利用类型、分布必须与最新的土地利用变更资料一致,出现差异时应以实地测绘数据为准进行变更。开展土地使用情况分析应在掌握土地统计台账的基础上,深入现场逐图斑对照,详细落实每一块土地的类型、分布,并实地丈量面积,判断是否与统计数值一致。有条件的地方,可通过卫星影像资料比对土地统计台账,核查图表中数据是否一致。

(2) 耕地质量调查内容包括:项目区及周边同类型耕地分布区域内各种作物的种植季节、灌水期、灌水量、农田排水状况,列表统计不同作物的生产成本、产量和价格等。根据近三年作物产量,将项目区划分出不同的耕地等级单元,依据农用地分等定级成果,复核耕地质量状况,标注现有耕地等级。对比项目区周边同类型耕地质量状况,分析耕地质量提高的潜力和等级。耕地质量调查方法包括走访农户、与农业技术人员座谈、市场调查等。

(3) 土地权属调查内容包括:项目区涉及的土地所有权单位、边界位置、面积,各宗地使用权的权属单位、面积,土地租赁情况。结合土地利用现状图,通过实地踏查,落实不同权属单位的地类边界和面积;与权属代表座谈项目规划方案,提出权属调整初步方案。

9.2.3.4 基础设施情况调查分析

基础设施是制定工程规划方案的依据。可分不同工程类型开展调查,内容包括以下五方面:

(1) 土地平整工程,包括:现有田块类型、规格、朝向,田块内平整情况、田面坡度、土壤质地、土层厚度、耕作层地力状况等;需要客土时,应调查客土源的分布、土壤质量和储量,分析运输成本。

(2) 灌溉与排水工程,包括:现有水源类型、主体结构、分布、蓄水量、特征水位、运行情况等,现有灌水渠、排水沟及交叉建筑物类型、主体结构、分布、规模、特征水位、运行状况等,现有田间灌溉、排水方式和建筑物类型,现有电力设施走向、电压等级、容量和可利用量等。需要从区外引水的项目区,灌溉水源的水质和可利用量应有保障;项目区内有排涝、排渍要求时,项目区外围应有排水出口或排水承泄区及其骨干排水设施。

(3) 田间道路工程,包括:现有道路位置、宽度、路面结构、使用状况等。项目区有道路与外界相连时,村与村之间的交通道路基本建成。

(4) 农田防护和生态环境保持工程,包括:农田林网、防洪堤、谷坊、拦沙坝等分布,建筑物主体结构和运行情况,项目区内其他水土保持措施,现有农田景观分布和结构。为保护河流两岸的农田、村镇等安全,应具备达到相应洪水标准的防洪堤。

(5) 其他工程,包括:项目区外围水利、道路、电力、防灾等设施状况与项目区的联系,居民点搬迁和中心村建设情况等。

骨干基础设施调查必须深入现场、 落实。依据实测的现状图,在现场落实位置,并把各工程主要信息标注在现状图上,列表说明其现状性能和利用情况。对于重要渠道、排水沟、道路、管道等线性工程及主要交叉建筑物,需要收集场地附近的地质资料,必要时进行大比例尺测绘(一般为1:500)和补充勘探,查明建筑物场地条件和高程特征值。

9.2.3.5 待整治村庄调查分析

项目区内需要进行整治时,应重点查明项目区内待整治村庄的人口规模、用地面积、建筑物现状、村庄基础设施状况等。对于涉及村庄拆迁的,应详细调查建筑结构、面积、建设年代等,并计算拆除工程量。

9.2.4 建设条件分析

主要内容包括合法合规性分析、土地利用限制因素分析、土地适宜性评价、新增耕地来源分析、水土资源供需分析、生态环境影响评价、风险分析和公众参与分析等。

(1) 合法合规性分析。阐明项目实施是否符合现行法律、法规的规定，是否符合土地利用规划、土地整治规划、高标准农田建设规划等相关规划，是否与生态环境、城镇建设、农业发展等相关规划相协调。对于土地整治重大工程，应重点阐明区域发展规划对重大项目实施的要求。

(2) 土地利用限制因素分析。对影响土地利用的有关因素进行分析，提出解决问题的对策。土地利用限制因素分析包括两个方面：一是影响因素选择和影响程度分析。针对项目区自然、资源和社会经济等方面的因素进行分析，分析制约当地土地利用、农业生产、生态环境的主要问题，包括干旱、涝灾、大风、风沙、沙尘暴、水土流失等。二是针对问题，提出有针对性的解决方案，明确有关工程措施和其他措施。

(3) 土地适宜性评价。土地适宜性评价是评定土地对于某种用途是否适宜及适宜的程度，它是进行土地利用决策、确定土地利用方向的基本依据。评价过程如下：①选择评价方法；②构建评价指标体系；③划分评价单元；④评价指标赋分与权重计算；⑤计算评价因子；⑥汇总评价结果。对于土地开发和土地复垦后的耕地适宜性评价，可参考《耕地后备资源调查与评价技术规程》(TD/T 1007—2003)的有关规定，或参考本书土地复垦章节内容。

(4) 新增耕地来源分析。在全面调查项目区土地利用现状、分析土地适宜性和土地利用限制因素的基础上，进行新增耕地来源分析。新增耕地来源分析包括两个方面：一是在初选项目区后，查清项目区土地利用现状，统计项目区各地类面积，分析可能的新增耕地来源；二是依据土地利用布局和工程布局，测算整治后的灌溉与排水、田间道路、农田防护等永久工程占地面积，扣除工程永久占地面积，计算整治后的耕地面积。整治前后耕地面积相减，即为新增耕地面积。新增耕地来源分析不但要分析耕地的适宜性，而且要考虑土地开发和复垦的成本。

新增耕地来源分析，还应区分以下几种情况区别对待：①单一类型的土地开发、土地整理、土地复垦、农村居民点整理等项目，可按照项目区各类用地面积，扣减农田基础设施预计占地面积，计算新增耕地面积；②

对于单一项目区块既有农用地整理、居民点整理，又有成片废弃地复垦和未利用地开发的，单类型面积在 10 公顷以上的，则应区分土地整理、土地复垦、土地开发和居民点整理类型，分别计算新增耕地面积；③新增耕地面积除新增加的耕地外，还包括新增可转为耕地的园地、人工草地、养殖水面等；④对田土坎、沟、路、渠等占地，当北方地区小于 2.0 米和南方地区小于 1.0 米时，可不另计入设施占地；⑤对于林带占地，应计入树木的影响宽度，两侧各按 1 米计。当林带一侧紧临沟、路、渠，或种植在田土坎上，并且该工程占地单独统计时，其占地只计一侧的占地宽度。

（5）水土资源供需分析。水土资源供需分析过程包括：①明确规划期，计算不同保证率下的各业用水量，包括农业、工业、居民生活、农村人畜等；②分析供水条件，计算不同保证率下的水资源可供应量，包括地表水和地下水；③分析不同保证率下的水资源匹配程度及水工程成本，制定供水方案和水工程措施。分析内容包括不同作物的灌溉定额、灌溉次数、灌水定额、灌水时间、灌水方式、灌溉水利用系数和灌溉设计保证率。可行性研究中，要摸清项目区各种水工程措施，分析各种水源的可供水量，结合各项用水需求，进行水土资源供需分析，制定经济合理的供水方案。水资源供需分析内容详见第 9 章"土地整治项目规划设计"。

（6）生态环境影响评价。分析项目建设和运行期对区域生态、水环境、空气环境、土壤环境等产生的影响，提出避让和减少影响的措施。生态环境影响评价内容和方法可参照《环境影响评价技术导则—生态影响》HJ19—2011，也可参考本书生态与环境整治章节内容。针对土地整治工作，需要分析项目施工中和建成后对生态环境影响的程度，提出纠正、防护和补偿的措施。

（7）风险分析。分析土地整治过程中可能出现的风险及程度，提出防范风险的措施。土地整治风险包括自然条件风险、工程条件风险、技术方案风险、资金市场风险、社会风险等，这些风险在土地整治过程中无法避免或完全避免，需要较高社会成本投入。针对风险较大的项目，应加强项目论证工作，减少风险出现的概率。

（8）公众参与分析。开展公众参与是国内外土地整治的重要路径选择。可行性研究阶段公众参与内容主要包括：①现场调查阶段，通过发放调查问卷，或邀请土地权益人参加现场调查，全面了解项目区农户对实施土地整治的真实愿望；②与土地权益人共同制定土地整治方案，在双方协商的前提下达成土地整治方案的共识；③安排土地权益人参与土地整治工程施工和验收工作，监督工程质量，检验实施效果。公众参与的方式分为以下三种：①咨询式参与，即直接将项目规划方案和权属调整方案交给群众讨论，征询意见；②邀请式参与，即按不同利益群体分组，推选有代表性、较公正的人员座谈，应注意反对意见并进行分析；③委托式参与，将规划方案中需群众支持配合的问题委托给当地有关机构，组织相关利益群体进行讨论。公众参与应贯穿于项目建设全过程。土地整治中，公众参与工作内容可参考本书公众参与章节内容。

9.2.5 确定规划方案与建设内容

（1）确定规划方案。土地整治项目规划的核心内容是规划方案的拟定、比选、择优和确定。项目规划方案应因地制宜，坚持完整性原则，所采用的工程技术应具有可实现性；规划方案应经济合理，充分体现当地的地域特点，并合理利用现有基础设施。土地整治项目规划方案包括三个方面：一是确定土地利用布局，明确耕地、园地、林地、水域、居民点等重要用地的布局，重点说明耕地的规模和布局，并与水土资源供需平衡分析结果相对应；二是确定土地整治工程布局，保证各类用地的持续利用，工程内容包括田块布局、灌溉与排水、田间道路、农田防护与生态环境保持工程等；三是制定土地权属调整方案，并根据土地权益人的意愿，优化和调整各项工程布局，经充分协调后达成共识。

（2）选择工程建设内容，汇总工程量。根据各类工程服务的用地范围，分析性能要求，选择工程形式和主体结构，通过典型设计，计算分部工程的工程量。在选择工程形式时，可按照工程规模，划分主体结构类型，分类进行典型工程设计，并汇总工程量。典型设计参数可直接采用同类型项目数据，也可按照《土地整治项目工程量计算规则》（TD/T 1039—2013）提供的方法进行计算。

详细工程布局和工程设计内容见第 9 章"土地整治项目规划设计"。

9.2.6 制定土地权属调整方案

基于我国土地权益的多元化，在土地整治过程中，强化土地权属调整工作，清晰界定土地权益，是工程效益得以充分发挥的关键。当前，我国多数地区的耕地形态较为细碎、零乱，田坎比例超过集约化水平中等国家一倍以上（国土资源部，2011），不仅不适合农业机械化作业，而且农业效率降低，制约了农业发展。对于农户自身来说，由于其承包的耕地零星分布，耕种起来也极为不便。通过权属调整，将零散的小块耕地归并成适度规模的田块，可降低农户的作业半径，可以为农业规模化种植与经营打下基础，从而提高劳动效率。土地整治权属调整有关内容详见第 11 章土地整治权属管理。

9.2.7 投资估算

可行性研究阶段的投资估算是开展项目规划设计、预算编制的主要依据，投资估算的精度对优化项目规划方案、减少和避免投资决策失误具有重要意义。工作内容包括：

首先，明确估算依据。包括：明确预算定额标准，主要以土地整治项目预算定额标准为依据；各单项工程建设内容及工程量；各类工程所需材料及价格。

其次，明确各项费用标准。项目投资估算具有较强的时效性，并满足项目管理的要求。项目估算要坚持实事求是的原则，按国家规定的费用项目和取费标准进行编制；对于标准中没有列支的费用项目，按照实际需要并结合当地项目管理办法列支。

第三，选择编制方法。投资估算阶段的费用计算主要依据《土地开发整理项目预算定额标准》（财综〔2011〕128 号），采用分步分项工程量乘以项目单价的形式计算工程施工费，以此计算设备购置费、其他费用、不可预见费等，汇总形成项目总投资。也可采用有关估算标准计算项目总投资。

投资估算完成后，应开展融资方案分析，明确项目资金来源和筹措方式。当前，土地整治项目资金主要以政府投资为主，政府资金渠道主要包括新增建设用地土地有偿使用费、耕地开垦费、土地复垦费、用于农业开发的土地出让收入等。资金筹措方案应符合国家和地方土地整治项目资金管理政策的要求。

9.2.8 效益分析

土地整治项目效益分析内容主要包括社会效益、生态效益和经济效益。各项效益分析的关键在于评价指标的选择和分析的方法。作为政府公共财政投资的项目，效益分析的重点首先是社会效益和生态效益，其次是经济效益。

9.2.8.1 社会效益

评价项目实施对社会发展的保障和促进作用。通过分析项目涉及的各种社会因素，评价项目的可行性，分析项目建设与当地社会的协调关系。社会效益评价应有利于国民经济发展，有利于项目与所在地区利益协调一致，有利于避免和减少项目建设和运营的社会风险，提高投资效益。评价指标包括新增耕地面积、新增耕地率、高标准基本农田建设面积、农民收入水平提高情况、耕地质量等级变化、新增粮食产能等。

（1）新增耕地面积和新增耕地率。计算公式如下：

新增耕地面积＝项目实施后耕地面积－项目区原有耕地面积

新增耕地率＝新增耕地面积/项目建设规模×100%

上述指标值越大，项目产生的社会效益越高。但是，以耕地质量建设为中心的高标准农田建设项目，不能片面强调新增耕地率。

（2）高标准基本农田建设面积。包括整治后达到标准的原有基本农田面积和新划定的基本农田面积。可根据整治后耕地面积和基本农田面积进行评价后汇总计算。

（3）农民收入水平提高情况。可通过计算人均年纯收入增量来分析项目区农民收入水平的提高情况。

（4）耕地质量等级变化和新增粮食产能。依据农用地分等技术规程，进行新增耕地质量等级评定和新增粮食生产能力核算，也可根据耕地质量等级成果和农用地产能核算成果，分析项目实施前后耕地质量等级与粮食产能变化情况。

9.2.8.2 生态效益

评价项目实施对生态环境的改善程度。通过对项目区生态环境现状的调查，分析项目建设对当地生态环境的改善状况。生态效益评价前应开展现状调查，内容包括林业树种及面积、草地面积、水土流失现状、降雨情况和土壤侵蚀模数等。评价指标包括土地垦殖率、土地退化面积指数、农田林网工程防护面积和水土流失治理面积等。

（1）土地垦殖率。指已开垦为耕地的面积占项目区总面积的比例。

（2）土地退化面积指数。土地退化指土壤沙化、次生盐渍化、潜育化、沼泽化等的总称。土地退化面积指数＝土地退化面积/项目区土地总面积×100%。项目实施后土地退化面积指数降低幅度越大，说明项目的生态效益越高。

（3）农田林网工程防护面积。指经过项目整治后的防护林能够保护的农田面积，包括原有的防护林面积和新增的防护林面积。

（4）水土流失治理面积。指通过岸坡防护、沟道治理、坡面防护等工程实施所治理的水土流失面积。

9.2.8.3 经济效益

通过投入产出分析，考察项目在微观上的盈利能力、清偿能力，以及在宏观上对国民经济的贡献率，评价项目在经济上的合理性和对当地经济的贡献程度。在进行经济评价时，主要对经济效果和国民经济进行评价，暂不作财务评价。

土地整治项目直接受益者为项目区农户，可采用农户所获得的直接收益，包括原有耕地效益、新增耕地效益和其他效益。原有耕地效益指由于原有耕地生产条件改善而增加的效益，可用土地整治后耕地总收益减去整治前耕地总收益表示；新增耕地效益指新增耕地面积产生的效益，即整治后耕地总收益；其他效益是指耕地效益之外的收益，如林业收益、养殖效益、经果林效益等。

土地整治项目费用包括工程总投资和农业生产成本两部分，而农业生产成本主要包括基础设施运营成本和农业种植成本。工程总投资指为组织、实施、管理土地整治项目发生的各种费用支出，也可理解为项目预算总投资。基础设施运营成本指为农业生产服务而新建或改建的农田基础设施的年运营成本，包括提水费用、管理人员工资、设施维护管理等费用；农业种植成本指农业种植全过程发生的费用，包括种子、农药、化肥、水资源使用、机械耕作、劳动力投入等费用。

上述效益和费用的计算均采用有无项目对比法。在进行土地整治效益和费用计算时，必须重视社会经济资料的调查、收集、分析和整理等基础工作。调查内容应结合项目特点有目地地进行。引用调查、收集的社会经济资料必须真实可靠，并分析其历史背景。不同年限的资料，应根据各时期的社会经济状况与价格水平进行调整、换算。

经济效益评价指标包括新增粮食生产能力、静态投资回收期和收益率、单位面积投资等。计算说明如下：

(1) 新增粮食生产能力。以千克为单位，计算公式为：

$$\frac{新增粮食}{生产能力} = \frac{新增耕地增加}{的粮食产能} + \frac{原有耕地质量提高}{增加的粮食产能}$$

(2) 静态投资回收期和收益率。以年为单位，计算公式为：

静态投资回收期 = 项目总投资/项目稳定期年新增净收益

静态投资收益率 = 项目稳定期年新增净收益/项目总投资

(3) 单位面积投资。以万元/公顷为单位，计算公式为：

项目单位面积投资＝项目总投资/项目建设规模

新增耕地单位面积投资＝项目总投资/项目新增耕地面积

在进行国民经济评价时，其项目费用和效益应尽可能用货币表示。国民经济评价指标包括经济内部收益率、经济净现值、经济效益费用比等，具体计算公式参见《水利建设项目经济评价规范》（SL 72—2013）的规定。

9.3 可行性研究成果规定

一般土地整治项目可行性研究成果包括可行性研究报告、附图和附件；土地整治重大工程项目在此基础上增加专题研究报告和附表等。

9.3.1 专题研究报告

按照《土地整治重大项目可行性研究报告编制规程》（TD/T 1037—2013）规定，针对土地整治重大工程项目，其专题研究内容包括水土资源供需平衡分析报告、新增耕地分析报告、环境影响评价报告和水土保持方案。此外，需要结合项目特点和土地整治规划方案，增加土地利用、农业产业、环境保护等方面的专题研究，提高重大工程项目规划和工程布局的科学性、可实施性。

9.3.2 可行性研究报告

《土地整治重大项目可行性研究报告编制规程》（TD/T 1037—2013）规定，可行性研究报告分为12个部分，适用于一般土地整治项目。包括以下内容：

（1）综合说明。简要说明项目基本情况、建设内容与投资、实施组织与实施计划、综合结论。

（2）项目背景与编制依据。包括区域简况、项目背景、前期工作情况、编制依据。

（3）建设区概况。包括项目区的自然和资源条件、经济社会状况、土地利用现状、基础设施条件和待整治村庄基本状况。

（4）建设条件分析。从法律法规、管理政策、资源利用等方面，进行规划协调性分析、土地利用限制因素分析、土地适宜性评价、新增耕地来源分析、水土资源分析、影响评价、风险分析和公众参与分析。

（5）规划方案与建设内容。说明项目建设的原则、目标、方案、内容、标准和工程量。

（6）土地权属调整。说明土地权属现状、权属调整的原则与程序，提出权属调整初步方案。

（7）投资估算。说明估算依据和费用，估算投资，提出资金筹措方式。

（8）实施计划。说明项目的实施计划、资金筹措和年度计划。

（9）实施管理。说明项目拟采取的施工方案和组织机构，提出相应的管理控制措施。

（10）后期管护。提出工程管护范围，明确管护内容与管护主体，说明管护经费的来源。

（11）效益分析。分别进行建设项目社会效益、生态效益和经济效益分析。

（12）可行性研究结论。从项目建设的必要性、技术可行性、经济合理性和可操作性等方面给出可行性研究的结论。

9.3.3 附图

《土地整治重大项目可行性研究报告编制规程》（TD/T 1037—2013）提出的重大工程项目附图包括：项目所在地的市、县一级土地利用总体规划图，项目所在地的市、县一级土地整治规划图，重大项目片区现状图，重大项目片区规划图，典型区现状图，典型区规划图，骨干工程设计图册，田间工程典型设计图册。对于一般土地整治项目，其附图包括土地利用现状图和规划图即可。

9.3.4 附件

土地整治项目可行性研究附件一般包括：现场踏勘报告、专家评审论证意见、相关部门意见、公众参与证明材料、项目区现状照片及相关影像资料，涉及取水许可项目的有效取水同意证明等。针对重大工程项目，其必备附件包括：重大项目申报、立项的重要文件，重大项目涉及的土地开发批复文件，省级相关部门（农业、环保、林业、交通、水利等）论证意见，省级水主管部门用水许可文件，《可行性研究报告》省级专家评审论证意见，《环境影响评价报告》及主管部门的审批意见，《水土保持方案》及主管部门的审批意见，项目区现场影像资料，征求群众意见的有关书面资料，省级部门现场踏勘报告，编制单位资质证书，典型区设计报告等。

9.3.5 附表

按照《土地整治重大项目可行性研究报告编制规程》（TD/T 1037—2013）规定，重大工程项目可行性研究附表包括：《可行性研究报告》摘要表，经济社会情况表，土地利用现状表，现状道路统计表，现状灌排设施统计表，电力设施统计表，已实施土地整治项目情况表，重大项目建设规划衔接表，土地适宜性评价表，水资源供需平衡分析表，规划方案比选表，土地利用结构调整表，工程量估算表，投资估算表，工程进度表，工程质量控制目标表。

9.4 可行性研究成果评估

在可行性研究成果编制完成后，应开展评估论证，编写评估意见，为项目决策提供依据。项目可行性研究评估论证工作一般由立项审查单位组织开展。评估论证的程序和方法如下：①组建评估专家组。评估专家一般为5人以上的奇数，评估专家来自于土地、农业、水利、林业、建筑、环保、经济、财务等领域。②进行实地论证。在评估前，评估专家应深入项目区进行实地踏勘，全面了解区域特点，对照规划方案，分析其优缺点。在评估过程中，针对发现的问题也可补充调查。③专家个人评估。针对项目可行性研究成果，先由专家个人进行审阅，形成个人意见。④集体评议。专家组就可行性研究报告中的关键内容和重要问题交换意见，进行集体评议，达成共识，形成评估意见，并签字。⑤提交评估论证报告。评估完成后，由专家组编写评估报告，内容包括项目基本情况、建设必要性、规划方案和建设内容、投资估算和资金筹措、年度投资计划安排、评估结论等。在进行评估过程中，尽量安排技术单位和项目申报单位对可行性研究成果的编制情况进行讲解，加强评估专家对项目的理解和认识，减少不必要的误解。

第 10 章 土地整治项目规划设计

"规划设计"是个复合用语,一般包括"规划"、"设计"两个方面的工作内容,不但包含对项目较为具体的规划,落实详细的用地布局和基础设施布局;而且包含较为具体的工程设计内容,提出详细的单项工程设计成果,满足特定条件下的工程计量和施工要求,详细计算项目资金。规划设计一词,通常在空间规划项目的设计阶段中使用,如居住区、旅游区和农业产业区,重点强调各项工程的整体布局。

10.1 概述

目前,土地整治项目前期工作按照可行性研究、规划设计两阶段开展,已被各地土地整治项目承担单位所接受,并形成了项目前期工作的固定流程。2013 年 8 月,国土资源部发布了《土地整治项目设计报告编制规程》(TD/T 1038—2013),对土地整治项目规划设计工作内容、深度和成果进行了明确。

10.1.1 规划设计的概念

按照"两阶段"工作分工,土地整治项目规划设计应是在可行性研究工作的基础上,对项目规划设计方案进行深化,对工程设计内容进行细化,满足工程施工和预算编制的需要。土地整治项目规划设计的主要目的是,在指定的地点、时间和资金限额内,对工程项目和工程量进行详细测算,计算工程投资,满足管理部门对建设项目预算资金控制的需要,同时满足土地整治项目资金使用的安全性、经济性和合理性。如果在工程施工阶段出现设计变更,那么这种设计变更应该只涉及单体工程的结构和形式,不应出现对原规划方案的整体否定。基于上述认识,土地整治项目规划设计的概念可理解为:以土地整治项目可行性研究成果为基础,对可行性研究阶段确定的建设目标、建设条件和建设方案进行全面复核,详细确定土地利用布局和工程布局,并对各单项工程进行详细设计,从安全、环保、经济等角度,提出满足工程施工的设计方案;同时对工程施工中的工程项目和材料用量进行详细测算,满足预算资金安排和年度投资计划编制的需要。

规划设计阶段不得随意改变已批复的可行性研究成果所确定的建设区范围、建设规模、新增耕地面积、工程建设标准、工程投资等控制性指标。必须改变时,应重新进行可行性研究,重新进行立项评估。

土地整治项目规划设计成果应符合《土地整治项目设计报告编制规程》(TD/T 1038—2013)的规定,同时为土地整治项目预算资金安排和年度投资计划的编制提供依据,并成为土地整治项目验收的主要依据。

10.1.2 规划设计的任务

土地整治项目规划设计成果是项目实施的依据,也是年度资金计划安排的依据。按照《土地整治项目设计报告编制规程》(TD/T 1038—2013)规定,土地整治项目规划设计的主要任务包括:①全面复核项目建设条件,确认项目建设目标;②详细开展新增耕地来源分析和水土资源供需分析,计算整治后耕地面积和质量等级;③详细落实各项工程布局,为项目实施提供依据;④详细开展各单项工程设计,计算分项工程的工程量;⑤开展工程施工组织设计,编制项目预算;⑥制定土地权属调整方案;⑦编制项目实施计划。结合上述工作,编制土地整治项目设计报告、图册和预算书。

10.1.3 规划设计成果深度

按照《土地整治项目设计报告编制规程》(TD/T 1038—2013)规定,土地整治项目设计报告是在可行性研究的基础上编制的,其工作内容和深度应满足以下要求:

(1) 复核项目区土地利用现状。
(2) 复核项目区自然条件、社会经济条件和基础设施条件。
(3) 复核水资源条件,确定灌溉面积。
(4) 复核建设规模、新增耕地面积等基本指标。
(5) 复核项目区土地利用限制因素。
(6) 复核项目建设标准,核定总体布置方案和建设内容。
(7) 确定各单项工程设计参数和结构尺寸,提出分项工程量。
(8) 确定工程施工方案,确定控制性工期和进度安排。

(9) 汇总工程量，编制项目投资预算。

(10) 确定权属调整方案。

(11) 进行社会效益、生态效益、经济效益、环境影响和耕地质量分析。

(12) 确定项目实施方案和工程管护方案。

10.1.4 规划设计工作程序

土地整治项目规划设计工作程序与可行性研究工作具有近似性，在具体工作上，其内容更加细化。土地整治项目规划设计工作阶段一般包括准备工作、现场踏勘、建设条件分析、规划布局与方案比选、工程设计、土地权属调整、施工组织设计、工程量计算与预算编制、成果编制和评审。上述部分工作可结合可行性研究工作同步进行，但工作内容和深度需细化。

(1) 准备工作。准备工作主要包括成立规划设计专班，编写工作大纲，收集资料等。规划设计专班应由熟悉土地整治政策、精通土地整治工程设计的技术人员任组长，有关土地、规划、工程、施工、造价等专业人员为成员，联合开展调研工作。在开展规划设计工作之前，应根据土地整治项目特点，编写工作大纲，内容包括项目特点、工作任务、人员分工、工作计划、专业间协调、预期成果等。根据经验，一般中等规模、复杂程度一般的土地整治项目，从实地踏勘到提交正式的规划设计成果，需要约90个工作日。根据项目所在的区域，收集有关项目的自然和社会经济状况等资料，以及项目区影像、测绘、地质等资料。规划设计所依据的项目区现状图应统一进行实地测绘，比例尺1∶2000～1∶5000；对于重要渠、沟、路、管道等线性工程及主要交叉建筑物场地，应收集场地附近的地质资料，必要时进行补充勘探。

(2) 工程设计。规划方案和工程布局完成后，即进入单体工程设计阶段。工程设计是依据项目工程平面布局方案和工程施工的实际要求，结合土地整治项目区现场实际情况，完整地表现各项实体工程的外形、内部空间分割、结构材料、构造连接及与周围环境的配合情况等，为工程施工提供技术依据，同时为预算编制提供详细的工程量清单。工程设计应根据拟定并批准的工程建设标准，详细确定土地平整、灌溉与排水、田间道路、农田防护与生态环境保持等单项工程范围、规模，并按照设计规范的要求，计算结构受力状况和稳定性，计算主体结构尺寸和材料用量等。在开展单项工程设计之前,设计人员应按照建筑物的功能特点和规模大小,对单体建筑物进行分类,并依据分类开展典型设计,绘制单体工程设计图。

(3)土地权属调整。规划设计阶段的土地权属调整有两方面的工作:一方面是以科学合理利用土地为原则,推动项目区土地得到合理归并与权属调整,优化土地利用格局,另一方面是依据项目区群众对权属调整的意愿和权属调整的可能性,适当调整规划设计方案,确保设计方案能够有效落地。

(4)施工组织设计。施工组织设计是指导土地整治工程施工、开展招投标工作和预算编制的重要技术经济文件。施工组织设计的目的在于科学组织施工、提高施工效益,节约工程投资。

10.2 规划设计内容和方法

10.2.1 规划设计内容

按照《土地整治项目设计报告编制规程》(TD/T 1038—2013)规定,土地整治项目规划设计内容主要包括现场踏勘、建设条件分析、新增耕地来源分析、水土资源平衡分析、工程总体布置、工程设计、土地权属调整方案、工程施工组织设计、实施管理与后期管护、投资预算、效益分析等。与可行性研究相比,规划设计是对项目技术方案的细化,重视项目可实施性,重点表现在新增耕地来源分析、水土资源平衡分析、土地利用布局和工程布局、工程设计、施工组织设计、投资预算等方面。

10.2.2 规划设计方法

规划设计土地整治项目规划。首先从工程建设可实现性分析,确定各项工程的服务对象和范围;然后计算各单项工程规模、数量和建设标准;最后开展详细的工程设计,落实各工程结构、形式,计算材料用量和资金。

土地整治项目规划设计,包括"规划"、"设计"两个方面的内容。一方面,包括较大尺度下用地空间布局和协调,在落实土地利用总体规划、土地整治规划、高标准农田建设规划等相关规划的前提下,全面考虑农业产业发展和农村居住空间的发展需要,结合水利、交通、能源等基础设施建设,将各类用地布局详细落实在田块和单元中,并以各类用地的详细布局统筹各项基础设施布局。另一方面,包括特定环境条件下的建筑单体的选型和设计,主要针对各项农田基础设施,提出详细的实施方案,编制施工图纸。规划的过程是人与自然的协调过程,设计的过程是个体和群体的选择过程。从单体建筑物的设计选型,走向群体建筑物的设计组装,最终实现"建筑、规划、景观"和"地籍、权属、权益"全面协调统一,这是土地整治项目规划设计的基本方法。

土地整治项目规划设计工作,主要有以下5种方法:

(1) 现场调查法。通过对拟整治项目区进行详细调查,现场了解自然、社会、经济和环境等基础条件,分析土地利用特点和水文地质条件,确定土地利用方向,划分土地整治工程类型区,以工程类型引导土地整治方案和建设标准的选择,并制定施工组织方案,估算项目投资。现场调查法对规划设计人员的能力要求较高,一般被多年工作经验的技术人员所采用。

(2) 横向对比法。通过与邻近项目区的对比分析,参照工程类型较近似的已整治项目,制定土地整治方案,分解工程建设内容,采用扩大指标估算项目投资。横向对比法适用于对当地地域特征和土地整治项目规划设计工作较熟悉的技术人员,同时要有当地多个项目的实践经验,有多个可供选择的土地整治项目规划设计成果。

(3) 详细设计法。根据土地整治项目规划设计成果的要求,对拟整治项目区进行详细的测量,并对主要建筑物场地进行地质勘探,全面掌握项目区土地利用状况和水文地质条件,按照项目区实测地形图进行详细的规划布局和工程设计,计算分项工程量和投资。这种方法的成果精度较高,但前期工作的支出成本较高。

(4) 典型设计法。在全面现场调查的基础上,初步制定土地整治方案,将规划方案相近的区域归入一种工程类型,将工程类型相近的单体工程进行归类,分类开展典型设计,计算典型工程的工程量和投资,汇总项目总投资。典型设计是较常用的方法,其成果精度仅次于详细设计法。但对技术人员的专业素质和整合能力要求较强,同时熟悉工程造价。

(5) 评估论证法。利用外围技术力量,对已形成的土地整治方案和成果进行评审、论证,提出修改和优化建议及意见,帮助技术人员做好规划设计。这种方法可以在规划设计工作中进行,也可以在规划设计成果完成后,由项目审批单位组织外围专家、土地利益相关者,对项目规划设计成果进行审查。

10.3 水土资源平衡分析

10.3.1 灌溉设计保证率和灌溉制度

土地整治项目中的灌溉工程布置应坚持"以水定地"的原则。在有水资源保障的地区,首先确定灌溉设计保证率。南方小型水稻区的灌溉工程也可按抗旱天数进行设计。灌溉设计保证率可根据项目区水文气象、水资源类型、作物种植制度、建设规模、灌水方法及经济效益等因素,按照《灌溉与排水工程设计规范》(GB/T 50288—1999)、《高标准基本农田建设标准》(TD/T 1033—2012)的规定选取。灌溉设计保证率可采用经验频率法按下式计算,计算系列年不宜小于30年。

$$p = \frac{m}{n+1} \times 100\%$$

式中:p——灌溉设计保证率,单位为%;

m——按设计灌溉用水量供水的年份,单位为年;

n——计算总年数,单位为年。

在制定作物灌溉制度时,应进行作物种植结构设计,并符合下列规定:根据当地现状作物的种植情况,预测未来5~10年的农业发展规划,选取标准作物;选择标准作物应体现节水的原则,符合当地水环境和可持续发展的要求;标准作物的设计复种指数不应低于现状作物的复种指数;标准作物数量不应低于2~3个。

计算作物的灌溉制度,应符合下列规定:当单片灌溉面积超过1万亩时,可采用时历年法确定历年各种主要作物的灌溉制度,即根据灌溉定额的频率分析选出2~3个符合设计保证率的年份,以其中灌水分配过程不利的一年为典型年,以该年的灌溉制度作为设计灌溉制度;当单片灌溉面积低于1万亩时,可根据降水的频率分析选出2~3个符合设计保证率的年份,以其中灌水分配过程不利的一年为典型年,以该年的灌溉制度作为设计灌溉制度。当降雨系列资料难以收集时,可结合区县水利规划及设计资料,研究制定作物的灌溉制度,并列表说明不同作物的灌溉制度。对缺乏降雨系列资料和水利规划设计资料的地区,可以采用当地公布的用水灌溉定额;采用集雨灌溉的地区,可以采用当地较成熟的非充分灌溉定额。

10.3.2 需水量调查与计算

需水量包括作物需水量、农村人畜需水量、工业及生活需水量等。在进行需水量分析时，可按照水资源供应条件和用水方式，合理确定供水对象、规划水平年、灌溉保证率。作物需水量可直接取用当地或自然地理条件类似地区灌溉试验站的观测成果，或从已鉴定过的作物需水量等值线图中选定。不同作物需水量包括用水季节降水量和灌溉水量两部分，灌溉水量等于灌溉定额量乘以作物种植面积。旱作物的灌溉定额包括播前和生育期，水稻田的灌溉定额包括秧田、泡田和生育期，改良盐碱地区的灌溉定额量应计入冲洗定额。农村人畜需水量包括项目区农村居住人口用水量和畜禽用水量，计算时采用规划水平年的人口和畜禽数量，乘以当地公布的用水定额量。建制镇的工业需水量按规划水平年的工业总产值乘以万元产值耗水量指标，生活需水量按规划水平年的人口数量乘以当地公布的城镇人均用水量指标。项目区需水量应充分考虑田间水、渠系水、管道水的各种损耗，换算为各水源点的实际需水量。各级渠系、管道和田间水利用效率符合《节水灌溉工程技术规范》（GB/T 50363—2006）规定，采用的节水灌溉定额和节水措施应符合当地实际。

10.3.3 可供水量调查与计算

可供水量包括各种地表水（含过境水）和地下水。在进行可供水量分析时，首先对各种水源的供应情况进行现场调查，详细分析项目区内可利用的水源类型、分布和储量。以需水预测和供水工程规划为基础，分析规划水平年各种水源的来水与用水过程、可供应能力，通过水量调节计算确定可供水量。地表水资源量应按不同保证率（50%、75%、90%）的来水量过程，划定集水范围、控制断面，依据实测的水文资料，或现有的水资源调查评价与规划成果，计算可供应水量。地下水资源量应按多年平均的来水过程计算规划区域内总的补给量和排水量，依据动态平衡的关系，计算地下水可开采量，以此计算地下水可供应量。地表水和地下水可供应量应与采取的工程措施相对应。

10.3.4 水资源平衡分析

根据不同灌溉保证率下的需水量，对比可供应水量，进行现状年和规划水平年的水资源供需平衡分析。当可供水量大于或等于需水量，项目区水资源供需平衡。当可供水量小于需水量，应通过增加供水工程、加大供水量，或调整灌溉设计保证率值，实现水资源供需平衡。

10.4 土地利用布局和工程布局

在项目可行性研究基础上，复核项目建设条件，细化水土资源利用方案，按照《土地整治项目设计报告编制规程》（TD/T 1038—2013）要求，落实土地利用布局和工程布局。

10.4.1 土地利用布局

土地利用布局的任务是，在土地利用现状图上详细安排各类用地的布局，并用表格的方式汇总不同地类下各权属单位的面积。工作内容：①根据项目区自然和社会经济因素分析、土地利用限制因素分析、水资源条件及农业现代化的要求，确定耕地、园地、林地、牧草地、水面和各项基础设施等布局及范围，针对耕地要落实到田块；②根据项目区及其外围的水文条件和水资源状况及已有的水利设施，确定灌溉与排水工程建设内容、类型、位置等；③根据项目区外围已有交通设施状况和项目区内道路现状，确定田间道路分级、位置等；④根据当地的气候条件、主导风向和风速，确定农田林网的布局、结构、树种；根据水土流失特点，确定岸坡防护、沟道和坡面治理的工程类型、位置；⑤根据当地土地利用规划、城镇规划、新农村建设规划的要求，合理安排村镇用地及工矿用地的类型、规模、位置；⑥在确定各种地类分布和面积后，编制规划后土地利用结构表，统计不同地类下各权属单位的面积。土地利用现状结构应以项目所在地县级国土资源管理部门提供的最新土地统计台账汇总得到。规划设计人员应对汇总数据进行复核、校验。

10.4.2 工程布局

10.4.2.1 土地平整工程

土地平整之前，应进行耕作田块布置。耕作田块布置应符合以下要求：有利于作物的生长发育，有利于灌溉排水和防风要求；尽量利用现有田块布局，充分利用现有沟渠、道路、农田林网等基础设施；尽量保持原有土地所有权的完整性，减少不必要的土地权属争议；在保证土地承包人利益的基础上，归并田块，扩大田块面积。土地平整应满足以下要求：土地平整区域应以灌溉水田、水浇地、菜地和旱地改为灌溉水田等高标准农田建设及新增耕地的区域为主；已有旱田、望天田在不改变用途的情况下，可不进行土地平整；现有田块田面平整度能满足灌溉、排水、耕作等要求的，可不进行土地平整；对平整度要求较低的灌溉方式，如喷灌等节水灌溉区域，可不进行土地平整。

在选定土地平整方案时，首先应划分土地平整单元，方法如下：平原旱作区宜以末级固定渠道控制的耕作田块为土地平整的基本单元；水稻区及稻麦轮作区宜以格田为土地平整的基本单元；山地丘陵区（以旱作为主）宜以梯田为土地平整单元；管灌区、喷灌区宜以给水栓或支管控制范围为土地平整的基本单元；对于局部低（洼）地回填或高地降低高程时，宜以该区域内土方量实现平衡的低（洼）地或高地作为土地平整单元。

土地平整时应尽可能移高填低，使填挖土方量基本平衡，总的平整土方量达到最小。填挖工程应在土地平整单元内进行，避免土方量的运出和运入。

10.4.2.2 灌溉与排水工程

第一，根据不同类型区的地形条件、作物类型、水资源条件等，配置各种水源。水资源利用应以地表水为主，地下水为辅，做到蓄（水）、引（水）、提（水）、集（水）相结合，中（型）、小（型）、微（型）工程并举，充分挖掘水源潜力，扩大灌溉面积，提高灌溉保证率。不同水源工程布局要求如下：塘堰（坝）应修筑在冲沟或坡面局部低凹处，地质条件好，施工管理方便，有一定的集雨面积，通过挡水坝拦蓄坡面径流，汇集水量；小型拦河坝（闸）应修筑在山前河道内，用于抬高河道水位，满足灌溉引水要求。坝顶高度、坝长应按灌溉水位、河段宽度、地质条件等确定；管井布置应兼顾流域和行政区划的关系。开采地下水时，应优先开采浅层地下水，严格控制开采深层地下水，严禁在超采区开采地下水用于农业灌溉；大口井应建于地下水埋藏浅、含水层渗透性强、有丰富补给水源的山前洪积扇、河漫滩及一级阶地、干枯河床和古河道等地段。在降雨大于250毫米的干旱地区或季节性干旱地区，可采用蓄水池或水窖为储水设施。蓄水池宜修建在山坡截流沟处或输水渠道一侧，用于拦截地面径流或调节渠道水流。水窖应选择合理的集雨场，西北、华北干旱缺水地区宜建人工集流面，西南地区多采用自然集流面。

第二，按照地形条件、交通与耕作要求及灌水习惯，合理布局各级输配水渠（管）道。井灌区、提水灌区和小流量的旱地灌溉区，宜采用管道输水。灌溉渠道应依干渠、支渠、斗渠、农渠顺序设置固定渠道。灌溉面积较大时可增设分干渠、分支渠或分斗渠，灌溉面积较小的项目区可减少渠道级数。渠道应布置在其控制范围内地势较高地带，尽量满足自流灌溉要求。根据当地生活、生产习惯，可在渠道上合理设置生活、生产等便民设施。项目区布置三级渠道时，支渠宜采用续灌，斗渠、农渠宜采用轮灌。项目区布置两级固定渠道时，若斗渠直接从水源取水，采用续灌方式，农渠采用轮灌；若斗渠从项目区附近灌区的渠道直接取水，应根据取水渠道的运行要求确定工作方式。各级渠道应有足够的过水断面、合理的比降、稳定的内外边坡，并进行衬砌。布置低压管道系统时，旱作物区当系统流量小于 30 米^3/小时，可采用一级固定管道；系统流量在 30~60 米^3/小时之间可采用干管输水支管配水两级固定管道；系统流量大于 60 米^3/小时，可采用两级或多级固定管道；对于渗透性强的沙质土区末级还应增设地面移动管；低压管道支管走向宜平行于作物种植行，支管间距宜采用 50~150 米；给水栓或出水口应按灌溉面积均衡布设，并根据作物种类确定布置密度，单口灌溉面积宜为 0.25~0.6 公顷。单向灌水取较小值，双向灌水取较大值；管网压力分布差异较大时，可结合地形条件进行压力分区，采用不同压力等级的管材和不同的灌溉方式。

第三，根据作物类型和水资源条件，合理选择田间节水灌溉方式。一般灌溉区以畦灌和沟灌为主；灌水频繁的蔬菜和经济作物区及地面坡度陡、局部地形复杂区宜选用固定管道式喷灌系统；大田作物灌水次数少，宜选用半固定管道式喷灌系统；地势平坦，固定水源距离较近，能保证系统沿水源正常移动作业，宜选用移动管道式喷灌系统。在水源水位低于或稍高于项目区地面高程，不能以自然压力形成喷灌所需要的水头时，宜选用机压喷灌系统；在自然压力满足喷灌要求的水头时，宜选用自压喷灌系统。

第四，合理安排排水系统。排水沟应布置在低洼地带，尽量利用天然河沟，依排水控制面积大小依次设置干沟、支沟、斗沟、农沟。根据排水区的形状和面积大小及负担的任务，沟道的级数也可适当增减。排水应有良好的出流条件，有足够的承泄能力或滞涝容积，有稳定的河槽和安全的堤防。承泄区的设计水位可采用与排水区设计暴雨重现期相应的洪水位或与设计排水历时相应的多年平均高水位。丘陵、山地易垮塌地带，宜采用暗沟排水；在平原水稻田集中的地区，可采用暗管（沟）排水。地形平坦区吸水管布设在集水管（沟）两侧呈正交；在缓坡地区利用灌排相邻的排水沟为集水沟时，宜采用吸水管布设在集水沟一侧呈正交；平原区的吸水管宜采用等间距布设，并与地下水流向垂直或斜交；冲垄水田内的吸水管宜沿地形等高线布设，集水沟视地形条件可布设在农田中部。

第五，根据灌溉、排水和交通的需要，合理安排各类渠系建筑物，做到引水有门、分水有闸、量水有堰、过路有桥、运行安全、管理方便。渠系建筑物布置要求如下：渠系建筑物的位置应根据工程规模、作用、运行特点和项目区灌溉工程总体布置的要求，选在地形条件适宜和地质条件良好的地点；渠系建筑物的布置应满足灌排系统水位、流量、泥沙处理、施工、运行、管理的要求和适应交通、方便群众生产、生活的需要，尽量采用联合建筑的形式；渠系建筑物的结构形式应根据工程特点、作用和运行管理的要求，综合考虑当地习惯、建筑材料供应和施工条件等因地制宜选定；渠系建筑物尽量采用国家公布的定型图集，有条件时宜采用装配式结构。

10.4.2.3　田间道路工程

田间道路布置应符合以下要求：田间道路规划应与新农村规划、农村公路规划、村镇规划相适应，并符合村镇产业发展规划的要求。田间道路布置应结合当地地形及田间耕作方式，尽量少占耕地、少拆农房、不破坏环境、不损坏重要建筑及文物。各级道路要充分利用现有道路，新规划道路要与田块布局、灌排沟渠、农田防护林带相结合。田间道路布置应服从田块布局要求，以节约建设与占地成本为目标，尽量少占耕地，尽量避免或者减少道路跨越沟渠等，以最大限度地减少桥涵闸等交叉工程的投资。

平原地区道路布置要力求短而直，符合大规模机械化生产的要求，一级田间道与项目区内、外等级公路相连接。丘陵山区道路布置应充分利用地形展线，形成沿河线、越岭线、山脊线、山谷线，以减少工程量、降低工程造价。在机械化程度低，人多地少的地区，应尽量减少道路占地面积，与沟渠、林带结合布置，提高土地集约化利用率。

10.4.2.4　农田防护与生态环境保持工程

土地整治项目应结合当地实际情况，建立必要的农田防洪、防风、防沙、防水土流失、防土地盐渍化等措施，保护农田生态环境。为区域景观美化、生态环境建设、生物多样性保护而修建的污染隔离带、生物栖息地保护、景观等工程，经论证可纳入土地开发整治工程建设内容。

农田防风林适用于东北平原类型区、内陆干旱类型区、华北平原类型区（华北中部、华北北部）、南方河网平原类型区（长江中下游沿江平原、东南沿海平原）和西南高原山地丘陵类型区（拉萨河谷地区）。其他受风沙、干热风、台风等自然灾害危害的农田区应营造农田防风林。对农田区的小老树林带、结构不良林带和自由林网应采取改造措施。林带走向应尽量与田、路、渠、沟相结合，布置在条田的周围，采取以渠、路定林，渠、路、林平行，把渠、路设计在林带的阴面。

堤防与护岸工程的布置应与河势流向相适应，与大洪水主流线大致平行，并布设在土质较好与稳定的滩岸上，力求平顺，尽量少占耕地。

对沟底下切较深的地区，以小流域为单元进行全面规划、综合治理，采用谷坊、淤地坝、沟头防护等工程措施，互相配合治理沟壑。淤地坝在已淤成坝地的情况下，通过坝体加固维修、坝地排涝除碱等措施，使坝地重新利用。

坡面防护工程布置要根据"高水、高蓄、高用"和"蓄、引、用、排"相结合原则，合理布设截水沟、排水沟、沉沙池等坡面水系工程，系统拦蓄和排泄坡面径流，构成完整的坡面灌排体系。

10.4.2.5 其他工程布局

农村居民点整理应与农用地整理统一规划，同步实施。新建居民点必须符合镇（乡）土地利用总体规划、镇（乡）域规划、新村建设规划和村庄规划。

园地布局应充分利用现有荒山、荒坡、荒滩和其他用地，遵循因地制宜、适地适树的原则；园地的整理以不破坏土壤耕作层为原则。

养殖水面布局应以现有荒滩、低洼地、废弃坑塘、改造后河道、水库作为养殖水面用地，禁止在现有耕地上和水库回水淹没区开挖养殖水面。

日光温室宜布置在交通、水资源、土壤、光热等基础条件较好的地区。日光温室宜种植蔬菜、果品、花卉或特色作物等经济价值较高的作物。

10.5 工程设计

10.5.1 工程建设内容

按照《土地开发整理项目预算定额标准》（财综〔2011〕128号）和《高标准基本农田建设标准》（TD/T 1033—2012）提出的土地整治工程体系，土地整治工程建设内容包括土地平整工程、灌溉与排水工程、田间道路工程、农田防护与生态环境保持工程、其他工程。各项工程内容含义详见表10.1。

表10.1 土地整治工程建设内容表

一级 编号	一级 名称	二级 编号	二级 名称	三级 编号	三级 名称	说明
1	土地平整工程	1.1	耕作田块修筑工程			按照一定的田块设计标准所开展的土方挖填和埂坎修筑等措施
				1.1.1	条田	在地形相对较缓地区,依据灌排水方向所进行的几何形状为长方形或近似长方形的水平田块修筑工程。水田区条田可细分为格田
				1.1.2	梯田	在地面坡度相对较陡地区,依据地形和等高线所进行的阶梯状田块修筑工程。按照断面形式不同,梯田分水平梯田和坡式梯田等类型
				1.1.3	其他田块	除上述条田、梯田之外的其他田块修筑工程
		1.2	耕作层地力保持工程			为充分保护及利用原有耕地的熟化土层和建设新增耕地的宜耕土层而采取的各种措施
				1.2.1	客土回填	当项目区内土层厚度和耕作土壤质量不能满足作物生长、农田灌溉排水和耕作需要时,从区外运土填筑到回填部位的土方搬移活动
				1.2.2	表土保护	在田面平整之前,对原有可利用的表层土进行剥离收集,待田面平整后再将剥离表土还原铺平的一种措施
2	灌溉与排水工程	2.1	水源工程			为农业灌溉所修建的地表水、拦蓄水、河湖库引提水、地下水等工程的总称
				2.1.1	塘堰(坝)	用于拦截和集蓄当地地表径流的挡水建筑物。包括堰、塘、坝等
				2.1.2	小型拦河坝(闸)	以拦蓄河道径流或潜层地下水为主,用以壅高水位的挡水建筑物。包括小型拦河坝、小型拦河闸
				2.1.3	农用井	在地面以下凿井、利用动力机械提取地下水的取水工程。包括大口井、管井和辐射井
				2.1.4	小型集雨设施	在坡面上修建的拦蓄地表径流的蓄水池、水窖、水柜等蓄水建筑物

续表

| 一级 ||二级 ||三级 || 说明 |
编号	名称	编号	名称	编号	名称	
2	灌溉与排水工程	2.2	输水工程			修筑在地表附近用于输送水至用水部位的工程
				2.2.1	明渠	在地表开挖和填筑的具有自由水流面的地上输水工程
				2.2.2	管道	在地面或地下修建的具有压力水面的输水工程
				2.2.3	地面灌溉	灌溉水由明渠或管道送达田间后，在田间修筑的临时输水工程。包括沟灌、畦灌、淹灌三种类型
		2.3	喷微灌工程			节水灌溉措施的一种，包括喷灌、微灌
				2.3.1	喷灌	利用专门设备将水加压并通过喷头以喷洒方式进行灌水的工程措施
				2.3.2	微灌	利用专门设备将水加压并以微小水量喷洒、滴入等方式进行灌水的工程措施。包括滴灌、微喷灌、渗灌等
		2.4	排水工程			将农田中过多的地表水、土壤水和地下水排除，改善土壤中水、肥、气、热关系，以利于作物生长的工程措施
				2.4.1	明沟	在地表开挖或填筑的具有自由水面的地上排水工程
				2.4.2	暗渠（管）	在地表以下修筑的地下排水工程
		2.5	渠系建筑物工程			渠道或沟道互为交叉、渠道或沟道与道路交叉或跨越（穿过）低地、高地时修建的控制或输水建筑物
				2.5.1	水闸	修建在渠道或河道处控制水量和调节水位的控制建筑物。包括节制闸、进水闸、冲沙闸、退水闸、分水闸等
				2.5.2	渡槽	输水工程跨越低地、排水沟及交通道路时修建的桥式输水建筑物
				2.5.3	倒虹吸	输水工程穿过低地、排水沟或交通道路时以虹吸形式敷设于地下的压力管道式输水建筑物
				2.5.4	农桥	田间道路跨越河流、洼地、渠道、排水沟等障碍物而修建的过载建筑物
				2.5.5	涵洞	田间道路跨越渠道、排水沟时埋设在填土面以下的输水建筑物
				2.5.6	跌水、陡坡	连接两段不同高程的渠道或排洪沟，使水流直接跌落形成阶梯或陡槽式落差的输水建筑物
				2.5.7	量水设施	修建在渠道或渠系建筑物上用以测算通过水量的建筑物

续表

一级编号	一级名称	二级编号	二级名称	三级编号	三级名称	说明
2	灌溉与排水工程	2.6	泵站及输配电工程			由泵站和输配电两部分组成的提水建筑物
				2.6.1	泵站	由抽水装置、辅助设备及配套建筑物组成的工程设施，亦称抽水站、扬水站
				2.6.2	输电线路	通过金属导线将电能由某一处输送到目的地的工程
				2.6.3	配电装置	承担降压或用配电设备通过配电网络将电能进行重新分配的装置
3	田间道路工程	3.1	田间道			连接田块与村庄，供农业机械、农用物资和农产品运输通行的道路
		3.2	生产路			项目区内连接田块与田间道、田块之间，供小型农机行走和人员通行的道路
4	农田防护与生态环境保持工程	4.1	农田林网工程			用于农田防风、改善农田气候条件、防止水土流失、促进作物生长和提供休憩庇荫场所的农田植树工程
				4.1.1	农田防风林	在田块周围营造的以防治风沙和台风灾害、改善农作物生长条件为主要目的的人工林
				4.1.2	梯田埂坎防护林	在梯田埂坎处营造的以防止水土流失、保护梯田埂坎安全为主要目的的人工林
				4.1.3	护路护沟林	在田间道路、排水沟、渠道两侧营造的以防止水土流失、保护岸坡安全、提供休憩庇荫场所为主要目的的人工林
				4.1.4	护岸林	在河流、水库、湖库的岸坡处营造的以防止水土流失、保护岸坡安全为主要目的的人工林
		4.2	岸坡防护工程			为稳定农田周边岸坡和土堤的安全、保护坡面免受冲刷而采取的工程措施
				4.2.1	护堤	为保护现有堤防免受水流、风浪侵袭和冲刷所修建的工程设施及新建的小型堤防工程
				4.2.2	护岸	为保护农田免受水流、风浪侵袭和冲刷，在河湖海库的岸坡上修建的工程设施

续表

一级		二级		三级		说明
编号	名称	编号	名称	编号	名称	
4	农田防护与生态环境保持工程	4.3	沟道治理工程			为固定沟床、防治沟蚀、减轻山洪及泥沙危害，合理开发利用水土资源而采取的工程措施
				4.3.1	谷坊	横筑于易受侵蚀的小沟道或小溪中的小型固沟、拦泥、滞洪建筑物
				4.3.2	沟头防护	为防止径流冲刷引起沟头延伸和坡面侵蚀而采取的工程措施
				4.3.3	拦沙坝	在河道上修建的以拦蓄山洪、泥石流等固体物质为主要目的的拦挡建筑物
		4.4	坡面防护工程			为防治坡面水土流失，防止坡下农田冲刷损毁，保护和合理利用坡面水资源而采取的工程措施
				4.4.1	截水沟	在坡地上沿等高线开挖，用于拦截坡面雨水径流，并导引雨水径流的沟槽工程
				4.4.2	排洪沟	在坡面上修建的用以拦蓄、疏导坡地径流，并导引雨水、防治洪水灾害的沟槽工程
5	其他工程				—	—

10.5.2 单体工程设计

按照《高标准基本农田建设标准》（TD/T 1033—2012）和省级《土地开发整理工程建设标准》的规定，依据工程建设标准规定，开展单项工程设计，并绘制单体工程设计图，计算单体工程量。

各单体工程设计内容一般包括：①进行建筑物场地条件分析，涉及地形、地质、水文、气象等，必要时通过水文计算确定过水流量；②进行建筑材料调查和建筑物结构选型，明确建筑物主体结构，并根据建筑物功能要求，进行过水能力分析，以此选择主体结构尺寸和形式；③进行建筑物结构计算，按照结构受力条件，进行结构应力分析和配筋计算；④进行建筑物稳定性分析，针对结构受力进行建筑物地基承载能力计算，对不稳定基础提出处理措施。

10.5.3 分类型区规划设计

（1）总体要求。建筑物数量较多时可进行典型设计。该工作主要依据省级《土地开发整理工程建设标准》进行，先划定工程类型区和工程模式，再选择典型区域，最后进行规划设计。针对单一项目，每一类型区应绘制1~2个典型布局，每个典型布局应覆盖至少1~2个独立的灌溉配水系统。在确定典型布局之后，按照建筑物类型，详细开展规划设计。典型设计选择的田块必须具有代表性。不同工程类型区下的典型田块面积不应小于该类区代表面积的5%。典型田块平面布置图比例尺宜在1:500~1:1000之间。

（2）典型布局。典型布局内容包括：用地布局，耕作田块布局，灌排沟渠、道路、农田防护与生态环境保持工程布置，分类型、分规格标注建筑物。典型田块布置中的灌排沟渠、道路应说明上下级连接关系；配套建筑物应列示种类，并说明与沟、渠、路的相对位置；同一台面应有设计高程，并说明土方调配路线。典型田块应说明在规划图中的相对位置，典型布局图应列示主要工程的工程量。

（3）典型设计。典型设计应反映典型布局中的工程类型、工程量和投资额，设计图纸包括典型田块设计图、土方调配图、纵横断面设计图、单体建筑物设计图等。典型田块设计图应绘制灌排沟渠、道路及农田林网的相对位置，标注灌水沟畦与格田的设计尺寸，标注建筑物的相对位置，绘制田块四周路、沟、渠、林相对位置和布置关系。典型田块土方调配图应标示不同田块土地平整工程量、土方调出和调入的位置及数量，明确土方运输的线路和距离，标注田块设计高程。纵横断面设计图应反映路、沟、渠（管）的开挖断面和填土高程；单体建筑物设计图应反映交叉建筑物类型、材料、结构和尺寸。

10.5.4 工程项目和工程量

依据《土地整治项目工程量计算规则》（TD/T 1039—2013）计算设计工程量。设计工程量与预算定额提出的工程量计算规则应做好对接。

10.6 施工组织设计

10.6.1 施工条件分析

结合土地整治项目特点，分析施工场地条件、交通条件、水电供应和当地能够提供的修配、加工的能力，以及劳动力供应情况；分析工程施工可能产生的不利影响和规避措施；分析主要建筑材料的供应情况，分析混凝土骨料、石料、土料等各料场的分布、储量、质量、开采运输及加工条件，通过技术经济比较选择可能的料场。

10.6.2 施工总体布置

为便于施工组织，方便各项资源调度，降低工程造价，根据施工组织需要，对土地整治区域进行划分，确定施工分区。施工分区一般以自然地貌、基础设施、行政边界等为界线进行划分，重点保证各作业区工程施工的连续性和物资运输的有效性。在一个施工分区内，统一协调施工用地，开展施工交通、供水、供电、料场、加工厂、施工管理及生活区等布置。根据施工工序要求，进行施工分区内各项施工作业规划，保障施工期间人力、材料、机械的有效供应和合理调配；集中安排环境保护措施，对施工区及周围环境进行保护，减少噪音、污水、粉尘、弃渣、垃圾等对居住区的危害，确保在工程竣工后将环境污染降到最低。

10.6.3 主要工程施工方法

按照土地平整工程、灌溉与排水工程、田间道路工程、农田防护与生态环境保持工程等分类，划分出土方工程、石方工程、砌体工程、混凝土工程、管道工程、农用井工程、设备安装工程、道路工程、植物工程及辅助工程等项目，分别提出施工方法和工艺。各项工程的施工方法应与预算子目中的工作内容相一致。

10.6.4 工程总进度计划

根据当地施工管理水平、施工机械化程度、劳动力供应情况，统筹各种建筑材料供应，合理安排施工进度计划。编制施工进度计划时，应遵守下列原则：①符合基本建设程序规定；②采用当地平均先进施工水平，合理安排工期；③人力、材料、机械和资金均衡配置；④施工作业区、单项工程施工进度与施工总进度相互协调，各工程施工程序前后兼顾、衔接合理；⑤在保障施工质量的前提下，充分发挥资金效益。

施工进度应突出关键工程和重要工程，明确开工、完工日期。施工进度计划的表述形式应采用横道图和网络图。

10.7 投资预算

10.7.1 项目预算的概念

现代意义上的项目预算是项目计划预算的一个重要组成部分。项目计划预算是一种将规划、计划与预算结合在一起的系统控制方法，主要目的是为了实现项目规划与预算的有机结合，寻求最有效的资源调配，以实现项目目标的系统方法。项目预算则是在对项目的技术措施、工程建设方案、施工工艺、设备材料等规划方案进行研究并确定的基础上，计算项目计划投入的总资金并对建设期内分阶段项目投资安排进行测算。项目预算可以全面、客观地反映实现项目任务所需要的资金额度，并通过对各种方案进行成本—效益分析，帮助项目承担单位选取实现建设目标的最佳途径。

按照《土地开发整理项目资金管理暂行办法》（国土资发〔2000〕282号）规定，土地整治项目预算根据国家宏观经济政策、年度土地利用计划和财政部关于编制年度预算的要求，结合土地有偿使用费年度收入预算，按"以收定支、略有节余"的原则进行编制。土地整治项目预算是完整反映土地整治项目计划建设任务所需的人、材、物的经济方案，由项目承担单位委托具备相应资质的项目预算编制单位，根据项目规划设计确定的建设任务和施工方案，按照《土地开发整理项目预算定额标准》（财综〔2011〕128号）等有关文件要求进行编制。土地整治项目预算是确定土地整治项目投资计划的重要依据，是项目计划的具体落实，是处理技术与经济关系的关键环节，是确定与控制工程造价的重要阶段，是开展项目招投标与施工监理工作的基础，也是开展项目实施建设、组织监督检查等工作的重要依据。

目前，国土资源部门还没有规定土地整治项目预算编制资质，其资质要求主要依托水利、建筑等工程造价资质。

10.7.2 预算编制依据

按照《财政部 国土资源部关于印发〈土地开发整理项目预算定额标准〉的通知》（财综〔2011〕128号）的规定，《土地开发整理项目预算定额标准》（财综〔2011〕128号）由《土地开发整理项目预算定额》、《土地开发整理项目施工机械台班费定额》和《土地开发整理项目预算编制规定》三部分组成，规定了土地整治项目预算的项目、费用和标准。

《土地开发整理项目预算定额》是计算和确定一个计量单位的土地整治项目分项工程的人工、材料和施工机械台班消耗量标准，是分项工程（部分为分部工程）单价计算的基础。分项工程对应于土地整治工程体系下的三级项目。

《土地开发整理项目施工机械台班费定额》是指在一个土地整治项目施工机械台班中，为使机械正常运转需要支出和分摊的折旧、维修、安装拆卸、辅助设施及人工、动力燃料等各项费用消耗的标准，即确定机械台班的单价。

《土地开发整理项目预算编制规定》是指为适应财政预算体制改革和实行部门预算管理的要求，规范土地整治项目预算的编制，依据国家有关法律、法规的有关规定提出的土地整治项目预算文件组成、费用构成、编制方法和计算标准、表格样式等内容。

此外，国家有关部门出台的有关项目管理办法和资金管理办法也是土地整治项目预算编制的重要依据。

10.7.3 预算编制内容

土地整治项目预算主要包括资金来源和预算支出。

资金来源，主要反映土地整治项目资金的来源途径。土地整治项目资金来源主要包括新增建设用地土地有偿使用费、耕地开垦费、土地复垦费和用于农业土地开发的土地出让金收入等土地整治专项资金，以及其他相关涉农资金和社会化投资。

预算支出，主要反映土地整治项目资金的支出项目和计划安排。土地整治项目预算支出包括工程施工费预算、设备购置费预算、其他费用预算和不可预见费预算等四部分，并按照项目实施年度分别制定阶段支出计划。

10.7.4 预算编制要求

土地整治项目预算应满足以下要求：一是符合国家相关规定，如《中华人民共和国预算法》、《中华人民共和国预算法实施条例》对预算编制的依据、内容、方法和审查等作出了明确规定；二是财政部、国土资源部制定了《土地开发整理项目预算定额标准》（财综〔2011〕128号），对土地整治项目预算文本、表格格式、具体内容和支出预算科目等方面提出了具体要求。

项目预算文件由封面、目录、预算编制说明、预算计算表格、预算附表及附件等组成。在编报土地整治项目预算时，应按规定的预算文件组成和内容，提供齐全、完整和规范的相关材料，确保项目预算编制依据充分。

编制土地整治项目预算时，必须严格按照核定的项目规划设计所确定的工程内容，结合施工组织设计或施工方案确定的施工方法，选套合理的定额标准。各项费用标准也应充分考虑项目所在区域的社会经济发展水平和项目自身特点进行科学选取。要确保费用构成齐全，计算结果合理，预算收支科目、工程内容和成本费用不重不漏。预算表格内部和各预算表之间的勾稽关系要核对一致。

10.7.5 预算费用构成

土地整治项目预算费用由工程施工费、设备购置费、其他费用和不可预见费四部分构成，如图 10.1 所示。

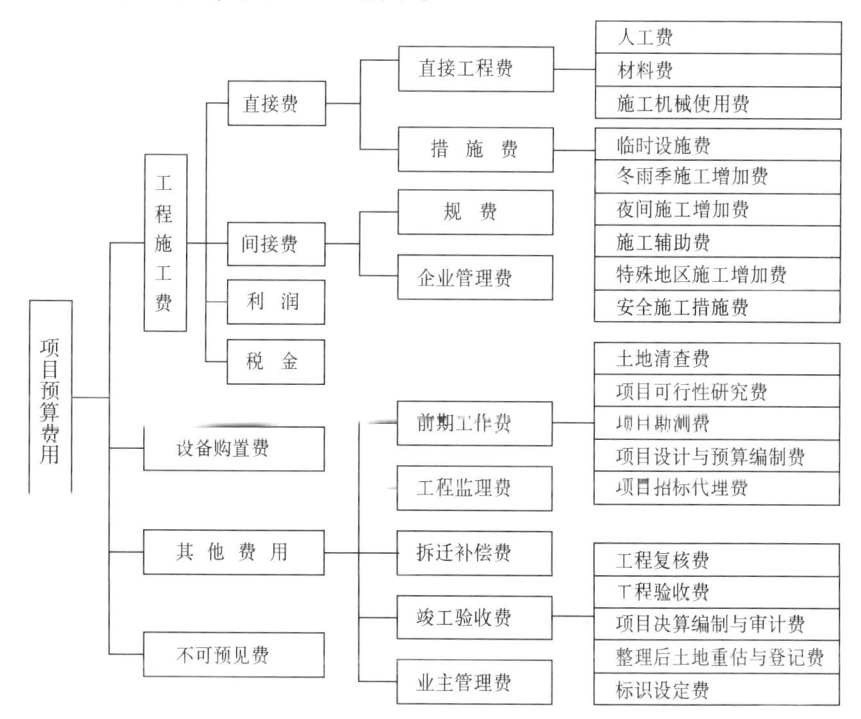

图 10.1 土地整治项目预算费用构成

（1）工程施工费。工程施工费包括直接费、间接费、利润和税金。①直接费。直接费指工程施工过程中直接消耗在工程项目上的活劳动和物化劳动。由直接工程费、措施费组成。直接工程费包括人工费、材料费和施工机械使用费。措施费包括临时设施费、冬雨季施工增加费、夜间施工增加费、施工辅助费、特殊地区施工增加费和安全施工措施费。②间接费。间接费由规费和施工企业管理费组成。规费指施工现场发生并按政府和有关权力部门规定必须缴纳的费用，如工程排污费。施工企业管理费指施工企业组织、管理施工所发生的费用。包括管理人员工资、差旅交通费、办公费、固定资产使用费、工具用具使用费、劳动保险费、工会经费、职工教育经费、财产保险费、财务费用和税金等。③利润。利润指施工企业完成所承包工程获得的盈利。④税金。税金指国家税法规定的应计入人工工程造价内的营业税、城乡维护建设税和教育费附加等。

（2）设备购置费。设备购置费包括设备原价、运杂费、运输保险费和采购及保管费。其中，设备原价指设备制造厂的交货价格或订货合同价格。运杂费指设备由厂家运至工地安装现场所发生的一切运杂费用，包括运输费、调车费、装卸费、包装绑扎费及可能发生的其他杂费。运输保险费指设备在运输过程中的保险费用。采购及保管费指项目实施单位和施工企业在负责设备的采购、保管过程中发生的各项费用。包括采购及保管部门工作人员的基本工资、辅助工资、工资附加费、劳动保护费、教育经费、办公费、差旅交通费、工具用具使用费及临时仓库、转运站等设施的运行费、维修费、固定资产折旧费、技术安全措施费等。

（3）其他费用。其他费用包括前期工作费、工程监理费、拆迁补偿费、竣工验收费和业主管理费。①前期工作费：指项目在工程施工前所发生的各项支出。包括土地清查费、项目可行性研究费、项目勘测费、项目设计与预算编制费和项目招标代理费。②工程监理费：指项目承担单位委托具有工程监理资质的单位，按国家有关规定对工程质量、进度、安全和投资进行全过程监督与管理所发生的费用。③拆迁补偿费：指项目实施过程中，针对零星房屋拆迁、林木及青苗损毁等所发生的适当补偿费用。④竣工验收费：指项目工程完工后，因项目竣工验收、决算、成果的管理等发生的各项支出。包括工程复核费、工程验收费、项目决算编制与审计费、整理后土地重估与登记费和标识设定费。⑤业主管理费：指项目承担单位为项目的立项、筹建、建设等工作所发生的费用，包括工作人员的工资、工资性补贴、施工现场津贴、社会保障费用、住房公积金、职工福利费、工会经费、劳动保护费；办公费、会议费、差旅交通费、工具用具使用费、固定资产使用费、零星购置费；乡镇协调费、宣传费、培训费、咨询费、业务招待费、技术资料费、印花税和其他管理性开支等。

（4）不可预见费。不可预见费指在施工过程中因自然灾害、设计变更及其他不可预见因素的变化而增加的费用。

10.7.6 预算编制方法

（1）工程施工费预算编制。工程施工费是指土地整治项目中的土地平整、灌溉与排水、田间道路、农田防护与生态环境保持及其他等各项工程直接施工和管理施工所发生的各项费用之和。①根据项目规划设计文本、单体设计图、施工组织设计及材料价格信息等有关资料，确定单位工程量计算子目，按照工程量计算规则，逐项计算各分项工程的工程量；②选择套用相应定额子目计算分项工程直接费（直接工程费和措施费）、间接费、利润、材料价差、未计价材料费、税金等，编制工程施工费单价分析表。③根据确定的工程量及工程施工费单价，编制工程施工费预算，编写工程施工费预算的编制说明，对工程施工费的编制方法、工程量计算方法、定额换算等有关情况进行说明。

（2）设备购置费预算编制。设备购置费是指购置和自制土地整治项目规划设计要求的各种设备所发生的相关费用。土地整治项目常见设备主要包括机电设备和金属结构设备两大部分。设备购置费预算编制应根据计划采购的主要设备表及价格、费用资料，按设备的类型对设备原价、运杂费、运输保险费、采购及保管费、运杂综合费等分别进行计算，汇总形成该类设备的设备购置费，在此基础上汇总计算项目设备购置总费用（表10.2）。

表10.2 设备购置费预算表

序号	设备名称	规格	单位	数量	单价	合计	说明
	（1）	（2）	（3）	（4）	（5）	（6）	（7）
⋮							
⋮							

此外，在土地整治项目实施过程中，购置或自制设备还涉及设备安装工程，包括闸门与构建安装、起重设备安装、喷微灌设备安装、水泵安装、电力变压系统安装、配电箱安装、配电屏安装、启动器安装、隔离开关安装等，应按照《土地开发整理项目预算定额标准》（财综〔2011〕128

号）确定的设备安装工程定额计算设备安装工程费。

（3）其他费用预算编制。土地整治项目的其他费用包括前期工作费、工程监理费、拆迁补偿费、竣工验收费、业主管理费。其他费用预算应按各项费用科目规定的费率或计费基础及相应的计算方法进行编制。如项目设计与预算编制费应以工程施工费与设备购置费之和为计费基础，采用分档计算方式，各区间内插法确定。

（4）不可预见费预算编制。不可预见费指在土地整治项目施工过程中因自然灾害、设计变更及其他不可预见因素的变化而增加的费用。主要由如下几种原因导致费用增加而预留的费用：①不可抗力导致的费用增加；②设计变更导致的费用增加；③竣工验收时抽验隐蔽工程发生的挖掘及验收结束时进行恢复所导致的费用增加；④在项目建设期间由于材料价格大幅度上涨引起工程造价增加而预留费用。不可预见费预算编制相对较为简单，待土地整治项目预算编制过程中其他各项费用确定后，按不超过工程施工费、设备购置费和其他费用之和的3%计算。

10.7.7 预算编制程序

编制土地整治项目预算时，应按以下程序进行：

（1）编写项目预算编制大纲。确定编制依据、定额标准和材料价格；列出人工、主材等基础单价或计算条件；说明设备的价格和拆迁工程量及补偿标准依据；确定有关费用的取费标准和费率；列出工程预算编制的难点、重点及其对策；其他应说明的问题。

（2）确定工程项目，计算工程量。依据设计图纸和说明书及标准图提供的工程类型、结构、设计尺寸和工序要求，结合施工现场的施工条件、施工方法、水文、地质、气候等基本情况，按照项目划分的要求和工程量计算规则，计算分部分项工程量。

（3）选用定额。按照不同工程的施工工序和方法，选择定额，并注意子目计算单位与工程量计算结果的单位换算关系。

（4）编制项目预算表。①按照工程所在地的现场条件和编制年的经济水平，计算人工、材料等预算价格，计算施工机械台班费；②选套定额编制工程施工费单价，分别计算直接费（直接工程费、措施费）、间接费、利润、材料价差、税金；③按照分项、分部、单位、单项等工程顺序，汇总工程施工费；④汇总人工及主要材料用量；⑤计算设备购置费；⑥编制其他费用；⑦汇总各项费用形成项目总预算。

（5）预算编制说明。内容包括项目概况，预算编制的依据，编制方法，计算方法及定额标准换算关系，主要指标的取得和分析，其他需要说明的问题。

（6）编制分年度投资预算。根据施工组织设计总进度、单项工程分年度完成的工程量和工程单价，合理安排并编制分年度投资预算。

（7）预算复核、装订、签章与审批。项目预算编制单位和项目承担单位应及时组织有关人员对项目预算的主要内容、主要工程、工程量、预算单价、费用标准、补充单价和换算表等内容进行检查和复核，发现问题及时纠正，确保项目预算的科学性和合理性。经审核无误后，按规定签字、盖章并顺序装订成册，按规定程序报有关部门审批。

10.8 规划设计成果和预算评审

按照《土地整治项目设计报告编制规程》（TD/T 1038—2013）、《土地整治项目制图规范》（TD/T 1040—2013）和《土地开发整理项目预算定额标准》（财综〔2011〕128号）等规定，进行规划设计成果的编制。其成果主要包括：项目设计报告；附图，包括项目现状图、规划图和单体工程设计图；预算书；其他附件。

在项目规划设计成果编制完成之后，一般由批准单位组织有关专家进行评审。具体评审组织、程序和内容与项目可行性研究评估相同。评审工作可以分为两个部分，也可以放在一起同时开展评审。一是项目规划设计部分，评审对象为设计报告和图纸；二是项目预算部分，评审对象为预算书和施工组织设计。评审工作一般采取现场会审的方式，评审内容主要围绕土地整治有关政策、技术标准等规定，进行合规性和技术性审查。评审结论有合格和不合格两种。对于不合格的项目，要求提出具体的修改意见，并视问题的重要性明确是否需要再次进行评审。

第 11 章 土地整治项目实施管理

实施管理是土地整治项目管理中的重要一环，是检验项目前期准备工作、实现项目预期目标的关键环节。项目只有按计划建成，才能发挥投资效益，促进项目区经济社会发展。

11.1 土地整治项目实施管理概述

土地整治项目实施管理是以土地整治项目为对象，以土地整治规划为依据，对项目规划设计、资金筹措、土地权属调整和工程施工等进行的计划、组织、监督和指导的管理活动。实施管理在确保土地整治项目预期目标实现、提高土地整治资金使用绩效、规范项目实施行为、保障群众合法权益等方面起着重要作用。

11.1.1 项目实施管理的特点

（1）项目实施具有季节性，这是区别于其他建设项目实施的显著特点。一般建设项目实施受农时或气候的影响较小，而土地整治项目实施受季节性限制较多，与当地的农时具有很强相关性。如土地平整、农田水利工程等均要求在农闲时进行，将项目实施对农民生产的影响降低到最小限度，有效保护农民利益。

（2）土地权属复杂，土地权属调整成为土地整治项目顺利实施的关键。农村土地所有权属于农村集体所有，使用权或承包经营权属于农户，在一个土地整治项目区内往往有多个甚至上万个土地使用者。在土地归并、道路建设、水利设施新建和防护林网种植等过程中，常常会影响到土地使用者的利益。项目建成后的土地重新分配与后期管护也与土地权属调整密切相关。在项目实施前必须对土地权属进行认真清查，为工程建设腾出场地，建设完成后重新分配利益，而其他建设项目为土地征收，不涉及土地权属调整问题。

（3）项目建设具有综合性，工程呈面状分布，实施管理的难度较大。

土地整治项目涉及土地平整、田间道路工程、农田水利工程、防护林网和生态保护工程，需要农业、土壤、水利与水保、机械、建筑、林业、环保等方面的技术支撑，项目实施具有综合性和复杂性；项目实施呈面状分布，不像一般工业建设、商住楼房建设那样集中分布，这给土地整治项目实施监理、检查验收带来了很大的难度。同时按照现行管理体制，还涉及农业、水利、林业、环保、住建等部门的配合与支持。

（4）土地整治项目投资主体、项目法人和受益主体往往分离。一般建设项目的法人代表、受益主体往往是一致的，而土地整治的受益主体多数情况下是农民，是项目区内成百上千的农民群众，但投资主体、项目法人却不是农民。投资主体主要是国家，投资一般也不回收；项目法人主要是具有法人资格的事业单位或企业，项目建成后一般不直接受益，是将项目交给农民使用。这就造成投资方管理者没有资金回收压力、项目法人缺乏利益驱动、受益者农民无投资回报动力等问题，必须加强实施监管。

11.1.2 项目实施管理的目标

10 多年来，我国土地整治工作实践不断深入，国家对土地整治运行规律逐步把握，逐步明确了各级国土资源管理部门和项目承担单位的职责与管理目标。

部级层面土地整治实施管理主要有 5 个目标：①补充耕地面积，提高耕地综合生产能力，保障国家粮食安全；②优化利用结构，拓展各类建设用地空间，促进节约集约利用；③调整土地权属，推进农用地规模化经营，夯实现代农业发展；④实施综合整治，改善村庄面貌和生活环境，促进美丽乡村建设；⑤开展生态治理，推进工矿废弃土地复垦，促进生态文明建设。

省级部门土地整治实施管理主要有 3 个目标：①全面执行国家有关管理政策，规范项目实施行为；②全面落实国家有关技术标准，项目实施符合要求；③全面掌握项目实施有关情况，做到底数清、情况明。

项目承担单位土地整治实施管理主要有 4 个目标：①全面完成规划设计建设任务，保证工程和补充耕地质量；②保证资金使用符合政策规定，充分发挥资金使用绩效；③项目实施充分尊重农民意愿，有效维护农民合法权益；④项目档案资料齐全、真实有效，归档管理符合有关要求。

将上述目标落实到具体土地整治项目上，实施管理的目标主要体现在完成项目建设任务、抓好质量管理、按进度实施、严格执行预算、维护群众权益 5 个方面，这些目标贯穿整个土地整治项目实施管理的全过程，所有实施管理工作都要围绕以下 5 个目标进行。

（1）项目规划设计任务全面完成。一是确保项目规划设计任务全面完成，主要包括土地整治规模、新增耕地面积、土地平整工程、灌溉与排水工程、田间道路工程、农田防护与生态环境保持工程等建设任务的实现，应加强实施过程中工程量的测量与复核，避免工程量"缩水"现象。二是确保土地权属调整方案到位，降低耕地破碎程度，优化土地利用布局，土地利用更加合理。

（2）工程建设质量符合要求。确保项目规划设计的土地平整工程、灌溉与排水工程、田间道路工程、农田防护与生态环境保持工程及其他工程符合有关的建设质量标准，保证各类工程设施得到长久使用，持续发挥使用效益。

（3）按计划工期完成建设任务。确保项目建设按照计划工期完成建设任务，使项目按期发挥经济效益、社会效益和生态效益。在项目实施中应加强计划管理，统筹协调，积极创造施工条件，确保工程顺利实施。

（4）资金使用与管理符合国家政策。严格执行土地整治专项资金管理有关制度，保证资金安全、管理规范、使用高效，并严格执行批准的预算标准。

（5）农民土地合法权益得到维护。在土地整治项目实施过程中，应注重公众参与，充分听取农民和农村集体经济组织的意见，确保农民的知情权、参与权、监督权和收益权，合理进行土地权属调整和收益补偿；对实施增减挂钩的项目，其指标增值收益应按照有关规定及时足额返还农民。

11.1.3 实施管理与实施监管的区别

我国现行的土地整治是以项目为基础的。土地整治实施管理一般指项目在规划设计完成后，从施工准备、组织施工到竣工验收和后期管护四个环节。2007 年，国家调整了土地整治管理方式，实行"部级监管、省负总责、市县人民政府组织实施"的管理模式，国家对土地整治实施管理转变为实施监管，提出实行"集中统一、全程全面"监管思路。"集中统一"即对各级各类土地整治项目实施进行监管；"全程全面"即从项目可行性研究、规划设计到竣工验收的各个环节进行监管。目前，省级和大部分市级国土资源管理部门在土地整治工作中主要是履行实施监管职责，县级土地整治专业机构和部分县级国土资源管理部门主要从事项目实施管理工作，履行项目法人责任。

监管是指具有法律地位且相对独立的政府或专业机构，为实现项目预期目标，采取法律、行政、经济、技术等综合手段，对项目涉及的相关单位、部门人员和实施过程进行的监督行为。它是政府履行职责的一种制度性安排，具有一定的强制性和约束力，包括激励和处罚措施，以保证项目实施规范运作，确保取得实效。土地整治监管是指土地整治行政管理部门或专业机构，为了实现土地整治预期目标，采取多种手段，对项目涉及的管理部门、单位和实施过程进行监督的行为。如果是专业机构，则需要行政管理部门授权，才能依法依规履行监管职责。

实施管理与实施监管的区别：实施管理是组织内部自上而下的支配行为，管理者相对被管理者而言，居于支配地位，包括计划、组织、实施和监督等活动。实施监管是组织外部的机构依法行使权力的行为，监管者与被监管者之间不是领导和被领导的关系；监管必须按规则进行，在监管规则面前，监管者与被监管者是平等的。

11.1.4 项目实施管理的主要内容

（1）项目法人管理。项目法人是具体负责土地整治项目实施、具有法人资格的单位。一般来说，项目承担单位组织实施项目，对项目建设履行项目法人责任，履行实施管理的各项权利，对投资负责，确保项目实现预期目标并产生预期效益。目前，项目法人主要是县级土地整治机构承担，具体负责项目实施工作；随着土地整治实施管理主体的创新，各级行政管理部门和土地整治机构将转变为实施监管和技术指导工作，必须加强项目法人管理。

（2）项目公告管理。项目实施涉及广大农民群众的利益，项目承担单位必须按照公告制度的要求，推进信息公开，增强项目投资和资金使用透明度，加强公众知情权和参与权，加强社会监督。项目公告一般包括项目基本情况公告、土地权属调整情况公告等内容。

（3）项目招投标管理。在土地整治项目实施过程中涉及业务委托的，应依照《中华人民共和国招投标法》，寻求最佳的规划设计、施工监理、工程施工、造价咨询等单位，实现公平竞争、提高项目建设质量、保证建设进度、降低项目建设成本。招标管理具体包括招标的组织、准备招标文件、招标与投标、评标和定标等，相关部门和单位应加强对招标代理机构的管理，确保招标工作依法依规进行。

（4）工程建设监理管理。施工监理是对工程施工单位的一种有效监督。工程监理单位应当依照法律、法规及有关技术标准、规划设计和相关合同，代表项目承担单位对工程施工进行监理，并承担监理责任。对监理单位管理主要包括确定委托监理工作的内容、对监理单位进行资格审查、邀请投标、评审标书和监理行为的管理。

（5）合同管理。项目合同管理是明确各方权益、责任的重要手段和依据，理顺项目实施过程中的经济关系，项目法人均应依法与实施单位签订合同，明确经济权利、义务关系，按合同进行管理，防范和减少合同双方的纠纷。

（6）采购管理。主要针对项目实施过程中的物资供应、工程建设服务、咨询服务等内容进行采购，应加强采购环节监管，确保建设使用的材料符合质量要求，工程建设服务达到合同规定，有关咨询服务技术先进、质量最优，为保证工程建设质量和降低建设成本奠定基础。

（7）权属调整管理。权属管理包括项目实施前土地权属现状调查与确认、项目实施中权属调整和实施后变更登记等。权属管理是顺利实施土地整治项目、保障农民合法权益、维护社会稳定的一项重要管理措施。

（8）资金使用管理。项目资金管理可以从宏观、微观两个方面理解。宏观管理指各级管理部门依据职责，对项目资金从概预算、计划、拨付、使用到决算的各个环节和资金运行过程进行的管理；微观管理指项目管理单位在项目建设中对资金收支活动的管理，这种管理是在国家法律法规和制度约束下的自我管理，包括账册的建立、资金往来、凭证审核、资金拨付与项目决算等。

（9）项目监督检查。主要是有关部门和单位对项目在实施过程中执行国家管理制度、项目任务完成、工程建设质量、资金使用、群众权益维护等情况进行监督检查，是确保项目取得实效的一项重要措施。一般包括例行检查、资金稽查、专项督察、实施评估、绩效评价等。

（10）信息档案管理。信息档案管理贯穿于土地整治项目实施全过程，是一项基础性工作，包括反映工作过程的主要文献和各环节的技术成果，是项目检查和竣工验收的重要依据。在土地整治项目信息备案方面，要求各级各类土地整治项目的实施信息及时、全面、准确报备到农村土地整治监测监管系统中，以便及时动态分析项目实施情况。

（11）工程竣工验收。项目竣工验收是土地整治项目实施管理的重要环节，全面考核项目实施、工程质量、资金使用、权属调整、权益维护等情况，是项目建设成果投放使用的重要标志。

（12）项目竣工决算。竣工决算是一项重要的财务管理工作。竣工决算报告是项目承担单位向项目主管部门报告土地整治成果和财务状况的总结性文件。主要包括预算执行、使用管理与安全等内容。

（13）项目审计。项目审计是有审计资质的部门或机构对项目资金使用、竣工决算等工作的审查、复查活动，是对项目资金使用合理性和有无违规行为的最后一道防线。包括项目在建审计、项目财务审计、项目竣工决算审计和预算执行情况审计等。

（14）工程后期管护。它是对土地整治建成的成果在使用过程中的管理和维护，后期管护应以明晰工程所有权为核心，建立多种形式管理体制，落实管护资金，确保项目得到有效管护，持续发挥效益。

11.2 实施准备管理

11.2.1 编制实施方案，制定实施管理计划

实施方案和计划是项目实施管理的重要工作内容。一个好的方案和计划是项目实施成功的前提，它是后续实施管理的基础和依据。

在编制实施方案和计划时应依据项目规划设计确定的建设区域、主要任务和投资估算，结合项目可行性研究报告及权属调整初步方案，统筹考虑项目建设总体工作，主要是明确项目建设的各个环节、实施程序、组织方式与管理措施、人员保障和各个阶段资金使用计划，形成工作方案及分项工作子方案，统筹编制项目实施管理计划。同时应充分考虑土地整治项目特点和农民耕种的实际，合理安排建设工期，尽量避免或减少工程施工给农民造成利益损失。

（1）编制项目实施管理计划的步骤。①收集和整理有关信息。应通过各种渠道收集有关项目实施的历史资料、相关文件，调查了解有关政策和技术经济信息，重点分析建设阶段涉及的工时定额和技术程序要求，对本项目实施有关情况和问题进行分析，为计划编制提供科学依据。②把握项目建设目标和项目实施环境分析。根据项目建设规模、投资额度、工期和质量要求，明确各目标之间的关系，分清主次，对实现目标的程度作出说明，并从法律、政策和施工条件等方面进行分析与评价。③工作内容分解。将项目的各项内容按其相关关系逐层进行工作分解，直到工作内容单一且便于组织管理的单项工作为止，并把各项工作在整个项目中的地位、

相互关系直观地表示出来,以便有效地计划、组织、控制项目的整体实施,便于承担单位或部门了解自身工作与全局的关系。

(2) 项目实施计划编制的内容。项目实施计划的构成文件很多,不同的项目、不同的层次、不同的组织方式,其计划的编制和表达方式也不同。一般分为项目总体实施计划和分项实施计划。项目总体实施计划包括项目总体情况、主要目标、实施总体方案、进度计划、资金使用、组织保障、监督管理措施和潜在问题等内容。分项实施计划包括实施组织计划、分项进度计划、报告报表计划、竣工验收计划等内容,如项目实施总进度计划、年度计划、工程施工进度计划、工程监理进度计划等。

11.2.2 编制项目实施管理方案

(1) 管理制度执行方案。①公告制度实施方案。包括项目基本情况公告、土地权属调整方案公告和项目招标公告等。项目基本情况公告应在项目实施前发布公告,贯穿于整个实施过程中,接受群众和社会监督。其内容应包括项目名称、建设位置、建设总规模、新增耕地面积、项目总投资、建设工期、土地权属状况、项目承担单位、施工单位、监理单位、设计单位等,有条件的地方应将项目区现状图和规划设计图一并予以公布。土地权属调整方案应在项目所在地有关乡镇、村进行公告,公告期15天。主要内容包括项目区内土地权属状况、权属调整范围、权属确认情况、权属调整原则和有关政策等。项目招标公告。采用公开招标的,应将招标的工作内容、工期要求、资金和投标的有关资质条件等在相应媒体和网络上发布,并明确投标报名时间等,确保招标公告符合招投标法律要求。②合同管理实施方案。全面研究项目实施过程中涉及签订合同的有关内容,按照合同法有关规定,项目承担单位与招标代理机构、施工单位、监理单位等必须根据委托事项签订合同,明确分各方权、责、利和违约责任。③招投标管理实施方案。依据有关规定,制定具体工作细则,确定招标范围、招标组织形式、招标方式和招标估算金额等,明确招标、投标、开标、评标和中标等具体要求。④工程监理管理实施方案。根据工程监理有关政策规定,制定具体工作细则,明确委托监理程序、监理单位资质、监管管理有关要求。⑤工作制度实施方案。包括会议制度、项目管理制度、汇报制度、检查制度和廉政建设制度等内容。

(2) 工程管理方案。包括工程数量、建设质量标准和质量监督管理方案,应明确建设责任、监督管理要求等。

（3）工程进度管理方案。包括工程建设进度和资金使用计划，应用图、表分别表示，以便清晰地执行。

（4）资金管理方案。包括资金风险防范体系管理工作方案、项目资金拨付、财务监督检查、竣工决算编制、稽查等内容，提出具体的管理方式。

（5）竣工验收管理方案。明确各阶段验收的组织、人员安排、工程验收、财务决算与审计、权属验收和文件档案资料验收等工作安排。

（6）文件档案资料管理方案。对反映项目建设全过程的有关档案资料提出收集和管理的具体要求，包括有关文件、合同、工程建设资料、财务管理资料、工作总结报告等。

11.2.3　完善实施相关管理制度

要高水平地完成土地整治项目实施工作，必须实行科学管理。这依赖于严格的制度管理，用制度管人，用制度管项目，提高制度执行力，预防实施管理中腐败行为的发生。

土地整治项目实施管理制度应包括基础管理制度、工程业务管理制度和监督保障制度三大类。

基础管理制度主要有重大事件快速上报制度、信息披露制度、会议制度、公文流转制度、用章管理制度、财务管理制度、固定资产管理制度、低值易耗品管理制度、考勤制度等。在会议制度中，应重点健全项目承担单位工作会议、规划设计协调会、工程监理例会、工程施工管理例会、专题会议和档案管理例会等会议制度。

工程业务管理制度主要包括合同管理办法、项目委托业务管理制度、工程施工招投标工作细则、工程主要设备和咨询服务采购管理制度等，这些制度主要是保证项目规范化实施。

监督保障制度是保障项目实施过程中科学决策、防止腐败发生的重要制度，也是保护参与项目决策和实施人员的一项制度安排。项目承担单位应制定工作流程合理、岗位职责明确、权力分割的监督保障机制，通过招标监督、跟踪审计、廉政监督，实现项目实施管理工作廉洁高效运作。

11.3　工程施工管理

土地整治工程进入施工阶段，参与建设的各方都要按照合同要求对工程施工进行管理，完成合同规定的任务，而项目承担单位则要与咨询单位、勘测设计单位、施工单位、监理单位、材料供应单位打交道，必须运用系统工程的管理理念和方法，通过加强沟通和协调，严格合同管理，实现对"建设任务、实施进度、工程质量、建设成本和权益维护"五方面的有效控制。

11.3.1 项目控制的基本理论

项目工程建设是一个动态的复杂系统，为实现项目建设目标，参与项目建设的有关各方（项目承担单位、施工单位、监理单位等），必须在系统控制理论指导下，围绕着工程建设的工期、质量和成本，对项目的实施状态进行周密的全面监控。

控制是实施主体为实现一定的目标而采取的一种行为。实现最优化控制必须首先满足两种条件：一是要有合格的控制主体；二是要有明确的控制目标。控制就是按事先拟定的标准和计划，要检查实际发生的情况与标准的偏差，并加以纠正。控制是对被控制系统而言的，既要对被控制系统进行全过程控制，又要对其所有要素进行全面控制。全过程控制有事先控制、事中控制和事后控制；要素控制包括对人力、物力、财力、信息、技术、组织、时间和信誉等的控制。同时控制是动态的，提倡主动控制，即在偏离发生之前预先分析偏离可能性，采取预防措施，防止发生偏离。控制是一个大系统，包括组织、程序、手段、措施、目标和信息等若干个分系统。

项目控制过程包括3个基本步骤：制定控制标准、衡量执行结果和采取有效措施纠正偏差。管理工作是从编制计划开始的，各项计划是控制的基本标准，计划从数量、质量、时间、成本、效益等多个方面作出规定，控制工作应以各项实施计划为准绳。控制工作的第二步是对实际情况的检查、测量并与计划标准作比较，由此发现问题。检查测量的方法有三种：直接观察法，即直接检查受控对象，掌握第一手资料并作出判断；统计分析法，即根据统计报表分析受控对象的实际情况；例会报告法，即通过定期或不定期会议检查受控对象的实际情况。通过这些方法及时掌握准确可靠的信息，作出正确的判断，进行有效的控制。在找出偏差之后，要分析产生偏差的原因，应采取可行的有针对性的纠偏措施，或重新修订计划，或重新调配资源，或改善项目管理方法等，确保项目实施在可控制的范围内。

11.3.2 项目进度控制

（1）进度控制概念。在工程建设中执行经审核的施工进度计划，利用相应手段定期检查施工实际进展情况，经与原计划进度比较找出进度偏差，通过对偏差产生的原因及影响工期目标程度进行分析，监督工程施工单位及时采取措施调整实施进度，确保计划得到执行。进度控制在项目建设中与质量控制、成本控制之间有着相互影响、相互依赖、相互制约的关系，从经济角度看，并非所有项目的工期越短越好。如果盲目缩短工期，会造成项目财务上的极大浪费。项目的工期确定下来后，就要根据具体的工程项目及其影响因素，对项目的施工进度进行控制，以保证项目在预定工期内完成建设任务。

（2）进度控制的原则。一是合理安排施工先后顺序，采取流水、交叉或平行施工方法。二是结合项目的特点，参考同类工程项目的经验来确定进度目标，防止只按主观愿盲目确定目标进度，保持速度适当，既不拖延，也不抢工。三是做好资金供应、施工力量配备、材料到货与进度需要的平衡，尽力保证进度目标的要求而不使其落空。四是考虑外部协作条件的配合情况，包括项目建设所需的水、电、气、通讯、道路及其他社会服务项目的满足程度和满足时间，必须与有关项目的进度目标协调。五是现场所在地区地形、地质、水文、气象等方面的限制。

（3）进度控制的内容。①进度控制目标的分解。根据项目进度总目标，从以下不同角度进行层层分解：一是按项目组成分解，将进度总目标细化。单项工程的进度目标在项目总进度计划和工程建设年度计划中应有体现。二是按工程施工单位分解。对每个单项工程进度目标按工程施工单位分解为总包和各分包单位的进度目标，列入分包合同，以便落实分包责任，并根据各专业工程交叉施工方案和前后衔接条件，明确不同施工单位工作面交接的条件和时间。三是按任务性质分解。劳动力、材料、构配件、机具和设备供应的品种、规格、数量和日期都要按施工进度的需要落实，其他外部协作条件，如水、电、道路、拆迁等都要紧密配合施工进度目标，按保证工程需要的原则确定各项工作的进度分目标。四是按施工阶段分解。专业工程的阶段划分要突出各阶段之间的衔接时间。特别是不同单位承包的不同阶段工程之间，更要明确划定时间分界点，以它作为形象进度的控制标志，使单项工程目标具体化。五是按计划划分。按年度、季度和月（旬）度分解的进度目标，必要时进一步细分为周的进度目标，用计划期内应完成的实物工程量、货币工作量及形象进度表示，更有利于明确对各承包商的进度要求。同时可以据此监督实施，检查完成情况。计划期愈短，进度目标愈细，进度跟踪愈及时，发生进度偏差就更能有效地采取措施予以纠正。这样，就能形成一个有计划有步骤地协调各项工程施工、长期目标自上而下逐级控制、短期目标自下而上逐级保证、进度总目标逐步趋近的管控局面，最终实现项目按期竣工交付使用的目标。②事前进度控制。事前进度控制是指项目正式施工前进行的进度控制，其具体内容有：一是编制施工阶段进度控制工作细则。二是编制或审核施工总进度计划。审核总进度计划的开、竣工日期必须与项目总进度计划的时间要求相一致。三是审核单位工程施工进度计划。四是进度计划系统综合。项目承担单位、监理工程师在对施工单位提交的施工进度计划进行审核以后，往往要把若干个相互联系的处于同一层次或不同层次的施工进度计划综合成一个多阶群体的施工总进度计划，以利于进度总体控制。五是编制年度、季度、月度工程进度计划，做好综合平衡，相互衔接。年度计划可作为项目承担单位拨付工程款的依据。③事中进度控制。指项目施工过程中进行的进度控制，这是施工进度计划能否付诸实现的关键过程。进度控制人员一旦发现实际进度与目标偏离，必须及时采取措施以纠正这种偏差。事中进度控制的具体内容包括：一是协助施工单位实施进度计划，随时注意施工进度计划的关键控制点，了解进度实施的动态。二是及时检查和审核施工单位提交的进度统计分析资料和进度控制报表。三是严格进行检查。为了了解施工进度实际状况，避免工程施工单位谎报工作量的情况，项目承担单位有关人员和监理工程师需进行必要的现场跟踪检查，以检查现场工作量的实际完成情况，为进度分析提供可靠的数据资料。四是做好工程施工进度记录。五是对收集的进度数据进行整理和统计，并将计划与实际情况进行比较，从中发现是否有进度偏差。六是分析进度偏差带来的影响并进行工程进度预测，从而提出可行的修改措施。七是重新调整进度计划并付诸实施。八是定期向项目有关管理单位汇报工程实际进展状况，按期提供必要的进度报告。九是组织定期和不定期的现场会议，及时分析、通报工程施工进度状况，并协调各施工单位之间的生产活动。十是核实已完工的工程量，签发应付工程进度款。④事后进度控制。指完成整个施工任务后进行的进度控制工作，具体内容有：及时组织验收工作；处理工程索赔；整理工程进度资料；工程进度资料的归类、编目和建档；根据实际施工进度，及时修改和调整验收阶段进度计划及监理工作计划，以保证下一阶段工作的顺利开展。

（4）进度控制的方法。进度控制是一个动态的、有组织的项目管理过程。其主要环节如下：一是进度计划实施中的跟踪检查。二是对收集的数据进行整理、统计和分析。三是采取进度调整措施，将有关进度状况和必要的分析结果通知施工单位，在明确责任的前提下要求施工单位提出赶工措施，征得监理工程师同意后方可实施。四是监督调整后的进度计划的实施。

11.3.3 项目质量控制

项目质量控制是指为满足工程项目建设的质量需求而采取的作业技术和活动。对项目质量的控制是实现工程项目管理三大控制的重点。

（1）项目质量的概念。项目质量指根据现行的有关法律、法规、规范、规程、技术标准、设计文件及工程合同对工程项目的安全、适用、经济、美观等性能在规定期限内的综合要求。工程项目质量由普遍性质量和特殊性质量两个方面组成，普遍性质量指国家的相关法律、法规的相关规定；特殊性质量根据具体的工程项目和投资方对工程的要求而定，分别体现在工程项目的实用性、经济性、可靠性、外观及环境协调等方面。因此，工程项目质量的目标必须由项目承担单位用合同的形式约定。任何工程项目的建设，都是通过一道道工序来完成的，所以工程项目质量由工序质量、分项工程质量、分部工程质量和单位工程质量等组成。从另一角度看，工程项目质量包括工程建设各个阶段的质量及相应的工作质量，即项目论证决策阶段、项目设计阶段、项目施工阶段和项目使用保修阶段的质量。

（2）项目质量的特点。一是涉及面广，影响因素多。有很多人为因素与自然因素影响工程项目的质量。诸如论证决策的不缜密造成工程项目与地形地貌条件不符；设计阶段的粗心大意导致规划不合理；施工阶段盲目追求经济利益、偷工减料，以及施工工艺、施工方案、施工环境、施工人员素质、管理制度、技术措施、操作方法和工艺流程等都会影响项目的质量。二是工程质量离散、变异性大。由于工程的建设具有不可重复性，某一处或某一部位质量好，如果不注意，另一处就可能质量不好。如果某一关键部位质量不好，就可能造成整个单项工程质量不好，或引起整个工程项目的质量变异。三是工程质量隐蔽性强。工程质量建设过程中，大部分工序是隐蔽过程，完工后很难看出质量问题，而其内部可能有质量问题。另外，工序之间的交接也容易造成隐蔽性质量事故。四是工程质量终验局限性大。工程完全建成后，再全面检查工程质量，此时的检查结论有很大的局限性。在施工过程中，必须实施现场监督管理，以及时发现隐蔽工程的质量问题。因此，工程质量控制应重视事前控制、事中监理，消灭工程质量事故。

（3）质量控制的原则。一是质量第一原则。质量的好坏，直接关系到人民生命财产的安全，必须弄清并且摆正质量和数量、进度之间的关系。不符合质量要求的工程，数量和进度都失去意义，也没有任何使用价值。二是预防为主原则。项目管理单位往往采取事后检验的方法，认为严格检查，就能保证质量，实际上这是远远不够的。应该从消极防守的事后检验变为积极预防的事先管理。三是为用户服务原则。建设项目是为了满足用户的要求，尤其要满足用户对质量的要求。同时应树立"下道工序就是用户"的思想，各个部门、各种工作、各种人员都有个前、后的工作顺序，在自己这道工序的工作一定要保证质量，凡达不到质量要求不能交给下道工序，一定要使"下道工序"这个用户感到满意。四是用数据说话的原则。质量控制必须建立在有效的数据基础上，必须依靠能够确切反映客观实际的数字和资料，否则就谈不上科学的管理。

（4）质量控制的任务。根据国家现行的有关法规、技术标准和工程合同规定的工程建设各阶段质量目标实施全过程监督管理。由于工程建设各阶段的质量目标不同，各个阶段质量控制的任务也有所区别。

工程施工阶段质量控制是工程项目全过程质量控制的关键环节。根据工程质量形成的时间，工程施工阶段的质量控制可分为事前控制、事中控制和事后控制，其中事前控制为重点控制。①事前控制。主要审查总承包方及分包方（即各施工单位）的技术资质，施工单位完善质量体系；督促施工单位完善现场质量管理制度，包括现场会议制度、现场质量检验制度、质量统计报表制度和质量事故报告及处理制度等；组织设计交底和图纸会审；审查施工单位提交的施工组织设计，保证工程质量具有可靠的技术措施；对工程所需原材料、构配件的质量进行检查与控制；对施工场地进行检查验收。②事中控制。督促施工单位完善工序控制。工程质量是在工序中产生的，工序控制对工程质量起着决定性的作用。应把影响工序质量的因素都纳入到控制状态中，建立质量管理点，及时检查和审核施工单位提交的质量统计分析资料和质量控制措施。严格工序交接检查，隐蔽作业须按有关验收规定经检验合格后，方可进行下一道工序的施工。重要的工程部位或专业工程（如混凝体工程）要做实验或技术复核。审查质量事故处理方案，并对处理效果进行检查。对完成的分项分部工程，按相应的质量评定标准和办法进行检查验收。审核设计变更和图纸修改。组织定期或不定期的质量现场会议，及时分析、通报工程质量状况。③事后控制。审核施工单位提供的质量检验报告及有关技术性文件、施工单位提交的竣工图、组织工程试运行；按规定的质量评定标准和办法，进行检查验收，组织项目施工竣工总验收；整理有关工程项目质量的技术文件并编目、建档。

11.3.4 项目成本控制

（1）成本控制概念。成本控制指为进行某个项目建设所花费的全部费用，主要由工程施工费、设备购置费和其他费用组成。工程施工阶段的投资控制，是指在项目承包、发包阶段和工程施工阶段把成本的发生控制在批准的投资限额以内，随时纠正发生的偏差，以保证项目成本管理目标的实现。

（2）成本控制的主要内容。工程成本的合理确定和有效控制是项目承担单位对工程建设管理的重要内容之一。若要有效地控制工程投资，首先应在建设前期科学确定建设规模，采用技术先进、功能合理、经济节约的设计方案，做到投资决策正确；同时在施工阶段作好工程价款结算的审查与管理，针对工程变更及时确定调整价款。

施工阶段投资控制的内容包括：组织审核费用支出，把好预付备料款关口，严格工程价款结算，及时调整工程变更价款。

项目承担单位的成本控制贯穿于施工全过程。应预测工程风险及可能发生索赔的诱因，采取防范措施，按合同要求及时提供施工场地、设计图纸及材料与设备，减少索赔发生；通过经济分析确定投资控制最易突破的控制重点；在施工过程中搞好各方各项工作的协调，慎重决定工程变更，严格执行监理签证制，并按合同规定及时向施工单位支付进度款；审核施工单位提交的工程结算书，对工程费用的超支进行分析并采取控制措施，公正处理施工单位提出的索赔要求。

（3）成本控制的主要方法。一是从规划设计源头控制成本。设计是成本控制的重中之重，在初步设计阶段，项目承担单位应对设计进行优化，深入细致地进行优化论证，选择经济合理的结构形式、材料设备标准，尽可能地合理控制项目总成本。在施工图设计阶段，根据批准的项目预算，按每个单位工程中的分部工程进行目标分解，确定每个单位工程的目标控制造价，然后要求设计单位按目标控制造价进行限额设计，从而达到事前控制成本。在施工图设计完成后，组织监理和施工单位进行图纸会审，优化设计内容，使设计不完善的地方，在事先得到修改补充，从而减少变更，较好地控制成本，同时在施工过程中，加强管理，避免不必要的返工，降低工程成本。二是利用市场竞争机制控制成本。做到所有的工程招标和货物（或服务）采购均充分利用市场机制，通过公开招标或政府采购等竞争方式，选择合理低价的施工或服务单位。三是优化施工方案控制成本。组织监理单位对施工方案进行论证和审查，在保证施工技术可行和安全的条件下，尽可能选择经济合理的施工方案，做好施工阶段的投资控制工作。同时，广泛发动各参建单位，提出合理化建议，优化施工工艺，降低工程成本。四是采取跟踪审价控制成本。项目承担单位应充分利用社会资源，聘请监理单位对结（决）算把关，进行事后控制。五是加强项目设计变更管理。在项目的实施建设过程中，各种因素不断干扰项目进行，项目总是处在一个变化的环境之中。项目实施避免不了环境的变化，可能会造成项目工期的延长或缩短、项目费用的增加或减少、项目质量的降低或提高。它对项目建设全局具有重大的影响，必须明确变更的理由、加强程序和审批环节的管理。

11.4 项目验收管理

11.4.1 土地整治项目验收的概念

土地整治项目验收是工程建设进入到某一阶段的程序，全面考核该阶段工程是否符合批准的设计文件要求，确定工程能否继续进行、进入到下一阶段或投入运行，并履行相关的签证和交接验收手续。

土地整治项目验收通常分为中间验收和竣工验收两个阶段。中间验收与竣工验收的区别主要是，前者一般由项目承担单位组织，属于项目法人（或项目建设单位）在项目实施建设过程中开展的中间验收，必要时可以邀请政府主管部门参加；后者则是在整个工程项目已经全面完工，具备了投产、运行条件，可以正式办理工程交付使用手续之后，由政府主管部门组织，全面考核建设工程，检查工程是否符合设计文件要求和工程质量是否符合验收标准，能够交付使用、投产，发挥投资效益的情况。如县级国土资源管理部门组织项目竣工自查或项目竣工初验、省级国土资源管理部门组织项目竣工验收等。

通过项目验收，可以检查工程是否按照批准的设计进行建设，检查已完工程在设计、施工、设备安装等方面的质量是否符合技术标准、设计文件的要求和合同的规定,并对验收的遗留问题提出处理要求,检查工程是否具备运行或进入下一阶段建设的条件,总结工程建设中的经验教训,为管理和今后的工程建设服务,使工程及时移交,尽早发挥投资效益。

11.4.2 土地整治项目验收的分类

由于土地整治工程施工的特殊性,在新修订的《土地整治项目验收规程》(TD/T 1013—2013)中,将验收工作规定为中间验收、合同段工程验收和竣工验收。

中间验收是对单元工程、分部工程、单位工程完工后进行的验收。其中:分部工程验收是单位工程的组成部分,它是按工程部位或工种的不同而作的分类。如土地平整工程中的田埂(田坎)、田块平整工程;灌溉排水工程中的支渠、斗渠、农渠、毛沟渠;喷(微)灌工程中的管道工程、设备安装工程;水工建筑物中的小型抽水站、水闸、桥涵、蓄水池、倒虹吸、溢流面、溢流堰、涵洞、辅助建筑物等工程;输电线路工程中的线路铺设、变电、配电设备的安装工程等。对以上已完工的分部工程进行验收签证就是分部工程验收。单位工程验收是指具有独立的设计文件,可独立组织施工,但建成后不能独立发挥生产能力或工程效益的工程。如土地平整工程中农地平整工程、未利用地平整工程、废弃地平整工程;农田水利工程中的灌溉排水工程、喷(微)灌工程、农用井工程、水工建筑物、输电线路工程;田间道路工程中的田间道、生产路工程;农田防护工程中的种树、种草工程;水土保持工程中的截流沟、谷坊、水窖、沉沙池、集水池、护坡等工程。每一个单位工程本身仍然是由许多结构更小的部分组成。对以上已完工,具备提前投入使用条件的单位工程进行验收签证就是单位工程验收。隐蔽工程验收是指基础开挖或地下建筑物开挖完毕未进行覆盖以前的验收。

合同段工程验收是项目承担单位与施工单位签订的合同文件所包含的工程项目完工后进行的验收。这主要是由于土地整治项目建设规模较大,常常划分为多个标段进行施工,为了保护农民利益,对完成工程建设的合同段工程采取及时竣工验收的方式,尽快将竣工的合同标段交付给项目区内的农民使用。

竣工验收是项目批准单位对项目建设目标、建设内容、实施管理、权属管理、后期管护等进行的全面验收。

11.4.3 验收依据

主要包括9个方面：①有关土地整治的法律、法规、规章、规范和工程建设强制性标准；②经批准的项目可行性研究报告及立项文件；③经批准的项目规划设计文件；④经批准的项目实施方案；⑤经批准的项目预算；⑥经批准的项目变更文件；⑦土地权属调整方案；⑧施工招投标文件及合同；⑨工程质量检验与评定成果。

11.4.4 验收内容

（1）中间验收内容包括：①检查单元工程、分部工程、单位工程质量检验与评定资料是否完备；②查验工程质量检验资料及有关质检部门意见；③评定分部工程、单位工程、单项工程质量等级；④指出存在的问题，签署验收意见。

（2）合同段工程验收内容包括：①检查合同段工程任务完成情况；②检查工程质量检验与评定资料是否完备；③抽查工程质量是否符合相关标准；④检查各项技术指标是否符合规划设计要求；⑤检查工程变更手续是否齐备；⑥指出存在的问题，签署合同段工程验收意见。

（3）竣工验收内容包括：①审查项目竣工报告、规划设计工作报告、施工工作报告、监理工作报告、工程质量检验与评定资料、工程复核报告及项目档案资料，查验土地整治范围、规模和工程建设任务完成情况；②审查项目决算报告及审计报告，检查项目资金拨付、预算执行和现金使用管理情况；③审查耕地质量等级评定报告，抽查项目区耕地质量情况，重点抽查新增耕地质量情况；④审查权属管理工作报告，检查土地权属调整方案落实情况，查验地籍台账变更登记情况；⑤检查项目信息上图入库情况，检查项目管理制度执行情况；⑥检查工程移交和管护情况；⑦检查设备、设施运行情况；⑧调查了解项目区群众满意度；⑨指出存在的问题，签署验收意见。

11.4.5 验收方法

土地整治项目验收主要有以下几种方法：

（1）全面核实。通过对文件资料、建成工程进行室内和实地全面查验，核实建设任务完成情况、工程质量情况、资金管理使用情况及耕地质量情况等。

（2）抽样核查。通过系统抽样或随机抽样，有针对性地核查某一分部或单元工程的数量、质量、造价及管护情况等。

（3）综合评价。通过核查档案资料、发放调查问卷、走访项目区群众等方式，对项目管理、群众满意度等进行客观评价。

11.4.6　验收程序

（1）中间验收程序。①施工单位向监理单位提出验收申请；②监理单位组织开展各项工程验收工作；③检查单元工程、分部工程、单位工程质量检验评定资料；④听取设计单位汇报；⑤主要分部工程应与项目承担单位一起查看工程现场；⑥签署分部工程、单位工程、单项工程质量评定意见。

（2）合同段工程验收程序。①单位向监理单位提出验收申请；②监理单位审查验收准备情况；③项目承担单位组织相关验收人员开展验收工作；④签署合同段工程验收意见书；⑤合同段工程移交。

（3）竣工验收程序。①项目承担单位向项目批准单位提出验收申请；②验收组织单位负责组织验收组、制定验收工作方案，向项目承担单位下达验收通知；③召开验收会，听取项目承担单位、工程复核单位和审计机构工作汇报；④查验项目工程建设、资金、权属、管理等各方面档案资料，向有关单位进行质询；⑤实地查验工程现场；⑥与项目区村民代表座谈；⑦汇总内、外业检查资料；⑧讨论形成竣工验收结论并签字；⑨向项目承担单位反馈验收检查情况；⑩将竣工验收报告报送验收组织单位；⑪竣工验收组织单位批准验收结论；⑫竣工验收结论经批准后，由项目承担单位将竣工验收报告分送项目建设各有关单位。

11.4.7　验收结论

（1）竣工验收分为合格、不合格。

（2）对于不合格项目，项目承担单位应及时整改，整改合格后重新申请验收。

11.5　项目资金管理

11.5.1　土地整治资金来源

当前，国家法律和政策明确了土地整治资金来源渠道，主要有新增建设用地土地有偿使用费、耕地开垦费、土地复垦费和土地出让金用于农业开发部分。为了保障土地整治事业的持续发展，切实做好耕地保护工作，国家在不断加大对土地整治投入的同时，引入市场运行机制，鼓励社会力量（包括社会企事业单位和个人）参与土地整治，逐步建立起土地整治整治多元化投融资渠道。

11.5.2 项目资金特点

土地整治资金属于专项基金管理范畴，既具有一般专项资金所共有的基本特征，又具有自己的特点，主要表现在以下3个方面：

（1）资金来源的固定性。土地整治项目的实施，必须有一定的资金作保障，在项目纳入实施计划的同时，就确定了资金来源渠道，除非项目实施计划和投资人发生变更，否则，已确定的资金来源渠道不会发生改变。如目前正在实施的土地整治重大工程和示范省建设项目，资金来源主要是新增建设用地土地有偿使用费。

（2）资金使用的限制性。目前，国家对土地整治项目资金的使用做了明确规定，包括资金使用范围、开支标准、资金最高耗费量和应取得的项目建设成果等。这种规定是以法规、制度、计划、预算、合同等形式分别体现的，对有关各方都具有约束力。土地整治项目承担单位必须在保证完成项目任务的前提下，按照规定控制使用资金。

（3）资金运行的单向性。土地整治项目资金的运行过程是单向性的，即从资金的取得到使用，耗费再到核销，是沿着单向轨迹运行的，不能形成资金的循环周转。这是由土地整治项目的公益性质所决定的。这一点在国家全额投资的土地整治项目上表现得最为明显，项目建设完成后，按照土地权属关系将土地和建成的工程设施无偿地移交给农村集体使用，已耗费的资金则作为财政性专项支出予以核销。

11.5.3 项目资金管理主要任务

由于参与土地整治实施活动的主体在项目资金管理中的职能权限不同，所承担的责任和任务也有所不同。就土地整治项目而言，各主体在项目资金管理中的主要任务，可以概括为以下几个方面：

（1）国家层面的主要任务。①制定土地整治项目资金管理有关制度，使各责任主体在统一规范和要求下管理项目资金；②对已批准实施的土地整治项目的预算执行情况和资金使用情况及有关法规制度贯彻执行情况进行监督检查，确保项目资金管理总目标的实现；③加强对项目资金管理主体的政策引导和业务指导，不断提高项目资金管理水平和资金使用效果。

（2）省级部门的主要任务。①根据国家关于土地整治项目资金管理政策，结合本辖区实际情况和管理需要，制定具体管理办法，并贯彻实施，督促项目承担单位及有关单位依法管理和使用项目资金；②对本地区已批准实施的土地整治项目预算执行情况和资金使用情况及有关法规制度执行情况进行监督检查，确保项目资金管理目标的实现；③加强对项目承担单位的政策引导和业务指导，不断提高项目资金管理水平和资金使用效果。

（3）项目承担单位的主要任务。项目承担单位是项目资金的直接使用者，在项目资金管理中，主要负责对项目资金使用过程的管理，其主要任务可以归纳为以下4个方面：①贯彻执行国家有关法律、法规和政策，确保土地整治项目建设过程中各项经济活动和资金管理行为的合法性；②建立健全内部管理制度与控制机制，确保项目资金管理的规范化；③节省资金，降低成本，确保项目预算和资金收支计划的顺利执行；④加强财务会计工作，及时提供会计信息，满足有关各方管理需要。

11.5.4 项目资金管理主要内容

项目资金管理是一个系统工程，需要运用多种手段来满足项目资金管理需要。土地整治项目资金管理主要通过以下几种手段和方法实施：

（1）预算与计划管理。指项目资金管理主体对项目预算和项目投资计划的管理，主要包括项目预算的编审和预算执行的监控，年度项目投资计划的核定与落实，项目资金收支计划的核定与落实等。预算与计划是控制项目资金源头的重要手段和方法，保证项目预算与项目计划的合理性、维护其贯彻执行的严肃性是实现项目资金管理目标的重要保证。

（2）财务与会计管理。指项目资金管理主体对项目资金收支活动过程进行核算与管理，主要包括项目资金的财务管理和会计核算。财务与会计管理在项目资金管理中是控制项目资金流向和流量，获得资金信息的重要手段，充分发挥财务会计机构的职能作用，确保会计信息的真实性和会计核算的规范性，对管好用好项目资金具有重要作用。

（3）分析与考核。指对项目资金使用过程和结果进行定期的分析和评价，包括定性分析、定量分析和作出切合实际的评价。分析与考核是项目资金管理必不可少的手段和方法。项目实施过程一般较长，在项目实施过程中利用会计核算所提供的信息，对资金使用情况和结果进行分析考核，就可以及时发现实际与预算和计划产生偏差的原因及其影响程度，发现问题，采取措施，改进管理。

11.5.5 项目竣工财务决算管理

土地整治项目竣工财务决算是以实物数量和货币分别为计量单位，把日常项目会计核算资料汇总、整理为一个完整的指标体系，综合反映竣工项目的实际支出和投资效果的总结性文件，它是项目的财务总结。竣工财务决算报告是项目承担单位向项目审批部门报告土地整治成果和财务状况的总结性文件。项目竣工财务决算报告，向项目审批管理部门总结土地整治过程的财务管理工作，检查竣工项目设计预算和土地整治计划的执行情况，考核投资效果，积累技术资料、办理移交财产等具有重要的作用。项目竣工财务决算报告的质量关系各级行政管理部门及时、准确地报告财政预算支出，意义重大。

（1）项目竣工财务决算报告编制程序。①编制前的准备工作。为确保竣工财务决算编制的科学、准确，应收集整理所需相关的文件资料，主要包括国家及主管部门有关法规制度；项目竣工报告和项目竣工验收的自验报告；批准的项目规划设计和预算；批准的项目计划与支出预算；工程承包合同或施工协议书；设计变更通知书及现场施工变更签证；工程竣工验收与结算相关资料；会计核算资料与统计资料；工程监理单位的施工监理报告；工程可能涉及的预算定额、费用标准及其他相关文件资料。②核实各项工程完成量和工程价款结算。根据竣工项目实际验收确认的工程完成量与工程结算记录的工程量进行核对，并保证相互一致；同时根据施工合同规定，审查工程单价和工程价款计算的正确性，确定应列入竣工财务决算的工程施工费。③清查竣工项目投资形成的固定资产，办理移交手续。④编制和汇编项目竣工财务决算报告。⑤项目竣工财务决算报告经领导审批后上报。

（2）竣工财务决算报告的编写要求。财务决算报告包括财务决算报表和财务情况说明书。财务决算报表按照有关规定填报。财务情况说明书是以文字形式对竣工项目整体财务状况和资产管理情况进行报告的总结性文件，是对竣工财务决算报表的重要补充，使财务决算报告使用者全面了解竣工项目资金使用情况和管理情况，应主要说明项目实施情况、项目预算执行及调整情况、费用支出及其构成情况、财产物资的清理及债权债务的清偿情况、财经管理制度及财经纪律执行情况、工程施工合同履行情况、主要经验和建议、其他需要说明的事项。具体要求如下：①项目实施情况。一是项目实施组织情况。说明项目实施组织形式,省、市、县项目管理单位职责分工,主要工程施工方式(招投标方式、委托施工方式、自营方式)和施工单位、工程监理方式等。二是项目实施管理情况。说明有关项目管理制度建设情况和执行情况及其实际效果。三是财务管理状况。说明财务机构及会计人员配备情况,采用的会计核算组织形式,执行的会计制度和主要会计政策等。四是项目任务完成情况,说明主要工程任务实际完成情况;有无规划设计变更事项(含规格、工作量、工程位置、工程项目的变更),是否办理审批手续,对项目总体规模是否构成影响及影响程度;工程施工质量及监理情况;初验结果等。②项目预算执行情况。主要说明以下情况项目预算分解下达情况;项目预算调整情况包括调整事项、内容、原因、报批手续等;项目预算执行情况包括总预算和分项预算执行情况,发生超支或节约的原因等;项目资金到位情况。(施工单位应拨、已拨、未拨、结存情况)。③项目资金使用及其构成情况。主要说明"专款专用"原则贯彻执行情况;在控制项目成本方面,采取了哪些措施及其效果。④财产物资清理及债权债务清偿情况。包括由项目资金形成的资产向使用单位办理移交情况;剩余材料处理情况;涉及竣工项目的债权债务清偿情况、尚未清偿的原因等。⑤财经制度及财经纪律执行情况。主要说明国家、国土资源管理部门有关财经制度及财经纪律的贯彻执行情况,项目资金的管理和使用中是否存在违规违纪现象,是否纠正和处理,尚未处理的事项对竣工决算有无影响,现行规章制度尚无明确规定的费用支出或事项,在竣工决算中是如何处理的。⑥工程施工合同履行情况。主要说明出包工程合同的执行结果,是否存在尚未解决的合同纠纷,对项目竣工决算有无影响,影响的程度,工程结算情况。⑦主要经验与建议。主要说明土地开发整理项目资金管理中取得的主要经验和教训,对进一步加强和完善项目资金管理的意见和建议。⑧其他需要说明的事项。

第12章 土地整治权属管理

土地整治权属管理是指对土地整治过程中因土地归并、互换发生的权属调整和变更登记行为的管理活动，其目的是促进土地利用布局优化和节约集约利用，创造农业规模化、产业化经营条件，维护土地权利人合法权益，避免发生新的权属争议，保持农村社会稳定，促进土地整治事业健康发展。

12.1 土地整治权属管理概述

12.1.1 土地整治权属管理的意义

土地整治权属管理包括土地权属现状和利用现状调查、权属调整意愿调查、土地面积测量、土地质量评价、编制权属调整方案、权属调整方案公告和异议处理、开展土地权属调整、土地变更登记和地籍档案管理等内容（孟宪素等，2008）。

土地权属调整是土地整治工作不可缺少的环节，是土地整治工作的核心之一，也是土地整治区别于其他农田水利工程建设的主要标志。土地整治权属调整将进一步提升土地使用价值，增加农民土地权益份额，彰显农村集体土地的资源属性，为促进城乡统筹发展注入新的活力。一方面，土地权属调整可以降低耕地破碎程度，增加耕地有效面积，通过调整飞地、插花地和不规则土地，方便农业生产；另一方面，土地权属调整可以促进土地承包经营权流转，实现土地规模化、集约化经营，为发展现代农业创造条件。

通过土地权属调整管理，促进土地整治工作严格执行权属调整管理程序。在土地整治项目立项前，必须对土地利用现状和权属状况进行调查，全面摸清项目区内土地的权属、界址、地类、面积等情况，并按照有关要求公示15天，以保障项目区群众的知情权、参与权和监督权；若相关权利人有异议，必须进行纠纷调解，做到土地权属界线清楚，农民权益份额准确。根据有关管理政策规定，土地权属争议未解决的，暂不将有争议的土地纳入整治范围。这促使需要开展土地整治区域的所在地加快土地确权登记工作，加大对土地权属不清等历史遗留问题的解决力度。同时在土地整治项目竣工验收后，应按照土地权属调整方案和协议，重新确定土地权属，及时开展土地变更调查，办理土地权属变更登记手续，确保土地权利落实到人。

12.1.2 土地整治权属管理的原则

主要是遵循依法依规原则，公开、公平、自愿原则，利益不减少原则，土地适度集中原则。

（1）依法依规原则。在土地权属调整过程中，应始终遵循土地管理法律法规的相关规定，通过权属调查、权属审核、公示等程序明确土地产权主体；通过核实权属界线、核定土地面积和土地质量，明确权属主体的权益份额；对发生权属调整的，应明确权属调整对象、被调整的具体位置、调整范围和面积；经过审批，依法调整土地权属，并办理土地变更登记手续；依法保护，任何单位和个人不得侵犯。

（2）公开、公平、自愿原则。土地整治涉及土地所有权、使用权和承包经营权等多种权利，不可避免地要改变和调整权属界线。事先要摸清权属现状，事中要冻结土地权属和土地利用现状变更，事后要准确合理地调整权属。要尊重原有的产权关系，运用评估、勘测等科学方法，按市场经济规律协调各方面关系，依法实行公告制度，广泛征求各有关权利人的意见；土地所有权和使用权的调整不得造成相关权利人的利益损失；整治后农民新承包经营的耕地应与原承包耕地在数量和质量上基本相当或有所提高；土地所有权和使用权的调整一般应在各有关权利人协商一致的基础上进行。

（3）利益不减少原则。土地权属状况在整治后要比整治前更加清晰、调配更加合理有序，对土地所有权和使用权的调整不得造成相关权利人的权益损失；农户分配得到的土地面积与整治前拥有的土地面积原则上不应减少，或本着"等价交换，互惠互利"的原则，合理进行补偿与"等量"、"等价"互换土地。

（4）土地适度集中原则。在公平协商的基础上，开展土地权属调整，尽量减少飞地、插花地和宗地数量，同一权属主体的土地应尽量集中连片，为规模经营和现代农业发展创造条件。同时应尽可能按照"小动大不变"的原则，将零星分散的地块集中，方便农户管理和机械化作业。

12.1.3 土地整治权属调整主体

目前，土地整治权属调整主体主要有4种。

（1）以行政村为主体。由村民委员会承担具体工作。村民委员会对村民情况较为了解和熟悉，沟通较为方便，可减少可能产生的矛盾纠纷；同时，村民委员会在当地有较高的权威，能够集中反映村民的意愿，制定的权属调整方案较符合实际情况，对矛盾处理较为容易，开展土地权属调整工作较为顺利。据了解，安徽省、吉林省、山东省、重庆市、湖南省、河北省、河南省、湖北省的大部分项目土地权属调整是以村民委员会为主体的。

（2）以乡镇政府为主体。大部分地区权属调整工作由村民小组、村和乡镇等共同承担，但以乡镇政府为主要承担者。因为乡镇政府是地方行政机构，直接管理村民委员会，便于协调和充分发挥行政管理职能，能更好地调动村干部的积极性，广泛深入宣传、耐心细致做好农户思想工作，更加顺利地开展权属调整工作。特别是村与村之间的土地所有权调整，以项目区所在地的乡镇政府为主要承担者，能够更好地开展土地权属调整工作。

（3）以县级国土资源管理部门为主体。对于跨多个乡镇或项目区内涉及国有土地、集体土地且权属状况较为复杂的项目，一般由县级国土资源管理部门作为权属调整主体。据了解，广东省集体土地所有权调整以县级国土资源部门为主体。河北省和湖南省也有不少项目以县级国土资源局作为土地权属调整的主体。

（4）以村民小组为主体。部分地区农用地的发包方是村民小组，在不调整土地所有权，只调整土地承包经营权时，以村民小组为主体，乡镇政府指导、村委会负责。如重庆市大部分土地整治项目的权属调整工作，由专门成立的项目土地权属调整领导小组负责决策和指导，小组成员为县级政府、国土资源部门及项目所在地的行政村的有关领导（国土资源部地籍管理司等，2010）。

除上述4种权属调整工作主体以外，还有以项目承担单位、街道办事处等为土地权属调整主体的，也有省份按照不同的土地权属调整类型采用不同调整主体，即便同一个土地整治项目，由于调整的土地权属类型不同，权属调整的主体也可能是不同的。涉及土地所有权调整的，原则上以县级国土资源管理部门作为权属调整的主体；涉及土地使用权、土地承包经营权及他项权利调整的，以村集体经济组织作为权属调整的主体。

12.1.4 土地权属调整的类型

土地整治项目区权属调整类型主要有 4 种。

（1）土地所有权调整。包括国有土地与集体土地之间的所有权调整、集体土地与集体土地之间所有权调整。

（2）土地使用权调整。主要是指土地整治后新增耕地使用权的调整。

（3）土地承包经营权调整。主要包括国有土地承包经营户之间的权属调整和农村集体土地承包经营户之间的权属调整。

（4）土地他项权利调整。指对已设定土地他项权利的建筑物和构筑物进行拆迁时，随着建筑物和构筑物所有权的变更或消失，土地他项权利随之进行相应的调整。

12.1.5 土地整治权属管理的要求

（1）土地权属现状确认应做到"三个结合"。一是结合土地登记资料、土地利用现状调查资料及土地变更调查资料，认真做好土地权属和利用现状核查，为土地整治项目可行性论证、项目规划设计提供依据。二是结合整治的土地面积、地类、地力等级和耕作状况等进行实地勘测和核查，明晰土地权属主体、土地权属界线、地类、面积、质量，做到"图件、数据、实地"一致。三是结合土地权属状况、土壤质量、基础设施条件、整治潜力的大小及难易程度等对项目区土地质量进行综合评价，为编制土地权属调整方案提供科学依据。

（2）土地权属调整应注重"四个环节"。一是在项目选址阶段，对拟开展土地整治项目区域内土地所有权的权属界线和权利主体进行确认，对存在土地权属争议的，应及时进行调处，调处不成功的，不得开展土地整治工作。二是在可行性研究和立项阶段，要注重引入公众参与机制，及时开展农户对开展土地权属调整意愿的调查，只有当 2/3 以上的土地权利人同意进行土地权属调整，并达成权属调整的原则性意见时，才可以立项。三是在规划设计阶段，查明土地权属现状，充分考虑当地现有权属界线的特点，对道路、沟渠、防护林等工程进行科学规划，处理好各有关权利主体之间的权属关系，充分征求涉地群众的意见后，对权属调整方案、规划设计方案进行不断修改完善，项目的土地使用权和土地承包经营权权属调整方案需得到 2/3 以上土地权利人的同意，并签订权属调整协议。四是在土地整治项目实施和验收阶段，在实施过程中如果需要对权属调整方案进行修改，则需签订权属调整补充协议，注重按照土地权属调整方案进行实地确权定界。

（3）土地权属调整应落实"三个到位"。一是公告到位。项目实施过程中，应通过广播、电视、报刊、公告栏和召开村组动员会等多种方式，及时将项目区内的土地权属现状、土地利用现状、禁止变更条款、土地权属调整方案等内容告知土地权利人，让其充分享有知情权。二是监督到位。项目区群众有权利对公告内容的落实情况进行监督检查，并提出质疑，确保群众利益得到合理保障。三是指导到位。地方政府和国土资源管理部门应当发挥其职能作用，指导农民做好现状调查、权属调整、签订协议、土地分配等工作，达到"一个准确、两个清楚"。"一个准确"即地块面积准确，"两个清楚"即整治前后土地权利主体清楚和范围清楚。

12.2 土地整治权属管理的模式和程序

12.2.1 土地权属调整的模式

权属调整的模式主要有全面调整模式、部分调整模式、与土地流转结合的调整模式三种。

（1）全面调整模式。整治前将项目区内的全部土地收回，组建土地权属调整机构，然后按整治前项目区内农户协商确定的权属调整对象、调整原则和调整程序，重新分配土地。采取这种模式调整的项目较少，原因在于权属调整工作困难大。按参与土地重新分配对象界定的差异，该权属调整模式又分为两种情况：一是以原土地使用权或承包经营权的农户当时人口数为准，重新分配整治后的土地。这样可以保持原农村土地承包经营关系不变，减少土地权属调整产生的矛盾，但无法解决因时间积累而产生的土地分配不公的矛盾。二是以农村现有农户人口数为准，调整土地权属，分配整治后的土地。这样就改变了原有土地承包关系。采用这种方式调整土地权属，可以解决农村土地承包经营制度实施多年来所产生的土地承包经营权分配不均的问题。如云南省华宁县青龙镇大村项目在整治前，将土地全部收回村集体经济组织；整治后，按村现有农户及其人口重新分配土地，将1户10多块土地集中为1户3~4块土地，既解决了农村土地家庭联产承包责任制实施多年来，因家庭人口变动而产生的土地分配不均问题，又解决了农用地破碎难以规模经营的问题；还解决了因增人不增地而导致的擅自开山毁林造地等问题，保护了生态环境。

(2) 部分调整模式。在土地整治项目区内，只对因修建路、沟、渠等农田水利设施占用的部分土地，用新增耕地或货币进行补偿，目前绝大部分地方采用这种模式进行权属调整。它可以最大限度地降低土地权属调整产生的矛盾，减少权属调整工作量，但现有土地的破碎状况不能得到有效改善，插花地和飞地等现状难以得到调整，不利于地块归并，不利于田间基础设施效能的充分发挥。在中国西北部人均耕地面积较多，且原有农田基础设施缺乏的地区，或农民对耕地依赖程度较低的地区，项目区群众对土地整治有较深的认识，绝大多数群众持积极支持态度，认为修建道路、沟、渠等农田基础设施，有利于机械化耕种，降低劳动强度，占用的耕地不需要补偿，也不用调整。

(3) 与土地流转结合的调整模式。土地整治完成后，结合土地经营特点，调整土地权属关系。具体有三种情况：一是对有合作经营意愿的农户，将土地集中在一起，便于形成土地合作社。二是将有意转租给同一种植大户或经营公司的农户的土地集中在一起，便于土地租赁给种植大户或经营公司经营。三是以整治后的土地作股构建股份制公司或转租给经营公司，分配给农户的土地，只"定量不定位"，由集体经济组织将每个农户的土地入股或转包给经营公司，获取土地分红或租金，农民还可成为这个公司的职员，领取工资。如重庆市结合农用地流转政策，将土地整治后农户承包经营的土地以转租的方式实现权属调整，一般以 8~10 户人为一单元，将土地租赁给种植大户或经营公司。土地统一进行调整，农民享有原土地份额，获取租赁收益或股权收益。这种模式有利于规模化经营和促进现代农业的发展，但因其受市场影响，主要适用于具有特色农业或距离市场较近的地区。(国土资源部地籍管理司等，2010)。

12.2.2 土地权属调整的方式

(1) 国有土地所有权与集体土地所有权调整。①对土地整治项目需要调整国有与集体土地所有权界线的，应组织测算调整面积，确定调整地块，经所有权各方签订协议后，采取就近调换的方法调整相关权利，保证调整后土地权利人所拥有的土地数量与调整前相当，质量较原先有所提升。②土地整治项目区内修建道路或其他建设用地，涉及农村集体土地转为国有土地的，应按照有关管理规定，将项目区内集体所有的土地调整为国有土地。

(2) 集体与集体之间土地所有权调整。①农村集体土地所有权属于村集体经济组织的，对村界两侧，可按土地数量和质量相当原则进行调整，若土地质量相同，也可按等数量原则调整村与村之间的土地所有权。②相邻村间的插花地调整可按土地数量和质量相当原则，由所有权双方协商，签订换地协议，整治后重新确定互换界线和标志。③飞地调整按土地数量和质量相当原则，可以通过协调和置换，将原飞地重新确权给飞地所在地集体经济组织，再由飞地所在地集体经济组织在双方认为合适的地段，划补一块数量和质量相当的土地给原飞地集体经济组织。

(3) 土地使用权或土地承包经营权的调整。农村集体土地使用权或土地承包经营权的调整，依照《中华人民共和国农村土地承包法》的规定，由项目区内集体经济组织在自愿、公平和协商的基础上自行进行。调整方式主要有以下3种：①按土地数量质量相当的模式进行调整。在土地集中流转较难实现的地区，土地整治只能在稳定土地承包经营权或土地使用权的基础上，按整治前后土地数量质量相当的模式将整治后的土地重新分配、认定，并签订土地权属界线认可书。由于整治后地块面积、地块数量发生变化，可能出现同一地块几家共同利用的状况，可采取在地块中做一些象征性的区分标志来加以解决。②按股份制模式进行调整。在农民已部分转入第二、第三产业并有相对稳定收入的地区，土地整治后可按整治前土地质量评估结果进行折股，自愿组建股份合作社等组织统一经营利用土地，原土地权利人按股份获取收益。③按租赁模式进行调整。在大部分农业劳动力已稳定转入第二、第三产业，并获得可靠的经济收入的地区，可以按照农民自愿的原则，由农村集体经济组织将整治后的土地通过协议或招标的方式租赁给种田大户，签订租赁合同，土地租赁费用于养老保险或分配给出租土地的原承包农户。当然，有的地方根据项目区农民意愿，按前述3种模式的不同组合方式调整土地承包经营权或土地使用权。

(4) 土地整治后新增耕地使用权调整。通过开展土地整治产生的新增耕地，一般由原集体经济组织使用，也可将使用权归当地村组，由村集体统一使用，或由村集体以租赁的方式交由种田大户使用，定期向村集体缴纳租金，或按人均等量原则分配给农户。

(5) 土地整治工程实施中土地使用权调整。①对未确定使用权的国有荒山、荒地、荒滩、废弃地进行开发，用来从事种植业、林业、畜牧业、渔业生产的，经县级以上人民政府依法批准，可以确定给开发单位或个人长期使用。②对已确定使用权的国有荒山、荒地、荒滩等进行开发，用来从事种植业、林业、畜牧业、渔业生产的，其土地使用权由土地使用权拥有者与土地开发单位协商决定。③复垦废弃土地，其土地使用权由土地使用权拥有者与土地复垦单位协商决定。

（6）土地他项权利调整方式。根据土地所有权、土地使用权的调整进行相应的调整。

12.2.3 土地整治权属调整的程序

土地整治权属调整程序一般如下：

（1）成立权属调整组织机构。根据土地整治项目区所在地的实际情况，成立土地权属调整领导小组，确定土地权属调整工作的承担主体。如安徽省各个涉及土地权属调整的土地整治项目所在地，通常都成立以分管的乡（镇）长为组长，由乡镇农业、国土、宣传、司法、民政等部门，项目涉及的村组干部、村民代表为主要成员的土地权属调整领导小组，在充分尊重原土地使用者合法权利的基础上，统一协调新增耕地的确权工作。土地权属调整工作的承担主体主要是村民委员会。项目区土地权属调整工作结束后，该机构自动撤销。

（2）调查土地所有权权属现状。由土地权属调整工作主体组织技术力量，开展土地整治前的土地权属和利用现状调查，调查的主要依据包括土地登记、土地详查及土地变更调查、耕地后备资源专项调查等资料。调查的主要内容为项目区内土地权利人的类型、数量，各权利人拥有的土地类型、数量、质量。

土地所有权权属和利用现状调查，以农村土地登记发证和土地利用现状调查结果为基础，由县（市）国土资源局组织技术力量按《集体土地所有权调查技术规定》，以土地所有权为单位调查核实项目范围内的土地所有权利主体、权属界线、面积和主要地类。

对土地利用现状进行调查。一般有两种方式：一是由当地县（市）国土资源部门和农业部门共同组织或由乡镇政府组织，邀请项目所在村农民代表和户主共同参与，以1∶10000土地利用现状调查、土地变更调查资料为基础，对项目区内的土地现状进行实地调查、量测、登记、调绘、制定详细的各地类面积和质量表，登记造册，绘制项目区土地利用现状图，确定整理区土地用途、面积和质量，做到有册可依，有图可查。二是委托有资质的专业土地测量队伍，按照土地利用现状调查技术规程，根据项目区地形特点，选用1∶500或1∶1000或1∶2000或1∶5000比例尺（一般地形越复杂，土层结构变化大的项目，选用的比例尺越大）采用全站仪、

GPS 等测量仪器,到实地直接测量土地利用现状,绘制土地利用现状图,量算各地类面积。凡现有地籍资料无法满足工作要求者,均应及时进行补充调查和登记。凡存在土地利用现状与登记台账不相符的,均应在项目申报前进行变更登记,防止项目虚报及重复申报。

编制土地权属和利用现状报告。包括项目区边界、概况,土地权属类型、主体、四至范围和面积及其确定依据;土地利用类型、质量,各地类的面积及其确定依据和过程等内容;并附土地利用现状图,标明土地权属界线,以及地籍资料、土地权属证书等相关材料。

(3) 调查土地权属调整的意愿。土地整治项目立项后,在编制项目规划设计之前,由项目所在地的县级国土资源管理部门、乡镇和村委会组织土地所有权代表对项目区土地权属调整意愿进行调查。

农户对土地所有权权属调整意愿调查,主要包括:土地所有权是否进行调整、土地所有权调整的原则和土地所有权调整的方法。如果项目区 2/3 以上土地所有权代表同意进行土地所有权调整,经过充分协商,形成土地所有权调整原则和方法的一致性意见,则按这一原则性意见,开展土地整治项目规划设计工作。如果调查结果显示,同意进行土地所有权调整的土地所有权代表不到 2/3,或经协商后同意进行土地所有权调整的土地所有权代表仍达不到 2/3,则确定本土地整治项目将在不打破土地所有权边界的前提下进行。在规划设计时必须考虑所有权边界进行规划布局,同时使各土地所有权主体都尽可能公平地享受工程设施。

农户对土地使用权或承包经营权权属调整的意愿,由项目所在地的乡镇或村委会,组织项目区范围内的农户,开展土地承包经营权或土地使用权权属调整意愿调查。调查可以采用村民代表会议方式现场调查,也可以采取问卷的方式调查。若土地整治项目区内 2/3 以上土地承包经营权或土地使用权主体同意,或 2/3 以上村民代表同意开展土地整治权属调整,表明项目区内大部分农户有开展土地整治权属调整的意愿。由项目所在地的乡镇或村委会,将项目区内农户对土地承包经营权或土地使用权权属调整意愿调查结果、土地利用现状和权属变更限制等进行公告,并报乡镇人民政府和县级农业行政主管部门批准。

(4) 达成权属调整的原则性意见。土地权属调整主体组织项目区内需要进行权属调整的权利人就土地所有权、土地承包经营权或土地使用权等权属调整进行协商,达成有关权属调整的一致性原则意见,其内容包括项目区土地权属调整类型、调整范围、调整原则、调整方法和时间安排,并与项目区需要进行权属调整的权利人签订协议，为整治后权属调整工作奠定基础。

（5）制定权属调整方案。少数省份在项目规划设计完成后、多数省份在项目工程建设完成后，由土地权属调整工作承担主体，组织项目区内需要调整土地权属的权利人，按照既定的权属调整原则性意见，根据项目区内土地权属现状、整治前土地质量综合评价结果、整治后量测的土地面积和土地质量综合评价结果（如果在工程实施前编制土地权属调整方案，则按项目规划设计预期的土地质量状况确定），对土地权属调整方案进行协商。

权属调整方案主要内容包括：权属调整的类型、原则和方法，土地分配步骤，调整后项目区各土地权属主体分配的地块所处的位置、范围、地类、数量。权属调整方案制定后应向项目涉及的权属单位和全体农户公告。各权属单位和农户无异议的，则盖章、签名予以确认；有异议的，则继续协商、修改权属调整方案，直至所有的权属主体无异议。有的省份将整治后各土地权属主体的地块位置、边界、土地利用类型等要素，标注于土地整治项目竣工图上，明晰土地权属，形成农村土地地籍资料。多数省份土地权属调整方案经公告，并对异议进行处理后，报县（市）人民政府批准，再与农户签订权属调整协议书。

（6）权属调整异议调处。土地所有权权属调整方案异议处理。对土地所有权权属调整方案有异议的土地所有权人应于公告期（15天）内向项目区所在地的乡（镇）人民政府提出书面意见，经协商不能解决的，争议由当地县级人民政府调处。若项目区涉及几个乡镇的，则可向项目区所在地的县级人民政府提出书面意见，经协商不能解决的，争议由当地地市级人民政府调处。

集体经济组织内的农民对土地承包经营权或土地使用权调整有异议的，应在公告期内向村集体经济组织或所在乡（镇）人民政府提出书面意见，经协商不能解决的，争议由当地县级人民政府调处。

（7）权属调整方案的落实。项目竣工验收后，依据双方签订的土地权属调整协议书，按照调整方案确定的地块进行测量，分割地块，将整治后的土地落实到土地权利人，明确土地权属界线，以及公用设施的使用与管护责任。

（8）申请权属变更登记。在土地权属调整工作完成以后，涉及土地所有权或使用权调整的，土地权利人持变更土地登记申请书、身份证明、权属证明、协议书、地界确认书等材料向国土资源管理部门申请变更登记。国土资源管理部门依据法律、法规对权属变更进行审核、登记与核发土地证书。农民土地承包经营权进行了调整的，由村集体经济组织将其变更登记后的土地向县级农业管理部门申请土地承包经营权登记，核发土地承包经营证书。

（9）建档立案。按照档案管理要求，将权属调整过程中签订的协议书、权属调整异议处理情况、土地权属调整方案、土地分配图等资料，纳入项目成果资料予以存档。上述资料由土地权利人、项目承担单位各保存一份，并报县级国土资源管理部门登记、备案。

目前，大部分省份按上述程序开展土地权属调整工作，但在阶段划分上，各地也不完全一致；有的省份将其划分为土地权属调整前、调整中和调整后三个阶段。

12.3 土地整治权益维护

12.3.1 土地整治权属调整异议的类型与处理办法

（1）权属调整异议的类型。土地权利主体之间的权属调整异议主要有三种类型：一是土地所有权之间的调整异议。主要涉及国家所有土地和集体所有土地之间，或者集体所有土地之间权属调整异议。其中集体所有土地之间的权属调整异议又包括项目区集体之间边界地、飞地、插花地的权属调整异议。二是土地使用权的调整异议。主要涉及集体土地使用权与农户承包地之间的权属调整异议。三是集体经济组织内农民的土地承包经营权之间的调整异议。主要涉及农户承包地之间的权属调整异议。土地质量的权属调整异议有两种类型：一是土地质量认定的异议。二是调整后由于土地位置偏远、排灌条件较差和相邻土地权利人的邻里关系不好等产生的异议。新增耕地重新分配的异议，主要是分配土地对象变化引起的矛盾，即以整理前或整理后参与分配土地的人口数量增减造成的争议。

（2）权属调整异议处理的主体。土地权属调整异议处理主体主要是村集体经济组织、乡级人民政府或县级人民政府。

（3）权属调整异议的处理原则。一是坚持公开、公平、公正的原则。二是坚持实事求是、尊重现实的原则。三是坚持自愿协商、相对稳定的原则。四是坚持等数量、等质量交换的原则。五是坚持依法依规、维护稳定的原则。

(4) 权属调整异议的处理方法。①不同主体异议。应采取分级归口的方式予以解决。农户之间的异议由本村民小组组长调处，村民小组之间的异议由村民委员会调处，行政村之间的异议由项目区所在乡镇政府调处。②土地质量异议。处理土地质量认定引起的权属调整异议，应由村委会会同当地国土资源管理部门依据相关规定对整理后的土地进行分等定级，并结合当地实际情况进行调处。有的地方对质量差的土地，以质量好的土地作为基准，折算出"好地与差地"的系数，通过调整分配的土地面积，尽量达到好地与差地的总产值相近，保证各方利益基本均衡。对因施工过程中，土壤质量和工程设施达不到要求引起的异议，由施工单位配合处理，使群众满意。对调整后的土地不临路、离排灌沟渠较远、邻里关系不好等产生的权属调整异议，主要以村组为主体，按村规民约进行协调处理。③土地分配异议。对由新增耕地分配人口基数产生的土地权属调整异议，以村民小组为主体，根据平等、自愿的原则，通过农户代表会议表决的方式进行解决。

12.3.2 权益维护的基本要求

(1) 严格执行土地整治权属管理有关政策。随着市场经济的发展，土地资源价值的不断显现，群众对自身利益的保护越来越强烈，对利益的诉求越来越多，特别是在土地整治重大工程和示范建设项目，一个项目区内的权利主体多，权益类型复杂，必须严格执行国家有关管理政策，把维护群众合法权益放在首位。《国务院关于严格规范城乡建设用地增减挂钩试点 切实做好农村土地整治工作的通知（国发〔2010〕47号）》中明确提出，各地在开展农村土地整治过程中，要按照确权在先的要求，对土地利用现状和权属进行调查、核实，做到地类和面积准确、界址和权属清楚。对土地互换的，要引导相关权利人本着互利互惠的原则，平等协商解决，对出现权属调整争议的，要依法做好调处工作。土地整治项目实施后，要依法及时办理土地确权、变更登记手续，及时发放土地权利证书及农村土地承包经营权证等，依法保障农民的土地权益。《国土资源部关于加强农村土地整治权属管理的通知》（国土资发〔2012〕99号）中提出，要高度重视农村土地整治权属管理工作，切实尊重农民群众意愿，保障农民群众参与，不得强行调整土地权属，不得损害农民土地权益。

(2) 切实加强土地整治权属调整中的公众参与。土地整治项目区农民的态度和意愿对于开展土地整治权属调整工作起着至关重要的作用。《全国土地整治规划（2011—2015年）》中提出，要加强土地权属管理，明晰土地权利，切实维护土地权利人合法权益。建立健全听证制度，在土地整治规划编制、土地整治项目设计与工程建设中充分听取当地群众的意见，引导群众全程参与，接受社会公众的监督。目前，绝大多数省份在土地整治工作中高度重视公众参与，要求公众能够参与到土地整治权属调整各阶段中，扩大了群众的知情权、参与权和监督权，体现了农民自己的事自己做主，有效维护农民土地合法权益，土地整治权属调整工作成效显著。

如湖南省要求公众全程参与土地整治，建立了群众意见征集制度，尽可能满足大多数群众的合理要求。实行村民投票制，由村民自行决定是否在本地区开展土地整治项目，是否同意进行土地权属调整。对于土地整治项目新增耕地，项目所在集体经济组织成员享有优先使用权，经村民会议2/3以上成员或2/3以上村民代表同意，土地使用权可以通过招投标等方式确定给非本集体经济组织的自然人、法人和其他组织使用。完善项目信息公开制度，在推进土地整治权属调整过程中，对于群众需要清楚和了解的信息及时进行公开，采取多种形式宣传土地整治政策，在土地权属调查阶段，向涉地群众公示拟开展土地整治项目区的范围和要求，听取群众意见，了解群众对于开展权属调整工作的意愿，形成"土地整治民意调查书"；在土地权益分配阶段，及时组织召开村民代表大会，对土地使用权及农村集体土地承包经营权的分配征求村民意见，只有在2/3以上村民代表或集体经济组织成员同意时，方能组织开展土地使用权等权利的流转和使用；在土地权属调整阶段，应在土地权属调整签订后，在有关乡（镇）、村及时进行公告，听取意见，调处争议；在项目实施管理阶段，对于批准立项的土地整治项目，应及时对项目区内的各项土地权利进行冻结并公告，有关部门负责检查公告内容的执行情况，发现问题及时解决。

四川省成都市创建村民议事会，让群众真正当家做主。在开展土地整治和灾后重建中创建了村民议事会制度，让村民自主选举产生村民议事会成员，对本村的公共管理事务进行商议。在推进土地整治权属调整工作中，切实做到事先落实土地权属调查工作，征集群众意愿；事中不断听取种种意见，接受群众监督；事后认真兑现承诺，以"让群众满意，为群众服务"为原则落实土地整治权属调整方案，由村民议事会对项目区内涉及的土地及房屋测量结果进行评议，对存在争议的进行解释和协调，直到各方权利人都确认无异议后，方可申请开展确权颁证工作。村民议事会有效解决了土地数量、质量、权属四至等基本地政管理要素的初始化复杂化问题，建立了可靠、可信、权威的地籍档案，使整治后的土地权属调整、确权、登记、颁证行为都有了更为合理、合法的基础。

12.3.3 权属调整异议调处程序

（1）土地所有权人对权属调整方案有异议者。应于公告期内向项目区所在地的乡（镇）人民政府提出书面意见，先由双方进行协商解决。经协商不能解决的，由当地乡（镇）政府协调处理。若项目区涉及几个乡（镇）的，则可向项目区所在地的县级人民政府提出书面申请，由县级人民政府进行处理。如果仍有异议的，可到县级人民法院起诉，由人民法院依法作出裁决。

（2）土地使用权或土地承包经营权人有异议者。应在公告期内向村集体经济组织或乡镇人民政府提出书面意见，由村集体经济组织或乡镇人民政府进行协商处理。经协商不能解决的，由县级人民政府调处。如果仍有异议的，可到县级人民法院起诉，由县级人民法院依法裁决。有的地方对土地使用权人的权属调整异议处理程序为：土地使用权人对权属调整方案有异议者，应于公告期内向县级国土资源管理部门提出书面意见，由其予以调处；涉及他项权利者，应通知他项权利人参加调处；经过调处仍有异议者，可上诉到县级人民法院裁定。

第13章 土地整治的公众参与

13.1 概述

13.1.1 基本概念

所谓参与就是让人们有能力去影响和参加到那些影响他们生活的决策和行为,而对公共机构来说,参与就是所有民众的意见得到倾听和考虑,并最终在公开和透明的方式中达成决议(蔡定剑,2009)。公众参与是公众通过直接与政府或其他公共机构互动的方式决定公共事务和参与公共治理的过程。公众参与所强调的是决策者与受决策影响的利益相关人双向沟通和协商对话,遵循"公开、互动、包容性、尊重民意"等基本原则。公众参与最早源于美国的城市规划,国外城市规划的历史发展经历了从物质建设规划、数理模型规划到社会发展规划等几个阶段,公众参与也随之从"象征性的参与"向"有实权的参与"转变(任国岩,2000)。中国引入公众参与的理念始于20世纪80年代中期,主要是在一些国际援助项目的规划、设计和实施中应用。在土地整治过程中农民是公众参与的主体,是土地整治的受益者,通过各种参与形式使规划能满足农民生产生活和农业经济发展的需要。土地整治公众参与是指在土地整治中,充分调动项目区域内各个利益主体的积极性和主观能动性,深入到土地整治中来,优化区域土地利用结构,合理配置土地资源,维护各利益主体的利益,实现区域土地利用的可持续经营,保证区域内经济、社会、环境协调发展的过程。

13.1.2 公众参与的必要性

作为国际上推进土地整治工作的一种通行做法,发动农民更多地参与土地整治工作、建立健全积极有效的公众参与机制是完善土地整治管理体制和提升土地整治工作成效的必然要求,也是新时期推动中国土地整治事业持续健康发展的迫切需要。

(1) 农民广泛深入地参与土地整治工作是国际普遍经验。20 世纪下半叶以来，随着发达国家社会管理逐渐从政府本位向公众本位转变，公众参与日益受到社会各界重视，欧美发达国家及东亚日本、韩国等国家在推进土地整治工作中也愈发注意引入公众参与。《德国土地整理法》中明确规定，土地整理应在土地整理官方机构的领导下，在地产主、农民、公共利益代表和农业职工代表的共同参与下进行；荷兰土地整治始终坚持个人利益与社会利益相协调原则，而与土地整治利益分配密切相关的农民个体和团体往往是决定土地整治项目启动、规划和实施的重要力量；日本实施土地整治之前必须得到相关农民同意，并且通过适时修改有关法律不断完善农民参与的形式和内容。正是由于得到相关农民的积极参与和广泛支持，这些国家的土地整治工作增强了项目参与方的责任感，减少了社会矛盾纠纷，取得了良好的经济效益、社会效益和生态效益。

(2) 鼓励农民参与是创新土地整治体制机制的必然要求。党的十八大报告提出要"加快形成党委领导、政府负责、社会协同、公众参与、法治保障的社会管理体制"，明确要求"充分发挥群众参与社会管理的基础作用"。《国务院关于全国土地整治规划（2011—2015 年）的批复》（国函〔2012〕23 号）提出要"不断完善相关规章制度，建立公众参与机制"。就土地整治工作而言，近年来初步形成"部级监管、省负总责、市县组织实施"的管理体制，而且倡导建立"政府主导、农村集体经济组织和农民为主体、国土搭台、部门参与、统筹规划、整合资金"的工作机制。为切实提升土地整治科学决策水平、更好促进农村地区社会和谐稳定，当前急需健全以农民为主体的土地整治公众参与机制、完善土地整治社会管理体制，维护和尊重农民的公众权益、增强和提高决策的透明程度，促进国家的"钱"与农民的"地"有机结合，真正使土地整治造福于民。

(3) 土地整治工作持续深入发展需要大力倡导农民参与。当前，土地整治工作仍然存在一些需要改进的方面，如土地整治规划编制脱离实际、项目设计欠缺合理、资金来源过于单一、工程建设水平较低、后期管护效率低下等问题在一些地区不同程度的存在。究其原因，土地整治仍然主要是政府行为，以农民为主体的公众参与机制尚未建立健全是不容忽视的重要因素。为切实提升土地整治工作的科学合理性、降低土地整治项目建设运营风险、监督政府行为及维护公众利益，急需在推进土地整治工作中进一步建立健全公众参与机制，确立农村集体经济组织和农民在农村土地整治工作中的主体地位，保障农民合法权益，促进土地整治事业健康发展（郧文聚等，2013）。

13.2 国内外土地整治公众参与现状

13.2.1 海外土地整治公众参与的主要表现及其特点

公众参与最早源于美国的城市规划，20世纪60年代以后受到社会各界的重视，逐渐从城市规划向土地整治规划领域拓展，从政府本位向社会本位转变，其中以德国、荷兰、日本较为典型，这些国家的先进经验可为中国土地整治公众参与提供借鉴。

（1）德国。德国作为率先探索开展土地整治的国家之一，非常重视农村土地整治过程中的公众参与，认为公众的积极参与和广泛支持是农村发展目标最终能够实现的关键，坚持在政府决策过程中将有限的政府权力和有效的公众责任相结合，切实维护社会公众的合法权益。从法律层面上看，德国在土地整治公众参与方面有着较为完备的法律保障。从根据欧盟每五年颁布的《土地整治指导手册》细化而成的《土地整治发展指导条例》，到德联邦政府层面的《土地整理法》和《空间规划法》，再到各州根据联邦政府规定而出台的土地整治项目实施办法，都分别对社会团体、涉地群众的权利义务、公众参与土地整治的程序、内容、方法、资金分配方式等进行了详细的规定。从参与模式上看，德国土地整治公众参与目前存在两种主要模式，分别为"自上而下"政府主导式和"自下而上"群众自发式土地整治（罗明等，2013a）。"自上而下"政府主导式土地整治公众参与主要是由政府主导并进行项目投资，通常情况下申请者为德联邦政府或州政府，项目建设内容主要以大型基础设施建设、国家重点推进、新能源建设、产业调整等项目。项目通常涉及多个村镇，属区域发展项目，由当地农村土地整治与发展局负责与涉地群众进行沟通，协调提出解决方案，通过资金补偿、土地置换两种方式进行补偿，尽量降低对农民生产生活的影响，避免出现土地争议和冲突。此类项目多涉及公共利益，属于公共利益对抗私人权利类型，项目的发起和运作主要体现政府的意志，但仍需通过多种方式手段协调，以保障农户的私人权利。如在项目规划设计阶段，按照规定，政府需采取公告、座谈、月例会等多种方式多次与涉地农民进行沟通，在充分听取农民意愿的基础上，结合实际情况，对项目整体设计、权属调整、施工方案等进行修改完善。修改后的方案需得到农民的认可后方可实施。"自下而上"群众自发式土地整治公众参与主要是指由村民自发组织、主动申请、积极参与项目实施的土地整治项目，主要包括田块置换、归并、权属调整等。这类项目由于是村民或社区居民根据自身需要提出，全部为土地所有者的自愿沟通行为，因而公众参与的热情和能力相对较强，农户会尽力争取自己的权利，最大程度的参与土地整治活动，以实现自有土地收益的最大化，公众参与在土地整治全过程中得到了体现。从工作流程上看，德国土地整治中的公众参与贯穿土地整治项目建设始终，在前期立项准备阶段，农民、个人、行业协会、管理部门都可以申请对自有土地开展土地整治，由涉地农民、农民保护协会、政府管理工作人员组成土地整治委员会与相关权益人开展项目初期可行性研究探讨，按照各州土地整治实施办法，形成以满足土地权益人需求为主要目的的可行性研究报告。在规划设计阶段，土地整治委员会负责组织开展项目规划设计工作，按照项目区周边整体空间布局、发展规划，对项目区的交通、环境、基础设施建设进行全盘设计，明确相关权属和地籍变更，按宗地开展测量和估价工作，通过与涉地群众的不断沟通，最终形成项目规划设计方案。在实施和验收阶段，由土地整治委员会牵头组织筹集项目资金，按规定开展公告、听证、签约及工程的具体实施，项目实施结束后，由土地整治委员会组织开展实施后地块价格重新评估和权属调整工作，以保证涉地群众在项目实施后能够获得同等或者更高价值的土地。在项目实施过程中，相关权利人有权随时提出异议并启动申诉或法律程序，由土地调解委员会或土地法庭对纠纷或争议进行调解，调解不成功的，由法院进行最终裁定。

（2）荷兰。荷兰的土地整治有着悠久的历史与广泛的群众基础。1954年荷兰颁布了《土地整理条例》，对通过土地整理提高农业生产能力的有关内容进行了明确。随着人口的增长和经济社会发展水平的不断提高，土地整理逐渐拓展到城市发展、环境保护、休闲娱乐、自然景观保护和基础设施建设等多个领域。旧条例已不能适应新的变化，1985年新的《土地整理条例》出台，对土地整理规划纲要、土地整理项目实施程序、与土地整理项目有关的权利义务、土地整理项目提出异议的时间和方式分别提出了明确的规定，并且从法律上明确了"土地整理委员会"的法律地位，指出土地整理委员会代表项目区各方利益，负责土地整理项目的准备、协调和实施。荷兰土地整理项目包括基于非农目的的土地整理、基于农业目的的土地整理、土地调整和基于协议的土地整理四种类型，其中基于非农目的的土地整理主要指当地政府部门出于公共利益，为增加项目区内的公共用地、构建区域自然生态景观，在非农地区对区域内全部或部分土地开展的土地重划。按照《土地整理条例》规定，土地所有者和使用者拥有分配土地的权利，项目整理后可以占用项目建设区内不超过3%的土地用于配套基础设施建设（如道路、沟渠等）。基于农业目的的土地整理是指土地所有者为提高农业生产能力，提升土地使用效益而对自有土地开展的重新调整，项目建设完成后可以占用不超过5%的土地用于道路、沟渠等配套基础设施建设。土地调整是指因军事、水库、铁路等大型基础设施的功能要求而对其周边的限制地区开展的土地调整。基于协议的土地整理是指按照土地所有者之间的土地分配协议，对土地所有者的土地重新进行调整和分配。按照项目的不同类型，项目的决策者通常由地方政府、土地所有者和使用者、基金协会和社会团体担任，项目的执行者由土地整理委员会担任。在项目规划设计阶段，由土地整理委员会组织讨论、征求意见，形成公众参与报告，并公示三个月征求意见，在公示期满并按照公众意见修改项目规划设计后，报中央土地整理委员会和省政府审核，并由省政府组织开展一个月的公众监督再次征求意见，公众监督期满后由省政府根据相关政策和公众意见确认项目规划设计方案。中央土地整理委员会和省政府在公众监督期内互相监督、互相牵制，公众监督期满后如需对项目规划设计方案进行修改调整，则必须获得中央土地整理委员会和省政府双方的共同认可。对于非农目的的土地整理项目，在确定项目规划设计方案后，即可由省政府确认开始实施；对于农业目的的土地整理项目，在项目规划设计方案征求意见后，则需由省政府组织相关土地所有者和土地使用者进行投票（承租协议在6年内有效的土地使用者拥有投票权），投票结果由投票人数和投票人员所代表的土地面积共同确定，只有当同意项目方案开展土地整理的票数超过一半时，方可确认土地整理规划，并开始项目实施。土地整理委员会负责和监督项目的施工及验收。在项目实施过程中，如果出现纠纷和争议，权利人可申请由最高权力机构或相关法院进行调解和裁定。

公众参与使荷兰土地整治的利益关系更加明晰：首先，土地整治项目的选择或立项必须由项目区中50%以上的土地所有者和使用者决定；其次，土地整治项目规划是公众参与和各方协商的结果；再次，土地整治委员会的成员中必须有项目区土地所有者和使用者的代表；最后，土地收益分配以土地整治前的土地价值为计算依据（廖蓉，2004）。

（3）日本。日本土地整治又称作"土地改良"，是日本农地制度建设的重要内容，它源于农业用水排水建设和耕地整理开发。为了有效保障土地改良工作的开展，日本构建了较为完善的法律体系，其中关于土地方面的法律共有130部之多，如《土地基本法》、《农地法》、《农地调整法》、《农业振兴地域法》、《农业经营基础强化促进法》、《增进农用地利用法》、《土地改良法》等。1952年日本制定《农地法》（国家土地管理局规划司等，1997），对农用地实行管制，保护耕作者的合法权利，保证优质农地用于农业生产。《农地法》是日本农地制度的核心，为了在农地改革的基础上，有效改善零散的农业生产结构，该法先后六次修改，其中明确指出：只要符合全体土地所有者的意愿，耕地整理的实施由耕地整理合作组织进行。原则上参与耕地整理的是土地所有者，但是为了促进土地整理事业的发展，地上权、永久租种权、土地租用权的持有者及依据国有财产法准备实施开荒、填海造田、排水造田者也可以参与耕地整理。同时还以土地使用权和经营权为核心，鼓励开展土地的租借和流转，通过市场、政府和民间中介组织的推动，有效克服流转障碍，突破了原有制度在土地占有和使用方面的限制。

为了方便耕地整理合作组织之间的协作，日本还设置了耕地整理合作组织联合会法人制度。耕地整理实施者在实施前制定耕地整理设计书，并附上相关人员的同意书。关于"相关人员的同意"是指在合作组织实施的情况下，地域内土地所有者总人数的1/2以上同意，同意的总面积和总租赁价格要占区域总面积和区域租赁总价格的2/3以上；共同实施时须征得各方同意后再实施。

日本的土地整治项目一般都是自筹资金，即项目实施单位通过处置保留地而获得项目资金。在整理区域范围内有地籍登记的土地所有权，都要按照土地的面积或价值分享土地整治的成本和收益。首先，每个土地所有者都必须按照一定比例（通常是15%~30%，个别案例是60%）上交土地。这些土地一部分用于道路、公园等公共设施建设，一部分由土地整治委员会拍卖，所得资金用于支付土地整治成本。如果支付了整理成本后还有剩余土地，在整理项目结束后归还土地所有者。公共项目和私人项目的成本分担要经过大家的同意。除此之外，日本的建设用地整理项目可以通过多种途径获得资金补助，包括低息贷款、国家拨款及拍卖土地的价款。

13.2.2 国内土地整治公众参与的现状和存在问题

13.2.2.1 参与阶段和内容

根据土地整治的工作内容，公众在土地整治项目立项、规划编制、工程实施、竣工验收及后期管护等阶段分别不同程度地参与土地整治工作。

（1）土地整治规划编制阶段。土地整治在规划编制过程中比较重视公众参与，主要体现在：一是设计单位在收集规划区域背景资料和野外踏勘选点中了解区域概况和基本情况、发展要求和思路及地方政府构想，通过走访农户、召开座谈会等形式了解当地农民迫切需要解决的问题，征求农民的意见建议，把农民的意愿带入规划方案中；规划编制完成后进行公示，根据农民意见进一步修改和完善土地整治规划，使规划尽可能与公众利益一致，实现对区域的整体把握和项目区的了解，对项目作出可行性论证。二是一些部门参与土地整治项目实施方案的设计，从编制到评审，征求相关行政部门的意见，收集了相关的材料。规划设计过程中由国土资源部门牵头，林业局、农业局等各相关部门、单位积极配合，参与到项目的实施方案设计中去，发挥各部门的职能优势，听取他们的要求和建议。三是规划人员、农民、政府各部门、专家学者等参与主体参与项目的可行性分析、工程布局设计等过程，发挥他们的聪明才智和技术经验，使设计成果既科学又符合实际。

（2）土地整治项目立项阶段。土地整治项目立项先由土地资源管理行政部门向适宜开展土地整治的乡（村）等提出建议，乡（村）再充分征求广大农民的意见，看他们是否有土地整治的意愿，经综合研究后向土地资源管理行政部门提出申请，土地资源管理行政部门再通过多方面调查来考察土地整治的必要性及土地整治是否能给参加者带来利益，如组织相关行业的专家进行现场踏勘、论证，并收集土地整治区域的地籍资料、有关规划资料及其他资料，从而确定土地整治项目是否应该开展。

（3）土地整治工程实施阶段。各地以群众同意不同意、满意不满意为原则，加强了工程实施中的公众参与。一是土地整治项目实施时，邀请当地群众参与到项目的义务监理工作中，充分发挥群众的主观能动性，弥补项目管理和监理人员力量的不足，有利于提高工程建设质量。项目实施单位挑选责任心强、有正义感、懂工程施工的村两委班子成员代表、党员代表、村民代表担任工程质量义务监督员，并采取补助村委会工作经费的方式，发给义务监督员一定务工补贴，让他们切实担负起工程质量监督的义务。村义务质量监督员和工程监理、技术人员积极配合，联合监督，大大提高了工程的监管力度，工程质量得到了严格管理。二是以工程招标、拆迁补偿、工程施工、设计变更、款项拨付、工程验收等环节为预防机制建设重点，邀请人大、政府、纪委、检察院进行全程监管，有效避免干部职务犯罪行为的发生。

（4）土地整治工程后期管护阶段。为确保土地整治项目工程的正常运转和长效使用，土地整治工程管护必不可少，而作为管护主体的项目区群众的积极参与又是管护工作的重中之重。一些地方现行的做法有，一是谁主管、谁负责的方式。受益范围为一个行政村的工程，由村民委员会负责管护；受益范围跨行政村的工程，由乡级人民政府负责管护；受益范围跨乡镇的工程，由县级人民政府负责管护。二是鼓励利用市场方式。在受益农民村民会议 2/3 以上成员或者 2/3 以上村民代表同意的前提下，可依法通过承包、租赁、拍卖、业主负责制等多种市场方式落实工程管护主体。三是成立农民用水者协会等自行管护的组织。项目所在地的群众可以成立农民用水者协会等组织，对农田水利、田间道路等基础设施进行维护。四是成立土地整治项目工程后期管护组织。可由当地国土管理部门或地方行政部门成立专门的对工程设施进行后期管护的机构或团体，并明确管理机构的资金来源。

13.2.2.2　存在问题

公众参与在土地整治中得到重视并广泛地应用，但目前公众参与体系还不完善、机制可操作性较差、制度仍不健全。关于公众参与的方式、程序等基础理论研究还不成熟，公众参与还处于探索阶段，存在着诸多问题。

（1）表现形式上存在的问题。①公众参与方式单一。长期以来公众参与的目的主要是为了调查现状、收集项目区资料，通过咨询、走访等途径征集意见，很少聆听公众对预期规划的想法。参与方式主要为座谈咨询、民意调查，常用的方式是问卷调查，简单易行但结果不具代表性且呈现单一化。然而公众参与要达到参与主体的利益合理化，保证设计科学化、规范化，公众参与必须在不同阶段有不同的参与方式。当公众参与成为一种手段或目的时，对应参与方式就表现出单一性。多样化、广泛的参与方式必然要求协调参与主体各方的利益，然而现实中土地整治是政府的一种主导行为，以至于项目规划受政府和行政部门单方面影响很大，表现为对其他的参与主体只有单一的、例行公事的参与方式（文枫等，2009）。②公众参与的目的及参与主体在不同阶段地位不明确。公众参与的主要目的是充分调动各利益主体的积极性和主观能动性，集思广益，满足公众合理意愿、协调各参与主体利益关系，共同参与土地整治。土地整治的出发点在农村，归宿点在农民。在公众参与中要充分考虑农民的意见和利益，科学合理地规划，使设计最优化、效益最大化。公众参与的内容多样化，使各规划步骤中的参与者及参与内容存在着很大的区别，不同规划步骤中公众参与内容和潜在贡献不同。在选择项目区阶段，政府是公众参与的主体，政府根据区域经济社会发展和土地利用总体规划的需要，提出合理有效的建议。而在项目的规划布局、工程设计、施工组织、效益评价阶段，农民就成为公众参与的主体，因为农民对农村是最大的知情人，是项目的最大受益者。一段时间以来，土地整治项目一直是政府的主导行为，政府意志贯穿于设计的全过程，忽视农民意愿，就混淆了公众参与的主体地位。③公众参与有效性低，参与结果对决策影响低。受土地整治项目资金及对公众参与的认识不够的影响，在公众参与的投入上较低。一些地区主要采用以增加耕地面积为目标的土地整治模式，注重土地整治的经济效益，忽略社会效益和生态效益，导致公众参与产生的综合效益很低，很多问题和公众意见没有被解决和采纳。公众参与只是信息的获取，最终流于形式，公众参与的结果对决策影响甚微。

（2）缺乏相关组织机构。公众参与的主体存在不同的类别，他们有不同的利益需求和价值取向，所以一直以来土地整治公众参与仅限个人参与，没有形成一些组织机构。这种势单力薄的公众参与很难发挥实质性的作用。项目的设计不可能满足每个人的要求，而只能偏向多数人组成的有相同利益需求和愿望的群体。现行存在一些公众参与的"政府组织"和"民间组织"，但从目前来看，具体组织机构存在较少，普遍成立这种民间组织的困难很大。

（3）沟通中存在的问题。①缺乏对公众参与的认识。长期以来，人们习惯于将所有问题都视作政府的责任。同时受文化素质、教育水平、法制观念等因素的制约，公众缺乏参与意识，对公众参与过程及概念认识不够。在土地整治项目中特别是农民认为公众参与只是一个形式，而且对怎样参与规划、参与的内容知之甚少，结果严重影响了农民参与的积极性，出现消极参与、象征性参与。作为公众参与的另一个主体，行政部门忽视了土地整治项目的服务对象是农民，解决的是农村问题，把项目设计的指标任务和产生的经济效益作为考核工作成绩的杠杆。②参与的信息渠道不畅。公众参与的平台有三种传播方式。第一种亲身传播，建立在访谈、实践等直接交往基础上，也是土地整治项目普遍的信息传播方式，但受时空的限制，无法持续表达。第二种方式是传统大众传媒，包括广播、电视、报纸等媒介方式。第三种方式是网络，信息的发布操纵在政府手中，同时受农村经济条件的限制,第二种和第三种方式不具有可行性。这种参与的信息渠道不畅导致规划工程具有一定的不透明性,无法保障公众应享有的知情权、参与决策权。③缺乏利益表达渠道。土地整治项目中规划人员是主动者,利益的主体公众是被动者,他们只有被动地接受调查,无法主动地表达自己的利益和需求。当利益主体之间发生矛盾时,只有规划者来协调各方利益。在信息不畅的农村,农民无法主动表达自己的利益诉求,这样就无法充分体现各个利益主体的合法权益。

(4)保障措施上存在的问题。①公众参与体系不完善。公众参与土地整治项目必须有一个完善的体系支撑,这样才能发挥公众参与在土地整治项目全过程中的作用。由于公众参与体系不完善或匮乏,导致公众参与在时机、内容、方式、途径上存在局限性,出现事后参与、被动参与、有限参与。公众参与是土地整治项目的一个部分,却没有具体可行的框架体系,出现在某一时段或间断出现,不能够保障公众参与的持续运行。②公众参与制度不健全。公众参与作为一种行为义务,仅仅依靠公众意愿、社会伦理规范、约束是远远不够的。到目前为止,中国没有专门的法律规范土地整治的实施运作,公众参与土地整治的立法更是空白,土地整治公众参与尚未具体化、制度化。没有确立公众听证制度、公示制度等的法律地位及以立法方式规定公众参与相应的程序,使得公众参与具有权利主导性,无法协调权利与利益之间的关系。制度具有强制性,它可以促使规划编制朝着理性的方向发展,可以促进公众参与在土地整治项目中的融合,同时可以让参与者意识到公众参与是一种行为义务,一种权益。

13.2.2.3 缺失原因分析

(1)公民文化素质不高影响了公众参与程度。"一个国家如果有许多人不识字,就不可能有现代化的民主"。政治参与需要一定的知识成本作基础。据加布里埃尔·A.阿尔蒙德等人对各国的调查统计:教育层级与参与程度成正比。由于历史条件的原因,中国文盲、半文盲还占相当人的比例,公众整体素质不高。人民当家做主、管理国家和社会事务的权利的实现难度较大。

(2)法律制度的缺失导致土地整治公众参与的无力。土地整治公众参与需要推动,而推动的最大动力并非来自政府相关部门的鼓励和舆论的呼吁,而是来自制度的保障和法律的规范。土地整治公众参与作为公众参与管理国家事务的重要组成部分,当前急需在法律层面上明确其地位,并作出更为具体详细的约束和规范。约束和规范在具体细则和效力上的平等,才能保障援助的有效和公平。目前对土地整治公众参与在法律约束和规范上是空白的，这必然带来援助的无力，而这种无力直接导致了土地整治中公众参与的无力。

（3）政府角色和公众的社会心理影响。基于传统政治文化的特性，政府在各项事务中，始终扮演举足轻重的角色，从好的一面看，政府大小事都管，对人民负有广泛的责任，对人民的权益有保护的作用。从坏的一面看，养成人们的依赖性和缺乏责任感，结果社会已日渐分殊化，却因缺乏秩序显得混乱，社会已积蓄了相当丰厚的资源（包括人才与财富），却因缺乏管道而发挥不出力量。公众往往认为土地整治理所当然是政府行为。

（4）公众参与力量单薄。在中国，公众参与的主体"公众"处于分散状态，往往是临时组合到一起，一般是行政机关公开某信息后，与之相关的公民或组织相互传递信息，其中的一些主体聚集到一起形成团体商讨应对之策。而这些团体随着事件的结束而结束联络。这样的团体状态使得社会公众在行政程序中非常被动，因为各主体之间刚刚建立联系，彼此不是很熟悉，因此在协调内部关系方面将耗费大量的时间和精力，这与行政机关相比，势单力薄，很难有影响力。

13.3 现阶段推进土地整治公众参与的思路

13.3.1 公众参与的程序

（1）制定公众参与方案。根据土地整治项目的具体要求和需要，结合当地实际，编制详细、切实可行的公众参与方案，从程序上规范土地整治项目的公众参与。公众参与方案中要具体规定公众参与的流程、组织、方式、内容、参与人员等。实现公众参与土地整治规划、实施、监督、评价和后续维护全过程。通过现场踏勘、访谈、问卷调查、村民代表大会、公示、意见征询等多种形式获取公众参与信息，归纳分析公众建议和意见，让公众充分享有土地整治项目的知情权、参与权监督权及决策权，达到土地整治项目改善农民生产、生活条件，促进农业增效、农民增收、农村发展的目的。

（2）确定公众参与重点环节。①土地整治立项阶段。土地整治立项应先由国土资源管理部门的工作人员向开展土地整治的村（乡）等提出建议，村（乡）委会再充分征求广大农民的意见，看他们是否有土地整治的意愿，经综合研究后向国土资源管理部门提出申请，国土资源管理部门要通过多方面调查来考察土地整治的必要性及土地整治是否能给参加者带来利益，并收集土地整治区域的地籍资料、有关规划资料及其他资料，从而确定土地整治项目是否应该开展。②土地整治规划设计阶段。在土地整治规划设计阶段，通过走访农户、召开座谈会等形式了解当地农民迫切需要解决的问题，征求农民的意见建议，把农民的意愿带入公众规划方案中；也可以请村镇进行初步设计，即先由村集体、村民进行初步方案布局，规划设计单位根据相关规范、有关政策，对村镇初设的方案进行优化调整；规划编制完成后要进行公示，并召开听证会，根据农民意见进一步修改和完善土地整治规划，使规划尽可能与公众利益一致。规划设计必须考虑权属调整，权属调整方案（细部调整方案）向群众公示，施工前向群众（涉及调整的）说明权属调整的方法。③土地整治实施阶段。土地整治规划的实施往往要发挥公众舆论的监督作用才能得以成功。公众有权了解土地整治规划的实施进展情况及资金使用情况等，如果在实施过程中，土地整治未能按规划实施，国土资源管理部门和规划设计单位应向公众作出详尽的说明以取得公众的应允。建议将坑塘清淤、农渠农沟维修等较为简单的工程交由村集体组织农民自建，做到自己的土地自己整治，保障工程质量。在工程监督方面，可以组建群众监督协调队，监督工程质量，协调施工当中遇到的问题，保证实施进度。④土地整治验收阶段。土地整治竣工完成时，应充分发挥公众的作用，让当地农民参与到对土地整治的验收工作中，对土地整治效果做一个综合的评价，加强土地整治外部监督评价工作的开展。⑤土地整治后期管护阶段。土地整治验收完成后，土地整治相关部门应制定相应的方法措施，使得农民参与到对新建各项设施的维护工作中去，以延长土地整治的后续效益。

13.3.2 公众参与的关键点

13.3.2.1 公众参与的组织机构

土地整治是一项系统工程，涉及面相当广，因而直接或间接影响到的公众也特别多。普通民众构成了公众参与的基础，人数最多，是公共利益代表的主体；各利益集团同样也是参与者的重要组成部分，其作用和影响力同样值得考虑；各类政府机构和非政府组织作为土地整治利益群体的代表和协调方，是一个承上启下的单元，是各相关利益主体之间沟通和协调的桥梁；最上层是土地整治规划设计方面的专家。不同类别的公众所拥有的知识及其价值取向是不一致的，规划设计人员不能仅凭自己的知识和价值取向来规划，而应面对不同价值取向的公众的选择社会各阶层，并充分考虑各利益集团的意见，使土地整治目标更加明确。

国外部分发达国家在推进土地整治工作时大多建立有各种形式的公众参与组织，如德国的参加者联合会、荷兰的土地整治委员会、日本的合作组织或合作组织联合会等，作为土地整治工作的参与者、监督者和促进者，这些组织成为公众参与能够成功介入土地整治工作不同阶段的重要渠道和基础平台。近年来，我国在推进土地整治工作中，也愈加重视公众参与组织的重要性，并逐步引导公众全程参与土地整治工作，如江西赣南成立土地整治理事会、江苏金坛成立农民耕保协会，以及宁夏平罗建立农民质量监督员制度和河南邓州建立村"两委"和农民群众参与土地整治制度等，目前仍然大多处于实验探索阶段。从理顺土地整治管理体制角度出发，当前要加快建立土地整治民间组织，强化农民参与土地整治的组织保障，切实畅通的农民参与渠道、搭建农民参与平台。途径之一是土地行政主管部门以行政力量主导并整合农民参与的非常设机构，如热线电话、网站论坛等；途径之二是灵活结合村集体经济组织、村委会等成立土地整治农民团体，即农民参与"民间组织"，并将之培育成为农民参与的重要阵地。

13.3.2.2 公众参与的方式

综合土地整治实践，概括出公众参与土地整治的方式主要有以下五种。

（1）公示公告。这种方式主要用于对外公示拟建项目的基础信息及参与项目讨论的方式。目前，在土地整治项目审批立项后，一般都采用此方式将项目概况、实施进度等向公众公示。

（2）听证会。主要包括项目实施方向公众介绍项目情况，政府和专家等向公众提供法律和专业知识咨询，同时包括公众和政府、项目实施方、专家之间的意见交流。听证会有利于及时交流和提高相关部门的工作效率和透明度，缺点是参加的人数有限并且费用较大，不适用于目前一般建设项目。

（3）问卷调查。这是最常用的调查方式，优点是能用最小的价格直接征询大范围人群的意见；但缺点也较明显，如有时问卷设计不科学，被调查的各类人员比例不合理等。因此，问卷调查作为一种必需的公众参与方式不能孤立地进行，而应该在发放通告及相关资料后进行，并且应该对问卷的设计，样本人群的选择和调查后的数据统计实现规范化。

（4）网络。随着网络普及程度的提高，项目实施单位可以将土地整治规划设计文本放在网上供公众查阅，有兴趣的公众还可以得到有关土地整治的信息，实现了设计单位与公众的双向交流。

（5）电话、信函。这是比较传统的公众参与方式，也发挥着必不可少的作用，但这种方式透明性较差，可作为辅助的公众参与调查方式。一般情况下，在用其他形式发布和交流信息前应先通过报刊、电视等媒体对项目基础信息及详细信息的获取方式进行通告，让公众有充分的时间了解项目的真实情况；对于影响范围较大和公众比较关心的项目，应多次举行听证会或论证会，以保证在整个项目实施过程中，公众都能参与（杜源泉等，2008）。

13.3.2.3 公众参与的技术方法

结合土地整治实践，概括出公众参与土地整治的技术方法主要有以下五种。

（1）信息传播技术。信息传播技术是向公众通报土地整治规划区域内正在进行的活动及已经提交的拟议计划，为公众提出意见和建议创造条件。这类技术有：一是向公众散发介绍土地整治信息的布告、说明书、工作纲要、规划图件等；二是建立公众随访中心；三是设立热线电话，提供互联网上的热线网址；四是召开信息发布会等。

（2）信息收集技术。信息收集技术是用于收集各种技术数据和公众意见，特别是公众的反馈信息的技术。这类技术有：一是现场调查、踏勘、测绘等；二是与土地整治规划进程中每个阶段的关键公众团体讨论；三是运用不同形式的特尔斐方法（例如散发各种形式调查表等）；四是举行公众听证会；五是通过公众推举的民意调查员收集意见等。

（3）规划启动技术。规划启动技术用于公众代表就提出"公众参与土地整治规划"方面的建议或草拟该"规划"中承担起应负的职责。这类技术有：一是对土地整治规划做宣传；二是邀请公众代表参加讨论会；三是组成特别工作队；四是召开专题讨论会等。

（4）决策技术。决策技术是公众参与的最高级别。这类技术有：一是在"土地整治规划"中包含仲裁和协调的内容；二是建立公众对政府机构决策的复决制度，或者由公众直接投票决定；三是成立公众评审委员会；四是利用媒体对决策的结果投票等。但是当决策的职责是委任于政府国土资源管理部门的官员时，这类技术在公众参与土地整治规划时就难以采用。

(5) 参与过程的支持技术。参与过程的支持技术不是直接与公众参与有关的技术，它是为了加强其他技术有效性的工具。这类技术有：一是对参与中作出较大贡献的公众予以表彰；二是对公众进行培训以加强其参与的水平；三是聘请协调员或通过协调员促成问题的解决等。

13.3.3 完善公众参与机制的保障措施

13.3.3.1 完善公众参与法律，健全公众参与制度

随着中国民主法制建设进程的加快，公众参与应提升到法律保障的阶段，应制定土地整治专项法规，明确规定公众参与的主体、内容、程序等，并积极探索公众参与的新机制，使公众参与法规化、制度化。

为了保障公众的利益和保证公众参与的权利。在立法中应坚持以下几个原则：一是公平原则，要求行政机关在实施土地整治行为的过程中平等地对待各方当事人，排除各种可能造成不平等或者偏见的因素；二是公开原则，要求行政机关通过一定的方式和途径，让公众了解土地整治各个阶段的状况；三是参与原则，它是让公众实现"为"的权利，保障公众的参与权利；四是效率原则，在确保公众利益的前提下，在土地整治的不同阶段，采取简单高效的程序，以提高行政效率，缩短土地整治周期。

为有效促进公众参与，土地整治管理部门应改变观念、转变职能，由管理型机构向服务型机构转变，为广大的土地整治参与方服务，组织好、落实好土地整治各项工作。在土地整治过程中，落实好公众参与的"三权"，即知情权、参与权和监督权。在此基础上，土地整治管理部门要积极探索、完善公众参与的各项制度。一要建立完善的土地整治信息公示制度，将土地整治规划及其调整、项目实施、竣工验收等信息及时向社会公众公开，提高土地整治规划、实施的透明度，实行土地整治"阳光操作"；二要加大土地整治宣传力度，提高全社会对土地整治的认识程度，增强公众对土地整治的支持和参与程度，同时加大土地整治知识普及力度，加强对公众的教育和培训，增强其参与能力；三要建立健全听证制度，在土地整治规划编制、土地整治项目设计与工程建设中要充分听取当地群众的意见，引导群众全程参与，接收社会公众的监督；四要建立、完善土地整治的激励机制，对于在土地整治工作中作出突出贡献的管理机构、个人、组织，给予物质和精神激励，激发公众参与土地整治的积极性和主动性；五要建立健全部门协调机制，土地整治各管理部门之间要协调好各自的工作，从制度上保障每个重大环节都有公众的参与；六要建立责任追究机

制,对土地整治各个阶段未合理采纳公众意见建议,造成损失的人员、组织,要追究其责任,责令其改正,采取措施进行补救。

13.3.3.2 增强公众参与意识,提升公众参与能力

首先,通过宣传的方式提高公众对土地整治的认识,增强公众的参与意识。一方面可以建立权威性的宣传平台,在有权威性的报纸、媒体、广播上宣传土地整治相关知识和信息;另一方面也可以采取散发宣传资料、开展专题讲座、提供咨询服务等方式进行宣传。通过宣传,让公众明确参与土地整治的目的、意义及土地整治和他们自身的利益关系,增强公众参与的意识,提高公众参与的积极性。

其次,通过培训等方式提升公众参与土地整治的能力。针对不同的公众主体应采取不同形式的培训,对参与规划的人员,应对其进行专业技能培训,使其及时了解最新政策,掌握技术标准,提升素质和能力,从而规范有序地开展土地整治工作。对基层群众的培训,应循序渐进,培训方式灵活多样、简单易懂,逐步提升其参与土地整治的能力。

13.3.3.3 畅通公众参与渠道,搭建公众参与平台

公众参与是通过政府、规划设计人员、专家、农民等共同研究、讨论、磋商和决策的过程,公众参与过程要以畅通公众参与渠道为重点,不断创新公众参与的形式和途径,搭建公众参与的良好平台。一是搭建公众直接参与的平台。进一步畅通公众参与的渠道,切实保障公众的知情权、参与权和监督权,是公众参与土地整治的基本保障。土地整治过程中可通过邀请公众参与土地整治调研会、座谈会、听证会,监督土地整治项目的实施,参与土地整治项目评估验收,参与项目后期管护等形式,让基层群众直接参与土地整治工作,直接与土地整治管理部门面对面地交换意见,并将合理意见作为土地整治管理部门科学决策的重要依据。二是搭建专家咨询论证平台。为提高土地整治过程中各项决策的水平,对一些专业性较强、群众关注度较高的问题,可通过召开专家学者咨询论证会,对即将决策的问题进行集中会诊,使各项决策更加科学合理,更加切合土地整治工作实际。三是搭建公开征求社会意见平台。对与公众利益直接相关的土地整治事项,例如土地整治规划、土地整治项目实施进展情况、资金利用情况等,土地整治管理部门要及时进行公示,通过电视、报纸、广播、网络等现代传媒,向社会公开征求意见。

13.3.3.4 强化公众参与激励,发掘公众参与潜力

首先,建立管理部门激励机制,对土地整治管理部门给予物质和精神

上的奖励，并作为年终考核的一项指标。土地整治管理部门是公众参与的主要组织者、实施者，调动他们的积极性，很大程度上决定了公众参与土地整治工作的成效。因此，可以从土地整治管理部门对公众参与的重视度、组织的有序、高效性及公众参与土地整治工作的社会反响等方面入手，制定相应的项目、人员等利益驱动机制，将其作为年终考核的一项指标，对组织、完成比较好的土地整治部门给予物质和精神上的奖励。

其次，建立公众参与利益激励机制，对参与的公众代表、组织给予物质和精神激励。真正的公众参与，不是依靠政府的号召和督促，而是公众民主意识的觉醒，自觉而热情的参与到土地整治事业中来。目前，我国的土地整治公众参与还处于探索发展阶段，大部分的公众参与意识还很淡薄，需要一定的激励措施来调动他们参与的积极性。

再次，可鼓励当地民众承包土地整治部分工程项目，带动当地经济发展，解决当地部分民众就业问题，提高公众对土地整治的参与程度，积极参与到土地整治工作中来。

第 14 章 土地整治调查技术

要做好土地整治工作，必须调查拟整治区域经济社会发展、土地利用和土地权属状况及水资源保障和相关基础设施等情况，摸清土地整治潜力，了解群众意愿和传统文化背景。做好这些工作的前提和核心就是掌握土地整治的调查技术。

14.1 土地整治调查的技术架构

做好土地整治调查工作，对认清客观现状和把握主观意愿，促进土地整治科学、民主地开展具有重要意义。

由于土地整治内容的复杂性、类型的多样性和目标的多元性，决定了调查技术有着不同于其他学科的研究方法和技术体系，应当是一个集土地整治"思维范式"、"调查方法"、"调查对象"和"调查内容"为一体的互为联系、互为层次的方法论构架（图14.1）。

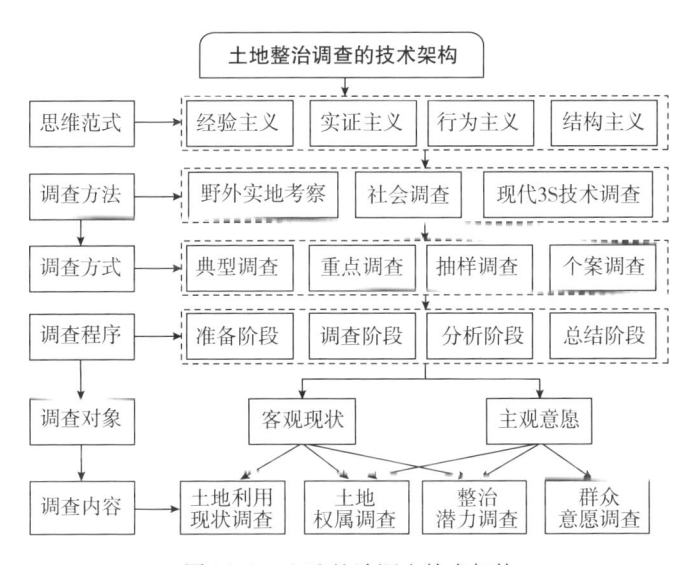

图 14.1 土地整治调查技术架构

14.1.1 土地整治的思维范式

土地整治具有多学科交叉、多任务综合等特征，主要的思维范式有经验主义、实证主义、行为主义和结构主义（刘彦随，2011）。

（1）经验主义分析。经验分析也称规范分析，它依据感知经验，对杂乱的事物进行定义、分类和度量，使之形成条理，然后进行归纳和概括，总结得出理论或模式，最后用于解释现象或问题。经验主义注重观察，重视知识的积累，强调归纳与总结。这类方法在土地整治中可用于发掘土地利用中的问题，总结农村土地利用的基本态势与区域差异规律，梳理土地整治的成功案例和经典模式，分析土地整治各类活动（如潜力系数确定）等。

（2）实证主义分析。该方法强调用统计和数学工具探索经济活动空间结构的形成规律。该思维方式使科学研究由经验到实证、由定性分析到定量研究、由感性思维到理性判断。实证主义思维可以应用到土地整治的定量研究，包括土地利用现状的空间差异，结构特征分析，高标准基本农田建设的投资度分析，建设用地集约节约评价，用地的空间结构优化配置等。

（3）行为主义分析。行为主义以人为出发点，重视人类行为的丰富意义与社会价值观念体系的重要作用。但由于这些因素作用具有潜在性与间接性，是"看不见的手"，故没有提出一种直接的方法，强调人文取向，把研究的主题对象放在主观的经验世界上。人本主义思维方式对中国土地整治过程中的重大社会问题、群众意愿研究具有很强的指导意义，适用于土地整治中主体和客体环境之间的相互作用的系统分析，以及土地整治的农户意愿分析、农民居住区位选择、农地规模经营意愿等研究。

（4）结构主义分析。结构主义把研究对象作为一个整体，运用整体的观点来分析、研究具体事物的发生、发展规律，特别尊重事物的复杂性、综合性、系统性，从而贴近事物的本质，这也与土地整治中人地关系的研究思路相呼应、相一致。

经验主义、实证主义、行为主义和结构主义思维方式，贯穿于土地整治调查研究的不同系统层次和空间尺度，形成土地整治的思维范式（图14.1）。

14.1.2 土地整治的调查方法

14.1.2.1 野外实地考察

针对农村发展问题，深入农村基层进行实地调查，是土地整治工作者十分重视的研究方法，指在土地整治调查事项中，观察者带有明确的目的，用自己的感觉器官及其辅助工具直接地、有针对性地收集资料的调查研究方法。

野外考察既包括对农村自然条件和自然资源方面，也包括对农村的区位条件、经济社会状况，土地利用现状，以及农村产业布局现状与特点进行详细的调查。通过野外考察，可以深入了解实地情况，全面、细致的描述农村土地利用特征。尽管现在拥有许多现代化的手段，但仍然离不开野外实地考察这一传统工具。

野外实地考察应遵守以下原则：客观性原则、全方位原则、深入性原则、持久性原则和遵守法律和道德原则，以保证调查的科学性和准确性。

14.1.2.2 社会调查

土地整治社会调查，是指土地整治研究者有目的、有意识地开展对农村地域现象的考察、分析和研究，以及深入揭示农村发展态势及其发展规律的一项实践活动。它是人们认识农村社会现象、分析社会问题的科学方法。作为一种科学的认识方法和工作方法，农村社会调查要以马克思主义哲学为理论基础，以唯物辩证法为方法论基础。

农村社会调查具有地域的广阔性与差异性、调查工作的艰巨性、调查的季节性等特点，核心是要严谨务实、实事求是、真实了解农村基层，力争信息全面而系统。社会学的问卷调查、座谈会，以及社会统计学方法在农村发展研究中已经得到较广泛的应用。

通过预先设计的调查问卷和召集村民座谈会，可以获得研究所需要的第一手材料。土地整治活动需要的资料来源主要途径有：

（1）政府机构、业务部门和科研机关的统计与文字资料。例如，反映农村地理特征的乡（镇）地形和地理位置数据，可以从省、市测绘部门获得；经济社会资料可从有关统计机关取得；反映自然条件、自然资源特点及其分布状况的资料，可通过国土资源部门和当地相关职能部门或科研单位取得；

（2）实地访问或抽样调查资料。例如，进行农户耕地流转行为的影响因素研究时，通常以问卷调查为主，并结合村委会访谈、小型座谈会等形式深入开展社会调查，了解农户的基本情况、耕地转换与使用情况等，进而剖析农民耕地流转行为特征及其影响因素，为规范耕地流转相关政策提供依据；

（3）村域土地整治逐户调查。农村空心化是特定时期中国农村转型发展中出现的一种特殊现象，通过一定村域农户的逐宗调查，获取村庄农户基本信息、宅基地来源、类别、使用与废弃情况调查信息。从时间和空间角度对农村空心化演进态势进行跟踪调查与分析，从而获得特定区域经济发展水平下的农村空心化现状、过程与成因分析资料，进一步为土地整治的空心村潜力测算与整治规划提供科学依据。

社会调查是一种科学的调查方法，但是，一项成功的土地整治调查，既要求详细掌握社会调查的原理和方法，提高社会调查的知识和技能，又要充分考虑土地整治的目的、特点和地方性差异，增强调查问题的针对性，从而切实提高土地整治调查的科学性和实用性。

14.1.2.3 现代 3S 技术

地理信息系统（GIS）、卫星遥感技术（RS）和全球定位系统（GPS）为土地利用相关问题的分析，特别是土地整治提供了一系列极为有效的研究工具，已经成为土地整治调查、资料收集、贮存、处理、转换、显示和分析所不可缺少的技术和工具。

（1）地理信息系统（GIS）是一系列用来收集、存储、提取、转换和显示空间数据的计算机工具。它为研究景观空间结构和动态及进行景观规划提供了一个极为有效的工具。GIS 的应用已经非常广泛。它的用途主要涉及其图像分析功能、空间叠加分析功能和空间统计分析与制图功能等。

（2）卫星遥感技术（RS）是利用卫星遥感技术在大范围土地资源调查中的应用始于 20 世纪 70 年代，多种卫星对地观测的出现及计算机技术的迅猛发展，使得有可能在较大的地理区域内进行土地利用调查与制图。与其他传统获取地面信息的手段相比，航空摄影和卫星遥感技术是目前及时获取和监测多尺度，尤其是大尺度土地利用信息的主要手段；而且现代遥感技术直接提供数字化空间信息，是研究土地利用结构、功能和动态所必需的数据形式，从而大大地促进了资料的收集、贮存，以及处理和分析过程，并且使遥感、地理信息系统和计算机模型的密切结合成为必然。

（3）全球定位系统（GPS）。地理位置或地理坐标常常是空间信息中必须具有的重要信息。在大尺度上，GPS 可以很精确地获取土地利用单元这一信息。全球定位系统（GPS）是由地球上空的 24 颗通信卫星和地面上的接受系统而形成的全球范围的定位系统，这些卫星不停地绕地球运转并发回地面具体的空间位置信息。利用 GPS 接收器，在地球表面的任何位置、任何时候均可接收到 24 颗星中的 4~12 个以上的卫星信号。根据这些信息和三角测量原理，可算出地表任何一个地点的地理坐标。

14.1.3 土地整治的调查方式

无论哪种调查方法，都涉及采取具体的调查方式，不管在野外调查、社会调查还是现代调查技术，其调查会涉及以下 4 种调查方式：

14.1.3.1 典型调查

典型调查是指从调查对象的总体中选取一个或几个具有代表性的单位，如个人、群体、组织、社区等等，进行全面、深入的调查。其目的是通过直接地、深入地调查研究个别典型，来认识同类事物的一般属性和规律。

正确地选择典型是进行土地整治典型调查的关键。典型选得适当，调查的结果可以真实地反映同类事物的一般属性。典型选错了，调查的结果就不可能真实地反映同类事物的共性，只会得出错误的结论。典型是客观存在着的，不是调研者主观选就的。调查者选择典型的过程，是根据调研目的，在调查对象中发现和确定典型的过程。

典型调查的目的不在于认识少数的几个典型，而在于借助于典型认识它所代表的同类事物的共性。这就要求对典型进行深入的全面的直接调查。

14.1.3.2 重点调查

重点调查是通过对重点样本的调查来大致地掌握总体的基本数量情况的调查方式。所谓"重点"，是指总体中那些在某一或某些数量指标上占有较大比重的单位或个体。

重点调查与典型调查一样，它们都不是采取随机抽样的方法确定具体的调查对象，因此，选点都易受主观因素的影响。但它们调查对象的数量都较少，因此都比较省时、省力、方便易行。两者的差异在于：重点调查的具体对象是重点，而重点不一定要有代表性或典型性，而要求在总体中具有重要地位或在总体的数量总值中占有较大比例，而典型调查的对象则要求其代表性或典型性；另外，重点调查主要是数量认识，而典型调查主要是性质认识。

14.1.3.3 抽样调查

抽样调查是指从调查对象的总体中抽取一些个人或单位作为样本，通过对样本的调查研究来推论总体的状况。抽样调查的调查对象一般要求采取随机抽样的方法确定。随机样本的代表性较少受到抽样者主观因素的影响，其代表性是由随机抽样方法来保证的。因此抽样调查的信度和效度首先依赖于科学的抽样方法。根据调查任务的具体要求，确定总体的范围，这个范围就是抽样的范围。如果不能明确抽样的具体范围，就不能采取随机抽样的方法进行抽样。抽样调查的一般步骤：界定总体；选择适当的抽样方法；确定样本单位，编制抽样框；确定样本大小；收集、整理和分析样本资料。

与典型调查相比较，抽样调查一般是标准化、结构式的社会调查，它具有综合定性研究和定量研究的功能，因此，抽样调查已成为现代社会调查的主要方式。

14.1.3.4 个案调查

个案调查有两种情形，一是专项调查，即调查的对象只有一个个体，调查的目的只是为着了解这一个体的状况。二是从某一社会领域中选择一两个调查对象进行深入细致的研究，这种研究的主要目的就是认识所选调查对象的现状和历史，而不要求借此推论同类事物的有关属性。因此，个案调查如需选择具体的调查对象，则并不要求其代表性或典型性，但要求个案本身具有独特性。

14.1.4 土地整治的调查对象

土地整治的调查对象分为客观现状和主观意愿：客观现状是指土地利用现状、土地权属现状、土地整治潜力现状等。调查区域可能是社区和农户。社区是具有一定自然、社会、经济及文化特征的独立社会单元，它不同于实验室及试验站，社区也可以是一个村庄。由于不同的社区一般都具有异质的特征，它不仅表现在农村自然、经济、社会与文化上的区别，还表现在其主体——农民的思想、认知与习俗等的不同上。因此，一项成功的农村社会调查，既要求详细掌握社会调查的原理和方法，提高社会调查的知识和技能，克服可能出现的各种误差，又要充分考虑农村发展的地带、地区和地方性差异，增强调查内容的主体性和调查问题的针对性，从而切实提高农村社会调查的科学性和实用性。

土地整治的主观意愿是土地权利人的意志，是土地权利人决定是否进行土地整治的意愿。客观是不以人的意志为转移的事实存在。土地整治的主观意愿是对客观现状的反映。做好土地整治，必须调查好土地利用的利用现状、工程现状、权属现状和利用规律等，更要尊重群众意愿，做好群众的整治意愿调查，保护群众利益。

14.1.5 土地整治的调查程序

（1）准备阶段：确定调查任务，设计调查方案，组织调查队伍。调查总体方案的内容一般包括：确定调查的目标；选择调查单位；选择调查方法；调查工具的使用；调查人员的安排；调查资金的筹备；调查时间的安排；其他有关工作的安排。

（2）调查阶段：进入调查现场，采用调查方法，收集调查资料，组织管理工作。

（3）分析阶段：整理调查资料，进行统计分析，开展规律分析和理论研究。

（4）总结阶段：撰写调查报告，总结调查工作，评估调查结果。

14.1.6 土地整治的调查内容

从土地整治的目的和调查的对象来看，土地整治调查的内容主要包括土地利用现状调查、土地权属调查、土地整治潜力调查及群众意愿调查等。

14.2 土地利用现状调查

现状调查是针对调查对象的当前状况、特征及规律而展开的综合性的专门调查研究。土地利用现状调查的目的是：清查各种利用方式的土地的数量、质量、分布状况，及其有关面积、土地利用类型、分布及其行政区界与权属界线、了解目前土地利用的经验、教训，为土地整治规划编制和土地整治实施、土地评价等服务。土地利用现状是自然客观条件和人类经济社会活动综合作用的结果。它的形成与演变过程在受到地理自然因素制约的同时，也越来越多地受到人类改造利用行为的影响。不同的经济社会环境和不同的社会需求及不同的生产科技管理水平，不断改变并形成新的利用现状。土地利用现状分析是对规划区域内现实土地资源的特点，土地利用结构与布局、利用程度、利用效果及存在问题作出的分析。土地利用现状分析是土地利用总体规划的基础，只有深入分析土地利用现状，才能发现问题，作出合乎当地实际的规划。因此，在编制土地整治规划和设计方案时，必须对土地利用现状作深入调查，分析土地利用现状资料，找出土地利用存在问题。

14.2.1 调查准备

在全面调查前，选取典型村庄，确定调查区域，并进行预调研，找出问题，改进方法（如图 14.2）。

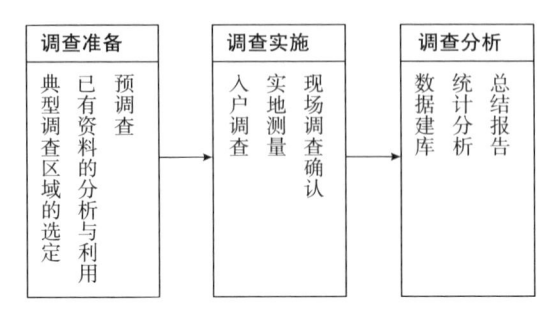

图 14.2　调查流程图

（1）典型调查区域的选定。本着选取的调查区域要有代表性的原则，确定调查村庄。

（2）已有资料的分析与利用。收集各村的地形图、宗地图、宗地台账等电子资料和数字地籍调查成果，遥感影像图。资料信息翔实，其现势性和可靠性好，作为调查工作的基础资料和重要参考依据。

（3）预调查。在调查工作前期，选定典型调查区域，开展了预调研工作，所有调查人员全程参与，认真记录常见的问题及解决方法，了解当地的沟通方式、作息时间等民风民俗，不断改良和创新调查方法，为全面调查开展奠定了基础（刘建生，2013）。

14.2.2　调查实施

对拟开展土地整治的项目区内的耕地利用情况和农村居民点建设用地及其建筑物等利用情况进行实地调查。

对耕地特别是承包经营使用权调查，一方面，对耕地数量进行调查，应对承包经营权证记载耕地面积和农民在耕地使用过程中自发开发的耕地进行调查，确保数量和宗数清楚；另一方面，对耕地利用情况进行调查，掌握耕地利用与种植情况，计算耕地综合生产能力。在这两方面调查的基础上进行公示，确保整治区域耕地数量质量清晰。

（1）入户调查。由房屋权利人（户主）提供身份证、户口簿等相关证件，参考收集的基础资料，核实房屋的权属；查看地形图上对应的房屋、院落及其他居住地附属设施是否与实地吻合。

（2）实地测量。检验地形图的精度，对地形图与实地不吻合的地形地物进行补充测量，方法以钢尺丈量、交会法为主，对遗漏、拆建、新建的房屋使用全站仪施测。

（3）现场调查确认。对院落或指定范围的地类进行细分调查，地类分类按《土地利用现状分类》（GB/T 2001—2007）执行。将调查所获得的与房屋相关的信息填写至调查表中，并由调查员和房屋权利人签字确认。

（4）按权利人行政村分开封装，建立供检索的台账，绘制不同类别的图斑，对资料进行整理，将调查的土地和房屋数据进行整理汇总，分门别类，建立数据库。

14.2.3 调查分析

以各行政村的行政区划为范围，利用建设好的数据库对所调查的房屋分别进行统计分析，其内容包括统计农户数、建房用地面积、建筑总面积、不同结构和层数的房屋建筑总面积，不同建造年代的房屋建筑总面积等，分析不同类别不同年代所占比例情况和现状的特点、成因。并对整个调查进行分析总结，形成综合调查报告。

14.3 土地权属调查

土地整治权属调查是为权属调整工作服务的，它涉及土地所有权、使用权和它项权力调查，涉及土地利用现状、经营种植和产能等情况调查，它是土地整治权属调整的基础，也是有效保护群众权益的法律基础。

14.3.1 调查阶段

土地权属调整作为土地整治工作的核心内容，愈来愈受到人们的关注（余振国等，2003）。土地整治权属调整的实质是各土地权利人利用整治前在整理整治区土地上所拥有的权利，通过土地整理整治参与者公认的权属调整转换机制，按照土地整治参与者公认的原则和标准，合法地换回整治后土地上的相应权利的过程（韩松，1999）。土地整治项目的不同阶段，土地权属管理的按照以下步骤进行：①在项目可行性研究或申报阶段，查清拟开展整治区域的土地利用和权属现状，调查了解权利人权属调整意愿，分析、统计权属调整的初步意向，作为申报项目的依据；②在项目规划设计阶段，结合整治项目规划设计方案，编制土地权属调整方案，协调签订土地权属调整协议；③在项目实施阶段，禁止除土地整治活动外任何改变土地利用现状的行为，土地权属调整方案需要作适当修改的，应协调签订补充协议；④在项目竣工验收阶段，组织落实土地权属调整方案，对新的权属界线进行勘测定界形成图件，并由权利人签字确认，编写土地整治权属调整报告。

14.3.2 调查内容

与传统的土地产权调查有所不同。从目标区域来讲，传统土地产权调查针对的目标区域更大，是以基础的行政区域为目标区域的，而土地整治中的产权调查则是针对项目区而言的；从内容上来讲，传统土地产权调查包含城镇土地权属调查和农村土地产权调查，土地整治权属调查一般都在农村；从目标上来看，传统土地产权调查是为地籍管理和土地登记服务的，而土地整治权属调查虽然也为土地登记服务，但更具体地说是为权属调整工作服务的，权属调整的最终结果才是土地登记的重要依据（王长江，2011）。

土地整治中土地产权调查的内容包括权属性质、权属来源、产权主体、权属界线与界址点、土地用途、纠纷状况等（表14.1）

表 14.1 土地产权调查内容

项 目	具体内容
权属性质	区域土地是国有还是集体所有
权属来源	租借、转让、继承、承包……
产权主体	所有权是国家还是集体，使用权主体结构等
权属界线与界址点	地块的权属界线及界址点标示说明
土地用途	农用地、建设用地、未利用地
纠纷状况	区域地产权可能存在的纠纷

14.3.3 调查程序

农村土地整治权属调整前的土地产权调查工作分为3个部分：调查前准备、权属调查和调查后资料整理（图14.3）。

14.3.3.1 前期准备

调查前的准备是权属调整工作的准备阶段，主要包括组织准备、资料收集与整理、仪器设备准备等。其中组织准备包括建立领导机构、组织专业队伍、建立工作责任制等等工作。土地整治权属调整工作中，土地产权调查实施前应收集的资料主要有：土地权属文件、权属单位权源文件、土地利用现状资料、地块边界资料、权属边界资料、纠纷资料及其他资料。

```
前期准备 ──→ 组织准备
            资料收集与整理
            仪器设备准备

权属调查 ──→ 权属性质调查
            权属来源调查
            权属主体调查
            界限界址调查
            土地用途调查
            纠纷状况调查

资料整理 ──→ 资料汇总分析
```

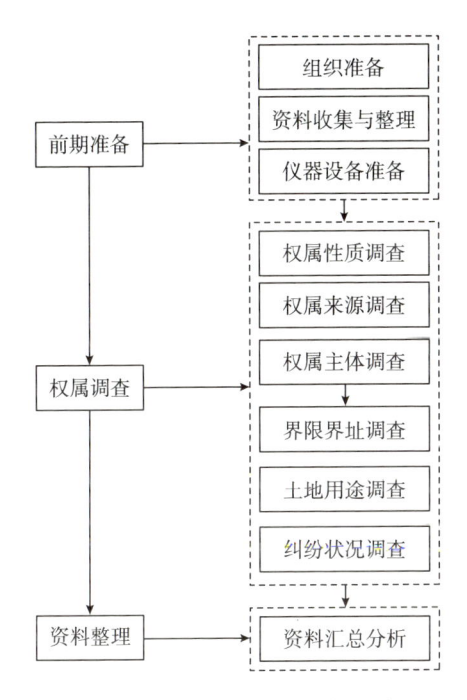

图 14.3 土地权属调查流程图

对收集到的资料进行整理分析，保存与土地整治权属调整可能相关的资料，并对有些资料进行矢量化，为后续实地调查、勘测定界提供底图。

14.3.3.2 权属调查

在农村的土地整治过程中，土地产权调查主要包括：是权属性质的调查、权属来源地调查、产权主体的调查、权属界线界址点的调查、土地用途调查、纠纷状况调查等（工长江，2011），详见表 14.2、表 14.3。

（1）权属性质调查。权属性质的调查主要是根据调查前收集的资料，结合现场确认，分清项目区内土地是国家所有还是集体所有，详细记录在案。

（2）权属来源调查。根据收集到的权属来源资料，确认项目区土地的权属来源。国有土地使用权的来源，集体土地使用权及他项权利等的来源都需要确认。包括权利取得的时间，权利主体的个人详细信息等内容。

（3）权属主体调查。每块土地涉及的所有权、使用权及他项权利等的主体需要在产权调查过程中得到确认。确认的方式依据原始收集的资料及实地调查时征询产权主体的意见，形成正式无纠纷的产权主体成果。

（4）界线界址调查。土地权属界线及界址点，具有法定性、唯一性的特点，它是权属确认的必要元素。在土地产权的调查过程中，确认了土地产权性质、来源及产权主体等内容后，需要对项目区内的权属界线和界址点进行现场确认，并在图件上进行详细记录，最后由产权主体签字确认，为后续的详细勘测定界工作做好基础工作。调查时须由调查员会同双方指界人共同到现场指界。经双方认定的界线，须由双方指界人在土地权属调查表（附后）处签字盖章。

确定土地权属界线时，相关国有土地使用者应由法人代表或自然人亲自出席指界，若不能亲自出席指界时，必须由其指定委托代理人出席指界，并提交委托人和受托人的身份证明书及指界委托书。农民集体所有土地与没有明确使用者的国有土地的权属界线，由该集体土地指界人指界、签字，根据有关法规和实地调查结果予以确认。农民集体所有土地与有明确土地使用者的国有土地的权属界线，由该集体所有土地的指界人和国有土地使用者共同指界、签字，农民集体所有土地与国有土地之间的土地权属界线，双方有边界协议或正式文件或者国有土地使用者已办结土地登记手续的，可点接引用协议、法定界线、界址，不再调查、指界。因依法征用、调整土地等引起土地利用现状调查时已核定的土地权属界线发生变化的，应直接引用征用、调整土地的法定文件、图件，不再办理指界、签字手续。若图上界线不明确或与实地不一致的，应进行补充调查，补办必要手续。

（5）土地用途调查。土地产权调查的过程中，需要对项目区内土地大体的利用状况进行详细了解，包括用途、利用强度、利用水平等，为以后的权属调整提供基础资料。

（6）纠纷状况调查。对于目标区域土地存在纠纷的，需要组织纠纷主体双方现场指认纠纷状况，并在原始纠纷文件上详细标明土地纠纷的主体、纠纷区域位置、纠纷原因及纠纷主体意见等内容，作为后续权属调整工作的依据。

14.3.3.3 资料整理

在土地产权调查完成后，需要形成一系列的调查成果，主要包括文字成果和图件成果其中，文字成果包括收集的原始文件资料，产权性质、来源、主体等确认资料，界址线和界址点调查资料，土地用途和纠纷状况调查资料，产权调查报告，其他相关文字成果：图件成果包括项目区现状图、宗地图、其他相关图件成果。

表 14.2 权属调查表

编号：

权属调查表

县（市）　　乡镇　　村
　　　　　　年　月　日

权属主体			权属性质		
所在村		所在乡镇		所在县（市）	
土地坐落					
法人代表或户主			代理人		
姓名　　身份证号码　　电话号码			姓名　　身份证号码　　电话号码		
预编宗地号			宗地号		
台账土地用途			现状土地用途		
所在图幅号					
宗地四至					
宗地草图					
说明					
界址标示					

界址点号	界标种类			界址点间距/米	界址线类别			界址位置			备注
	泥桩	木杆	竿		耕路	渠	埂	内	中	外	

界址线		邻宗地		本宗地		日期
起点号	终点号	宗地号	指界人姓名　签章	指界人姓名	签章	

界址调查员姓名

权属调查记事及调查员意见：
　　　　　　　　　　　　　　　　　　调查员签名　　　日期

土地权属调查结果审核意见：
　　　　　　　　　　审核人签章　　　审核日期

　　注：土地所有权权属调查结果由国土资源管理局负责审核，土地承包经营权属调查结果不需要审核，但必须向项目区内农户公告调查结果。

表 14.3　土地利用现状、土地承包经营权权属现状调查和土地质量评价结果公告

项目名称							
项目范围							
项目四至	东至						
	西至						
	南至						
	北至						
项目规模							
土地所有权调查结果							
序号	地籍号	乡镇	村	土地所有权主体	面积	土地利用类型	土地质量等级
土地使用权调查结果							
序号	地籍号	乡镇	村	土地使用者	面积	土地利用类型	土地质量等级
土地承包经营权调查结果							
序号	地籍号	乡镇	村	土地承包经营者	面积	土地利用类型	土地质量等级
拟新增耕地面积/公顷							
项目总投资/万元							
项目建设工期/年							
土地利用现状和权属冻结期日							
公告期日和期限							
咨询和意见反馈联系人及联系方式							
公告发布单位							

14.3.4　土地权属确认方法

土地权属确认，是指依照法律规定对用土地勘测定界是根据农用地转用、土地征收、土地地范围内土地权属单位的土地权属来源、权属性质及权利所及的界线、位置、数量和用途等基本情况的调查与核实，包括对土地所有权和使用权的性质、类别、权属主及其身份、土地位置等信息的认定。确权涉及用地的历史、现状、权源、取得时间、界址及相邻权属主等状况，是

地籍调查的核心工作。一般情况下，确权工作当地政府授权的国土资源管理部门的主持，土地权属主（或授权指界人）、相邻土地权属主（或授权指界人）、地籍查员和其他必要人员都必须到现场。具体的确认方式如下：

（1）文件确认。它是根据权属主所出示并被现行法律所认可的文件来确定土地使用权或所有权的归属，这由是一种较规范的土地权属认定手段，城镇土地使用权的确认大多用此方法。

（2）惯用确认。它主要是对若干年以来没有争议的惯用土地边界进行认定的一种方法，是一种非规范化的权属认定手段，主要适用于农村和城市郊区。在使用这种认定方法时，为防止错误发生，要注意以下几点：一是尊重历史，实事求是，二是注意四邻认可，指界签字，三是不违背现行法规政策。

（3）协商确认。当确权所需文件不详，或认识不一致时，本着团结、互谅的精神，由各方协商，对土地权属进行认定。

（4）仲裁确认。在有争议而达不成协议的情况下，双方都能出示有关文件而又互不相让的情况下，应充分听取土地权属各方的申述，实事求是地、合理地进行裁决，不服从裁决者，可以向法院申诉，通过法律程序解决。

14.4 土地整治潜力调查

14.4.1 调查目的

土地整治潜力调查是测算与评价土地整治潜力的基础性工作。根据规划和项目的性质及各地具体实际情况，可选取全面调查、分区调查及典型调查等多层面开展，调查的形式主要有资料收集与分析、座谈会、村民访谈、问卷调查、实地踏勘等多种形式。土地整治潜力调查，要做到了解规划区域内自然资源条件、经济社会状况及生态环境情况，掌握政府各部门对土地整治的设想与需求，查清土地整治潜力的规模、分布、特点及影响因素，为科学合理测算土地整治潜力提供扎实基础。

14.4.2 潜力调查的方法

在不同的土地整治项目、工程和各级的土地整治规划中，其调查方法也各有不同（图14.4）。对于国家级、省级层面，需要发挥规划对地方土地整治活动的指导作用，在方法上更为宏观。对于市县级的土地整治项目，可以通过对整治区域进行详细调查直接进行土地整治潜力的计算。从测算单元上来讲，省级土地整治潜力调查一般应以县级行政单位为基本单元；从调查方法上来讲，一般包括全面调查和分区调查。全面调查、分区调查应相互补充和验证。同时，也可以采用其他调查分析方法。市级土地整治潜力调查可以分为全面调查和典型调查。一般应采用全面调查方式，当调查待整理农用地总量、待整理农村建设用地总量时，不具备条件的地区可开展典型调查。对于开展了土地整治活动的乡镇可通过选取若干有代表性的整治项目进行，未开展土地整治活动的乡镇，可选取若干有代表性的集中连片区片进行典型项目调查，与同类型地区的土地整治项目进行对比（郧文聚等，2011）。

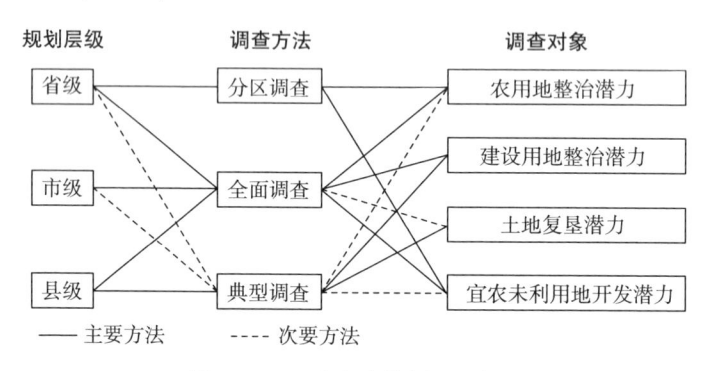

图 14.4 土地整治潜力调查方法

县级土地整治潜力调查是重点，也是各级规划的落脚点，应在县级国土资源管理部门统一组织、乡镇人民政府配合下，以行政村为单元开展。一般应采用全面调查方式，以行政村为基本单元开展，方法和市级规划相同，特殊情况下可采用典型调查方式。下面以农用地整理潜力的典型调查为例，说明常用的典型现场调查方法：

（1）系数法：以乡镇为组织单位，采用实地抽样调查与问卷调查相结合的形式，调查各村通过耕地整理可增加耕地的系数与待整理区域的面积（包括耕地及其间的零星地类）。调查表见下表。

表 14.4 耕地整治潜力补充调查表

市（县）名称： 单位：公顷、%

乡镇	待整治区面积	增加耕地系数	增加耕地面积
⋮	⋮	⋮	⋮
合计			

（2）汇合法：以乡镇为组织单位，按各村集中连片耕地的总体坡度（≤6°、6°~15°、>15°）分别选取典型样区，调查耕地中沟渠、道路、林网、田坎、坟地、零星建设用地及未利用地等面积之和占待整理耕地区面积的比例，与设定的当前社会、经济和技术条件下，集约利用水平较高的耕地内沟渠、道路、林网、田坎等面积之和占所在耕地区面积的比例。

表14.5　耕地整治潜力补充调查表

乡镇名称：　　　　村名：　　　　待整治区面积：

序号	坡度	道路		沟渠		田坎		零星地类平方米	样区总面积公顷
		长/米	宽/米	长/米	宽/米	长/米	宽/米		

注：零星地类主要指坟地、零星建筑、未利用地等。

14.4.3　潜力调查内容

各级各类的土地整治潜力调查的内容和重点有所不同。本部分以县级土地整治潜力为例阐述各类潜力的调查。

（1）农用地整理潜力调查。通过调查问卷统计各行政村待整理农用地资源总量；或通过土地利用现状图件与数据分析，了解各村闲散地，待开发园地、牧草地，待复垦设施农用地，待填埋坑塘水面总量，及现状农村道路占耕地比例、农田水利用地占耕地比例、田坎系数等。同时选取若干有代表性的已开展农用地整理的行政村，测算以上各类农用地整理增加耕地面积和增加耕地系数，或设定在当前社会、经济和技术条件下，集约利用水平较高的耕地片区内农村道路、农田水利用地、田坎的比例。

（2）建设用地整治潜力调查。通过调查问卷统计各行政村待整理农村建设用地资源总量；或通过统计数据与有关规划分析，确定各乡镇的特色村、规划中心村、规划迁并村规模与布局；或调查统计各行政村经济社会发展趋势、城镇化趋势，对规划目标年农村人口数量的预测，参照村镇建设标准和当地宅基地标准等，测算规划农村居民点总规模，通过对比现状及规划，分析各行政村农村建设用地腾退规模；或通过图件分析确定各行政村待整理零散农村建设用地规模与布局等内容。选取若干有代表性的已开展农村建设用地整理的村庄，测算建设用地腾退规模、增加耕地面积和增加耕地系数。

（3）土地复垦潜力调查。收集独立工矿运营状况等有关资料，依据各乡镇第二次全国土地调查数据，按图斑对工矿地进行筛选分析，确定待复垦废弃土地。选取若干典型，调查废弃土地的面积、坡度、有效土层厚度、土壤质地、水源保证情况、有无限制因素、是否适宜复垦、可复垦为耕地的面积与系数，以及可复垦为其他农用地的面积。并可根据实际需要，对待复垦土地有针对性地进行适宜性评价工作。

（4）宜农未利用地开发潜力调查。依据各乡镇第二次全国土地调查数据，通过有关分析，汇总可开发的沼泽地、荒草地、盐碱地、沙地、裸地、滩涂、湖泊水面、河流水面等。选取若干典型，调查未利用地的面积、坡度、有效土层厚度、土壤质地、水源保证情况、有无限制因素及是否适宜开发、可开发为耕地的面积与系数，以及可开发为其他农用地的面积。并可根据实际需要，对待开发土地有针对性地进行适宜性评价工作。

14.5 群众意愿调查

依靠通过统计局获取的经济数据和其他途径进行土地利用现状分析时，存在着一定的局限性。通过对农户有关土地投入收益、土地种植结构、农户收入来源、生产与居住环境、农户搬迁意愿等方面的调查，可以为深入分析农户行为及其对土地整治的观点和看法，为规划及设计提供丰富的数据和基础。在土地整治中进行群众意愿调查也充分体现公众参与原则，体现有限的政府权力与有效的公众责任。群众意愿调查的形式有多种，这里主要介绍常用的问卷调查和访谈法。

14.5.1 问卷调查

14.5.1.1 问卷调查的优缺点

土地整理项目涉及面广，涉及项目区群众的切身利益，必须得到干部群众的理解和支持，因此在项目进行的各个阶段（项目的立项、规划、设计、修改及施工），经常进行群众意愿调查。

问卷调查是社会调查中的一种重要调查方法。其优点为：省时、省钱、省力；所得到的资料便于定量处理和分析；可以避免主观偏见，减少误差；具有很好的匿名性。缺点为：要求回答者有一定的文化水平；问卷的回收率往往难以保证；资料的质量难以保证（风笑天，2013）。

14.5.1.2 问卷设计的主要步骤

（1）摸底探索阶段。所谓摸底探索是指在调查问卷设计之前，要先熟悉了解被调查者的基本境况要设计一份调查问卷，第一步工作并不是立即列出调查的问题，而是要先做一定的探索性工作。即先摸摸底，熟悉和了解一些基本的情况，以便对各种问题的提法和可能的回答有一个初步的认识。

（2）设计问卷初稿。设计问卷的初稿，主要通过卡片法和框图法完成，经过了探索性工作后，就可以设计问卷初稿。

（3）试用和修改。问卷初稿设计好后，不能直接将它用于正式调查，而必须对问卷初稿进行试用和修改。试用这一步在问卷设计的过程中至关重要，对于大型调查来说更是不能不做。试用问卷初稿的具体方法有两种：一种叫客观检验法；另一种叫主观评价法。

14.5.1.3 问卷设计的要求

问题设计有哪些基本要求：问卷的问题要紧密围绕是否意愿进行土地整治，土地整治急需解决的问题，土地整治的合理化建议等；问题要具体明确，不能提抽象的笼统的问题；要避免提复合性问题；问题要适合被调查者的特点，尽可能做到通俗易懂；提问要避免带有倾向性和诱导性；不要直接提具敏感性或威胁性的问题。

答案设计的基本要求：答案的设计要符合实际情况；答案的设计要具有穷尽性和互斥性；答案只能按一个标准分类；程度式答案应按一定的顺序排列，前后须对称。

14.5.2 访谈法

（1）访谈法的优缺点。访谈法就是通过访谈者与被访谈者之间的交流来获得信息的方法。在获取有关事项的背景知识，或者分析造成问题的原因，寻求解决问题的建议时，访谈方法是一种非常有效的方法。访谈有多种方式，可以通过电话进行访谈，可以面对面进行访谈，也可以通过信函的方式进行访谈。这种访谈可以一对一地进行，也可以一对多、多对多地召开座谈会的形式进行。访谈法就是有目的、有计划、有方向的口头交谈方式向被调查者了解社会事实的方法。从大的方面来划分，其特色和优点：对象的回答率大大高于问卷法；适应性强；调查内容有很大的机动性；能对收集资料的过程进行有效控制。其局限性为：调查的成本较大；匿名性差；对访谈员的依赖；访谈过程通常过于急迫并容易受当时环境的影响；标准化程度较低；资料记录难度大。

（2）访谈的途径。调查的实施要求调查员同样本中的每一位被调查者都建立起暂时的联系。如何顺利地使调查员为调查对象所接受，是每一项调查研究都必须面临和解决的问题。国外的做法是，一方面，取得某种正式的或官方的允许；另一方面，事先给调查样本中的每一位对象寄去一封短信，以介绍即将进行的调查项目，从而为调查员实际登门接触被调查者打下基础。结合中国的情况，可以考虑以下各种不同的途径：①通过正式机构。调查研究者如果有条件取得某种政府机构或有关部门的认可，通过其从上到下的组织系统来联系和接触被调查对象，那么无论是联系调查对象方面，还是实地调查访问方面，都进行得十分顺利。土地整治这些年的机构建设发展很快，从上至下各级土地整治系统基本齐备，为土地整治的调查奠定了良好的基础。②通过当地部门。并不是每个研究者都有如此好的条件或机会得到正式组织的认可和支持。那么一种替换的方式是尽可能取得当地某些部门的许可和帮助。③通过私人关系。正式机构和当地部门虽然都有很便利的条件，但是，一方面它们并不欢迎涉及某些特定主题和内容的调查研究；另一方面，即使调查研究的主题或内容并不敏感，但却也总是个"多余的事"或"额外的事"。因此，这些途径走不通的情况是十分正常的。在此情况下，研究者只得设法去找各种朋友、亲戚等熟人，以打通与调查对象联系的途径。④直接与被调查者联系。这也许是在其他方法都走不通时，所剩下的唯一途径。在这样做的时候，要注意这样几个方面：一是要求调查员带有所在机构的证件和介绍信，以让被调查者了解调查员的身份和单位性质；二是调查员在态度上应自然、平和、礼貌、友善；三是要注意联系的合适时间，比如尽量不要在晚上，不要在人们吃饭时间等等。

(3) 访谈的技巧。在访谈前要做好准备，选择适当的访谈方法，掌握与调查内容有关的知识；要尽可能了解被访者的有关情况，把调查主题事先通知调查对象；要选好访谈的时间、地点和场合。①消除访谈对象的戒备心理。为了消除被访谈者的戒备心理，可以通过当地政府和在群众中有威望的人物做必要的引荐和介绍，取得访谈对象的支持、帮助和信任。②深入访谈对象的生活，尽可能参加访谈对象的各项社会活动。要想了解社会，必须深入社会，只有深入到访谈对象中去，同访谈对象打成一片，取得他们的信任。这样做，不但能了解到他们是怎样做的，而且会了解到他们是怎样想的；不但能访谈到访谈对象的工作，而且能了解到他们的兴趣、爱好、道德水平、行为习惯、人际关系、政治态度，以及一些不易被外人了解的活动。如果到有条件，抽时间在土地整治去同农民同住同劳动,这样会了解到深入的结果,了解到他们对真实的意见和要求。③尊重访谈对象的风俗习惯、语言、道德规范,顺应访谈对象的生活方式。要想了解访谈对象,就要取得访谈对象对你的好感和信任。为了取得访谈对象的好感和信任,就必须尊重其在饮食、起居、迎送宾客、服饰打扮、言谈举止等方面的风俗习惯。访谈者应该尽量学会才能与访谈对象融为一体,建立信任和友谊,进而为实现访谈目的创造良好的条件。④参与群体活动和个别接触相结合。作为社会调查的研究人员,既要重点深入访谈对象,又要尽可能广泛地接触了解访谈对象的群体。接触个别访谈对象,有利于了解一些在公开场合不易了解的,但又是真实的情况,如对一些个别事件和个别领导人的意见,以及一些秘密的情况。经常参加群体活动,会密切同被访谈群体的关系,取得他们的信任和合作。⑤给访谈对象提供帮助,取得信任,增进友谊。在访谈对象需要帮助的时候,在条件允许的情况下,应尽量给以帮助。如,帮助解决纠纷,宣传党的政策,提供经济信息,为发展生产出谋划策,帮助解决一些认识问题,在生活上给以关怀和帮助等。只有在调查中同访谈对象建立起亲密无间的关系,才能调查得到一些珍贵的资料。

为便于土地整治调查工作的开展,结合实际工作,分别设计了不同层次的调查问卷,供实际工作参考。

调查问卷 14.1:基于农户的土地整治调查问卷

时间:____年__月__日   地点:_____镇_____村   姓名:_____

一、基本情况

1. 您家的主要经营项目是(   )
 A. 种植业   B. 养殖业   C. 加工业
 D. 商贸业   E. 其他
2. 您家承包的耕地面积_____亩,实际耕作的耕地面积_____亩,您家土地流转的意愿:_____
 A. 希望租入耕地   B. 希望租出耕地
 C. 保持不变   D. 随便都行
 流转后主要的工作意愿是_____
 A. 外出务工   B. 个体经营

C. 其他_____
3. 对闲置的宅基地予以集中整理,您希望整理后土地的用途是?
   A. 整理成耕地   B. 建新房用地
   C. 整理成建设用地,招商引资   D. 整理成公共设施用地
   E. 其他(请填写)_____
4. 您家有_____平方米主房,有_____平方米辅房。(主房是指两层及两层以上房屋,以及用于居住的一层房屋;辅房为除主房以外的其他房屋),家中房屋有_____层,庭院面积为_____平方米
5. 您家房屋的盖建时间为_____
   A. 1980 年及以前   B. 1981 年—1990 年
   C. 1991 年—2000 年   D. 2000 年以后
6. 您对现在的住房是否满意?
   A. 很不满意   B. 不满意
   C. 还行   D. 满意
   E. 非常满意
7. 您是否愿意对住房进行重新规划,比如,集中建设中心村或公寓式楼房_____
   A. 很不愿意   B. 不愿意
   C. 看补偿条件   D. 愿意
   E. 非常愿意
   如果不愿意,您最大的顾及是_____
   A. 担心补偿不足   B. 距离太远,不便耕作
   C. 担心生活水平下降   D. 没有晒烟叶等农务场所
   E. 其他_____
8. 如果对您的住房进行拆旧,您觉得补偿的价格为_____元/平方米,您能接受。

二、农村中心村的构建情况

1. 您现在居住地离承包地的平均距离大约有多远?_____,如果进行中心村建设,您希望新居住地离承包地最远不超过_____
   A. 1 里❶路   B. 2 里路
   C. 2~5 里路   D. 5 里路以上

---

❶ 1 里=0.5 千米。

2. 如果您是集中住户，您选择集中居住（建房）的主要因素是_____。

    A. 政府有文件要求   B. 规划上要求

    C. 基础设施好   D. 生活便利

    E. 环境好

在集中居住点之前，您占有_____处宅基地，_____平方米；在集中居住点之后，您占有_____处宅基地，_____平方米；

3. 如果您是分散住户，您觉得实行居民点拆零并整（集中居住）的项目是否可行_____；A. 是   B. 否

若不可行，您觉得阻碍和限制居民点整治的因素是_____；

    A. 规划不科学   B. 上级领导重视不够

    C. 房屋多为新建，拆旧不太可行   D. 其他_____

4. 在中心村建设集中居住房，您的首选补偿方案是什么？（请根据您的意愿，选择以下1-3种补偿内容，在对应的"□"中打√，并填写具体内容）

    □住房安置：_____平方米 □旧户补偿资金：_____元/平方米

    □宅基地安置，补偿资金自己建房 □新增耕地：_____亩；

    □其他：_____

5. 您更希望住什么房子？

    A. 原有平房   B. 新建平房

    C. 自建排屋   D. 新建或楼房

6. 如果不考虑其他因素，您最希望居住在哪儿？

    A. 自然村组   B. 几个自然村集中居住区

    C. 一个行政村或几个行政村组成的新农村社区

    D. 中心镇   E. 城市

7. 您觉得村子今后需要加强和完善的基础设施是什么？

    A. 商贸场所   B. 医疗场所

    C. 教育场所   D. 娱乐活动场所

    E. 绿地、广场

8. 在您村进行居民点整治中，您最关心什么（可选3项）（_____）

    A. 拆迁补偿合理   B. 新住房面积更大

    C. 新居住地出行方便   D. 务工机会增多

    E. 新住房水、电、天然气、供暖等基础设施齐全

F. 新居住地治安良好

G. 学校、超市、医院、休闲运动等配套设施良好

9. 如果进行农村土地整治项目，您是否愿意参与到整治项目中？

A. 完全参与、全过程参与

B. 部分过程参与过（比如：规划方案讨论等）

C. 不想参与

三、土地整治的效果

1. 您最希望土地整治（含居民点整治）能给本村带来什么变化？

A. 基础施舍完善 　　　　　B. 村容整洁

C. 管理民主 　　　　　　　D. 生活丰富

E. 村级经济组织的发展

2. 您最希望土地整治可能给您自己或家人带来什么变化？

A. 提高收入 　　　　　　　B. 改变收入结构

C. 住房条件 　　　　　　　D. 加强邻里沟通

E. 休闲时间增加

3. 您对以往的项目实施情况是否满意？

A. 很不满意 　　　　　　　B. 不满意

C. 愿意 　　　　　　　　　D. 非常愿意

如果不满意，您觉得主要是哪里需要改进＿＿＿＿＿＿＿

四、土地流转情况调查

1. 农用地使用权的可转让性已在相关政策与法规中得到体现与确认，您是否对相关政策与法规是否了解？

A. 了解 　　　　　　　　　B. 不太了解

C. 很不了解 　　　　　　　D. 没听说过

2. 您认为本村土地流转情况是否普遍？

A. 非常普遍 　　　　　　　B. 比较普遍

C. 一般 　　　　　　　　　D. 不太普遍

3. 您是否愿意进行土地流转？如果想您希望以何种方式进行流转？

A. 不愿意 　　　　　　　　B. 希望租入耕地

C. 希望租出耕地 　　　　　D. 保持不变

E. 随便都行

4. 您家是否参与以下土地流转方式？
   A. 是否转让自家原有承包土地？   B. 是否承包别家土地？
   C. 是否转让自己土地？   D. 是否出租自家土地
   E. 互换   F. 入股   G. 其他形式（   ）
5. 您家现有土地及承包或出租、转让的土地面积是多少？
6. 您家在承包或出租、转让的这块土地的前后，此块土地的用途分别是什么？
7. 您在进行土地流转方式时是否与对方签订相关合同？
   A. 有，书面合同   B. 没有，口头协议
8. 您更愿意以下哪种土地流转组织方式？
   A. 自发协商   B. 村委会支持下与业主协商
   C. 村委会统一组织
9. 您承包或出租土地时，土地价格是多少？
   A. 200~500元/亩/年左右   B. 500~800元/亩/年左右
   C. 800~1500元/亩/年左右   D. 1500~3000元/亩/年
   E. 3000元/亩/年以上
10. 您在承包、出租、转让土地过程中，农用地流转年限在哪个范围内？
    A. 1年以下   B. 1~5年
    C. 5~10年   D. 10~15年
    E. 15~20年   F. 20年以上
11. 您在土地流转过程中转入土地的原因是什么？
    A. 为了增加收入   B. 进行作物连片种植
12. 您在土地流转过程中转出土地的原因是什么？
    A. 认为种地不赚钱
    B. 劳力主要从事非农业服务或外出打工
    C. 家庭劳动力不足
13. 土地流转之后，您的工作意愿是什么？
14. 您家没有进行土地流转的原因是什么？
    A. 没有其他技能   B. 认为种地能够提供保障性收入
15. 您希望政府在土地流转中制定哪些政策？
    A. 农民应与城市居民享受一样的福利政策
    B. 政府能提供稳定的非农业就业门路
    C. 组建市场机构，提供多种服务

调查问卷 14.2：基于村干部的土地整治规划问卷

姓名：_____ 职务：_____，
_____镇_____村 性别：_____
联系方式：_____ 填表时间：_____年___月___日

一、村庄基本情况

1. 本村近 10 年是否进行过土地整治项目？若无，近 5 年是否有这样的打算？

2. 本村有哪些外来企业？本地企业有哪些？

二、农用地情况

1. 本村有多少人/户从事农业生产？平均每户有几块田？

2. 本村有多少外来人口？有多少外来人口从事农业生产？

3. 本村有多少亩基本农田？平均亩产是多少？平均每亩投入成本是多少？平均每亩收入是多少？

4. 田块土壤肥力
   A. 肥沃　　　　　B. 一般　　　　　C. 贫瘠
5. 田块土壤层厚度
   A. ≥20cm　　　　　　　　　B. 15~20cm
   C. 10~15cm　　　　　　　　D. <10cm
6. 主要作物种类及年产量（斤/亩）：
   A. 水稻，产量_____
   B. 小麦，产量_____
   C. 油菜，产量_____
   D. 其他，产量_____（请标注作物名称）

7. 种植制度：
A. 一年一熟　　　B. 一年两熟　　　C. 一年三熟
8. 田块生产能力（以水稻产量为标准）：
高产田（亩产 1800 斤以上）_____%；中产田（亩产 1000~1800 斤）_____%；
低产田（亩产 1000 斤以下）_____%；中低产田达不到高产的主要原因是：
9. 该地区是否灌溉？灌溉水源是：
A. 河流（季节性/常年）（以河流作为水源应进一步询问河流距离，是否为本村的）
B. 坑塘
C. 水库（以水库作为水源应进一步询问水库距离，是否为本村的）
D. 地下水
该水源能否满足灌溉需求？是什么原因导致不能满足，是流量不足还是人为原因（如上游水源的管理限制等）？
10. 渠道类型：
A. 土渠　　　　　　　　　B. 浆砌石渠道
C. 低压管道　　　　　　　D. 其他_____
11. 旱季有多少百分比的农田能够保证灌溉？雨季有多少百分比的农田能够保证灌溉？

12. 雨季时多少百分比的农田被淹毁？有无排水沟，布设是否合理，是否需要整修或者新修排水沟？

13. 本村有哪些农业生产生活问题（田、水、路、林方面）需要通过土地整治解决？

农户整治意愿（支持程度）：
A. 90% 以上　　　　　　　B. 70%~90%
C. 50%~70%　　　　　　　D. 50% 以下
14. 本村是否有废旧的园地？_____；若有，_____亩；是否可转变为耕地_____，原因：_____
主要分布在_____

15. 本村现有疏林地_____亩；是否可转变为耕地_____，原因：_____主要分布在_____
_____

16. 本村现有坑塘_____亩；是否可转变为耕地_____，原因：_____主要分布在_____
_____

17. 本村是否有未复垦的灾毁土地面积？若有，面积为_____亩，主要分布在_____

三、居民点布局优化

1. 本村是否为"城中村"？本村居民点发展主要存在什么问题？

2. 本村现有多少闲置宅基地？闲置的原因是什么？是否需要整治？每户整治的资金是多少？

3. 本村居民点房屋建造年代情况：近5年，占_____%；近10年，占_____%；近15年，占_____%；近20年，占_____%；20年以前，占_____%

4. 您觉得实行农村居民点整治，本村会有多少农户同意_____%；

5. 村民对于安置区的要求（如安置区选址、户型、基础设施、到农田距离等要求）

农户整治意愿（支持程度）：
A. 90%以上　　　　　　　　　B. 70%~90%
C. 50%~70%　　　　　　　　D. 50%以下

6. 若已为集中居住点，则在集中居住点之前，本村平均每户占有_____处宅基地，平均占宅基地_____平方米；在集中居住点之后，本村平均每户占有_____处宅基地，平均占宅基地_____平方米；

四、绿色基础设施建设意向

1. 本村有多少文化娱乐用地？您对本村的现有文化娱乐用地是否满意？您认为还需要进行哪些方面的改善？

2. 本村有哪些有价值的自然和文化景观？这些景观是否被破坏？如果恢复这些景观，政府愿意投资多少？

3. 村民对安置区公共休闲绿地的要求（如面积、个数、位置等要求）

4. 您认为本村的农田存在什么样的问题？（可以多选）
   A. 不存在问题　　　　　　　B. 田间道路状况差
   C. 灌溉排水设施差　　　　　D. 树少，防护林不完善
   E. 农田利用效率低，荒废　　F. 农田中垃圾堆放，脏乱差
   G. 其他_____

5. 本村的农田边界和周围的角落是否有废弃地？如有，您认为应该如何利用？
   A. 种植作物　　　　　　　　B. 种植花草
   C. 种植灌木　　　　　　　　D. 种植乔木
   E. 什么都不种，并定期除草防止杂草丛生

6. 您认为是否有必要种植农田缓冲带？如有，您认为种植在什么地方比较合适？
   A. 农田田块边界　　　　　　B. 田坎
   C. 沟渠两侧　　　　　　　　D. 其他_____

7. 您认为本村农田林网存在什么问题？
   A. 防护林不完善，有残缺和破坏　　B. 树种不合适
   C. 树种太少　　　　　　　　　　　D. 没有问题
   E. 其他_____

8. 本村农田防护林的主要树种是什么？

9. 本村是否有观光采摘园？如有，面积是多少？主要分布在_____

五、其他

1. 本村是否为历史文化名村（　　）；贫困村（　　）；古村落（　　）；最美乡村（　　）；该村是否有古建筑？是（　　）否（　　）修建年代_____。

2. 本村是否存在自然灾害？如泥石流、滑坡、洪水、地面塌陷、崩塌等。

4. 本村是否存在待复垦土地？每亩大概需要多少资金？

5. 本村是否存在未利用地（如荒草地）开发需求？规模多大？

3. 本村进行土地流转的现象是否存在，程度如何？如开展土地整治，权属调整是否可行？

权属调整支持度：
A. 90%以上　　　　　　　　B. 70%~90%
C. 50%~70%　　　　　　　　D. 50%以下

4. 本村土地流转的主要转入方是谁？
A. 企业　　　　　　　　　　B. 合作社
C. 大户　　　　　　　　　　D. 普通农户

5. 本村土地流转的主要转出方是谁？
A. 企业　　　　　　　　　　B. 合作社
C. 大户　　　　　　　　　　D. 普通农户

6. 您认为本村土地流转情况是否普遍？
A. 非常普遍　　　　　　　　B. 比较普遍
C. 一般　　　　　　　　　　D. 不太普遍

7. 本村在土地流转过程中都有哪些突出问题及是否有创新的方法？

调查问卷 14.3：基于乡（镇）领导的土地整治问卷

姓名：_____ 职务：_____，
_____ 镇/街道　　性别：_____
联系方式：_____　　填表时间：2012 年_____月_____日

一、土地利用基本情况和未来设想

1. 本镇农业用地发展存在什么问题？是否能确保耕地保有量？

2. 本镇是否存在城中村？若存在，则都有哪些村庄？这些村庄目前出现了哪些问题？解决的方法是什么？

3. 本镇其他居民点用地有哪些问题亟待解决？解决的方法是什么？

4. 本镇的生态环境问题有哪些？民众对提高景观环境质量的需求程度怎样？

5. 本镇近 10 年是否开展过土地整治项目？若有，开展过什么项目？有哪些好的经验和建议？若无，未来 5～10 年内是否有计划开展土地整治项目？计划开展哪方面的项目？

二、高标准基本农田情况

1. 本镇有多少亩高标准基本农田？田块的生产能力如何？

2. 本镇的高标准基本农田主要存在什么问题？田水路林等方面存在哪些不合理的地方？

3. 本镇的高标准基本农田是否能够满足乡镇发展需求？还有哪些农田有条件可以拓展为高标准基本农田？

三、居民点与城中村情况

1. 本镇有多少村庄为城中村？您认为这些村庄进行土地整治主要存在什么问题？

2. 您觉得本镇宅基地复垦为耕地的潜力主要在_____村委会，现状条件下潜力大概为_____亩。

3. 您认为有多少居民同意拆迁进行集中居民点？（百分数）

4. 本镇是否有需要保留的有特色的居民点？政府对这些居民点的发展有何打算？

四、低丘缓坡、废弃工矿及未利用地情况

1. 本镇是否有未开垦的未利用地？若有，面积有多少？主要是哪些用地类型？哪些可以开发为耕地？

2. 本镇是否有低丘缓坡存在？低丘缓坡的开发有哪些打算？（如用地是否有可能转变为耕地或建设用地等）

3. 本镇是否有废弃工矿？若有，面积有多少？这部分用地政府计划如何使用？

五、生态景观环境情况

1. 本镇景观休闲用地是否能够满足居民日常需求？居民或政府是否有意愿增加建设？哪些类型的景观需要建设，如休闲公园、街头公共绿地、道路两侧绿地等？如果建设，政府打算投资多少？

2. 本镇有哪些历史文化遗产？这些遗产有哪些保护措施？遗产周围的环境景观质量是否会影响遗产的保护和发展？

3. 本镇有哪些景观或遗产被破坏了？本镇是否有意愿恢复这些景观？打算投资多少？

4. 本镇是否有受保护的野生动物？本镇常见的野生动物有哪些？主要生活在什么用地类型中？

六、本镇土地利用还存在哪些问题？原因是什么？是否找到合适的解决方法？

第 15 章 土地整治潜力评价技术

土地整治主要通过工程措施对土地利用进行的改造活动。根据当前工作实践，耕地整治主要进行的工程包括土地平整工程、农田水利工程、田间道路工程和其他工程（国土资源部土地整理中心，2000）。其中，土地平整工程一般包括土石方开挖、土石方回填、土石方运输、平整土地等，是进行农业机械化生产和农田水利、道路等基本建设的实施基础；农田水利工程是指对洪、涝、旱、盐、碱等进行综合治理和在水资源合理利用的原则下，对水土资源、排灌渠系统及其建筑物等进行改造；田间道路工程主要是指直接为农业生产服务的田间道路和生产路的建设；其他工程是指土地整治过程中涉及的农田生态防护林及水土保持工程等。农村居民点整治主要进行的工程包括村庄建设用地规模改造工程、村庄公共设施配套工程、村庄基础设施健全工程等（国土资源部土地整理中心等，2001）。

15.1 概述

15.1.1 土地整治潜力的特点

（1）土地整治潜力实质是土地利用潜力。从土地整治所进行的工程可以看出，土地整治挖掘的就是土地在利用上的潜力，土地整治潜力实质上就是土地利用潜力。同时，土地整治潜力与土地利用潜力又存在些细微差别，土地整治潜力是相对于一定的土地整治标准而言的潜力，而土地利用潜力是相对于一定的自然条件与生产水平而言的潜力。从潜力大小上说，土地整治潜力总是小于土地利用潜力的（张正峰等，2002）。

（2）土地整治潜力是一定土地整治标准下的潜力。土地整治潜力具有相对性，潜力的大小取决于土地利用现状与当地土地整治的标准。土地整治标准是整治后土地在田块规模、水利设施建设、林网布局、田间道路设计、村庄选址、居民点用地规模等方面所达到的状态；土地利用现状是指目前土地在上述几方面的利用状态。土地经整治后，必然从目前的利用状态发展达到整治标准下的利用状态（张正峰等，2002）。土地利用现状相同而土地整治标准不同，土地整治潜力必然不同。土地整治标准相同而土地利用现状不同，土地整治潜力也必然不同。土地利用现状与土地整治标准各异，土地整治潜力可能相同。由于中国幅员辽阔，各地区自然、社会、经济、技术条件千差万别，土地利用的方式、方向、特点也各有差别，所以各地区的土地整治标准也是各不相同。但相同之处在于土地整治标准都是与土地整治目标及资金投入状况密切相关。

（3）土地整治潜力综合表现为土地可利用空间扩展、生产能力提高、生产成本降低、生态环境改善和产权关系调整。土地整治通过对农田中的零星闲散地、道路、田埂、废弃沟塘及村庄中的空闲地、用地规模等进行综合整治以提高土地利用率，增加可利用土地面积；通过完善水利设施、改造限制因素以提高土地旱涝保收程度及消除耕作中的不利因素，从而提高土地生产能力；通过改善田间交通条件、加大田块作业面积和作业边长、消除不利于机械耕作的田块形状、提高土地平整程度以提高机械作业效率，通过改造灌排渠道、保证水系畅通，减少输水损失，以提高输水功能，降低生产成本；通过村庄集中、基础设施配套、林网形成，改善农田或村庄的生态环境（张正峰等，2002）；通过消除插花地、经营权的适当集中，调整产权关系。从上述分析中可以看出土地整治潜力正是土地可利用空间扩展、生产能力提高、生产成本降低、生态环境改善与产权关系调整五者的综合集成。

（4）土地整治潜力是经济、生态、社会可行约束下的潜力。土地整治是一项有资金及劳动投入的过程，是一个典型的经济行为。土地整治者之所以对土地整治抱有积极的态度，是因为他们可以通过土地整治获取利益，追求的是经济利益的最大化。土地整治在经济上是否可行是与整治的难易程度相关的，而难易程度又与以下三个方面有关（张正峰等，2002）：一是待整治土地所处的经济社会区位。经济区位越好，社会需求越大，同时区位条件决定了一定的经济实力。雄厚的经济实力可以保证充足的资金用于待整治的土地，相对降低了整治难度。二是待整治土地本身的自然属性。土地是自然综合体，待整治土地所处的地貌、土质、石砾含量、土层厚度及水源状况等自然因素决定了整治这块土地的技术难度。三是待整治土地本身已具有的基础设施状况。主要是指实施土地整治必须具备的基础设施，包括水利骨干设施、交通设施、林网设施、电力设施、生态环境保护设施及其他设施。如待整治土地本身已具备这些基础设施，意味着所需投入的减少，整治难度的降低。土地整治的实施必须分析投入与产出，考虑到经济上是否可行。而土地整治潜力也是约束于经济可行条件下的潜力，如果仅从自然方面考察土地整治潜力，可能会得出有悖于现实经济条件的结论。同时，土地整治潜力还是约束于生态可行条件的潜力，即在进行土地整治之前，必须考察在生态上是否可行，是否会对本区域产生不良的后果。如得出目前土地整治在生态上不可行的结论，则意味着土地整治在该区域没有潜力。譬如，在进行耕地整治时就必须对坡度大于25°的陡坡地进行退耕还林还草。此外，土地整治潜力还必须考虑到社会可接受性（杨红等，2006）。社会可接受性决定了土地整治能否顺利开展实施及其后续效应，只有社会各方充分认可的土地整治活动而产生的潜力才能转化为现实潜力。因此，在土地整治过程中，应加强公众参与等工作，充分将社会可接受性纳入到土地整治中来（赵伟等，2010）。

15.1.2 土地整治潜力的分类

对应不同的土地整治类型，可以将土地整治潜力划分为农用地整理潜力、农村建设用地整理潜力、城镇工矿建设用地整理潜力、土地复垦潜力和宜农未利用地开发潜力。现阶段，不同类型的土地整治潜力可定义为：

农用地整理潜力是指可整治的农用地规模、可补充耕地面积和整治后耕地质量提高的等级。

农村建设用地整理潜力是指可整治的农村建设用地规模和节约土地的规模。

城镇工矿建设用地整理潜力是指可整治的城镇工矿建设用地规模、节约土地的规模和土地价值的可提升程度。

土地复垦潜力是指可复垦的损毁土地规模和可补充耕地面积（孙志芬等，2004）。

宜农未利用地开发潜力是指可开发的宜农未利用地规模和可开发为耕地的面积及综合整治潜力。

15.1.3 土地整治潜力测算程序

土地整治潜力测算是根据调查结果，采用科学合理的方法，分析测算土地整治潜力的类型、数量、级别和分布。土地整治潜力测算是编制土地整治规划的基础性工作，为制定土地整治目标与任务、划分土地整治区域、确定土地整治重点区域、安排土地整治项目等提供科学依据，也为土地整治项目的实施提供决策参考,对提高土地整治规划的科学性、可行性具有重要的意义。

土地整治潜力测算程序的基本程序一般为:确定待测算的土地整治潜力类型;根据规划区域合理选择测算的基本单元;根据土地整治潜力类型,确定调查对象,按照测算单元进行潜力调查;按照不同潜力类型的测算指标体系和测算方法进行分析测算;汇总潜力调查及测算结果,进行潜力分级并绘制潜力分布图;依据调查、评价结果,在综合考虑资金投入、技术水平、社会发展水平等因素的基础上,对规划目标进行时间和空间的分解,确定近期、远期规划目标;确定不同土地整治类型的重点区域,绘制重点区域分布图。

15.2 农用地整理潜力评价

15.2.1 农用地整理潜力的内涵与来源分析

目前的农用地整理是以增加农用地面积,提高农业生产效率,为农业生产服务为主要目标。从农用地整理的对象来看,一般涉及农用地本身(包括南方宽小于1米,北方宽小于2米的沟、渠、路、田坎)、交通用地中的农村道路、水域用地中的沟渠和水工建筑物及未利用土地中的田坎等类型。农用地整理潜力包括数量潜力和质量潜力,其中通过农用地整理可利用空间扩展的潜力是数量潜力,而生产能力提高的潜力、生态环境改善的潜力、生产成本降低的潜力和产权关系调整的潜力是质量潜力。各类潜力的来源如下:

(1) 农用地可利用空间扩展的潜力。农用地可利用空间的扩展表现为农用地经整治后有效使用面积增加。增加的有效农用地主要来源于3个方面:一是通过道路、沟渠、防护林的综合整治所增加的有效农用地面积。二是通过土地平整、小田并大田等所增加的有效农用地面积(张正峰等,2002)。三是通过土地利用结构调整所增加有效农用地面积。农用地整理中将与农用地交错分布、地块面积小、布局散乱、利用率和产出率低下的坑塘水面或其他用地按农用地整理的标准整治成为可利用农用地,增加有效农用地面积。

(2) 农用地生产能力提高的潜力。农用地生产能力提高的潜力就是通过改变农用地利用中的易变化因素(如灌排设施、土层厚度、道路设施等),进而影响农户对农用地的投入和经营,从而实现农用地生产能力提高的潜力。不同的区域,农用地利用中存在的问题不同,农用地整理的方式也有所不同,提高生产能力的途径就各不相同。一般可归纳为以下3种:一是通过完善基础设施提高农用地生产能力。主要包括农田水利设施建设、农村道路建设和农田林网建设。农田水利设施的完善不仅增加了农用地有效灌溉面积,提高了灌排保证率,而且增加了农田的防洪、治涝、抗旱能力,增加了农田抵御自然灾害的能力,从而为粮食增产提供保障条件。完善农村道路系统,满足人、畜、农业机械下田运作的需求,方便农户的经营管理,提高农用地生产能力。农田林网的建设对农田的小气候起到较大的改善作用,不但能够有效地防御风害、干旱、霜冻和干热风等气象灾害,而且可以进行水气交换,有利于提高光能利用率,增加干物质积累,从而促进粮食增产。二是通过改造消除耕作中的限制因素提高农用地生产能力。农用地中存在一些限制生产能力发挥的障碍因素,如土层较薄、土壤侵蚀、潜育化、盐碱化、涝渍化等,农用地整理针对这些障碍因素实施一系列的工程、生物措施,消除限制因素,达到增产的目的。三是通过影响农户对农用地的投入、经营提高农用地生产能力。农用地整理的实施,田、水、路、林综合配套,为其他增产措施提供了基础。实践证明,农用地整理后,新品种、新技术、新设备更容易推广,而且农户更注重对农用地的投入、施肥、集约经营,从而提高了农用地生产能力。

(3) 生态环境改善的潜力。农用地整理需借助一系列的生物、工程措施,在此过程中必然打破一定区域内土地资源的原位状态,会对该区域内的水资源水环境、土壤、植被、大气、生物等环境要素及其生态过程产生诸多直接或间接、有利或有害的影响。生态环境的改善往往与经济效益的取得存在一定矛盾,譬如农用地整理中如从经济角度出发要求农用地中的地块数应当减少以提高生产效率,而生态条件将与此规则产生冲突;又如从纯经济的角度来看,直的地界较为有利,但这又不符合生态要求,从生态角度讲弯曲的地界具有较高的景观生态价值;再如从经济角度看,硬化的灌排渠道可以减少输水损失,提高输水功能,节约成本,但从生态角度看,硬化的排灌渠道不但无法涵养水源,且渠道笔直光滑,无法贮存水分以寄养水中生物或补充地下水。成功的农用地整理应该是在取得经济效益的同时,也能建立良好的生态环境,取得满意的生态效益。

(4) 生产成本降低的潜力。生产成本的降低表现为农用地整理后,农户的劳动成本和生产物资投入都相应减少。这些成本的节约主要包括三个部分:一是由于田块集中节约的劳动成本。农用地整理使原来分散经营的田块变得集中起来,明显减少了农户往返于不同田块之间的时间及农户投劳时间。二是田块规整机械化耕作节约的成本。农用地整理改善了田间交通条件、加大了田块作业面积和机械作业边长、消除了不利于机械耕作的田块形状、提高了田块内的土地平整程度，为农业机械的使用创造了条件，从而节约了劳动时间，减少了机组空行率，降低了油耗和机械磨损，提高了机械化作业效率。三是通过完善灌溉设施，提高了渠系水利用系数，减少了输水损失，从而节约了水、电用量，降低了灌溉成本。

（5）产权关系调整的潜力。产权调整是土地整治中最重要的工作，是土地整治区别于土地利用其他措施的最明显特征。产权关系调整的潜力表现在农用地整理过程中，规整各权属单位的土地外形，减少在边界上互相交错、楔入，尽量减少飞地、插花地，并减少单个经营者的宗地数目，从而提高规模经营程度，明晰产权关系，减少产权纠纷。在目前国内土地整治实践中，由于对整治中产权调整的意义认识不够，且理论上缺乏指导，90%甚至更高比例的整治项目没有明确的产权调整方案规划，许多整治项目只对村集体组织之间和乡乡间的插花地、飞地进行调整，产权关系调整的潜力没有充分发挥出来（张正峰等，2004）。

15.2.2 农用地整理潜力的评价方法

农用地整理潜力的测算是在农用地整理潜力调查的基础上，按照农用地整理潜力评价指标体系、评价方法，分别推算各测算单元的农用地整理潜力，汇总区域内所有测算单元的整治潜力后划分潜力等级，并确定其分布情况。

潜力分析：通过分析自然、资源状况和经济、社会、生态环境等条件，确定农用地整理中的有利条件与不利因素，结合当地整治活动实践情况，明确潜力测算指标。农用地整理潜力的评价指标体系主要包括数量和质量方面，其中数量潜力的评价指标主要由新增耕地面积表示（张正峰等，2002），质量的评价指标主要由农用地等别、农用地生产能力的提升潜力表示。

15.2.2.1 新增耕地面积测算方法

（1）确定新增耕地面积系数。新增耕地面积系数主要是根据典型土地整理项目的新增耕地面积系数，经调查统计分析后确定的。未开展土地整理项目的地方可以比照相邻或相似区域的新增耕地面积系数确定。我国的新增耕地系数在不同时期、不同区域差异都十分大。最初的土地整理与开发复垦，出地率较高，达到10%以上，后期的达到5%左右。当前的农用地整理，耕地数量增加的潜力已经越来越小，整治的重点也已经从增加数量到改善农田质量转变。目前，全国平均新增耕地面积系数为3%左右。

（2）新增耕地面积测算方法。根据调查确定的各测算单元的待整理耕地面积与新增耕地面积系数，计算农用地整理数量潜力。

测算方法一：

$$\Delta S = \sum_{i=1}^{n} (a_i \times S_i) \quad (i = 1, \cdots, n; 其中 n 为测算单元的个数)$$

$$a = \Delta S / S$$

式中：ΔS——区域新增耕地面积，单位为公顷；
　　　a_i——测算单元新增耕地系数，单位为%；
　　　S_i——测算单元待整理区面积，单位为公顷；
　　　a——测算单元新增耕地系数，单位为%；
　　　S——测算待整治区总面积，单位为公顷。

测算方法二：

$$a_{di} = A_{di} - A_{bi} \quad (i = 1, \cdots, n; 其中 n 为坡度级别的个数)$$

$$\Delta S = \sum_{i=1}^{n} (a_{di} \times S_i) \quad (i = 1, \cdots, n; 其中 n 为坡度级别的个数)$$

$$a = \Delta S / S$$

式中：a_{di}——典型区新增耕地系数，单位为%；
　　　A_{di}——典型样区中沟渠、道路、林网、旧坎、坟地、零星建设用地和未利用地等面积之和占典型样区面积的比例（各坡度级别样区分别汁算），单位为%；
　　　A_{bi}——设定的与典型样区同坡度类型区集约利用水平较高的耕地中沟渠、道路、林网、田坎等面积之和占耕地区面积的比例，单位为%；
　　　S_i——与典型样区同坡度级别的待整理耕地区面积（单位为公顷）；
其他符号同前。

各地可同时采用上述两种方法进行调查、分析测算，并相互校核。

15.2.2.2 等别提高程度测算方法

农用地整理健全了农田的灌排系统，消除了限制因素，改善了农业生产条件，便于机械化生产，大幅度降低生产成本，提高农业生产效益，更有利于农业适度规模经营、农村现代化建设和农民增收问题的解决。为量化耕地质量提高潜力，可以用耕地等别的提高程度来体现。

测算方法一：

假设待整治耕地的平均等别通过整治后能够达到测算单元内农用地分

等的三级指标区的最高利用等别，则三级指标区与各测算单元的平均利用等之间的差距可作为该测算单元农用地整理所能提高的耕地质量潜力。具体公式如下：

$$\Delta D = D_{max} - \overline{D}$$

式中：ΔD——测算单元的平均利用等等别提高程度；

D_{max}——测算单元所在农用地分等的三级指标区的最高利用等等别；

$\overline{D}$——测算单元的平均利用等等别。

测算方法二：

（1）利用农用地分等定级成果，以耕地等别评定的技术方法为依据，结合规划提高等级设想，确定耕地质量可提高等级及面积。

（2）采取逐级修正的原理，计算自然质量分、自然质量等指数、利用等指数，预测测算单元的平均利用等等别。具体公式如下：

$$C_{Lij} = \frac{\sum_{k=1}^{m} w_k \cdot f_{ijk}}{100}$$

式中：C_{Lij}——分等单元指定作物的农用地自然质量分；

i——分等单元编号；

j——指定作物编号；

k——分等因素编号；

m——分等因素的数目；

f_{ijk}——第 i 个分等单元内第 j 种指定作物第 k 个分等因素的指标分值，取值为（0～100）；

w_k——第 k 个分等因素的权重。

$$K'_L = S \times K_L$$

其中：

$$S = \frac{C}{C'}, \quad C = \sum_{i=1}^{n} A_i B_i, \quad C' = \sum_{i=1}^{n} A'_i B_i$$

式中：S——土地利用系数的修正指数；

C——整治前综合评价分；

C'——整治后综合评价分；

A_i——整治前第 i 个指标的指标分值；

A'——整治后第 i 个指标的指标分值；

B_i——因素权重；

K_L——现状土地利用系数；

K'_L——修正土地利用系数。

$$Y_i = R_i \cdot K_L$$

式中：Y_i——第 i 个分等单元的农用地利用等指数；

R_i——第 i 个分等单元的农用地自然质量等指数；

K_L——分等单元所在等值区的综合土地利用系数。

整治前后耕地平均等别的变化依据下式计算：

$$\Delta D = D_{整治后平均} - D_{整治前平均}$$

15.2.2.3 产能提升幅度测算方法

农用地整理的增产潜力主要来源于两个方面：一是耕种面积的增加，二是农田质量等级的提升引起农田单产水平的提升。此外农田整治还可以通过改善农业生产条件，为应用新品种、新技术、新装备创造有利的土地条件，间接提高粮食产量。在测算过程中，应对这两类产能提升潜力分别计算后再进行汇总。

（1）确定耕地单产水平。按照预测整治后测算单元的平均利用等等别，确定其对应的标准量产量。

（2）计算新增耕地产能。公式如下：

新增耕地产能 = 新增耕地面积 × 整治后单位面积耕地标准量产量

（3）计算耕地质量提升产能。公式如下：

耕地质量提升产能 = 待整治耕地面积 ×（整治后单位面积耕地标准量产量 - 现状单位面积耕地标准量产量）

（4）计算产能提升幅度。公式如下：

产能提升幅度 = 新增耕地产能 + 耕地质量提升产能

15.2.2.4 农用地整理潜力汇总与分级

根据整治潜力调查与分析测算结果，汇总各测算单元的农用地整理潜力，如耕地潜力汇总表（表15.1）。依据潜力测算结果，并结合实际情况及其他影响因素，划分潜力等级，潜力等级一般不少于二级。

表 15.1　耕地潜力汇总表

	待整理耕地总面积	新增耕地面积	新增耕地系数	等别提高程度	产能提升幅度	备注
	⋮	⋮	⋮	⋮	⋮	⋮
合计						

15.3 农村建设用地整理潜力评价

15.3.1 农村建设用地整理潜力的内涵与来源分析

农村建设用地整理潜力是在一定时期、一定生产力水平下，采用一系列措施对现有农村居民点用地通过拆村并点、内部挖潜和加以改造再利用，可能增加有效耕地及其他农用地面积、提高农村居民点利用率、实现土地增值和改善生态环境等能力。农村建设用地整理的主要类型为农村居民点整治，其潜力来源为：

（1）土地利用空间扩展的潜力。土地利用空间的扩展是指通过农村居民点整治，增加农用土地面积。总的来说，农村居民点整治是通过将居民点现状人均建设用地量降低为国家或本地区规定的人均建设用地标准，从而将节约的土地整治成为农用土地，实现土地利用空间的扩展。农村居民点整治通过以下4种途径增加农用土地面积：一是农村居民宅基地整治，针对农村居民宅基地超标、一户多宅、多重占地等进行整治，可增加农用地面积。二是适当提高建筑容积率所节约的土地面积。农村居民点整治过程中可根据本地区的实际情况，增加一些"公寓式"住宅，逐步提高农村居民点用地的建筑容积率，可节约土地面积。三是通过对村庄中的闲散土地整治所节约的土地面积。四是农村居民点整治中将过于分散、规模较小的小村庄向基础较好、规模较大、分布合理的村庄合并，可节约土地面积。

（2）农村生存条件改善的潜力。农村生存条件的改善主要表现在以下两个方面：一是通过健全村内道路、供电、供水、通讯等基础设施，使其更适合居民的生产与生活。二是通过改善和增设村庄内部公共设施，如绿地、街心花园、体育、娱乐场所等，改变村庄"旧、脏、差、乱"的面貌，从而改善居民的生活条件（郧文聚等，2010）。

15.3.2 农村建设用地整理潜力评价方法

结合农村建设用地整理潜力调查成果，综合考虑农村建设用地整理潜力各个方面，采用人均用地估算法、规划模拟法等，测算可开展农村建设用地整理的规模、可减少建设用地面积及可补充耕地面积等。

结合潜力调查成果，可采用人均用地估算法、规划模拟法等方法，评价可整治的农村建设用地规模；结合不同地形地貌特征及已实施项目的经验，确定不同地形地貌特征下农村建设用地整理后的新增耕地系数，计算可补充耕地面积。

主要依据人均农村居民点建设用地与国家或该地区规定的人均农村居民点建设用地标准的差值，计算整治潜力。按照潜力的表现形式，可分为现状潜力和规划潜力。现状潜力是根据现状人均农村居民点建设用地标准、现状人口计算的潜力，反映的是现状条件下居民点整治的潜力空间；规划潜力是在预期规划期末的人口数量的基础上，按照国家或地区规定的人均建设用地标准计算出的潜力，反映的是规划状态中农村居民点整治的潜力空间。计算公式分别为：

$$\Delta S = S_{现状} - B_0 \times P_0, \quad \Delta S = S_{现状} - B_t \times P_t$$

预测总人口的常用方法有自然增长率法、线性回归工程法、时间序列预测模型法、GM（1，1）灰色模型法。其中自然增长率法的计算公式为：

式中：ΔS——农村居民点整治潜力；

$S_{现状}$——农村居民点的现状用地面积；

B_0——现有人均农村居民点建设用地标准；

P_0——现状农村居民点的人口数量；

B_t——规划目标年的人均农村居民点建设用地标准；

P_t——规划目标的农村居民点人口数量。

人均建设用地标准法的关键在于规划目标年农村人口的预测。农村人口的预测一般通过对总人口与城镇化率间接求得。

$$P_t = P_0 \cdot (1+k)n + \Delta P$$

式中：P_t——预测年末总人口；

P_0——基期年末总人口；

n——预测年限；

k——人口自然增长率；

ΔP——迁入人口与迁出人口之差。

城镇化水平可采用联合国法、回归模型预测法、时间趋势外推法等方法进行预测。预测结果应做好与国民经济发展规划、城市规划等规划确定的城镇化目标的衔接。

（1）户均建设用地标准法。主要是根据户均居民点用地现状与户均居民点用地标准的差值匡算农村居民点整治潜力。其原理与人均建设用地标准法基本类似，也可采用人均建设用地标准法的思路，分为现状潜力和规划潜力，其计算公式为：

$$\Delta S = S_{现状} - A_0 \times M_0, \quad \Delta S = S_{现状} - A_t \times M_t$$

式中：ΔS——农村居民点整治潜力；

$S_{现状}$——农村居民点的现状用地面积；

A_0——现有户均农村居民点建设用地标准；

M_0——现状农村居民点内的农户总数；

A_t——规划目标年的户均农村居民点建设用地标准；

M_t——规划目标年的农村居民点农户总数。

（2）农村居民点内部土地闲置率法。根据对测算区域内典型样点农村居民点内部闲置土地面积的调查，获取农村居民点内部土地闲置率，以此测算农村居民点整治潜力。该方法考虑了农村居民点内部的闲置土地的整理潜力，且这部分潜力几乎可以全部转化为现实的潜力。其计算公式为：

$$\Delta S = S \times a$$

式中：ΔS——农村居民点整治潜力；

S——农村居民点现状用地面积；

a——居民点内部土地闲置率。

15.4 城镇建设用地整治潜力评价

15.4.1 城镇建设用地整治潜力的内涵

城镇建设用地整治潜力重点是评价土地利用总体规划确定的允许建设区中的低度建设用地利用区和中度建设用地利用区的规模和土地利用效率提升程度。

目前，在大多数的城市中都存在着大量低度利用的土地，这些土地的利用程度已远远落后于城市现代化的步伐，没有发挥出最佳效益和它们在城市中的应有的功能和作用，不能很好地优化城市结构与功能。这些低度利用土地一般表现出土地利用用途、布局结构不合理；单位土地的投入量少，基础设施陈旧，公共服务设施偏少，建筑密度偏高，生态环境较差等土地利用不集约的现象。把城市中存在低度利用土地的区域称为城市土地低度利用区。

城镇建设用地整治是将城镇土地从一种低效利用状态转化为合理、高效、集约的利用状态。通过整治，将利用结构不合理的城镇土地转变为合理的利用结构，将产出率低的土地转变为产出率高的土地，适度提高土地的利用强度，改善城市生产生活环境。相应地，城镇建设用地整治潜力应该是各种城镇土地利用状态要素改善能力的集合,即城镇土地可利用空间的扩展、土地利用结构的优化、土地产出率的提高、土地利用强度的调整、生态环境的改善等方面的综合集成。城镇建设用地整治的类型一般包括危旧房区、"城中村"和低效工业用地区。

(1) 危旧房区。危旧房区一般位于老城市的中心,由于建筑年代比较久远及中国城市发展的不连续性,无论是建筑物本身还是周边居住环境都已经不适应现代城市的发展。这类区域土地利用比较明显的特点是土地投入很少、基础设施条件很差、公共设施和绿地很少或没有、土地人口承载量不高、表现为建筑密度很高但容积率却很低(杨红等,2005)。

(2) "城中村"。所谓"城中村",是指由于城市化快速推进而把周边地区部分村落及其农用地一起纳入城市用地的范围,而原有的村庄用地却没有转为国有,纳入到城市系统中来,仍然属于集体所有的土地上以居住功能为主且深受城市影响的农村社区。这类地区土地利用的特征与城市中的危旧房区的有相似之处。这类土地一般处于城市的边缘区,但在一些中小城市它的范围甚至涉及城市的中心区(杨红,2007)。

(3) 低效工业用地区。这类低度利用土地主要是由于土地制度的原因造成的,由于中国长期以来的土地无偿划拨使用制度,土地的无偿使用导致城区出现的大量工业用地,没有随着城市的扩张而走向市场流通,从而及时改变土地利用的用途,体现出土地的应有市场价值(杨红,2007)。这类土地的特征是土地利用率很低,大量的工业用地位于城市中,占据着比较好的地理位置,并且工业用地与周边商业、住宅用地混杂,导致城市的布局与功能混乱,不能发挥城区有限土地的最佳效益,影响城市总体功能。

15.4.2 城镇建设用地整治潜力的评价方法

(1) 以人口容纳能力为依据的计算方法。《城市用地分类与规划建设用地标准》(以下简称《标准》)规定了城市人均占地的总标准,以及人均占用不同类型土地(如住宅用地、工业用地、绿地等)的标准。如果能够确定每个城市的具体的人均占地总标准,那么:

$$\frac{节约土地}{面积潜力} = 现有城市建成区土地面积 - 城市常住人口 \times 人均占地总标准$$

上式中,需要确定的是人均占地总标准。在《标准》中,只是给出了不同类型城市的标准,而且是一个变化较大的范围,因此,需要确定每一个城市的比较具体的人均占地总标准,在确定这一标准时,原则上以《标准》为依据，确定大致范围，然后，在根据每个城市的经济发展水平、城市的经济和产业结构、城市的自然地理环境等，进行具体分析。

（2）以容积率为依据的计算方法此方法主要用于计算节约土地面积的潜力。市地整理主要是通过提高容积率来达到节约土地面积的目的。目前，我国大部分城市的容积率都太低，没有达到理想的容积率水平。假设通过市地整理可以使城市土地都达到理想容积率水平，则可以根据理想容积率（E）与实际容积率（F）的差值计算节约土地面积的潜力，即：

$$节约土地面积潜力 = A \cdot (E - F)/E$$

上式的关键是确定理想容积率（E）。不同城市的理想容积率（E）受城市的经济发展水平、城市的经济和产业结构、城市的自然地理环境等因素的影响，但其关系比较复杂。

（3）其他方法。除上述两个方法之外，可以根据城市土地利用结构的状况，宏观上分析城市土地整理的潜力。而这种方法从两个方面进行具体分析，一是城市土地利用结构调整表现出的潜力，主要是用地规模效应较低的工业用地的调整所表现出的潜力；二是城市建成区内未利用土地及闲置土地面积比例分析城市土地整理的潜力状况。

15.5 土地复垦潜力评价

15.5.1 土地复垦潜力内涵

长期以来，由于中国长期所执行的外延式经济发展模式，造成因采矿、工业和建设活动等人为因素引起的土地毁损面积比较大。按照成因和属性，待复垦土地有挖损地、塌陷地、压占地、污染毁损地、灾毁土地五种类型。

15.5.1.1 土地复垦的标准

土地复垦的标准就是被破坏的土地经过复垦以后能达到什么样的可利用状态和程度。标准取决于四个方面的因素：一是待复垦土地被破坏的类型及程度；二是待复垦土地都在被破坏前的自然适宜性和生产潜力；三是复垦土地的工程地质条件和应用机械的可能性；四是社会环境条件和经济因素。根据上述四个因素的综合影响，一般有 3 类不同的复垦标准：

（1）接近破坏前的自然适宜性和土地生产力水平。任何一种土地资源被破坏以后，很难使其绝对恢复成原有的状况，而只能通过尽量地减少由于破坏所造成的后果，使其接近原有的适宜性和生产力。实际上，这是土地复垦所能达到的最高标准。

（2）通过复垦改造为具有新适宜性的另一种土地资源。考虑到有些待复垦土地的破坏形式和程度，一般很难使其达到前一种复垦标准，往往只能拟定适应所在地环境条件下的新适宜性、新生产力水平。

（3）恢复植被，保持其环境功能。对于某些地区来说，由于经济实力制约或复垦工程困难，或者由于破坏土地的区位、工程地质，或应用机械的可能性等条件的限制，土地复垦的目标主要是让其恢复生态系统，减少水土流失，防止土地质量的进一步退化。

15.5.1.2 土地复垦潜力内涵

土地复垦潜力是指可复垦的损毁土地规模或通过评价待复垦土地对农、林或牧业的适宜性与限制性，确定的在当前经济技术条件下能够复垦为农用地的数量。

15.5.2 土地复垦潜力测算方法

土地复垦潜力评价主要是在补充调查的基础上，对被破坏土地的可复垦面积、复垦的适宜性及复垦后土地利用方向等进行的综合评定。其测算方法具体如下：

（1）根据测算单元，依据调查、评价结果，考虑经济社会、科技水平和可能投入规模等因素，分析测算增加耕地系数和可复垦为耕地、农用地的面积。

表 15.2　某省（自治区、直辖市）废弃地复垦潜力汇总表

单位：公顷、%

测算单元	待复垦废弃地类型	待复垦废弃地面积	可增加农用地面积		增加耕地系数	潜力等级	备注
			小计	其中增加的耕地面积			
⋮	⋮	⋮	⋮	⋮	⋮	⋮	⋮
合计							

注：增加耕地系数 = 增加耕地面积/待复垦废弃地面积。

（2）根据各测算单元的废弃地复垦潜力调查与分析测算的结果，将行政区域内的废弃地复垦潜力汇总；按测算单元，依据调查分析得出的废弃地复垦增加耕地系数，并结合省情及其他影响因素，划分废弃地复垦潜力等级，潜力等级一般不少于三级；按照废弃地复垦潜力等级和增加耕地、

农用地面积，编绘废弃地复垦潜力分布图。

（3）此外，还可通过废弃地复垦潜力评价系统对待复垦废弃地进行评价（徐盛荣，2003）。其主要过程如下：①将评价系统分为三个层次：区、类、级。②土地区是以地貌类型为主要划分依据，以水势条件为主要评价因素，如可以分为洼地区、低平原区（地下水位高）、高平原区（地下水位低）、丘陵山地区等。③进一步续分土地类。以废弃地复垦的适宜性用途为划分依据，可参考下表规定的各地类（适宜类别）的主要指标，利用排他法确定。例如，废弃地的各项指标都符合复垦为农用地时，应首先考虑复垦为耕地，其次才考虑复垦为牧地、林地等。④再续分为土地级。级是废弃地复垦潜力评价的基本单位，同时也是主要的评价单位。以待复垦废弃地的适宜程度为划分依据，评价其在同一类土地中可复垦土地质量的高低，根据地区自然、社会、经济发展现状及趋势和调查废弃地潜力因素情况制定评价指标进行评价。如表 15.3 列出农、林、牧用地适宜性评价表，根据其标准评定废弃地复垦潜力等级，这也是一种辅助评价方法。

表 15.3　农、林、牧用地适宜性评价表

因素 \ 等级（分数）	Ⅰ (1.0)	Ⅱ (0.8)	Ⅲ (0.6)	Ⅳ (0.4)	Ⅴ (0.2)	Ⅵ (0)
塌陷地面坡度/°	<3	4~6	7~10	11~15	16~25	>25
土壤 土层厚度/厘米 土壤质地	>80 中壤土	60~80 轻壤土 重壤土	40~60 砂壤土 轻黏土	20~40 中、重黏土	10~20 砂砾质土	<10
土壤 有机质/%	>2.0	1.5~2.0	1.0~1.5	0.6~1.0	<0.6	>0.8
土壤 速效磷/10⁻⁶	>40	20~40	10~20	5~10	<5	
土壤 含盐量/%	<0.1	0.1~0.2	0.2~0.4	0.4~0.6	0.6~0.8	
灌溉水源（可利用的地表水、地下水和矿井水）	充足	较充足	一般	极缺乏	无	
排水	良好（雨季无积水）	雨季地表无积水土壤轻度-中度内涝	雨季寻地表积水<3天，土壤内涝严重	季节性积水	长期（永久）积水	
地貌	平地（包括山前倾斜平原地）缓斜坡地	低平地（包括短期积水非沼泽洼地）	漫岗（包括塌陷形成的波状起伏地）	低山、丘陵（包括山坡地、谷地等）	季节性积水洼地	常年积水洼地
地面塌陷稳定程度	稳定	基本稳定	不稳定塌陷坡地	不稳定塌陷积水洼地		

15.6 未利用地开发潜力评价

15.6.1 未利用地开发潜力内涵

未利用地是重要的耕地后备资源,是农、林和牧业进一步开发和发展的物质来源。宜农未利用地开发潜力是在充分考虑土地开发的生态环境效应前提下,通过评价未利用地对农、林或牧业的适宜性与限制性,确定在当前经济技术条件下能够开发成为农用地的集中连片分布的未利用地数量(王筱明等,2010)。重点是查清集中连片,具有规模开发价值的耕地后备资源。

15.6.2 未利用地开发潜力测算方法

15.6.2.1 未利用地的资源现状与特点分析

根据对未利用地开发潜力因素调查结果,说明地区未利用地的资源总量、主要类型及其数量、分布状况、分布状况的主要制约条件(如地质地貌条件、社会条件等)、开发难易程度等。

15.6.2.2 未利用地开发潜力评价

测算方法一:

以潜力调查和潜力分析结果为基础,在保护生态环境的前提下,充分考虑经济社会条件、科技水平和可能的投入规模等影响因素,分析测算各测算单元内可供开发的未利用地面积、可成耕地和农用地面积、新增农用地系数、新增耕地系数等。

测算方法二:

通过对未利用地的适宜性进行评价,依据适宜性评价结果确定未利用地开发潜力。其评价依据是:①未利用地的生态环境保护价值;②未利用地自然生产潜力的高低;③未利用地的限制因素及限制强度,它决定开发所需要的改良措施和难易程度。

未利用地的适宜性评价结果依次可分为四类,包括生态环境类、宜耕类、宜农类和不宜类。其中对宜耕类和宜农类又可以选择合适的评价指标进一步分级。

按照下表中的标准,再采用相应的评价方法,如采用主导因素与综合分析相结合的评价方法对未利用地的开发潜力进行评价(表 15.4)。首先,结合未利用地开发潜力因素调查成果获取评价指标信息,然后对未利用地的气候、地形、母质、土壤、植被、水文等自然条件进行综合分析,尤其要找出未利用地开发利用的主导限制因素及其限制强度,对比分析未利用土地在不同利用方式下可能取得的经济效益,分析不同开发利用方式下的技术可行性及其程度,确定未利用地的潜力规模、等级及其分布。

宜农未利用地开发潜力 = 宜耕类未利用地面积 + 宜农类未利用地面积

宜农未利用地开发潜力 = 宜耕类未利用地面积

表 15.4　未利用地适宜性评价系统

适宜类		标　准
生态环境类		受生态环境因素影响,需要实行特殊保护或需要进行生态环境整的未利用土地
宜耕类	Ⅰ	对耕作无限制或限制因素小,此类土地质量好、坡度小、土层较厚、水分热量条件好、不需改造或略加改造便开垦,开垦后宜建成基本农田,正常利用条件下可取得较高产量,不会对当地或附近地区造成土壤退化和生态环境恶化等不良影响
	Ⅱ	对耕作有一定限制,土地质量中等,需采取一定改造措施才能开垦和建设成基本农田,或需一定的保护措施以防产生土地退化和生态环境恶化的不良后果
	Ⅲ	对耕作有较大限制,土地质量差,需采取大力改造措施才能开垦和建设成基本农田,要采取严格的保护措施才能进行农业生产,否则易发生土壤退化,影响当地和附近地区的生态环境
宜农类	Ⅰ	适于林、牧生长的土地,无明显限制因素
	Ⅱ	一般适于林、牧生长的土地,受地形、土壤或水分等因素的限制,限制性相对较大
	Ⅲ	林、牧生长有一定困难的土地,地形、土壤、水分等因素限制性大,需大力投入进行改造,利用困难
不宜类		因经济技术条件限制,很难开发利用的土地

15.6.2.3　汇总与分级

(1) 根据未利用地开发潜力调查与分析测算的结果,将区域内各测算单元的宜农未利用地开发潜力汇总。

(2) 采用测算方法一进行潜力评价时应依据调查分析得出的新增农用地系数、新增耕地系数指标,并结合省情及其他影响因素,划分土地开发潜力等级；采用测算方法二进行潜力评价时可直接利用适宜性评价结果进行分级。潜力等级一般不少于三级。

（3）按照未利用地开发潜力等级和增加耕地、农用地面积，编绘土地开发潜力分布草图。

（4）对未利用地开发潜力分析测算得出的各类潜力类型、等级、面积、分布等成果进行整治汇总，形成潜力汇总表。

第 16 章 耕地质量等级评价技术

土地整治前后耕地质量变化是衡量土地整治实施效果的关键指标,而其手段就是开展耕地质量评价。本章主要介绍耕地质量等别评定与监测的基本原理与方法,以及土地整治前后耕地质量等别评定与产能测算方法等。

16.1 概述

16.1.1 耕地质量内涵界定

关于耕地质量,目前没有一个统一的定义,社会上普遍的理解是土壤肥力状况、土壤污染状况等。早在 1995 年,世界银行、联合国粮农组织等机构共同发起建立了土地质量指标体系,把土地质量定义为"以一种特定方式影响特定土地利用可持续性的综合土地特性",土地特性是土地可度量或可评估的属性,各种相互作用的土地特性构成了土地综合属性,这类综合属性就是土地质量(Pieri C et al, 1995)。国内也有很多专家学者提出了不同的观点,如中国农业大学朱道林教授认为,耕地质量是由影响土地产出能力的一系列因素决定,包括地表要素、气候要素、工程要素和生态要素四个方面(朱道林,2012);国土资源部土地整治中心王洪波研究员等提出了以数量为前提、产能为核心、健康为保证、用养为基础、效率为导向、监管为手段的全面耕地质量观(王洪波等,2011);中国农业科学院陈印军研究员认为,耕地质量是耕地土壤质量、耕地环境质量、耕地管理质量和耕地经济质量的总和(陈印军等,2011);中国科学院南京土壤研究所沈仁芳研究员认为,耕地质量是多层次的综合概念,是耕地的自然、环境和经济等因素的总和,内涵包括耕地的土壤质量、空间地理质量、管理质量和经济质量四个方面(沈仁芳等,2012)。

从以上分析可以看出,专家学者们对于耕地质量内涵的理解有一个共同点,即都认为耕地质量是一个综合性概念,涉及生产、生态、管理、利用等多个方面。当然，在具体研究工作中还是有不同的侧重，如有的侧重土壤方面，从基础地力和土壤肥力角度研究耕地质量；有的侧重土地利用，从土地的利用强度、投入产出角度研究耕地质量；有的侧重土地污染，从污染程度、污染防治角度研究耕地质量。本书所界定的耕地质量内涵，是比土壤肥力研究范围更宽、内涵更综合的概念，其核心是耕地的生产能力，由影响耕地生产能力的气候条件、地形状况、土壤状况、农田基础设施条件、土地利用水平、投入产出效率等因素共同决定，这里不考虑污染状况。耕地质量评价就是通过分析各因素对耕地生产能力影响的作用机理，用定量化的指标及一定的算法来表征耕地生产能力形成的过程，评价结果可以反映不同层次影响因素下决定的不同耕地生产能力状况，其结果用多层次的耕地质量等指数来表征，等指数越大，表明耕地质量越好，耕地生产能力越高。

16.1.2 开展土地整治耕地质量评价的必要性

根据前面对耕地质量内涵的界定，在影响耕地质量的各因素中，气候条件在短期内是不易改变的，地形坡度、土壤状况、农田基础设施条件、土地利用条件等是可以通过人为因素不断改良和改善的。而农田整理就是在以耕地为主的区域，通过实施土地平整、灌溉与排水、田间道路、农田防护与生态环境保持等工程，增加有效耕地面积，提高耕地质量，改善农业生产条件和生态环境。

土地整治从最初作为补充耕地数量的有效手段，经过十几年的发展，已经发生了深刻的变化。整治内涵由增加耕地数量为主向增加耕地数量、提高耕地质量、改善生态环境并重转变；整治目标由单纯的补充耕地向建设性保护耕地与推进新农村建设和城乡统筹发展相结合转变；整治内容由分散的土地开发整埋向集中连片的田、水、路、林、村综合整治转变。当前，土地整治已经成为坚守耕地红线，加强耕地质量建设，维护国家粮食安全，推动农业现代化和促进城乡统筹发展的主要平台和重要措施。

2012年，国务院批复的《全国土地整治规划（2011—2015年）》明确提出，"建设旱涝保收高标准基本农田 2666.7 万公顷（4 亿亩），经整治的基本农田质量平均提高 1 个等级，粮食亩产增加 100 千克以上。"这是第一次将土地整治提升耕地质量等级和产能的量化指标作为规划目标之一，充分表明土地整治已不仅是补充耕地的一种手段，更是提高耕地质量、提升耕地产能的有效途径。

那么,如何衡量土地整治的实施成效,考核规划目标的完成情况?开展土地整治实施前后耕地质量评价是必要手段之一。充分应用已有的耕地质量等别评定成果和方法,获取土地整治前区域耕地质量等别状况,通过对土地整治实施后各评价因子的重新调查与评定,得到土地整治后区域耕地质量等别状况,以此衡量土地整治提升耕地质量情况,并测算提升耕地产能状况。因此,土地整治耕地质量评价是衡量土地整治实施成效、考核土地整治规划目标完成的重要技术手段,应成为土地整治项目管理的重要技术环节。

16.2 耕地质量等别评定基本原理与方法

16.2.1 耕地质量等别评定基本原理

依据耕地生产能力划分耕地质量等别,首先要分析耕地生产能力的形成过程。在影响耕地产能的因素中,气候因素(更确切地说是光照、温度因素)具有决定性作用,假设其他条件相同,由气候因素决定的理论生产潜力称之为气候产能;在此基础上,考虑立地条件(如地形、土壤、灌排条件等),形成的可实现生产能力称之为自然产能;再考虑土地利用水平(如用地强度、种植技能等),形成的实际生产能力称之为利用产能;再考虑土地经济效率(如投入产出水平等),形成的生产能力称之为经济产能。因此,耕地产能是由气候、立地、利用、经济四大要素共同作用的结果,反映了从气候产能到自然产能到利用产能再到经济产能的逐级递进的形成过程(图16.1)。

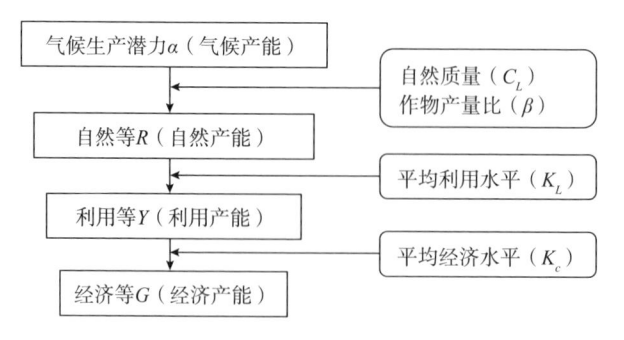

```
气候生产潜力α(气候产能)
        ↑ ← 自然质量($C_L$)
        │   作物产量比($\beta$)
自然等R(自然产能)
        ↑ ← 平均利用水平($K_L$)
利用等Y(利用产能)
        ↑ ← 平均经济水平($K_c$)
经济等G(经济产能)
```

图 16.1 耕地产能形成

16.2.1.1 耕地自然等评定

依据作物生产力原理，各种作物在各自固定的光合作用速率及投入管理水平最优的状况下，作物的生产量由土地质量所决定的，而土地质量是光照、温度、水分、土壤、地形等因素综合影响的结果。根据这一原理，可以首先假设评价工作区域内各处的土地社会利用投入管理已是最佳状态，然后用影响作物生产量的各因素的优劣和组合状况定量推算土地上作物生产量的高低，以作物生产量的高低评定土地质量等级。

实现土地质量等级全国相互可比的关键是要评出土地上作物生产量的差异，在影响土地质量的各因素中，气候因素在宏观空间尺度上具有渐变的、连续的影响，并可以在全国范围内与作物生产量形成准确对应的函数关系。因此，可以在全国范围内用气候因素初步推算作物气候生产潜力（α），作物产量比（β）折成标准作物理论生产量，以此作为"铺满"全国的、连续可比的"土地质量背景值曲面"，然后分区域选取其他有效的自然质量（C_L）对这一"曲面"进行修正，得到作物自然产能（R）（胡存智等，1989）。

16.2.1.2 耕地利用等评定

由于农耕历史和人类经济活动强度的区域差异，使基本相似的气候、近似的土地条件上，发挥土地潜力的社会平均水平不同，土地质量还会有差异。因此，应该运用土地利用评价的方法对土地等级进行土地利用状况方面的修正。

按土地利用状况对土地潜力等级进行修正评价的理论依据是经济学的生产要素理论，即劳动、土地和资本等因素或条件是进行社会物质生产的基本要素，生产产品的数量及其价值量取决于生产要素的相互结合、共同作用。根据这一原理，当土地自然质量一定、经济条件相似时，作物生产量取决于生产条件、农耕知识和技能水平、劳动态度等等。按照土地自然质量状况评定出来的潜力等级，只是土地的可能的生产量，并非土地的实际生产量，土地实际生产量还受到当地长时间形成的农耕水平、用地强度、种植技能、劳动态度的限制。因此，需要以区域平均实际产量与潜在理论产量的比值构造土地平均利用水平（K_L），运用不同土地上的利用系数，将一定光温水土生产力指数（即作物的理论生产量）修正为作物的利用产能（Y），体现相同土地质量、相同土地潜力等级上的利用水平不同造成的等级差异（胡存智等，1989）。

16.2.1.3 耕地经济等评定

相同的土地潜力和土地利用水平，使土地体现出同样的质量，然而这只意味着土地上会有相同的作物生产量，并不意味在土地上一定会有相同的经营收益。经济社会条件不同会导致投入产出水平不同，使同样土地上获得的土地收益不同。因此，应该采用土地经济评价的方法进一步对土地等级进行土地投入产出方面的修正。

按土地投入产出状况对土地质量等级进行修正评价的理论依据是土地报酬递减率理论。根据这一原理，当土地自然质量一定、利用水平相似、技术条件不变时，土地收益率与对土地连续投入的时间和总量有关。粗放经营产生的是低产低收益；随投入增加，逐步带来高产高收益；达到精耕细作后，投入的增加又变成了高产低收益。因此，高产未必高收益，需要以区域平均投入产出与最优平均投入产出的比值构造土地平均经济水平（K_C），运用不同土地上的经济系数，将土地质量等指数（即作物的生产量）修正为包含土地投入产出效益的土地经济产能（G），体现相同土地潜力、相同利用水平因经济水平不同造成的等级差异（胡存智等，1989）。

16.2.2 耕地质量等别评定技术方法

耕地质量等别评定的方法是按照全国统一的标准耕作制度，在测算作物光温（气候）生产潜力的基础上，分区域选取土壤、地形、灌排条件、投入产出等因素，通过测算土地自然质量分、土地利用系数和土地经济系数，进行土地自然质量、土地利用状况和投入产出水平的逐级订正，按照乘积法计算耕地质量等指数，以此划分耕地质量等别（胡存智等，1989）。

16.2.1.1 国家级参数、系数测算方法

（1）全国标准耕作制度分区。全国标准耕作制度分区是国家层面组织专家在整理分析前人相关研究成果，并组织各省技术力量进行科学验证的基础上完成的（安萍莉等，2002）。具体方法是在分析全国自然地理和土地利用特征的基础上，依据热量、降水、地形、作物类型和熟制，以县域为空间单元，划分了覆盖全国热带、亚热带、温带、湿润区、半干旱区、干旱区、高寒区等7大自然地带的12个一级和41个二级标准耕作制度区，并确定春小麦、冬小麦、春玉米、夏玉米、一季稻、双季早稻、双季晚稻、谷子、青稞、马铃薯、甘薯、花生、大豆、油菜、棉花、甘蔗16种指定作物，以及全国2608个县（市、区）的标准耕作制度，为分县进行指定作物气候生产潜力测算和立地条件评价奠定了基础。全国标准耕作制度分区见图16.2。

图 16.2　全国标准耕作制度分区

（2）作物光温（气候）生产潜力测算。作物光温（气候）生产潜力测算是国家层面组织专家在改进已有相关模型的基础上统一测算完成的。具体方法是在黄秉维等人提出的作物光合生产潜力测算模型的基础上，构建了作物生产潜力温度影响订正函数，测算作物光温生产潜力；采用修订后的公式，进行水分影响订正，测算作物气候生产潜力。根据全国 2231 个气象站点的气候资料，测算了全国 2608 个县（市、区）的各指定作物的气候生产潜力（α），编制成"全国各省作物生产潜力指数速查表"，作为国家级参数，为县域耕地质量等别评定提供了可比的定量化基点。

（3）指定作物产量比调查测算。产量比（β）是用于将不同指定作物产量折算成标准粮产量的折算系数，以实现不同作物产量之间的可比和累加。传统的折粮系数，按照热量（或干物质）进行折算，指标过于抽象，数据难以获取。国家层面组织专家研究确定了此次耕地质量等别评定中各指定作物产量比的计算方法（孔祥斌等，2009），即当地基准作物单位面积产量与各种指定作物单位面积实际产量之比，该测算方法物理意义明确，数据容易获取。省级层面按照国家确定的产量比计算方法，在分二级指标区调查区内基准作物和各种指定作物最大单产的基础上，计算确定各二级区各指定作物的产量比，为县级开展具体评价工作提供统一的省级参数。

（4）耕地质量等别评定指标体系构建。国家层面组织专家依据耕地作物生长原理、李比希最小限制因子定律和土壤诊断学方法，结合大量作物栽培试验结果和土壤特性变化率研究，通过评价因子诊断和筛选，构建了12个一级区主要作物的评价指标体系（评价指标适宜性分级、阈值和权重），并确定了土地自然质量分（C_L）的计算方法（张凤荣等，2001）。国家统一推荐的评价指标共12个，即有效土层厚度、表层土壤质地、剖面构型、盐渍化程度、土壤有机质含量、土壤酸碱度（土壤pH值）、障碍层距地表深度、排水条件、地形坡度、灌溉保证率、地表岩石露头度、灌溉水源。表16.1是黄淮海区评价指标、分级、分值、权重情况。

省级层面可依据国家确定的评价指标体系，并结合当地实际自选不超过3个评价指标，经充分论证后形成本省（自治区、直辖市）各二级区的评价指标体系。自选指标可从以下方面确定：地貌（地貌类型、海拔、坡度、坡向、坡型、地形部位等）、水文（水源类型、水量、水质等）、土壤（土壤类型、土壤表层有机质含量、表层土壤质地、有效土层厚度、土壤盐碱状况、障碍层特征、土壤保水供水状况、土壤中砾石含量等）、农田基本建设（灌溉条件、排水条件、田间道路条件、田块大小、平整度及破碎程度等）。表16.2是浙江省二级区水稻评价指标、分级、权重情况。

（5）土地利用水平和经济效率的调查测算。国家层面组织专家研究确定了反映土地利用水平和土地经济效率的土地利用系数和土地经济系数的测算方法（姚慧敏等，2004；马仁会等，2005）。土地利用水平是由当地长时间形成的农耕水平、用地强度、种植技能、劳动态度等决定的，可以用土地生产潜力的实现程度来反映，以区域平均实际产量与潜在理论产量的比值来计算土地利用系数（K_L）；土地经济效率主要通过投入产出水平来体现，以区域平均投入产出与最优平均投入产出的比值来计算土地经济系数（K_C）。省级层面组织专家对本省（自治区、直辖市）各区域土地利用系数和土地经济系数的取值范围进行总体控制，确保从耕地自然等指数到利用等指数再到经济等指数的逐级递减保持在一个合理合适的范围之内。

第16章 耕地质量等级评价技术

表16.1 黄淮海区指标-分级-分值-权重表

分值	地形坡度/°	地表岩石露头度	有效土层厚度/厘米	表层土壤质地	剖面构型	距障碍层距地表深度/厘米	土壤有机质含量	土壤pH值	盐渍化程度	灌溉保证率	灌溉水源	排水条件
100	<2	1级	≥150	壤土	通体壤、壤/粘/壤	0~90		1级		充分满足	1级	1级
90	2~5	2级	100~150	粘土	壤/粘/粘、砂/粘/壤			2级	轻度	基本满足	2级	2级
80	5~8		60~100		粘/砂/粘、通体粘	30~60	3级	3级	中度		3级	3级
70	8~15	3级		砂土	砂/粘/砂	<30	4级	4级				
60	…	…	…	…	…	…	5级	…	…	…	…	…
…												
山地丘陵区指标及权重	0.25	0.10	0.30	0.07	0.08	0.03	0.06	0.04		0.18		
平原区指标及权重				0.07			0.04	0.06	0.12	0.30	0.06	0.24

表 16.2　浙北平原区水稻-评价指标分值权重表（浙江省二级区）

分值	基础肥力	土壤质地	有机质	耕层厚度	灌溉	排涝
100	≥80	壤土	≥3	≥20	≥70	≥10
95				18~20		
90		粉砂壤土\粘壤土	2.5~3.0	15~18		5~10
…	…	…	…	…	…	…
权重/%	0.25	0.1	0.2	0.1	0.15	0.2

16.2.1.2　县级耕地质量等别评定方法

（1）国家级和省级参数查找与相关资料收集。根据《农用地质量分等规程》（GB/T 28407—2012），查找所评价县的标准耕作制度、气候生产潜力（α）；根据所在省份的省级参数，查找该县所在指标区的评价因子-权重-分级-分值表、最大产量和最大产量成本指数，以及作物产量比（β）。同时，收集县域范围内耕地自然条件、利用状况、经济状况等方面的资料，包括地形地貌、土壤、农田基本建设资料，主要作物的面积、单产、总产的统计资料，农业生产实测资料，样点土地利用条件、单位面积资金投入、单位面积纯收益资料等。

（2）样点调查与有关分值、系数的计算。样点调查。评价单元是耕地质量等别评定的最小空间单位，为了与土地利用现状调查相衔接，直接将土地利用现状图上的耕地图斑作为耕地质量等别评价单元。样点调查的主要内容是调查样点所在评价单元各指定作物各评价因子的属性值、实际产量、投入成本等。自然质量分计算。根据调查所得的数据，结合收集的有关资料，按照查找所得的评价因子-权重-分级-分值表，获取各评价单元各指定作物的各评价指标分值。采用加权平均法，计算各评价单元各指定作物的自然质量分 C_{Lij}。

$$C_{Lij} = \frac{\sum_{k=1}^{m} w_k \cdot f_{ijk}}{100}$$

式中：C_{Lij}——第 i 个评价单元内第 j 种指定作物的自然质量分；

　　　i——评价单元编号；

　　　j——指定作物编号；

　　　k——评价指标编号；

　　　m——评价指标的数目；

f_{ijk}——第 i 个评价单元内第 j 种指定作物第 k 个评价指标的分值；

w_k——其权重。

土地利用系数计算。对收集到的作物产量统计数据进行整理，初步划分指定作物的土地利用系数等值区；根据调查得到的样点实际产量，以及查找所得的所在指标区最大产量，计算样点的指定作物土地利用系数 K_{Lij}，再采用加权平均方法计算等值区的指定作物土地利用系数 K_{Lj}，权重根据样点代表的面积比例确定。

$$K_{Lij} = \frac{Y_{ij}}{Y_{j,\max}}$$

式中：K_{Lij}——第 i 个样点第 j 种指定作物的土地利用系数；

Y_{ij}——第 i 个样点第 j 种指定作物单产；

$Y_{j,\max}$——第 j 种指定作物省内分区最高单产。

$$K_{Lj} = \sum_{i=1}^{m} K_{Lij} \cdot w_i$$

式中：K_{Lj}——等值区第 j 种指定作物的土地利用系数；

i——样点编号；

m——样点数；

W_i——第 i 个样点权重。

土地经济系数计算。根据收集到的有关统计资料，以村为单位计算"产量 – 成本"指数，初步划分土地经济系数等值区；根据调查得到的样点投入产出数据，计算样点的指定作物土地经济系数 K_{Cij}，再采用加权平均方法计算等值区的指定作物土地经济系数 K_{Cj}，权重根据样点代表的面积比例确定。

$$K_{Cij} = \frac{a_{ij}}{A_{j,\max}}$$

式中：K_{Cij}——第 i 个样点第 j 种指定作物的土地经济系数；

a_{ij}——第 i 个样点第 j 种指定作物"产量 – 成本"指数；

$A_{j,\max}$——省内分区第 j 种指定作物"产量 – 成本"指数的最大值。

$$K_{Cj} = \sum_{i=1}^{m} K_{Cij} \cdot w_i$$

式中：K_{Cj}——等值区第 j 种指定作物的土地经济系数；

i——样点编号；

m——样点数；

W_i——第 i 个样点权重。

(3) 耕地质量等别指数计算及等别划分。自然等指数计算。根据计算所得的各评价单元各指定作物的自然质量分（C_{Lij}），以及查找所得的相应的光温（气候）生产潜力指数（α_j）和产量比系数（β_j），计算各评价单元指定作物的自然等指数 R_{ij}，再根据熟制情况，计算各评价单元的自然等指数 R_i。

$$R_{ij} = \alpha_j \cdot C_{Lij} \cdot \beta_j$$

式中：R_{ij}——第 i 个评价单元第 j 种指定作物的自然等指数；

α_j——第 j 种作物的光温（气候）生产潜力指数；

β_j——第 j 种作物的产量比系数，即基准作物区内最大单产与第 j 种作物区内最大单产之比。

$$R_i = \begin{cases} \sum R_{ij} & （一年一熟、两熟、三熟时） \\ \dfrac{(\sum R_{ij})}{2} & （两年三熟时） \end{cases}$$

式中：R_i——第 i 个评价单元的自然等指数，R_{ij} 含义同前。

利用等指数计算。根据评价单元所在等值区的指定作物土地利用系数（K_{Lj}），计算各评价单元指定作物的利用等指数 Y_{ij}，再根据熟制情况，计算各评价单元的利用等指数 Y_i。

$$Y_{ij} = R_{ij} \cdot K_{Lj}$$

式中：Y_{ij}——第 i 个评价单元第 j 种指定作物的利用等指数；

R_{ij}——第 i 个评价单元第 j 种指定作物的自然等指数；

K_{Lj}——第 i 个评价单元所在等值区的第 j 种指定作物的土地利用系数。

$$Y_i = \begin{cases} \sum Y_{ij} & （一年一熟、两熟、三熟时） \\ \dfrac{(\sum Y_{ij})}{2} & （两年三熟时） \end{cases}$$

式中：Y_i 为第 i 个评价单元的利用等指数，Y_{ij} 含义同前。

经济等指数计算。根据评价单元所在等值区的指定作物土地经济系数（K_{Cj}），计算各评价单元指定作物的经济等指数 G_{ij}，再根据熟制情况，计算各评价单元的经济等指数 G_i。

$$G_{ij} = Y_{ij} \cdot K_{Cj}$$

式中：G_{ij}——第 i 个评价单元第 j 种指定作物的经济等指数；

Y_{ij}——第 i 个评价单元第 j 种指定作物的利用等指数；

K_{Cj}——第 i 个评价单元所在等值区的第 j 种指定作物的土地经济系数。

$$G_i = \begin{cases} \sum G_{ij} & \text{(一年一熟、两熟、三熟时)} \\ \dfrac{(\sum G_{ij})}{2} & \text{(两年三熟时)} \end{cases}$$

式中：G_i——第 i 个评价单元的经济等指数，G_{ij} 含义同前。

等别划分。根据耕地质量自然等指数、利用等指数和经济等指数，采用等间距法分别进行耕地自然等、利用等和经济等的初步划分；待省级、国家级进行等别平衡协调后，再按照最终确定的等别指数和等间距划分耕地自然等、利用等和经济等。

16.3 土地整治耕地质量等别变化评定

16.3.1 评定原则

（1）遵循农用地质量分等规程原则。《农用地质量分等规程》（GB/T 28407—2012）是关于耕地质量评价方面唯一的国家标准，土地整治耕地质量等别评定是耕地质量等别评定的重要组成部分，应遵循规程的基本思想、技术路线、方法步骤开展土地整治耕地质量等别评定工作。

（2）突出农田基础设施影响因素原则。土地整治耕地质量等别评定要显化土地整治引起的地形坡度、有效土层厚度、农田排灌设施、田间道路、生态防护等农田基础条件变化对耕地质量等别的影响作用。

（3）动态性原则。要注重土地整治耕地质量等别的动态变化和过程，在确定评定时点、范围等方面要充分体现土地整治新增耕地和等别提升的特点，保证成果的科学性、现实性和可比性。

16.3.2 评定方法

土地整治耕地质量等别评定包括土地整治前各耕地地块质量等别的查找、项目区耕地平均等别的测算，以及土地整治后各耕地地块各指标属性值的调查获取、质量等别评定、项目区耕地平均等别的测算等。

16.3.2.1 土地整治项目区建设前耕地平均等别的确定

土地整治项目区建设前耕地平均等别的确定，依据已有的耕地质量等别成果和项目区现状图，确定项目区内所有耕地图斑整治前的等别指数、等别和面积；依据土地整治规划图或验收图确定整治后项目区内所有耕地图斑的总面积；通过整治前项目区内所有耕地图斑等别指数和面积乘积的和除以整治后项目区内的耕地总面积，确定土地整治前耕地平均等别指数和等别，具体技术路线见图16.3。

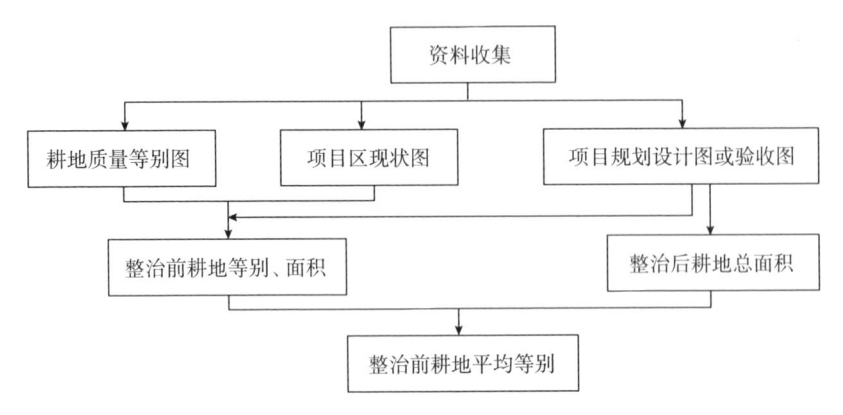

图16.3　土地整治前耕地平均等别确定的技术路线

（1）项目区建设前耕地等别和面积的确定。依据耕地质量等别成果，查找、统计整治前项目区内各耕地图斑的等别指数（Y_{qi}）、等别及面积（S_{qi}）。对于整治前项目区内没有等别的耕地图斑，按照位置就近、土地条件相似的原则，赋予质量相当的等别指数和等别。这里查找的等别指数及等别是指国家级利用等指数及利用等别。

（2）项目区建设后耕地总面积的确定。依据土地整治项目设计或土地整治项目验收图件，累加整治后项目区所有耕地图斑的面积，最终确定土地整治后项目区耕地总面积 S_h。

（3）土地整治前项目区耕地平均等别的确定。土地整治前项目区耕地平均等别指数采用加权平均法计算，计算公式如下：

$$Y_{q\text{平均}} = \sum_{i=1}^{m} \frac{Y_{qi}S_{qi}}{S_h}$$

式中：$Y_{q\text{平均}}$——整治前项目区耕地平均等别指数；

　　　Y_{qi}——整治前项目区第 i 块耕地图斑的耕地等别指数；

　　　S_{qi}——整治前项目区第 i 块耕地图斑的面积；

　　　S_h——整治后项目区耕地总面积；

　　　m——整治前项目区耕地图斑数。

依据 Y_q 平均的数值大小，按照国家级利用等指数与等别划分的对应关系确定土地整治前项目区耕地平均等别 D_q 平均，可保留一位小数。

16.3.2.2　土地整治项目区建设后耕地平均等别的调查评定

土地整治项目区建设后耕地平均等别的确定，首先要根据整治后项目区耕地的地形、土壤、灌排条件等划分不同的耕地地块进行评定，如果这些条件差异不大，则不需要细分；然后进行各耕地地块等别的评定，评定方法以规程方法为主，也可视情况采取简便方法；最后根据各耕地地块评定结果，采取面积加权法，计算得到项目区耕地平均等别，具体技术路线见图16.4。

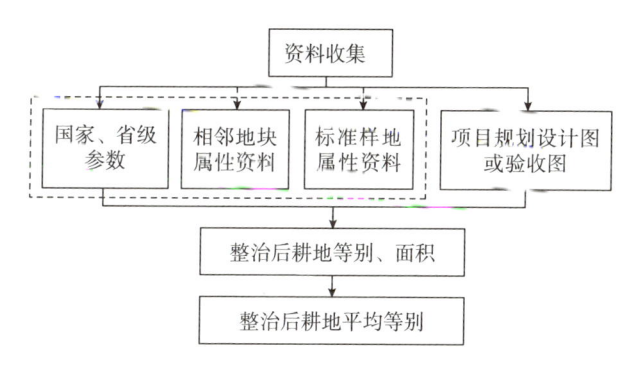

图 16.4　土地整治后耕地平均等别确定的技术路线

（1）项目区各耕地地块等别评定。①基本方法。《农用地质量分等规程》（GB/T 28407—2012）方法。根据土地整治项目所在县级行政区已有的耕地质量等别评定成果，获取土地整治耕地质量等别评定所需的基本参数、评价指标体系；通过实地调查，获取项目区各耕地地块各评价指标的属性值；按照《农用地质量分等规程》（GB/T 28407—2012）的方法步骤计算各耕地地块等别指数并划分等别。相邻地块比较法。选择有耕地质量等别评定结果的相邻地块与项目区耕地地块进行对比分析，通过参考相邻地块的耕地质量等别直接确定项目区耕地地块等别。具体如下：收集、确定具有一定可比性（邻近区域、土壤条件与耕地基础设施条件基本一致）的耕地质量等别评定地块（最好是基本农田）3~5个。查找项目区所在区域的耕地质量等别评定指标，土壤理化性质方面的指标可直接通过参考周围地块来确定，重点比较由于土地整治工程措施引起的耕地地形坡度、有效土层厚度、灌溉保证率、排水条件等的变化。通过分析比较，给整治后耕地的地形坡度、有效土层厚度、灌溉保证率、排水条件等指标与周围地块相同或基本一致，查找周围地块的耕地质量等别，周围地块的耕地质量等别指数及等别可作为土地整治后耕地地块的等别指数及等别。通过分析比较，经整治后耕地的地形坡度、有效土层厚度、灌溉保证率、排水条件与周围地块差异较大，可根据项目设计条件直接获取以上指标的属性值；然后根据规程方法计算土地整治耕地地块的等别指数及等别。标准样地修正法。搜集本县行政区域内的标准样地，查找土地整治项目区所在区域的耕地质量等别评定指标体系，通过与标准样地相应指标的对比分析确定土地整治后耕地地块各指标的属性值，计算各耕地地块等别指数及等别。

②方法选择。对于项目区内耕地面积较大（原则上大于 1 万亩）、相对集中连片、耕地地块条件差异不大的，以项目区作为一个评定单元，耕地地块条件差异较大的，可设定多个评定单元，采用《农用地质量分等规程》（GB/T 28407—2012）方法。对于耕地面积较小（原则上小于 1 万亩）的项目，可采用相邻地块比较法。对于项目区内现状耕地地块条件差异较大或耕地零星分散的项目，可选择相邻地块比较法、标准样地比较法中的一种方法分地块评定耕地质量等别，以项目区现状地块的评定结果为基础，确定整治后项目区各耕地地块等别指数及等别。

（2）项目区耕地平均等别确定。按照面积加权的方法计算项目区耕地平均等别指数，计算公式如下：

$$Y_{h平均} = \sum_{i=1}^{n} \frac{Y_{hi} S_{hi}}{S_h}$$

式中：$Y_{h平均}$——整治后项目区耕地平均等别指数；

Y_{hi}——整治后项目区第 i 块耕地地块的等别指数；

S_{hi}——整治后项目区第 i 块耕地地块的面积；

S_h——整治后项目区耕地总面积；

n——整治后项目区耕地地块数。

依据 Y_h 平均的数值大小，按照国家级利用等指数与等别划分的对应关系确定土地整治后项目区耕地平均等别 D_h 平均，可保留一位小数。

16.3.2.3 土地整治项目区建设前后平均等别变化和生产能力变化

土地整治项目区建设前后耕地平均等别的变化依据下式计算：

$$D_{平均变化} = D_{q平均} - D_{h平均}$$

土地整治项目区建设前后单位面积耕地生产能力的变化，按照每相差一个等别，标准粮生产能力每亩相差 100 千克的方法估算，依据是国土资源部发布的《中国耕地质量等级调查与评定》成果（胡存智，2012），将全国耕地划分为 15 个等别，相邻等别间平均标准粮产量差异约为 100 千克

/亩，即1等地对应的标准粮产量大于等于1400千克/亩，2等地对应的标准粮产量在1300~1400千克/亩之间，依此类推，15等地对应的标准粮产量小于100千克/亩。因此，土地整治项目区建设前后单位面积耕地生产能力变化的具体计算公式如下：

$$\Delta F_单 = 100 \times D_{平均变化}$$

土地整治项目区建设后新增粮食产能为单位面积耕地产能变化与整治后项目耕地总面积的乘积，具体计算公式如下：

$$\Delta F_总 = \Delta F_单 \times S_h$$

有条件的地区可以结合项目区实际情况，按照耕地产能核算的技术和方法进一步核算和分析验证。

16.3.3 工作程序

（1）设计等别。项目设计阶段，根据项目所在标准耕作制度二级区的自然、经济、技术条件，按照技术可行、经济合理的原则，分析项目实施后可能达到的耕地质量等别；根据该等别所对应的评价指标及其分级标准，考虑当地的技术条件、资金投入状况等，按照工程建设标准、设计规范等，提出各因素设计条件的最优组合，形成项目设计方案。

（2）评定等别。按照项目设计方案进行项目实施，项目竣工完成后，由县级国土资源管理部门（或土地整治机构）组织开展耕地质量等别评定工作，评定技术人员要到项目现场实地调查各评价指标的具体情况，评定结果要与项目设计阶段的设计等别进行对比分析，没有达到的要分析原因，最终形成耕地质量等别评定报告。该评定报告将作为项目验收的主要依据之一，未开展耕地质量等别评定工作的不予验收。

（3）填报信息。项目验收后，依据耕地质量等别评定结果，县级国土资源管理部门及时将土地整治实施前后耕地质量等别的有关信息填报农村土地整治监测监管系统。

第17章 新技术在土地整治中的应用

当前，我国人多地少、土地粗放利用的基本国情没有改变，资源环境对经济社会发展的约束更加凸显，土地整治成为坚守耕地红线、保障国家粮食安全、促进城乡一体化和生态文明建设、实现土地资源可持续利用的必然选择。经过多年发展，土地整治已上升为国家战略，各级政府安排的土地整治资金和项目数量不断增长，业务管理手段和科技创新能力成为影响事业发展的决定性因素。随着土地整治信息技术和工程技术研究成果的推广应用，土地整治工作正在逐步实现由传统管理方式向现代化科学管理方式转变。

17.1 土地整治新技术应用概述

17.1.1 土地整治新技术研发现状

随着土地整治内涵不断深化、外延不断拓展，总体上呈现出"规模扩展、内涵延伸、品质提升"的发展态势，传统管理方式和手段难以支撑数量不断增长的土地整治项目和资金监管工作，必须进一步创新管理理念，加大新技术应用力度。同时，随着政府机构改革的加快推进，简政放权、转变职能成为大势所趋，中央对土地整治监管工作提出了更高更明确的要求，亟待加大高新技术应用研究的力度，创新土地整治监测监管方法与技术体系，转变管理方式，为提升土地整治管理质量和效率提供技术支撑。

目前，我国土地整治在理论研究、信息化管理、技术装备研发等方面相对滞后，土地整治科技领域重管理评价技术、轻工程技术，国内的工程技术水平较低、核心技术少。主要表现在4个方面：一是土地整治新技术研究相对分散、集成创新能力不足；二是土地整治装备少，拥有的高端和核心技术少；三是土地整治新材料、新工艺研发基本处于空白阶段；四是土地整治工程技术产业化程度低，缺少专业技术生产线。

17.1.2 土地整治中常用技术与方法

（1）数字化测图技术。传统的地形测量是利用测量仪器对地球表面局部区域内的各种地物、地貌特征点的空间位置进行测定，以一定的比例尺并按图示符号将其绘制在图纸上，即通常所称的白纸测图。这种测图方法的实质是图解法测图。在测图过程中，数字的精度由于测点、绘图、图纸的伸缩变形等因素的影响会大大降低。而且纸质地形图制作工序多、劳动强度大、质量管理难，难以承载诸多图形信息，更新也极不方便。随着科学技术的进步和计算机技术的普及和发展及其向各个领域的渗透，以及电子全站仪、GPS-RTK技术等先进测量仪器和设备的广泛应用，地形测量向自动化和数字化方向发展，数字化测图与图解法测图相比，以其特有的高自动化、全数字化、高精度的显著优势而具有广阔的发展前景。

（2）空间信息可视化技术。空间信息可视化是科学计算可视化与地球科学结合而形成的概念，即通过研制计算机工具、技术和系统，把空间分析或数值计算获得的大量抽象数据转换为人的视觉可直接感受的计算机图形图像，从而可进行数据探索和分析，获取新的地学规律。可视化技术作为一门新兴实用技术，由于能直观、动态、多角度地表达地学现象，已在土地整治、水土保持等领域发挥着日益重要的作用。

（3）"3S"技术。"3S"技术是指遥感技术（RS）、地理信息系统（GIS）和全球定位系统（GPS）三项技术集成整合的统称，是空间技术、传感器技术、卫星定位导航技术和计算机技术、通信技术相结合，对空间信息进行采集、处理、管理、分析、表达、传播和应用的现代空间信息技术的整合。其中，RS技术主要承担空间信息数据的采集与分析；GIS技术主要承担空间信息数据的整合、存储、分析及输出表达；GPS技术主要承担地表物体准确快速定位和获取数据。三项技术相互补充、有机结合形成一个系统，实现各种技术的综合。

"3S"技术以其高精度、全天候、多时相、自动化、智能化等特点，为土地整治提供了一种全新的空间信息技术手段，成为提升土地整治管理能力和水平的重要技术手段。土地整治过程中涉及大量空间信息的获取、存储、分析、管理和应用，在整治区范围的确定，整治潜力分析，整治区田块高程、水系、水工建筑物、道路、村庄和土地利用类型等要素数据的获取，规划图的编制，项目验收、评价等方面都可以运用信息技术手段支撑。"3S"技术可以正确解读土地整治项目中包含的大量地理空间信息，辅助土地整治项目管理人员判断项目的真实性、合法性、合理性、可行性、准确性，使项目决策更科学、更高效。RS技术可用于大面积、快速获取项目区各种地物信息，是地物信息采集的主要手段；GPS技术可用于重要地物的快速空间定位，辅助外业踏勘调查；GIS技术可对多源空间数据进行综合处理、集成管理和各种空间分析，辅助项目决策。

（4）工程新技术。土地整治工程与技术最为显著特点是基于科学规划与设计，将新技术、新工艺、新装备、新材料、新产品及现代化信息与监测技术手段、技术标准等不同领域进行有效交叉和融合。土地整治技术装备的发展，为耕地保护、土地资源可持续利用提供了有力支撑。

随着土地整治工作的展开，土地整治目标从注重数量向数量、质量、生态管护并重为主要方向转变，污染土壤处理装备、生态化设计、低能耗设备、环境友好型材料等新装备新材料等工程技术应运而生。激光测控技术、无线传感技术、物联网技术、虚拟环境技术、人工智能技术、超低空无人遥感技术、新型节能环保技术、土壤淋洗技术等大量现代信息与控制技术迅速应用到了土地整治开沟埋管机、土地整治质量无线监测系统、土壤信息采集系统、土壤污染修复装备、土地整治生态化设计等产品与技术中。

17.2 土地整治中的数字测图技术应用

土地整治项目区基础图件是土地整治项目成果资料的重要组成部分。土地整治中大部分成果数据，如土地利用现状分布、土地整治规划方案、土地整治施工方案等，都要以地图的形式来表示。在土地整治项目管理过程中，当前主要存在几个问题急需解决。一是土地整治项目区基础资料精度不能满足项目管理的需要；二是传统的制图方法时间长、效率低、经济效益差，达不到应有效果。因此，土地整治项目管理工作对制图的速度和精度均提出了更高的要求。

17.2.1 基于卫星立体像对的项目区测图

利用卫星立体像对进行数据采集的方法与单个航片立体模型采集类似。不同之处在于提供的卫星立体像对是已经处理过的核线影像、重叠度大（基本为1）且覆盖地面范围广，所以在进行航外控制时只需按规则选定少数控制点即可。数据采集流程见图17.1。

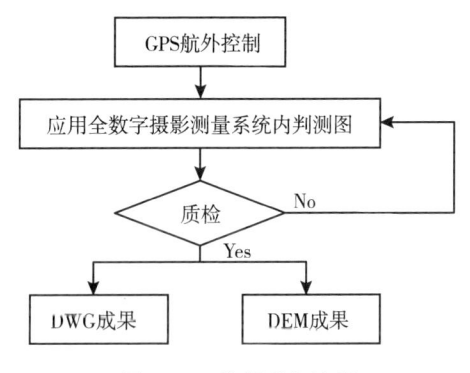

```
        ┌──────────────┐
        │ GPS航外控制  │
        └──────┬───────┘
               ↓
  ┌──────────────────────────────┐
  │ 应用全数字摄影测量系统内判测图 │←──┐
  └──────────────┬───────────────┘   │
                 ↓                    │
              ╱ 质 ╲   No            │
             ╱ 检   ╲─────────────────┘
              ╲     ╱
               ╲ Yes╱
         ┌──────┴──────┐
         ↓             ↓
   ┌──────────┐   ┌──────────┐
   │ DWG成果  │   │ DEM成果  │
   └──────────┘   └──────────┘
```

图 17.1　数据采集流程

针对 IKONOS 卫星立体像对分辨率高、覆盖范围大的特点，结合实际生产需求，分别设计了地物采集与制作 DEM 内插等高线两种不同的工艺流程。

（1）利用卫星立体像对进行地物采集流程。①资料准备，包括卫星影像数据资料，控制点资料，RPC 参数；②卫星核线影像预处理（处理成全数字摄影测量工作站能接受的 8 位 TIFF 影像格式）；③创建测区，定向恢复立体模型；④按编码采集矢量数据；⑤按图幅裁切矢量数据；⑥依据《数字测绘产品检查验收规定和质量评定》及生产技术要求，按调绘片检查矢量数据采集情况，重点检查使用的编码及数据的丢漏问题；⑦转换为 R12 版 DXF 格式的数据文件；⑧用提供的软件 1：5000.ARX、10000.ARX 给母线配置符号，关闭母线，编辑、打印出图；⑨直接将 DXF 格式的数据导入到 Geoway3.5 数据加工平台，编辑、打印出图。

本工艺流程中设置了两个检查点：联机检查、脱机检查。

联机检查：矢量数据采集后需要进行联机检查，包括自检和一检，主要检查地物要素的丢漏问题，抽查矢量要素的采集精度。自检发现问题及时改正，一检发现问题，需要进行记录，由作业员修改，修改后输出 DWG 数据格式，经编辑配符号，出图。

脱机检查：这部分主要检查图面的合理性，接边，数据分层问题。

（2）利用卫星立体像对制作 DEM 生成等高线流程。为了快速、高效地生成等高线，可以根据不同地区的地貌特点，采用不同方法先制作 DEM 产品，然后运用 DEM 生成等高线文件。生成等高线的步骤见图 17.3。

利用已有的高密度 DEM 成果可内插出等高线文件，将生成的等高线成果映射到立体上，进行编辑、修改可得到最终高质量的等高线成果。

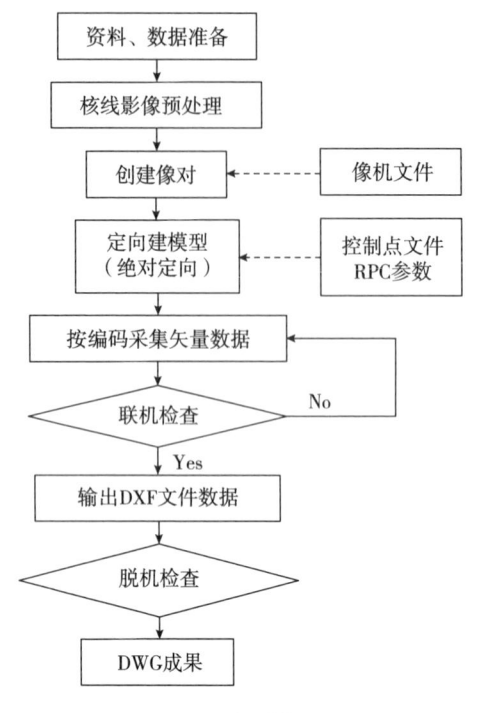

图 17.2　地物采集流程图

生成的等高线成果文件需重新导入到向量测图中套合到立体进行检查、编辑。

17.2.2　基于 GPS – RTK 技术的地形图测图

GPS – RTK 的工作原理是：在土地整治项目区内开阔的地方安置基准站，对 GPS 卫星信号进行连续跟踪观测，通过天线将观测值发送出去。移动站接收机在测点上跟踪 GPS 卫星信号的同时，通过无线电传输设备，接收由基准站发射的信息。当移动站完成初始化工作后，控制器根据相对定位原理实时计算并显示出测点的三维坐标和数据精度，同时将成果数据以文件的形式存储起来以便进一步应用。其技术原理见图 17.4。

GPS 原始定位成果是基于 WGS – 84 坐标系统下，我国目前常用的是北京 54 坐标、西安 80 坐标系统，GPS 的定位成果需要进行坐标转换才能使用。RTK 测量系统一般采用的方法是点校正，即根据一组控制点在两个坐标系下的两套坐标系统之间的转换关系，从而实现 RTK 测量点从 WGS – 84 坐标系到任意坐标系的转换。

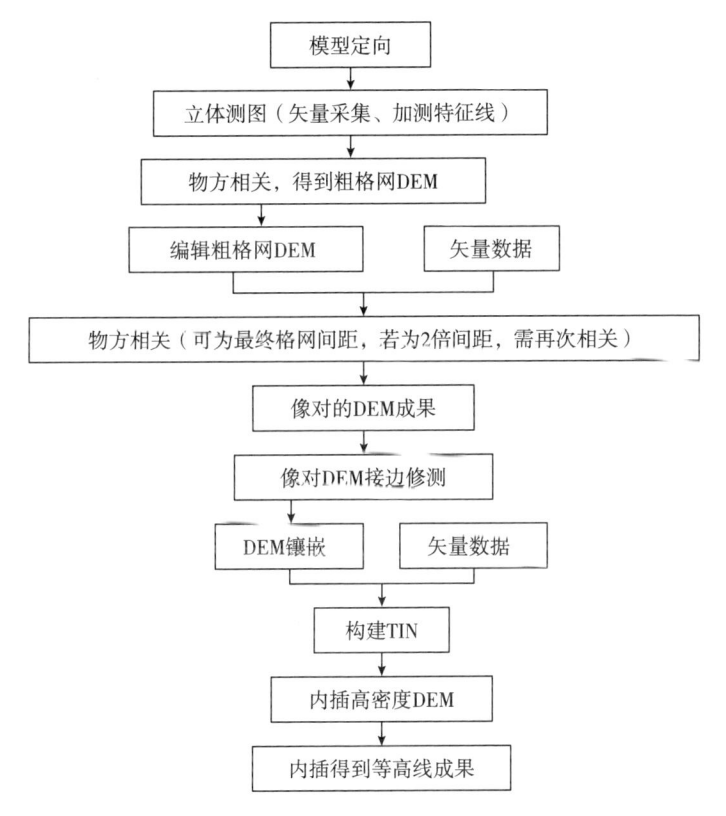

第 17 章 新技术在土地整治中的应用 | 375

图 17.3 生成等高线流程

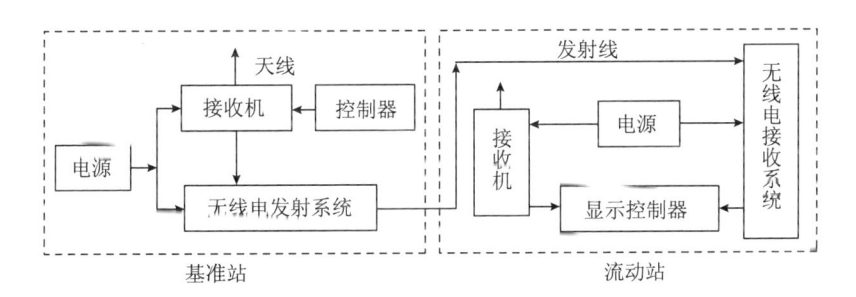

图 17.4 GPS-RTK 作业原理

基于 GPS-RTK 技术的土地整治测绘技术流程主要包括：准备阶段、GPS-RTK 外业数据采集阶段、数据传输处理阶段、图形编辑处理阶段及图幅整饰阶段等，见图 17.5。

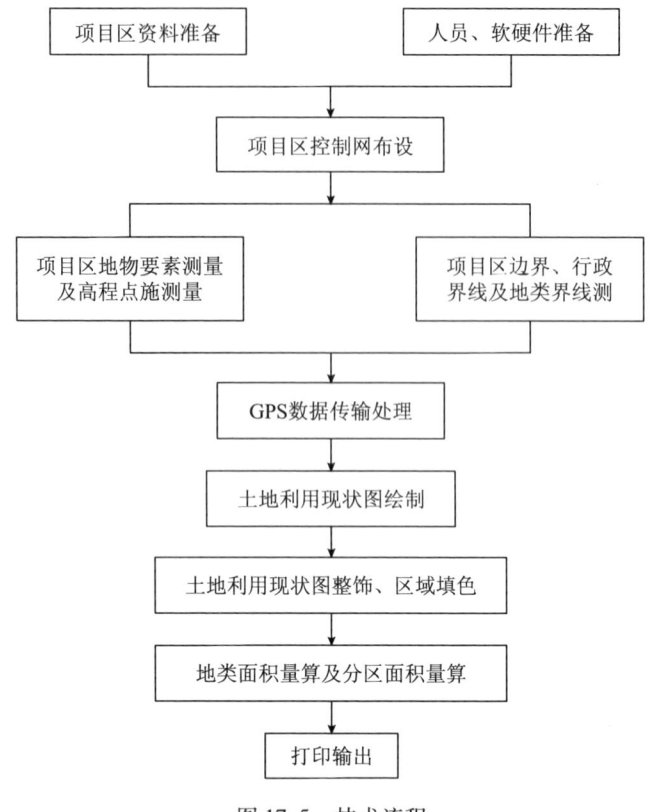

```
         ┌──────────────────┐      ┌──────────────────┐
         │  项目区资料准备  │      │ 人员、软硬件准备 │
         └────────┬─────────┘      └────────┬─────────┘
                  └───────────┬─────────────┘
                     ┌────────▼─────────┐
                     │ 项目区控制网布设 │
                     └────────┬─────────┘
         ┌────────────────────┴────────────────────┐
┌────────▼─────────┐                    ┌──────────▼──────────┐
│ 项目区地物要素测量│                    │ 项目区边界、行政    │
│   及高程点施测量  │                    │  界线及地类界线测   │
└────────┬─────────┘                    └──────────┬──────────┘
         └────────────────────┬────────────────────┘
                     ┌────────▼─────────┐
                     │ GPS数据传输处理  │
                     └────────┬─────────┘
                     ┌────────▼─────────┐
                     │ 土地利用现状图绘制│
                     └────────┬─────────┘
                     ┌────────▼────────────┐
                     │土地利用现状图整饰、 │
                     │       区域填色      │
                     └────────┬────────────┘
                     ┌────────▼──────────────┐
                     │地类面积量算及分区面积量算│
                     └────────┬──────────────┘
                     ┌────────▼─────────┐
                     │     打印输出     │
                     └──────────────────┘
```

图 17.5　技术流程

17.2.3　基于 GPS 和激光技术的快速测图

GPS 与激光相结合的系统工作原理见图 17.6。要测量 A 点的三维坐标，首先将 GPS 接收机和激光接收器固定在升降杆上并放置在 A 点，将激光发射器固定在三角架上后，放置在 B 点（该点的高程已知），通过调节升降杆的高度来接收激光信号，再根据测量杆的读数便可计算 A 点的高程，$h_{AB} = a - b$。A 点的平面坐标由 GPS 接收机提供；通过 GPS 与激光相结合的方法来测量地表三维数据。

从系统工作原理可知，B 点高程 h_B 已知，放置激光发射器的三脚架高度 b 已知，发射的激光平面距待测点 A 的垂直距离 a 可由测量杆读数得知，则 A 点高程 h_A 的计算公式为：

$$h_A = h_B - h_{AB} = h_B - (a - b)$$

（1）水平信息采集：差分 GPS 测量得到较为精确的水平坐标；

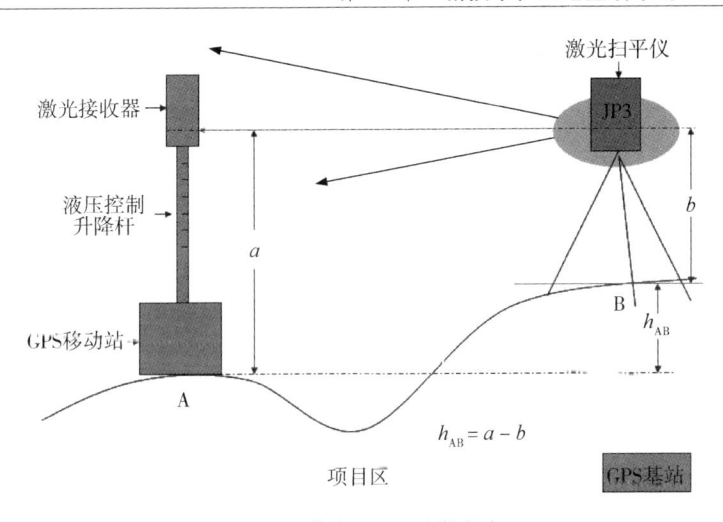

第 17 章 新技术在土地整治中的应用 | 377

图 17.6 激光和 GPS 测图原理

（2）高程信息采集：采用水平激光发射和接收装置来较准确判断高程位置。利用升降杆来扩大测量范围。AB 两点间的高差 $h_{AB}=a-b$。

该系统由 GPS 系统、激光、超声波、数据采集系统和测量杆五部分构成，其中：GPS 接收机用于提供测量点的平面坐标，激光系统用于测量激光接收器与发射器件的高差，并通过测量杆或超声波测距将此高差送入采集系统，然后进行数据的采集与存储（图 17.7）。采用 GPS 与激光相结合的方法来测量平原地区的三维信息，其中为了降低系统成本，选用 RTD-GPS 接收机测量土地的平面坐标，经过差分后的定位精度达到米级，能够满足项目要求；使用激光来测量土地的高程信息；通过实验不断完善系统，最终可形成一个实用的、快速的土地三维信息测量系统。

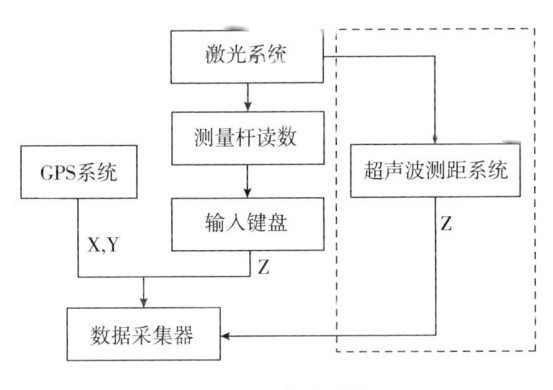

图 17.7 技术路线

基于 GPS 和激光技术的快速测图方法适用地区及精度要求：①应用于平原地区（地面倾斜角在 2°以下的地区，此类型的项目约占 60%）。②最大测量块面积≤1000 米×1000 米。

精度要求：平面精度 0.3～1.2 米，高程精度 0.5 米。

17.2.4 应用现状

制图工作成为获取和表达土地整治项目区位置、范围、数量和土地利用状况等信息要素，满足土地整治项目可行性研究、规划设计、工程量计算、施工放样和项目检查验收及土地整治对土地利用现状、地形等基础地理信息的需要而进行的基础工作。其中，土地整治项目地形图的准确程度直接关系到项目工程量及工程预算的准确性。"3S"技术因其强大的图形处理功能很好地解决了这一难题，以 GIS 技术处理图形数据为核心的"3S"技术，利用 RS 提供的最新图像信息作为数据源，结合 GPS 的精确定位，采用数字量化方式对制图要素进行定义，它对图形可以做到"无痕"修改，对图形的各种变换（如字体大小、地物色调、比例尺等），质量极为稳定，重复制图耗时少、费用低，从而实时、准确而又经济地为人们提供土地整治工作中所需要的精确的图件、各种空间信息和决策辅助信息。

17.3 土地整治中的可视化技术应用

17.3.1 二维可视化表达与分析

基于"3S"技术的二维可视化表达与分析，主要是在土地整治基础信息库的基础上，运用空间数据可视化技术，直观形象地显示基础地理要素。土地整治涉及耕地、林地、水域、未利用地规模、结构等大量地理数据，运用可视化技术，在选择视觉变量的基础上，利用地图符号、注记和图例说明，分图层、分区域，形象地显示地理数据。此外，运用地理信息查询可视化技术，实现对土地整治基础地理数据、相关图形、表格和文字等相关信息查询。运用空间分析可视化技术，直观显示分析过程。缓冲区分析、叠置分析、坡度分析等空间分析，为土地整治规划中的土地整治难易等级评价、土地整治潜力评价等提供了有力的支持，直观形象地展示了土地整治潜力评价的分析过程和结果。

17.3.2 三维可视化表达与分析

运用可视化技术对土地整治的相关内容直观、动态、多角度地进行三维可视化表达，主要有静态表达和动态表达两种。静态表达主要是运用虚拟现实技术，创建三维地理信息环境；动态表达主要是运用地图动画技术，动态展示研究区。

（1）地形图扫描及纠正。纸质地形图要求平整无损、图廓点完整、符号线条清晰。将研究区域内的纸质地形图扫描，扫描分辨率为300DPI，扫描成256色彩图。为保证矢量化精度，对扫描数据必须做纠正处理。彩图采用逐格网纠正，分版二底图采用四点整版纠正。方里网交点坐标与理论值应严格控制在0.1毫米以下。

（2）等高线矢量化。使用ScanIn、GeoScan等软件进行等高线矢量化。采用自动矢量化形式，要根据等高线描绘的不同地貌类型设置相应合理的参数。如山地、高山地曲线成组、走势均匀，控制参数应设置稍大一些，方向控制、长度控制、管道半径参数可分别设为0.2、2、0.2；沙地地貌，小的闭合曲线很多，参数设置的要较小，上述参数分别调整为0.05、1、0.05，以确保跟踪效果最好。

（3）等高线高程赋值和检查。矢量化以后的等高线，要逐线赋值并检查数据质量。不同的地形地貌，其等高线的走势不同，如山脊线高程值升高，山谷线高程值降低。本研究选择的实验区地形复杂，沟壑、悬崖较多，增加了高程值赋值的难度。

（4）图幅拼接。为保证数字高程模型的完整性、连续性、矢量数据必须完全接边，图内各要素与本图图廓线必须严格吻合，不得偏离；相邻图幅要素要进行数字接边、属性接边；原图高程基准、坐标系不同的，接边处理应合理；属性精度、完整性和逻辑的一致性符合设计要求；保证数学精度和属性的正确性。在换带接边中，跨带接边的图幅需将邻带图幅进行投影变换后，再做拼接。80坐标系与54坐标系的图幅接边，首先必须统一到80坐标系方可接边，不得出现漏洞或系统性偏移，由于坐标转换会导致图幅间出现接边空隙，所以54坐标系的图幅应以80坐标系图幅为准顺势连接；重叠区以80坐标系图为准，替代重叠部分。位置接边的要素，属性也必须接边。

（5）线数据提取高程点插值生成DEM。生成DEM时，根据离散的高程点插值成格网。要先把矢量化的等高线抽稀成离散的高程点，再插值得到 DEM。等高线抽稀有两种方法：①等距离抽稀，即在等高线上每隔一定的距离提取一个高程点，根据实际需要设定抽稀因子；②等曲率半径抽稀，即根据等高线的曲率半径决定取点密度，根据实际需要设定曲率因子。对于等高线平滑的地区，可选择等距离抽稀；本实验使用的是山区等高线数据，曲率半径很小，选择等曲率半径抽稀，曲率因子选择 0.01。得到离散的高程点后，插值生成 DEM。

（6）项目区地物三维建模数据准备。项目区地物的三维模型数据须通过 DLG 数据或地物设计数据和地物高程数据利用一定的建模方法生成三维模型，也可以利用三维激光扫描设备建立三维模型。地物纹理数据可以利用航摄立体像对快速提取或通过野外照相或摄像的方法快速获取。原有地物三维建模数据也是保留历史变迁资料、拆迁经费预算和工程量估算的依据。

（7）利用 DEM 建立三维模拟项目区。三维模拟是将遥感影像图叠加于 DEM 上，建立研究区域的三维影像，来直观地观察地形的起伏变化及各种地类的分布情况，可以在模拟的地理环境中执行显示、查询和分析操作。用户通过设定观测方位角、观测高度、观测视角、飞行路线、飞行速度等一系列参数，以实现地貌分析及其他各种分析的目的。以贵州省和宁夏回族自治区土地整治重大工程项目区为例，三维飞行效果见图 17.8。

（a）贵州省土地整治重大工程项目区　　（b）宁夏回族自治区土地整治重大工程项目区

图 17.8　三维可视化及飞行漫游

17.3.3　应用现状

可视化技术作为一门新兴实用技术，由于能直观、动态、多角度地表达地学现象，已在土地整治、水土保持等领域发挥着日益重要的作用。目前，流行的 GIS 或遥感图像处理软件，大多数都具有三维场景模拟飞行功能，可视化飞行技术对野外实地考察起到了重要的引导和参考作用。

17.4 土地整治监测监管技术应用

为实现对各级各类土地整治项目的"集中统一、全程全面"监管，需要按照"系统一体化、数据集成化、信息综合化、成果可视化"的思路，集成 RS、GIS、GPS、网络和移动互联技术，在国土资源综合监管平台的基础上，构建土地整治监测监管技术应用平台，实现"天、地、网"等技术手段的一体化综合应用。

17.4.1 土地整治日常监管技术应用

17.4.1.1 日常监管内容

依托农村土地整治监测监管系统、国土资源综合监管平台、土地整治监测监管技术应用平台和"一张图"等，实现备案信息统计分析制度化、督导检查制度化、工作通报制度化，保障土地整治报备信息全面、真实、准确、及时，在此基础上实现对各级各类土地整治项目的日常监测监管，对项目的真实性、合法性、合规性、可行性、准确性等进行核查，重点是加强对项目工程施工进度、工程质量、资金使用、廉政建设等情况进行日常监督检查，及时发现并督导整改项目存在的重大问题。

17.4.1.2 日常监管技术手段

计算机网络是信息处理工具和信息传输工具完美契合的产物，构成了信息社会的重要基础设施框架，为现代社会的发展提供了强大动力。近年来，网络技术的发展呈现出集成化、智能化、开放化的特点，集成化表现在各种服务和多种媒体应用的高度集成，智能化主要表现在网络信息传输路径和处理手段的自动化及其良好的用户应用接口，开放化主要体现在计算机网络的兼容性问题上。随着多媒体信息资源在计算机网络中的大量传输和有线网络在某些环境中信息传输的不方便，使得网络技术又呈现出高速化和无线化的发展趋势。网络技术的迅速发展及其应用领域的不断延伸，不仅为土地整治项目信息传输，同时也为实现基于网络技术的日常监测监管创造了必要条件。

传统的土地整治项目信息报送和土地整治实施监管方式越来越不能满足规范化、现代化管理的要求，依托计算机网络技术提升土地整治项目信息报送效率，全面推进信息化管理成为必然选择。农村土地整治监测监管系统初步解决了土地整治项目信息方便快捷备案的问题，提高了备案工作效率，初步具备了通过与国土资源"一张图"叠加进行比对分析开展监管工作的功能，但仍以发挥信息报备渠道作用为主要目标，还不能满足土地整治日常动态监测监管的需要。因此，必须在巩固现有信息报备渠道的基础上，立足于日常监测监管业务工作的实际需求，建立健全依托网络运行的日常监测监管技术应用平台，集成土地整治项目信息报备、数据处理、多源数据融合分析、查询检索、辅助决策、成果输出展示等各种功能。依托综合监管技术应用平台，将项目区遥感影像和不同类型数据源进行叠加分析，有助于在项目管理不同阶段针对不同的管理需求，对项目作出更加直观、科学的判断，达到辅助决策的目的。如和 DEM 数据叠加，可以构建起项目区三维影像图，在三维可视化环境中，运用模拟飞行技术，实现叠起来、立起来、动起来、飞起来的效果，同时借助于各种图、表，可以直观、动态、多角度、全方位地观察项目区，在三维环境中对项目的地形地貌特征、坡度坡向、土地利用情况、基础设施的分布等情况进行分析和判断。将项目规划图与影像图叠加，可以分析判断规划设计方案是否符合实地情况，还可以对项目是否按规划设计施工及工程进度进行动态监测，实时了解项目实施进展情况。将项目竣工图与影像图叠加，可以判别竣工图的真实性，有利于对项目实施实际情况作出更科学、更准确的判断。这种不同数据源的叠加分析，可以提高土地整治管理人员对项目真实性、合理性、可行性的判断能力，提升监测监管工作质量和效率。

要实现对各级各类土地整治项目的全程全面、集中统一监测监管，还必须有动态更新的多源数据。现行报备系统是土地整治项目信息的统一报备渠道，是开展监测监管工作的重要数据来源，同时还要根据监测监管工作需要融合不同时相、不同类型的遥感影像数据，及时收集补充动态监测过程中产生的管理信息和野外调查采集的数据，在推进日常监测监管的过程中，逐步建立起土地整治本底数据库。

17.4.2　土地整治遥感监测技术应用

17.4.2.1　遥感监测内容

运用航空、遥感监测等技术，快速、大范围获取土地整治项目区信息，核实项目的真实性与可行性，及时掌握土地整治项目实施进展情况。主要开展以下工作：

（1）土地整治重大工程项目遥感监测。不同阶段土地整治项目管理的目标不同，遥感监测的重点和对遥感影像数据的需求也不同。①在项目前期评审论证阶段，以对项目作出真实性和技术可行性判断为主要目标，重点监测项目边界范围、实施区域的基础设施条件、自然资源条件和地类分布状况等。②在项目实施阶段，以对项目实施情况快速作出形象进度判断和发现重大问题为主要目标，重点监测项目施工范围、施工面积和主要工程建设任务完成情况。③在项目实施和竣工验收阶段，针对有特定需求、需要进行精确量化分析的重点项目区，以充分识别并量算工程量为基本要求，优先选择高分辨率卫星影像，可以清晰勾绘项目区各地类界线，比较精确地统计地类面积，清晰辨识项目区内农田基础设施，能够充分反映项目区真实状况，有助于对项目作出科学判断。

（2）土地复垦项目遥感监测。对于自然灾害损毁土地复垦项目，因一般具有范围较广、规模较大、施工前后对比鲜明等特点，可选用国产较高分辨率卫星影像，如资源三号卫星、高分一号卫星影像等；对于生产建设损毁土地复垦项目，因一般具有规模小、损毁原因复杂、复垦效果难评判等特点，可选用高分辨率卫星影像。

（3）增减挂钩试点等项目遥感监测。增减挂钩试点、低丘缓坡地开发试点等试点项目一般具有点多、分散、规模小等特点，监测难度较大，可选用高分辨率卫星影像。

（4）耕地占补平衡考核监管。目前，主要是运用国土资源综合监管平台中的"批后跟踪"、"比对核查"等功能，设置比对规则，将补充耕地项目区与土地利用现状、遥感影像套合，筛选出存疑项目，开展核查工作。

17.4.2.2 遥感监测技术手段

运用遥感技术监测土地整治项目，除了进行常规的地类识别、面积量算以外，更重要的是要获取土地整治工程信息，如田间道路工程、灌溉与排水工程、农田防护工程等。在土地整治项目管理的不同阶段，实现的管理目标不同，监测的重点不同，因此对遥感影像数据的需求也不同。以土地整治重大工程项目为例：

在项目前期评审论证阶段，以对项目作出真实性和技术可行性判断为主要目标，重点监测项目边界范围、实施区域的基础设施条件、自然资源条件和地类分布状况。综合考虑数据精度需求、数据可获取性及成本等因素，可选择国产资源一号02C卫星影像（全色5米，多光谱10米，幅宽：60千米），数据质量可满足1:2.5万~1:10万比例尺精度要求，最小监测图斑面积达到 0.2 亩。

在项目实施阶段，以对项目实施情况快速作出形象进度判断和发现重大问题为主要目标，重点监测施工范围、施工面积和主要工程建设任务完成情况。可选择国产较高分辨率卫星影像，目前可用的主要有两类数据源：①资源三号卫星影像（全色 2.1 米，多光谱 5.8 米，幅宽：51 千米），同时可提供三维几何数据；②高分一号卫星影像（全色 2 米，多光谱 8 米，幅宽：60 千米）。

在项目实施和竣工验收阶段，针对需要进行精确量化分析的重点项目区，以充分识别并量算工程量为基本要求，应选择空间分辨率优于 1 米的高分影像数据。从实验结果看，通过解译高分辨率影像可以清晰勾绘项目区各地类界线，比较精确地统计地类面积，清晰辨识项目区内农田基础设施，能够充分反映项目区真实状况，有助于对项目作出科学判断。当前可用的高分卫星影像数据主要有：IKONOS（全色 0.8 米，多光谱：3.2 米）；GeoEye-1（全色 0.5 米，多光谱 2 米）；QuickBird（全色 0.61 米，多光谱 2.62 米）；WorldView-1（全色 0.5 米）；WorldView-2（全色 0.5 米，多光谱 2 米）；Pléiades-1A（全色 0.5 米，多光谱 2 米）。

对其他各类土地整治项目的遥感监测，应根据项目自身特点，根据所要达到目标的不同，选择适宜的遥感影像数据，以能够满足地类识别和工程形象进度判断为基本要求，以国产高分辨率影像数据为主要选择。开展土地复垦项目遥感监测，对于自然灾害损毁地复垦项目，因一般具有范围较广、施工前后对比鲜明等特点，可选用国产较高分辨率卫星影像，如资源三号卫星、高分一号卫星影像；对于生产建设损毁地复垦项目，因一般具有规模小、损毁原因复杂、复垦效果难评判等特点，应选用空间分辨率优于 1 米的高分影像数据。开展增减挂钩试点等项目遥感监测，因增减挂钩试点、低丘缓坡地开发试点等试点项目一般具有点多、分散、面积小等特点，监测难度大，应选用空间分辨率优于 1 米的高分影像数据。耕地占补平衡考核和年度新增耕地管理信息核查标注等工作，都可以借助"一张图"开展。

另外，无人机航空摄影测量技术是一种较新的测绘技术手段，可满足快速获取测区影像数据，生产 DEM、DLG、DOM 等产品的需求，为中小测区特别是土地整治项目建设前期勘测设计提供了有效的航测遥感技术服务。

17.4.3　土地整治现场调查技术应用

（1）现场调查内容。现场调查评价是土地整治项目管理中的一个重要环节，也是了解掌握项目情况的一种重要方式，贯穿于整个项目周期。项目不同管理阶段现场调查工作的目的和侧重点不同。例如，在项目选址申报阶段，技术人员需要到现场调查项目区的自然资源条件、基础设施条件、经济社会状况和权属情况等；在项目检查验收阶段，需要对项目规划设计执行情况、建设任务完成情况、工程质量状况、资金使用情况、制度执行情况等进行全面调查评价。但无论哪个阶段的现场调查工作，都可以归纳、抽象为4项基本任务：一是地物识别，对项目有关信息作出真实性判断，解决有没有、是不是的问题；二是地物量测，对项目有关信息如面积、长度等作出准确性判断；三是信息采集，通过一定的手段获取地形、土壤等基础信息；四是现场记录，在调查过程中将收集到的各类信息现场记录留存下来。通过例行检查、专项稽查、重点督查、实地评估等各种方式，深入土地整治项目实地，切实摸清问题、搞准情况、强化整改，发挥好指导和监督监管作用。主要开展以下工作：①高标准基本农田建设督导检查。对全国土地整治规划确定的高标准基本农田建设任务，特别是500个高标准基本农田示范县建设及有关信息上图入库工作进行实地督导检查。②重大工程和示范建设督导检查。对国务院批准实施的土地整治重大工程项目和部省协议确定的示范建设任务进行年度评估，对实施进展、制度建设、存在问题和改进措施等进行系统总结评价，开展实地核查和督导检查。③耕地占补平衡考核检查。对各地年度建设用地项目占补、补充耕地项目工程质量、补充耕地质量等级、制度建设与后期管护等情况进行实地检查；对检查中发现的疑似项目和重大问题进行实地核查和整改督导。④省级耕地保护责任目标履行情况检查。对各省耕地保有量和基本农田面积变化、土地利用总体规划执行、土地利用年度计划执行、耕地占补平衡落实、耕地质量建设和保护、耕地保护责任目标考核工作开展等情况进行实地检查，对检查中发现的重大问题进行实地核查和整改督导。⑤土地变更调查新增耕地核查。对土地变更调查中新增耕地图斑、土地整治项目区图斑、增减挂钩项目区图斑等进行实地抽查与核实。⑥城乡建设用地增减挂钩等各类试点项目检查指导。对城乡建设用地增减挂钩、工矿废弃地复垦利用、低丘缓坡未利用地开发利用、城镇低效用地再开发等试点项目建设进展、资金使用、制度执行、实施成效等情况进行实地检查指导。⑦土地整治信息报备工作督导检查。对各省按照有关文件要求报备信息的全面性、准确性、真实性、及时性等进行实地督导检查。

（2）土地整治现场调查手段。通常采用的现场调查方法是借助于地形图、项目现状图、项目规划图等各类纸介质资料，根据项目管理各个阶段不同的调查目标需求，利用常规工具完成目视定位、实地调查、测量、记录工作。这种传统工作方式通常存在定位难、测量难、记录难、信息采集管理难等缺点。土地整治现场调查评价工作要想上台阶、上水平，就必须上手段，围绕科学管理的目标，开发一套低成本、便携式、便利用的软硬件集成的先进技术装备，使复杂的现场调查工作变得简单而高效。运用该装备，可以克服传统调查方法的不足，提升工作效率。系统运行的基本原理是：以移动终端为平台，利用 GPS 定位、导航和 GIS 一般数字地图操作功能，通过地理位置的变化实现项目区实地和电子图件的实时联动，对项目区地物的真实性和相关信息的准确性进行实时判断，现场记录或绘制、拍摄调查成果。所选移动终端不同，精度不同，可满足不同用户的不同需求。该系统采用先进的技术，结合了 GIS、GPS、VRS 等技术，支持主流的 Windows Pocket PC/Mobile 平台，通过 GPS 辅助现场调查系统，可以方便现场量测，实现实地与图件联动，方便使用的电子手簿功能，实时显示所处位置和行走路线，在一定程度上提高了现场调查的质量和效率。系统可实现的主要功能有：①支持矢量和遥感影像。支持多重数据格式的遥感影像和矢量数据，可以实现规划图和现状图及项目区影像图的叠加显示。②方便的地图操作。系统提供了方便的地图缩放、漫游等功能，快速定位要查看的区域，系统采用数据分层的方式，用户可以设置每个图层的显示样式、显示比例尺范围和标注参数，生成专业的规划图和现状图。③实地测量。通过 GPS 的定位功能，工作人员测量地物拐点位置后，即可获得地物的面积、周长等信息。如果有特殊原因，无法测量地物的拐点，可以通过量测工具，在图上测量地物的拐点，可以通过量测工作，在图上测量，并且可将记录的测量轨迹保存为草图。④现场问题记录。使用电子手簿功能，现场调查人员可以直接在 PDA 上进行野外记录，电子手簿的记录与被记录地物相关联，并可以标注问题的严重程度，也可以添加文字描述等，便于整理统计。⑤信息查询。通过信息查询功能，可以查询项目区单体功能的信息，如沟、渠、涵、桥、井、田块等的现状和规划信息。⑥辅助设计。在项目踏勘阶段，通过现场数据采集，摸清项目区的实际情况，辅助后期的设计工作，避免了后期施工过程中的实际变更问题。⑦辅助调查报告生成。项目现场调查结束后，将调查过程中利用电子手簿记录的信息以调查报告的形式导出来，有效地提高了统计汇总工作的效率和质量。

图 17.9 辅助现场调查系统

17.4.4 应用现状

目前，农村土地整治监测监管系统、城乡建设用地增减挂钩试点在线报备系统、耕地占补平衡动态监管等系统的陆续投入运行，为国土资源部开展"以图管地"，农村土地整治清理检查，土地整治项目实施例行检查、专项稽查、重点督查，城乡建设用地增减挂钩清理检查，占补平衡年度考核、省级政府耕地保护责任目标考核、基本农田补划比对核查、新增建设用地图斑核查、新增耕地管理信息核查标注等工作提供了基础数据支撑。遥感技术作为快速、大范围获取土地整治项目区信息的有效手段，在土地整治项目管理中得到越来越多的应用。特别是近年来无人机遥感监测技术的迅速发展和推广应用，进一步提升了土地整治管理工作能力和水平。土地整治辅助现场调查评价装备利用移动手持平台集成 GPS 和移动 GIS 技术，针对土地整治各个业务阶段现场调查工作的需求，提供了地图导航、信息查询、现场测量、问题记录、现场拍照和数据汇总等功能，有效解决了土地整治项目实地调查工作定位难、测量难、记录难、现场采集信息和使用管理难的问题。

随着监测监管制度、技术标准的不断完善，在土地整治信息技术应用方面，各地充分利用国土资源部农村土地整治监测监管系统，大力开展土地整治项目监测监管技术研究，通过建设省级土地整治项目管理系统，实现项目"一张图"管理模式，结合3S技术，实现土地整治项目的规范化、科学化管理，促进了全国土地整治监测监管整体能力和水平的提升。

17.5 土地整治工程新技术应用

17.5.1 激光平地机

激光平地机采用激光测量平面和电子控制系统作为非视觉的控制手段，利用控制液压系统调节平地铲的自动升降，进行精细化土地平整。激光平地机可以提高土地平整精度，其激光接收系统的灵敏度远远高于人工操作，具有常规土地平整方法无法比拟的优越性。

17.5.1.1 设备简介

激光平地机一般将机械控制技术、液压控制技术、传感器技术、电子技术整合在一起，构建了一体化激光精平系统。

（1）激光平地控制技术。激光控制器是整个激光控制平地系统的控制中枢，对整个系统的平稳高效运行，起着关键作用。激光控制器主要负责分析处理来自激光接收器的位置偏差信号，并为液压系统电磁阀输出相应的控制信号，再由液压调节部分驱动液压油缸，使平地铲上下运动，并在拖拉机的牵引下完成激光控制平地作业。激光平地控制系统主要包括激光发射器、激光接收器、激光平地控制器、平地铲液压控制系统（电液换向阀、液压油缸及位移传感器、液压马达、拉力传感器、激光接收器升降装置、阀块、液压泵、油箱等）和液压平地铲等部分，如图17.10所示。

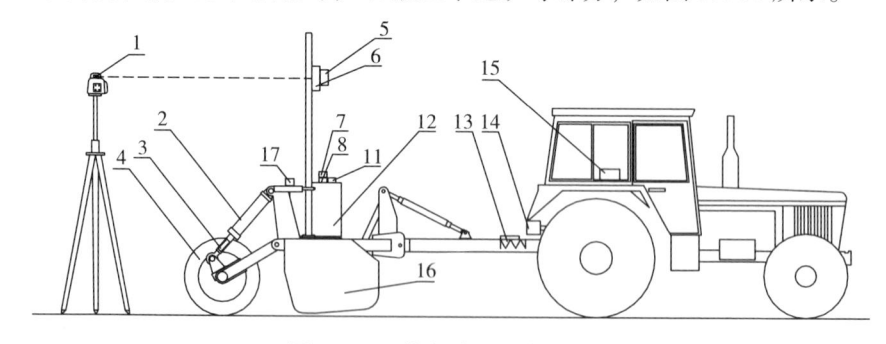

图17.10 激光平地系统结构图

1—激光发射器；2—液压缸；3—位移传感器；4—支撑轮；5—激光接收器；6—激光接收器升降装置；7—电液换向阀；8—阀块；12—油箱；13—拉力传感器；14—液压泵；15—控制器；16—平地铲；17—液压马达

（2）激光三维地形测量设备。激光三维地形测量设备在原有激光平地系统的基础上，采用 GPS 和激光技术相结合的方式，利用 GPS 获得平面坐标，利用激光技术设备获得相对高程信息。依据用户和实际作业需要，研究开发了便携式三维地形采集器和车载式三维地形自动测量系统。车载激光三维地形测量系统采用自动升降结构和激光接收器取代测量杆，通过电子眼获取地面高程信息，当接收器的中心位置偏离激光扫平面时，控制终端控制自动升降机的升降从而保证激光接收器能接收到激光信号，通过激光接收器和自动升降机构的反馈信息来确定相对高度。

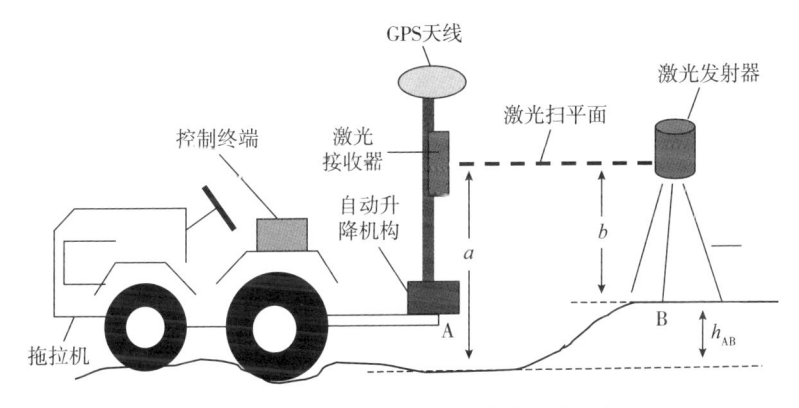

图 17.11　车载激光三维地形测量原理图

车载激光三维地形自动测量系统采用功能模块化和集成化设计理念，开发了性能较好的激光测量接收器和信号编码器及集测量、平地功能为一体的控制器，可以和不同的 GPS 设备及国内外的液压调节系统配套使用。车载式三维地形自动测量系统分为四个独立的部分：激光测量接收器、控制器、GPS 接收系统及液压控制系统。结构如图 17.12 所示。

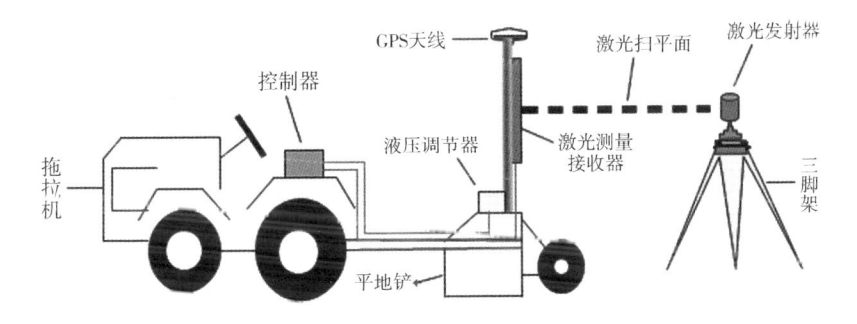

图 17.12　车载激光三维地形测量结构图

17.5.1.2 作业流程及方法

(1) 田间准备阶段。操作人员驾驶拖拉机到土地平整田块，目测田面平整、起伏情况，打开控制器手动开关，将平地铲标高调到与地面起伏相适应的位置，然后上下调整激光接收器至其绿灯亮时，激光控制平面即在接收器的中心控制点上。

(2) 初平阶段。开动拖拉机在田面上行进，随时观察控制器的指示灯和平地铲"吃土"情况，根据平地铲"吃土"情况不断调整激光接收器，通过接收器的上下移动调整平地铲与地面的距离，使拖拉机牵引力与铲土量协调一致；调好后将控制器置于自动开关位置，从高点至低点进行初平，尽可能遵循就近取高填低、多作业少跑路原则。

(3) 细平与精平阶段。初平后应该重新调整平地铲标高，开始进行细平，根据田面的起伏情况将平地铲降低至适当位置，开始对田面进行细平；最后再将平地铲标高进行轻微调整后开始精平，当控制器绿灯常亮或不断闪烁时表明平地作业完成。

17.5.1.3 应用现状

激光平地技术平整农田在国外已有几十年历史，是一项比较成熟的技术，取得了较好的经济效益：如美国和葡萄牙应用激光平地技术，农田灌溉水均匀度提高了17%~20%，农作物产量提高了7%~31%；印度的农田灌溉节水15%~20%；土耳其的灌溉水效率提高了25%~100%，小麦增产了35%~75%，棉花增产了20%~50%。

近年来，我国也开展了激光平地技术的应用实践，引进了光谱精平仪、拓普康等激光平地设备，在北京昌平区、大兴区、海淀区，河北邯郸市，四川广汉市和广东广州市等地的旱田和水田平整中分别进行了大量的试验，取得了理想的平地效果；在黑龙江、吉林、新疆等省（自治区）的规模化生产农场推广使用，取得了良好的效果，可节水30%~50%，作物产量提高了20%~30%，灌溉水效率提高了30%，同时减少田间肥料的流失。

激光平地机在土地整治中也开展了一些试验示范工作，如中国农业大学2008年在湖南省新田县开展的国产激光平地系统实验结果表明，平整后的土地，土粒均匀、田面起伏可控制在±1厘米以内，实现了节水、节肥、增产、增效的目标，还大大降低了田间测量成本；北京农业信息技术研究中心2010—2011年先后在山西省运城市闻喜县后宫乡、黑龙江省农垦阎家岗农场、逊克农场等地的土地整理项目区开展了激光平地示范工作，结果表明，激光平地机能够适应旱田和水田土地平整作业要求，设备运行稳定可靠，作业效果良好，得到了用户的一致认可。

17.5.2 开沟铺管机

17.5.2.1 暗管改碱技术

暗管改碱的基本原理是遵循"盐随水来，盐随水去"的水盐运动规律，使土壤盐分渗入地下的水体通过管道排走，从而达到控制地下水位、防止耕作层返盐、有效降低土壤盐分的目的。

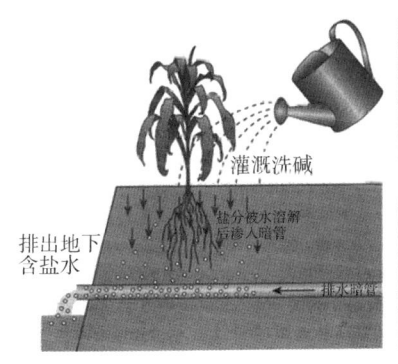

图 17.13 暗管改碱原理示意图

暗管铺设采用开沟埋管机作业，将数据输入电脑和激光发射器，开沟、埋管、裹砂、敷土一次完成。暗管改碱技术实现了机械化、工程化施工。

17.5.2.2 设备简介

开沟铺管机是遵循暗管排盐技术原理而研发的，用于铺管暗管改良盐碱地的一种专用机械设备。暗管技术改良盐碱地的基本原理就是根据水盐运动规律，在盐碱地一定深度铺设系列暗管，一方面通过降水或灌溉淋洗，将土壤中的盐分通过这些管道排走，从而达到土壤洗盐排碱的目的；另一方面这些管道能够将地下水水位降低到埋设深度以下，从而起到有效控制地下水上升，防止土壤次生盐渍化的作用。在工程施工技术上，利用大型开沟铺管机（该装备配备激光发生器等高精度的操控设备），实现开沟、埋管、裹砂、覆土一次性完成，形成了一套现代化、自动化的工程施工技术，大大提高了工程效率，解决了人工作业很难达到的质量控制要求，为大面积工程化整治盐碱地提供了装备和技术保障。

开沟铺管机主要由液压系统、行走驱动系统、电气控制系统、挖掘系统和管箱等部件组成（图17.14）。该设备是针对盐碱地作业环境，以光、机、电液一体化技术为基础，能够一次完成开沟、埋管、裹砂、敷土等工程内容。开沟铺管机采用电子控制单元的动力系统、具有行走速度实时监测、流量反馈控制的全液压驱动行走系统、基于电液控制的开沟臂浮动系统设计与开沟执行系统等技术特点。主要性能指标包括挖沟深度 0.7~2.5 米，挖沟宽度≤400 毫米，埋管直径 60~150 毫米，工作速度 0~2 千米/小时，导航精度偏航距离±200 毫米，埋管高程误差±20 毫米。

图 17.14　1KPZ-250 型开沟铺管机系统构成与整机外貌

17.5.2.3　应用现状

以大型开沟铺管机进行工程化施工为核心的暗管排盐技术在我国目前还属于一项新技术，由国土资源部土地整治重点实验室主持研发完成，正处在研究成果的推广转化阶段，已在东部滨海盐碱地改良取得了显著的示范应用效果。吉林大安、天津滨海新区、河北沧州、山东东营、江苏如东建设了总规模 3.6 万亩不同水盐条件和改良利用目标下的暗管排盐示范区，为当地土地开发利用及土地整治重大工程项目发挥出了重要的科技支撑作用。从实际应用效果看，暗管排盐技术在节地节水，提高耕地质量，促进土地集约化利用方面成效明显，产生了良好的经济、社会与生态效益。一是节地。因暗管深埋于地下，自身不占用耕地，并可节约大量的排碱沟占地。利用暗管技术将原来部分农级和斗级排水沟用暗管替代，仅此一项可节地 18% 以上，远高于一般土地整理的出地率。同时，每年还能节省大量渠道清淤的费用。二是节水。暗管改良盐碱地所布设的管道系统实现了让农田灌排水在管道中流动,实现了与农田喷滴灌等节水技术无缝衔接,形成了管网化的输、灌、排控制系统,可进行定量化灌溉洗盐,有效克服了传统大水漫灌洗盐的局面。同时,通过管道排出的水可回收多次利用,这对缺水地区具有重要意义。三是有效提高了耕地质量。在山东东营示范区,实施暗管排盐技术后,使几乎没有产量的重盐碱地可在 1~2 年内迅速脱盐,棉花出苗率由原来的 4 成增至 8 成,接近中产水平。重盐碱地改良 3 年后,耕作层含盐量由 10‰~30‰降为 3‰~4‰,接近高产田的水平。这对我国 1 亿多亩的盐碱化耕地整治具有重要借鉴意义。四是有效提升了耕地集约化水平。实施暗管排盐技术,由传统的"明灌明排"改为"暗灌暗排",减少了渠道对地块的切割,扩大了田块面积,有利于农业机械化作业,提高了土地的集约化水平,促进了现代农业发展。

以开沟铺管机为核心的暗管排盐技术是在土地整治过程中针对盐碱地治理的一项工程技术措施。在盐碱地整治过程中,除传统的土地平整工程、灌溉与排水工程、田间道路工程、农田防护与生态环境保持工程外,针对盐碱地治理增加一项盐碱地治理工程,列入高标准基本农田建设标准中其他工程范畴。在具体实施过程中,可根据《暗管改良盐碱地技术规范》(TD/T 1403.1—2013 和 TD/T 1403.2—2013)与土地整治项目同时调查、同时规划和同时施工。

17.5.3 无人机

无人机是一种以无线电遥控或由自身程序控制为主的不载人飞机。主要由飞机机体、飞控系统、发射回收系统、地面测控站等软硬件系统组成。无人机主要分为固定翼无人机、旋翼无人机(无人直升机)和无人驾驶氦气艇三种类型。根据动力类型不同,分为汽油动力无人机和电动无人机。与卫星遥感、航空遥感等技术相比,无人机航测技术具有速度快、精度高、成本低等特点,并且可以有效避免云层干扰、满足低丘高山等复杂地形的航空摄影。

17.5.3.1 设备简介

无人机航测技术在航空摄影测量理论方法的基础,将非标准传感器数据变换成透视图像,航摄照相机按照规定的航高和设计方向对地面呈直线摄取相片,结合地面控制点测量和相片调绘,通过航空摄影测量方法和专业处理软件,进行影像匹配、空三解析等数据处理,生成数字正射影像图

（digital orthophoto map，DOM）、数字高程模型（digital elevation model，DEM）及数字线划图（digital line graphic，DLG）。

17.5.3.2 技术应用流程

与传统卫星遥感、航空遥感相比，无人机遥感具有灵活机动、高精度、低成本及可以在高山等复杂地形遥测的特点，并能有效避免云层的干扰。无人机主要分为固定翼无人机、旋翼无人机（无人直升机）和无人驾驶氦气艇三种类型；根据动力类型不同，分为汽油动力无人机和电动无人机。当前民用无人机主要有 md4-1000 型四旋翼无人机、T-10（大黄蜂）无人机、ZC-7 通用型固定翼无人机、LT-150 型航测无人机、GY-常规型固定翼无人机、遥测Ⅳ型无人机等型号。

无人机航测技术可应用在土地整治前、项目施工过程中、竣工验收后等三个环节，为项目规划设计、工程施工等监测监管工作提供技术数据。无人机遥感影像分辨率可达到 0.02~0.4 米，成图比例尺一般在 1∶500~1∶5000 之间，是对传统遥感必要且有益的补充。一般包括以下工作流程：

遥感影像获取：根据项目区实际条件和成图比例尺，制定合理的航线。选择日期进行实地踏勘、现场航飞、影像检查、飞行总结等工作，获取航拍遥感影像。

外业控制点测量：根据相片控制点布设原则，按照地形图成图要求进行像控点选择和测量，解算出像控点坐标。

内业处理：利用相关数据处理系统对航拍影像进行空三解析，由空三加密成果形成标准的土地整治项目区地形图，生成项目区的 DEM 数据，然后利用高程模型进行影像纠正、投影转换，处理形成项目区正射影像图。

数据应用分析：利用遥感解译软件对正射影像图进行解译，结合实地调查情况，形成土地利用现状图，在此基础上开展土地整治项目不同阶段数据需求分析。

17.5.3.3 应用现状

在土地整治中基于无人机平台的高分遥感可作为卫星遥感的有效补充，在全国各省级土地整治机构应用前景广阔。一是可以有效应用于土地整治项目前期的规划设计，满足土地整治项目规划设计对三维地形地貌的全景分析，地形起伏相对高程可以达到厘米级；二是适合对土地整治项目尤其是重大工程进展的定期监测，尤其是道路、渠系等线性工程的实际进展情况，有效避免地方谎报瞒报、以点盖面等情况，可以为大面积重大工程项目、土地复垦复杂地形条件下项目的监测监管提供了客观高效低成本的监测手段；三是基于无人机平台的遥感影像数据分辨率达到了厘米级，完全能够满足各类土地整治项目验收的需要；四是在基于全国"一张图"土地整治报备系统中，能够为卫星遥感数据提供重要的项目区内部机井、道路、渠道等工程遥感信息；五是随着机载激光和高光谱遥感技术的成熟，可为土地整治项目土壤质量信息的获取提供一种信息化技术手段，在全国各省级土地整治机构应用前景广阔。

近年来，无人机航测技术在土地整治重大工程、高标准基本农田建设、土地复垦等土地整治项目中进行了试验性应用。如宁夏回族自治区国土开发整治管理局应用无人机航拍了"宁夏中北部土地开发整理重大工程"71个项目整治前后的正射影像图，并将其融入土地开发整治动态监测与管理信息系统，促进了信息化管理；贵州省国土资源厅采用无人机完成了凤冈县进化镇和务川县黄都镇高标准基本农田整治项目的正射影像图、数字高程模型、土地利用现状图、规划图等成果，精度能够满足1∶2000地形图的相关技术要求；湖南长沙国土资源局利用无人机航摄技术对宁乡县大成桥乡土地整理项目规划设计前、施工过程、竣工验收后进行了三次飞行，实现了无人机对土地整治项目的动态监测；天津市测绘院对津南区葛沽镇示范小城镇建设项目区内土地复垦区域实施了无人机航空摄影。通过无人机遥感影像数据采集、内业处理、对比分析等环节，表明无人机低空航测技术可以实现对土地整治的快速、及时、精确地动态监测，增强土地整治动态监测的科学性和准确性。

17.6 新技术应用前景及发展趋势

随着我国土地整治内涵不断丰富、需求不断提升，要提升土地整治综合监管水平，必须加强基础性工作，摸清底数搞准情况；必须创新管理理念，改进工作方式，进一步强化技术手段支撑。3S技术作为一种高效的信息采集、处理、分析手段，可以辅助决策更具科学性和时效性，为提升实施监管工作的科学化水平提供了一种新思路，是强化土地整治监测监管手段，提高科学管理能力，促进土地整治事业规范健康发展的必要保障。

此外，信息技术及制造技术的突飞猛进，土地整治装备不断融合液压、仪器仪表、自动控制、微电子、新材料等高新技术，并不断向精细化、智能化、机电液一体化方向快速发展。研发现代化土地精细平整工程技术、土地信息自动化智能监控技术、超低空无人机遥感监测技术等，研发新的适应土壤结构破坏与污染的重构与修复技术、防治矿山生态灾害技术、植被重建与生态恢复等集成技术，也是未来土地整治工程技术的主要发展趋势。土地整治装备技术逐渐呈现出高效大型化、操作智能舒适化、复合多功能、节能低污染等新的发展趋势，提高了装备精准化、产业化水平。

17.6.1 土地整治监测监管技术发展趋势

土地整治信息化基础建设和应用系统建设从无到有，不断丰富和完善，取得了明显成效。土地整治信息化逐渐成为国土资源信息化的重要组成部分，成为全面提高国土资源规划、管理、保护和合理利用水平的有效途径和重要手段。其中，强化土地整治监测监管工作的当务之急，是结合新形势、新任务、新要求，按照系统一体化、数据集成化、信息综合化、成果可视化的要求，集成 RS、GIS、GPS、网络和移动互联技术，构建"天、地、网"一体化的土地整治监测监管技术体系，为实现对各级各类土地整治项目的全程全面、集中统一监管提供技术支撑，从技术手段层面上真正实现"天上看、地上查、网上管"，见图 17.15 所示。其中，"天上看"，即运用遥感监测技术，大范围、快速获取土地整治项目区真实信息，实现对土地整治项目情况的直观动态监测。"地上查"，即集成应用 3S 技术和移动终端技术，着力解决传统现场调查过程中存在的问题，提升土地整治现场调查评价工作的效率和科学化水平。"网上管"，即以网络技术为基础，构建土地整治信息报备和综合监管技术平台，保障土地整治报备信息全面、真实、准确、及时，实现对各级各类土地整治项目全程全面、集中统一监测监管的目标。

今后，将依托国土资源综合监管平台和现有土地整治项目备案信息，强化对备案信息的统计、分析、比对、核查、纠错等，逐步对农村土地整治、高标准基本农田建设、城乡建设用地增减挂钩、生产建设项目土地复垦、耕地质量等别等信息进行整合管理，打造土地整治监测监管技术应用平台，真正实现"天上看、地上查、网上管"。

随着我国高分卫星遥感技术和低空无人飞行航测遥感技术的迅速发展，大范围高分辨率遥感影像数据的获取将变得更加容易。与此同时，遥感影像自动解译技术也取得重大进展，工程化解译技术日渐成熟，遥感数据处理、解译和分析工作效率大大提高，将极大地促进遥感技术在土地整

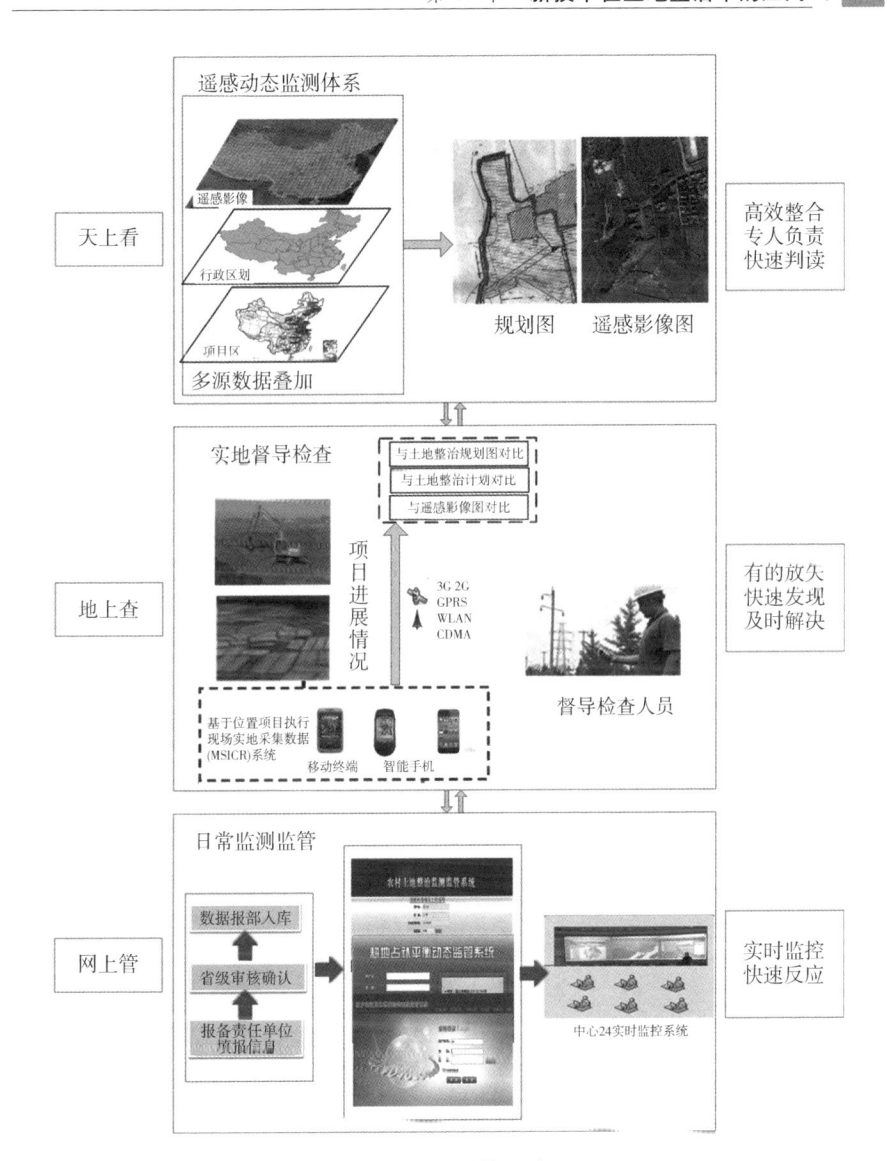

图 17.15　总体思路

治领域中的普及应用。从无人机航测技术的发展趋势来看，长航时高空无人机是未来发展重点之一，通过采用更远距离、超大容量、数字化的传输体系，逐步实现无人机在远距离、大容量、精确传输等方面的新突破；未来的无人机航测技术将朝着一机多能的方向发展，通过采用模块化技术、优化内部结构，根据不同飞行任务选择不同功能的机载设备，实现一机多用功能。

17.6.2 激光平地机应用前景和发展趋势

激光平地机主要应用于农田土地精细平整作业，适用于大规模农田土地平整，应用前景较为广阔。从部分地方实践看，一方面，土地平整前后大约缩短了 1/3 的灌溉时间，节约了水资源和人力成本，降低了农户灌溉费用，有助于实现农田节水灌溉；另一方面，农田平整度提高，有利于保水保肥、减少化肥流失，便于农田机械化操作，可以提高农作物产量。

（1）提高精准化与产业化水平。当前激光平地机价格是制约其广泛推广的瓶颈之一，为了进一步推广使用精准化平地技术，一方面应该研发与不同种类及功率拖拉机匹配的低耗、高效、操作性能高的激光平地机，另一方面应该提高激光平地机产业化水平，降低单机销售价格。

（2）产品型号应多样化发展。激光平地机产业化升级的同时，应该注重发展不同型号的平地铲，保证设备既能满足平原地区大块田地的平整作业，又能适应丘陵地区小地块、零碎地块的土地平整需求，促进激光平地机的普适性。

（3）提升智能化水平。有效融合全球定位系统、地理信息系统，研究车载农田智能化辅助控制系统，集地形数据采集、土地平整效果分析与管理等为一体，提出拖拉机最佳平整路线，逐步实现激光平地技术自动化、智能化。

17.6.3 开沟铺管机应用前景和发展趋势

我国盐碱地数量多、分布广、开发利用潜力大，是重要的耕地后备资源。据调查，目前我国有盐碱地 1.8 亿亩，广泛分布在东部滨海和北方半干旱、干旱等广大地区。据有关专家研究测算，在现有耕地中，盐渍化耕地约在 1 亿亩以上，大部分属于中低产田。因此，以开沟铺管机为核心的暗管排盐技术作为一项物理性和工程化盐碱地治理技术，可广泛适应与东部沿海和中西部我国盐碱地主要分布区域，在盐碱地治理中具有广阔的应用前景，能够为开发利用盐碱地资源提供了一种现代工程技术手段。除治理盐碱地外，暗管排盐技术的技术核心是暗管排水，因此对南方涝渍危害地区可利用暗管排盐技术发挥暗管排水的作用排涝除渍，减少更多的排水沟对农田的切割，效果优于排水沟。更具有应用前景的是，暗管排盐技术可为我国传统的农田灌排"渠道水利"向现代化的"管道水利"转变提供技术支持。农田"管道水利"体现了国际上农田灌排渠系发展的最新水平。暗管排盐技术为促成我国农田灌排由传统的"渠道水利"向现代化的"管道水利"整体转换提供了一套技术思路，在节地节水、促进农业现代化和农田生态环境保护方面也具有重要意义。

参考文献

阿朗索. 2007. 区位和土地利用——地租的一般理论 [M]. 梁进社, 等译. 北京: 商务印书馆.

安萍利, 张凤荣, 陈阜. 2002. 耕地分等定级中标准耕作制度的确定 [J]. 地理学与国土研究, 18 (2): 45~48.

白中科, 赵景逵. 2000. 工矿区土地复垦与生态重建 [M]. 北京: 中国农业科技出版社.

鲍海君, 吴次芳, 贾化民. 2004. 土地整治规划中公众参与机制的设计与应用 [J]. 华中农业大学学报 (1): 43~46.

毕宇珠. 2009. 乡村土地整理规划中的公众参与研究——以一个中德合作土地整理项目为例 [J]. 生态经济 (9): 38~41.

卞正富. 2000. 国内外煤矿区土地复垦研究综述 [J]. 中国土地科学, 14 (1): 6~11.

卞正富. 2005. 我国煤矿区土地复垦与生态重建研究 [J]. 资源·产业, 7 (2): 18~24.

蔡承智, 陈阜. 2004. 中国粮食安全预测及对策 [J]. 农业经济问题 (4): 16~20.

蔡定剑. 2009. 公众参与及其在中国的发展 [J]. 团结 (4): 32~35.

曹顺爱, 余万军, 吴次芳, 等. 2006. 农地整理对土地景观格局影响的定量分析 [J]. 中国土地科学, 20 (5): 32~37.

曹志平, 胡诚, 叶钟年, 等. 2006. 不同土壤培肥措施对华北高产农田土壤微生物生物量碳的影响 [J]. 生态学报, 26 (05): 1486~1493.

陈浮, 葛小平, 陈刚, 等. 2001. 城市边缘区景观变化与人为影响的空间分异研究 [J]. 地理科学, 21 (03): 210~216.

陈红. 2009. 新疆耕地开发模式 [C]. 乌鲁木齐: 中国科学院新疆生态与地理所.

陈锡文. 2008. 中国农村转型的必经阶段 [N]. 社会科学报, 1-24 (001).

陈印军, 肖碧林, 方琳娜, 等. 2011. 中国耕地质量状况分析 [J]. 中国农业科学, 44 (17): 3557~3564.

寸玉康. 2007. 以生态类型实施生态建设是流域治理捷径 [J]. 水土保持应用技术 (05): 33~34.

邓铭江. 2008. 塔里木河流域径流与耗水变化及其综合治理对策 [J]. 干旱区地理, 31 (4): 550~560.

参考文献

丁荣贵. 2008. 项目利益相关方及其需求的识别［J］. 项目管理技术（2）：73~76.

丁应祥, 江生荣, 栾以玲, 等. 1993. 复层农田林网空间结构的景观生态学分析［J］. 南京林业大学学报（自然科学版），17（02）：7~12.

董祚继, 吴运娟. 2008. 中国现代土地利用规划理论、方法与实践［M］. 北京：中国大地出版社.

杜源泉, 杜静. 2008. 土地整理公众参与机制研究［J］, 山东国土资源，24（5）：43~46.

段文技. 2006. 粮食安全与土地开发整理［J］. 世界农业（11）：17~19.

樊杰, 吕昕 2002. 简论人地关系地域系统研究的核心领域——土地利用变化［J］. 地学前缘，9（4）：429~430.

樊志全, 朱留华. 2005. 中国耕地后备资源［M］. 北京：中国大地出版社.

樊自立, 吴世新, 吴莹, 等. 2012. 新中国成立以来的新疆土地开发［J］. 自然资源学报，28（5）：13~20.

樊自立. 1996. 新疆土地开发对生态与环境影响及对策研究［M］. 北京：气象出版社.

樊自立. 2010. 新疆玛纳斯河流域生态经济功能区划［J］. 干旱区地理，33（4）：403~501.

樊自立. 2012. 绿洲土地整合是增加耕地保护生态的重要措施——以新疆玛纳斯河流域为例［J］. 干旱区地理，35（5）：772~778.

风笑天. 2013. 社会研究方法（第四版）［M］. 北京：中国人民大学出版社.

高殿军, 李玉苑. 2000. 可持续发展内涵［J］. 辽宁工程技术大学学报（社会科学版），2（3）：5~7.

高海东, 李占斌, 李鹏, 等. 2012. 梯田建设和淤地坝淤积对土壤侵蚀影响的定量分析［J］. 地理学报，67（05）：599~608.

高向军, 范树印, 巴特尔, 等. 2000. 土地开发整理项目规划设计规范［M］. 北京：中国标准出版社.

高向军. 1999. 积极推进土地整理, 努力实现集约用地［J］, 资源·产业（12）：4~6.

高向军. 2003. 土地整理理论与实践［M］. 北京：地质出版社.

郭翔宇, 颜华. 2004. 统筹城乡经济社会发展的理论思考与政策建议［M］ 北京：中国农业出版社.

郭栩东, 武春友. 2011. 休闲游憩绿道建设的理论与启示——以广东珠三角九城市为例［J］. 生态经济（07）：142~146.

国家土地管理局规划司, 中国土地勘测规划院情报所 1997. 国内外土地整理借鉴［M］. 北京：中国大地出版社.

国土资源部地籍管理司, 国土资源部土地整治中心. 2010. 土地整治权属管理研究——土地整治权属调整调查及典型案例分析［M］. 北京：地质出版社.

国土资源部土地整理中心，国土资源部耕地保护司. 2001. 土地开发整理相关文件汇编［M］. 北京：中国大地出版社.

国土资源部土地整理中心. 2005. 土地开发整理项目实施管理［M］. 北京：中国人事出版社.

国土资源部土地整理中心.《土地开发整理工程建设标准》编制试点工作取得显著成效［EB/OL］（2006-12-08）. http://www.lcrc.org.cn/publish/portal0/tab94/info3769.htm.

国土资源部土地整理中心. 土地开发整理标准［M］. 北京：中国计划出版社.

国土资源部土地整治中心. 2013. 中国土地整治相关法律法规文件汇编［M］. 北京：中国大地出版社.

国土资源部土地整治中心. 2014. 中国土地整治发展研究报告［M］. 北京：社会科学文献出版社.

国土资源部土地整治重点实验室. 2012. 土地复垦潜力调查评价研究［M］. 北京：中国农业科学技术出版社.

国土资源土地整治中心. 2011. 土地复垦方案编制实务［M］. 北京：中国大地出版社.

韩德林. 2003. 新疆资源优势及开发利用［M］. 北京：商务印书馆.

韩松. 1999. 论土地法律制度体系［J］. 政法论坛（5）：43~44.

和宏明，薄立馨. 2002. 投资项目可行性研究工作手册［M］. 北京：中国物价出版社.

贺振伟，白中科，张继栋，等. 2012. 中国土地复垦监管现状与阶段性特征［J］. 中国土地科学，26（7）：56~59.

侯光炯. 1978. 中国农业土壤概论［M］. 北京：农业出版社.

胡存智，廖永林. 1989. 农用土地分等定级理论及方法的初步研究［J］. 中国土地科学，3（3）：1~8.

胡存智. 2012. 中国耕地质量等级调查与评定（全国卷）［M］. 北京：中国大地出版社.

胡望舒，王思思，李迪华. 2010. 基于焦点物种的北京市生物保护安全格局规划［J］. 生态学报，30（16）：4266~4276.

胡振琪. 2007. 土地整理概论［M］. 北京：中国农业出版社.

胡振琪. 2008. 土地复垦与生态重建［M］. 北京：中国矿业大学出版社.

黄昌勇. 2000. 土壤学［M］. 北京：中国农业出版社.

黄贤金. 2009. 土地经济学［M］. 北京：科学出版社.

贾生华，陈宏辉. 2003. 利益相关者管理——新经济时代的管理哲学［J］. 软科学，17（1）：39~42，46.

贾文涛. 2005. 土地整治项目可行性研究 [M]. 北京：中国人事出版社.

蒋忠诚，曹建华，杨德生，等. 2008. 西南岩溶石漠化区水土流失现状与综合防治对策 [J]. 中国水土保持科学，6 (01)：37~42.

孔祥斌，林晶，王健，等. 2009. 产量比系数对农用地分等的影响 [J]. 农业工程学报，25 (1)：237~243.

赖文生，吴海洋，范树印，等. 2012. 土地开发整理项目预算定额标准 [M]. 北京：中国财政经济出版社.

李敏，赵小敏，龚绍琦. 2003. 土地整理中土地经济效益分析——以山东省阳信县为例 [J]. 江西农业大学学报（社会科学版），2 (4)：141~143.

李珊珊. 2007. 基于精明增长理论的城市土地集约化利用策略研究 [D]. 武汉：华中科技大学.

李天杰，郑应顺，王云. 1983. 土壤地理学 [M]. 北京：高等教育出版社.

李文翎，刘洪杰. 2008. 城镇化空间发展研究 [J]. 小城镇建设 (07)：84~87.

李小云. 2001. 参与式发展概论 [M]. 北京：中国农业出版社.

李延明，张济和，古润泽. 2004. 北京城市绿化与热岛效应的关系研究 [J]. 中国园林 (01)：77~80.

李宗尧，杨桂山，董雅文. 2007. 经济快速发展地区生态安全格局的构建——以安徽沿江地区为例 [J]. 自然资源学报，22 (01)：106~113.

廖蓉，杜官印. 2004. 荷兰土地整理对我国土地整理发展的启示 [J]. 中国国土资源经济 (09).

林坚，李刚. 2007. 从海外经验看我国建设用地整理开展的思路与途径 [J]. 城市发展研究，04 (14)：109~113.

刘建生. 2013. 农村居民点整治之模式识别、潜力测算和布局优化研究 [D]. 南京：南京农业大学博士论文.

刘黎明. 2010. 土地资源学 [M]. 北京：中国农业大学出版社.

刘向东. 2011. 基于利益相关者的土地整理项目共同治理模式研究 [D]. 北京：中国地质大学博士学位论文.

刘昕. 2011. 深圳城市更新中的政府角色与作为——从利益共享走向责任公担 [J]. 国际城市规划，01 (26)：41~45.

刘彦随. 2011. 中国新农村建设地理论 [M]. 北京：科学出版社.

刘志坚，欧名豪. 2006. 土地利用规划公众参与缺失的成因分析 [J]. 南京农业大学学报（社会科学版）(3)：7~12.

陆海明，孙金华，邹鹰，等. 2010. 农田排水沟渠的环境效应与生态功能综述 [J]. 水科学进展 (05)：719~725.

鹿心社. 2002. 论中国土地整理的总体方略 [J]. 农业工程学报，18 (1)：1~5.

罗明, 胡振琪, 李晶. 2011. 土地复垦法制建设任重道远——从中美土地复垦制度对比视角分析 [J]. 中国土地 (7): 44~46.

罗明, 龙花楼. 2003. 土地整理理论初探 [J]. 地理与地理信息科学 (6): 60~64.

罗明, 王军. 2012. 制度与科技双轮驱动, 促进土地复垦快速有序推进——澳大利亚土地复垦的借鉴与启示 [J]. 中国土地 (4): 51~53.

罗明, 周同, 张丽佳. 2013a. 中德土地整治公众参与比较研究 [J]. 中国土地 (5): 59~61.

罗明, 周旭, 周妍等. 2013b. 工矿废弃地复垦利用规划研究 [M]. 北京: 中国大地出版社.

马克明, 傅伯杰, 黎晓亚, 等. 2004. 区域生态安全格局: 概念与理论基础 [J]. 生态学报, 24 (4): 761~768.

马仁会, 李强, 崔俊辉, 等. 2005. 土地经济系数宏观分区计算方法比较研究 [J]. 农业工程学报 (增刊) (21): 159~163.

马向明. 2012. 绿道在广东的兴起和创新 [J]. 风景园林 (03): 71~76.

孟宪素, 高世昌. 2008. 土地开发整理权属管理研究现状及展望 [J]. 中国土地科学, 22 (9): 55~59.

乔木. 2008. 新疆灌区土壤盐渍化及改良模式研究 [M]. 乌鲁木齐: 新疆科学技术出版社.

曲衍波. 2012. 县域农村居民点整治的理论、方法与实证研究——以北京市平谷区为例 [D]. 北京: 中国农业大学博士学位论文.

任国岩. 2000. 论公众参与城市规划 [J]. 规划师, 16 (05).

申潞玲, 任红燕. 2005. 参与式方法在农业投资项目中的应用 [J]. 山西农业科学, 33 (3): 23~25.

沈茂英. 2012. 西南生态脆弱民族地区的发展环境约束与发展路径选择探析——以四川藏区为例 [J]. 西藏研究 (04): 105~114.

沈仁芳, 陈美军, 孔祥斌, 等. 2012. 耕地质量的概念和评价与管理对策 [J]. 土壤学报, 49 (6): 1210~1217.

宋焕斌, 张文彬. 1998. 加强矿山复垦保护土地资源 [M]. 北京: 中国矿业出版社.

宋慧瑾, 高建华. 2009. 生态文明背景下的土地整理初探 [J]. 农村经济与科技, 20 (5): 21~22.

宋维佳, 王立国, 王红岩, 等. 2010. 可行性研究与项目评估 [M]. 大连: 东北财经大学出版社.

孙文盛. 2005. 大力推进节约集约用地促进经济社会可持续发展——在市长研讨班暨厅局长座谈会上的讲话 [J]. 国土资源通讯 14: 24~28.

孙志芬, 郝润梅. 2004. 土地复垦潜力分析与可持续发展——以和林格尔县为例 [J].

干旱区资源与环境（S3）：93~95.

唐华俊，罗其友. 2008. 农业区域发展学导论［M］. 北京：科学出版社.

田有国，辛景树. 2006. 耕地地力评价指南［M］. 北京：中国农业科学技术出版社.

王爱民. 2008. 城乡结合部建设用地整理的博弈分析［J］. 兰州学刊（09）：65~68.

王长江. 2011. 农村土地整治权属调整与管理模式研究［D］. 北京：中国矿业大学.

王洪波，程锋. 2011. 正本清源，看耕地质量［J］. 中国土地（4）：45~46.

王慧杰. 2006. 建国以来东北地区耕地演化及其生态环境后效［J］. 长春：东北师范大学毕业论文.

王金满，白中科，罗明，等. 2010. 基于专业序列的中国多层次土地复垦标准体系［J］. 农业工程学报（005）：312~315.

王军，李正，白中科，等. 2011. 土地整理对生态环境影响的研究进展与展望［J］. 农业工程学报，27（1）：340~345.

王军，邱扬，杨嘉，等. 2007. 基于 GIS 的土地整理景观效应分析［J］. 地理研究，26（2）：258~264.

王秋兵. 2011. 土地资源学［M］. 北京：中国农业出版社.

王荣芳，曹富友，彭世琪，等. 1996. 中国耕地的基础地力与土壤改良［M］. 北京：中国农业出版社.

王筱明，闫弘文，卞正富，等. 2010. 基于适宜性的济南市宜耕未利用地开发潜力评估［J］. 农业工程学报（02）：307~312.

王行伟. 2001. 我国森林覆盖率下降的势头依然存在［J］. 党政干部学刊（09）：47.

魏远，顾红波，薛亮，等. 2012. 矿山废弃地土地复垦与生态恢复研究进展［J］. 中国水土保持科学，10（02）：107~114.

文枫，杨庆媛，鲁春阳，等. 2009. 土地整理公众参与的问题及对策研究［J］. 中国国土资源经济（5）.

吴传钧. 2008. 人地关系地域系统的理论研究及调控［J］. 云南师范大学学报（哲学社会科学版），40（2）：1~3.

吴海洋，巴特尔，郑伟元，等. 2012. 高标准基本农田建设标准［M］. 北京：中国标准出版社.

吴郁玲，曾菊新. 2008. 试论"两型社会"建设与节约集约利用土地资源——以武汉城市圈为例［J］. 湖北社会科学（04）：83~86.

伍黎芝，李红举，仵宗卿. 2005. 土地整理工程设计［M］. 北京：中国人事出版社.

肖华斌，袁奇峰，徐会军. 2009. 基于可达性和服务面积的公园绿地空间分布研究［J］. 规划师，25（02）：83~88.

谢建辉. 2007. 水土保持生态环境建设与植被恢复［C］//城市生态建设与植被恢复、重建技术交流研讨会论文集. 中国北京.

谢楠. 2013. 辽东山区坡耕地水土流失现状及防治措施［J］. 水土保持应用技术（06）：37~39.

徐海量, 樊自立, 禹朴家, 等. 2010. 新疆玛纳斯河流域生态补偿研究［J］. 干旱区地理, 33（5）：755~783.

徐盛荣. 2003. 土地资源评价［M］. 北京, 中国农业出版社.

许世璋. 2001. 我们真能教育出可解决环境问题的公民吗？论环境教育与环境行动［J］. 台湾中等教育, 52（2）：52~75.

严金明, 夏方舟, 李强. 2012. 中国土地综合整治战略顶层设计［J］. 农业工程学报, 28（14）：1~9.

严之尧, 吴海洋, 闫刚, 等. 2013. 土地整治项目设计报告编制规程［M］. 北京：中国标准出版社.

严之尧, 吴海洋, 闫刚, 等. 2013. 土地整治重大项目可行性研究报告编制规程［M］. 北京：中国标准出版社.

杨朝现. 2010. 人地关系协调视角下的土地整理［D］. 重庆：西南大学毕业论文.

杨春燕, 王静爱, 苏筠, 等. 2005. 农业旱灾脆弱性评价——以北方农牧交错带兴和县为例［J］. 自然灾害学报, 14（06）：88~93.

杨红, 陈百明, 高勇, 等. 2005. 城市土地整理理论与实践探析［J］. 地理科学进展（03）：50~57.

杨红, 陈百明, 高勇, 等. 2006. 基于可持续发展的北京市大兴区土地整理潜力评价［J］. 农业工程学报（08）：77~82.

杨红. 2007. 城市土地整理潜力与效益的分析评价——以河北省邢台市为例［D］. 中国科学院地理科学与资源研究所.

杨利民. 2013. 土地整治如何转型［J］. 中国土地（03）：61.

杨生, 韩方岸. 2008. 长江饮用水源水污染事件的调查分析［J］. 中国实用医药, 3（09）：157~158.

杨渝红, 欧名豪, 瞿忠琼. 2009. 基于公共产品的土地整理供给分析［J］. 江西农业学报, 21（6）：152~156.

姚慧敏, 张莉琴, 张凤荣, 等. 2004. 农用地分等中的土地利用系数计算［J］. 资源科学, 26（4）：89~95.

叶艳妹, 吴次芳. 2002. 可持续农地整理的理论和方法研究［M］. 北京：中国大地出版社.

于宁, 徐向红. 2012. 江苏沿海滩涂围垦与生态可持续研究［J］. 海洋开发与管理（11）：27~30.

余振国, 吴次芳. 2003. 我国土地整理权属调整的机制建设研究［J］. 南京农业大学学报（2）：116~120.

俞孔坚, 乔青, 李迪华, 等. 2009. 基于景观安全格局分析的生态用地研究——以北京市东三乡为例 [J]. 应用生态学报, 20 (08): 1932~1939.

俞孔坚, 王思思, 李迪华, 等. 2009. 北京市生态安全格局及城市增长预景 [J]. 生态学报, 29 (03): 1189~1204.

喻光明, 魏雅丽, 陶文星, 等. 2006. 土地整理对区域景观格局的影响 [J]. 华中师范大学学报 (自然科学版), 40 (3): 457~461.

岳升阳, 杜书明. 2011. 城市地名文化遗产评价体系及应用——以北京市牛街地区为例 [J]. 城市问题 (08): 66~71.

郧文聚, 宇振荣. 2011. 土地整治加强生态景观建设理论、方法和技术应用对策 [J]. 中国土地科学, 25 (06): 4~9.

郧文聚, 刘新卫, 薛剑, 等. 2013. 关于土地整治公众参与机制研究的报告 [J]. 调研与参考.

郧文聚, 汤怀志. 2011. 土地整治规划概论 [M]. 北京: 地质出版社.

郧文聚, 严金明, 王磊. 2008. 可持续土地整理理论与方法 [M]. 北京: 中国财政经济出版社.

郧文聚, 宇振荣. 2011. 生态文明: 土地整治的新目标 [J]. 中国土地 (9): 20~21.

郧文聚, 宇振荣. 2011. 中国农村土地整治生态景观建设策略 [J]. 农业工程学报, 27 (4): 1~6.

郧文聚. 2011. 土地整治规划概论 [M]. 北京: 地质出版社.

郧文聚. 2012. 农村土地利用研究 [M]. 北京: 中国财政经济出版社.

郧文聚, 杨红. 2010. 农村土地整治新思考 [J]. 中国土地 (Z1): 69~71.

张凤荣, 安萍莉, 胡存智. 2001. 制定耕地分等定级野外诊断指标体系的原则、方法和依据 [J]. 中国土地科学, 15 (2): 31~34.

张凤荣, 王静, 陈百明, 等. 2003. 土地持续利评价指标体系与方法 [M]. 北京: 中国农业出版社.

张凤荣. 2012. 农村土地整治的理论与实践 [M]. 北京: 中国农业大学出版社.

张召, 白中科, 贺振伟, 等. 2012. 基于 RS 与 GIS 的平朔露天矿区土地利用类型与碳汇量的动态变化 [J]. 农业工程学报, 28 (03): 230~236.

张正峰, 刘静, 耿巧丽. 2011. 土地整治中的生态问题及安全调控机制 [J]. 江西农业学报, 23 (11): 196~199.

张正峰, 赵伟. 2007. 土地整理的生态环境效应分析 [J]. 农业工程学报, 23 (08): 281~285.

张正峰, 陈百明, 董锦, 等. 2002. 土地整理潜力内涵与评价方法研究初探 [J]. 资源科学 (04): 43~48.

张正峰, 陈百明, 郭战胜. 2004. 耕地整理潜力评价指标体系研究 [J]. 中国土地科

学 (05)：37~43.

张正峰，陈百明．2002．土地整理潜力分析 [J]．自然资源学报 (06)：664~669．

张正峰，刘静，耿巧丽．2011．土地整治中的生态问题及安全调控机制 [J]．江西农业学报，23 (11)：196~199．

张正峰，薛永森，杨晓艳．2009．全国土地开发整理规划目标实施评价及问题分析 [J]．江西农业学报，21 (5)：178~181．

张正峰，赵伟．2007．土地整理的生态环境效应分析 [J]．农业工程学报，23 (8)：281~285．

张正峰，赵伟．2011．土地整理的资源与经济效益评估方法 [J]．农业工程学报，27 (3)：295~299．

张正峰．2007．国外可持续土地整治的发展特征及对我国的启示 [J]．生态经济 (10)：144~147．

张正峰．2012．土地整治可持续性的标准与评估 [J]．农业工程学报，28 (7)：1~7．

赵桂慎，贾文涛，柳晓蕾．2007．土地整理过程中农田景观生态工程建设 [J]．农业工程学报，23 (11)：114~119．

赵若焱．2013．对深圳城市更新"协商机制"的思考 [J]．城市发展研究，08 (20)：118~121．

赵伟，张正峰．2010．国外土地整理模式的分类及对我国的借鉴 [J]．江西农业学报 (10)：151~154．

赵银亮，宋华力，毛艳艳．2011．黄河流域粮食安全及水资源保障对策研究 [J]．人民黄河，33 (11)：47~49．

郑红雷．2010．重庆南川石漠化地区可持续发展模式研究 [D]．重庆：西南大学毕业论文．

郑世清，王占礼，陈文亮，等．1986．坡地开垦对水土流失的影响 [J]．水土保持通报 (03)：55~56．

中国土地矿产资源法律事务中心．2013．矿业用地管理制度改革与创新 [M]．北京：中国法制出版社．

周伟，曹银贵，白中科，等．2012．煤炭矿区土地复垦监测指标探讨 [J]．中国土地科学，26 (11)．

周晓，傅方煜．2011．由广东省"三旧改造"引发的对城市更新的思考 [J]．现代城市研究 (08)：82~89．

周旭，周妍．2013．生态文明背景下的土地复垦 [J]．中国土地 (7)：44~46．

周妍，白中科，罗明，等．2014．中国土地复垦监管体系问题与对策．中国土地科学 (2)：57~64．

周妍，周伟，白中科．2013．矿产资源开采土地损毁及复垦潜力分析 [J]．资源与产业，15（005）：100~107.

周妍，周旭. 2014. 矿区国土综合整治探析［J］. 中国土地，338（03）：48~49.

朱道林. 2012. 耕地质量要靠法律管［J］. 中国土地，（2）：20~21.

朱强，俞孔坚，李迪华. 2005. 景观规划中的生态廊道宽度［J］. 生态学报，25（09）：2406~2412.

Cilliers S, Cilliers J, Lubbe R, et al. 2013. Ecosystem services of urban green spaces in African countries – perspectives and challenges ［J］. Urban Ecosystems, 16（4SI）：681~702.

Dunlap R. 2002. Environmental sociology: a personal perspective on its first quarter century ［J］. Organization & Environment, 15（1）：10~29.

Hansen R, Pauleit S. 2014. From multifunctionality to multiple ecosystem services? A conceptual framework for multifunctionality in green infrastructure planning for urban areas ［J］. Ambio, 43（4SI）：516~529.

International council on mining and metals. Financial assurance for mining closure and reclamation ［R］. UK: London, 2007.

La Rosa D, Privitera R. 2013. Characterization of non – urbanized areas for land – use planning of agricultural and green infrastructure in urban contexts ［J］. Landscape Urban Planning, 109（1SI）：94~106.

Llausas A, Roe M. 2012. Green infrastructure planning: Cross – National analysis between the north east of England（UK）and Catalonia（Spain）［J］. European Planning Studies, 20（4）：641~663.

Madureira H, Andresen T. 2014. Planning for multifunctional urban green infrastructures: Promises and challenges ［J］. Urban Design International, 19（1）：38~49.

Nonna A. 2006. Noto. Abandoned mine reclamation fee on coal ［R］. CRS report for Congress. Washington, DC.

Pieri Christian, Dumanski Julian, Hamblin Ann, et al. 1995. World Bank Discussion Papers No. 315: Land Quality Indicators. The World Bank. Washington D C, USA. December, 55.

Samuelson P A. 1954. The pure theory of public expenditure ［J］. Review of Economics and Statistics, （36）：387~398.

Stern P C. 2000. Toward a coherent theory of environmentally significant behavior ［J］. Journal of Social Issues, 56（3）：407~424.

Weber T, Sloan A, Wolf J. 2006. Maryland's Green Infrastructure Assessment: Development of a comprehensive approach to land conservation ［J］. Landscape Urban Planning, 77（1-2）：94~110.

Wiseman G, Kort J, Walker D. 2009. Quantification of shelterbelt characteristics using high –

resolution imagery [J]. Agriculture Ecosystems & Environment, 131 (1-2): 111~117.

Ye W, Wang H, Gao J, et al. 2013. Evaluation on the health risk of farmland ecosystem with reclaimed water irrigation [J]. Journal of Beijing Normal University (Natural Science), 49 (2-3): 221~226.

Yokohari M, Amemiya M, Amati M. 2006. The history and future directions of greenways in Japanese New Towns [J]. Landscape Urban Planning, 76 (1-4): 210~222.

Zhang B, Li W, Xie G, et al. 2010. Water conservation of forest ecosystem in Beijing and its value [J]. Ecological Economics, 69 (7): 1416~1426.

Zhang L, Chen Y, Zhao R, et al. 2012. Soil carbon dioxide flux from shelterbelts in farmland in temperate arid region, northwest China [J]. European Journal of Soil Biology, 48: 24~31.

Zhou Yan, Luo Ming, Bai Zong Ke. 2013. Land Reclamation Zoning and Evaluation of Land Suitability in Mining Areas in China [J]. Advanced Materials Research, 726: 4751~4759.

图书在版编目（CIP）数据

土地整治理论方法与实践／吴海洋主编．— 北京：地质出版社，2014.12
　　ISBN 978－7－116－09101－6

　　Ⅰ．①土… Ⅱ．①吴… Ⅲ．①土地整理－研究－中国 Ⅳ．①F321.1

中国版本图书馆 CIP 数据核字（2014）第 275369 号

Tudi Zhengzhi Lilun Fangfa yu Shijian

责任编辑：	韩　娟
责任校对：	关风云
出版发行：	地质出版社
社址邮编：	北京海淀区学院路 31 号，100083
电　　话：	（010）82324508（邮购部）；（010）82329113（编辑室）
网　　址：	http://www.gph.com.cn
传　　真：	（010）82318790
印　　刷：	北京地大天成印务有限公司
开　　本：	787mm×960mm　1/16
印　　张：	26.75
字　　数：	440 千字
版　　次：	2014 年 12 月北京第 1 版
印　　次：	2014 年 12 月北京第 1 次印刷
审 图 号：	GS（2014）5244 号
定　　价：	68.00 元
书　　号：	ISBN 978－7－116－09101－6

（如对本书有建议或意见，敬请致电本社；如本书有印装问题，本社负责调换）